秦国大帝史全

下 秦朝时期

唐封叶 —— 著

重庆出版集团 重庆出版社

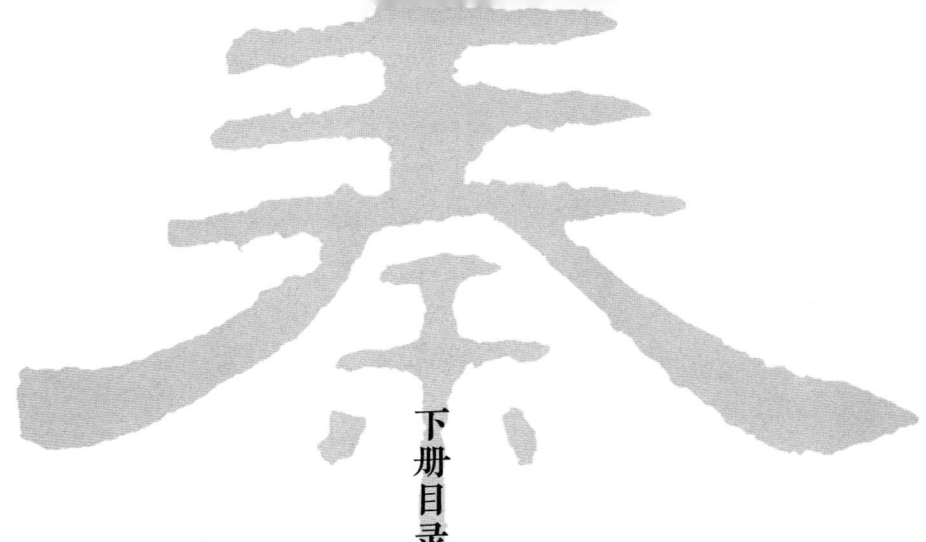

下册目录

第十二章 终结者的到来——秦正出世 /725

吕不韦的天大生意 /726

他是谁的儿子,到底叫啥名字? /731

信陵君再创辉煌——第四次『五国伐秦』/740

李斯的阴招与信陵君之死 /747

最后的挣扎——第五次『五国伐秦』/756

贪恋权色没好结果——春申君悲惨谢幕 /763

吕不韦的宏大理想和荒唐招数 /769

彗星一现,将军、太后、公子齐归天 /774

彗星再现,『假父』『仲父』双双出局 /778

茅焦说和母子 李斯谏止逐客 /786

第十三章 秦王扫六合 /795

灭韩、存韩，李斯与韩非的『书面』斗争 /796

计划不如变化快——第一刀砍向了赵国 /802

半路杀出的大克星——李牧却秦 /809

理论实战翻车——韩非之死 /814

诸侯献地与辛腾灭韩 /823

李牧之死与王翦灭赵 /827

太子丹的救亡努力 /833

荆轲刺秦王——架上去的英雄也是英雄 /839

伐楚的前哨战——水灌大梁 /846

拨开李信伐楚的迷雾 /851

试解王翦伐楚的疑案 /855

尽灭燕代齐 天下归于一 /864

第十四章 伟绩、暴政——始皇帝的一体两面 /875

从大王到皇帝——『皇帝』到底是啥意思？ /876

郡县制的确立与周秦之变 /882

『防反』三板斧与『促统』三招数 /888

秦始皇的祭祖巡边之旅和两大工程 /894

泰山封禅 泗水捞鼎 /901

遇刺博浪沙 逢盗兰池宫 /910

『强盛』之下潜伏的危机 /917

目录

"亡秦者胡也"与北击匈奴 /928

解密南征百越的动因和兵力 /938

焚书——"百家争鸣"结束了 /948

兴阿房 坑术士 /955

逃不掉的死亡魔咒 /965

沙丘疑云——秦始皇到底想传位给谁？ /972

第十五章 二世而亡与千秋功罪 /985

秦二世当国——听其言更要观其行 /986

大泽乡的烈火——失期到底斩不斩？ /994

星星之火，迅速燎原 /1001

章邯救秦与义军分裂 /1009

章邯灭张楚 项梁立怀王 /1014

章邯再显神威 项梁大意身死 /1024

李斯的"黄犬之叹" /1033

解密"巨鹿之战"（上）——王离军团的覆亡 /1037

解密"巨鹿之战"（下）——章邯军团的末日 /1043

刘邦的曲折入关之路 /1049

赵高弑杀二世 子婴投降刘邦 /1058

秦亡之鉴和"汉承秦制" /1066

参考资料 /1073

3

第十二章 终结者的到来——秦正出世

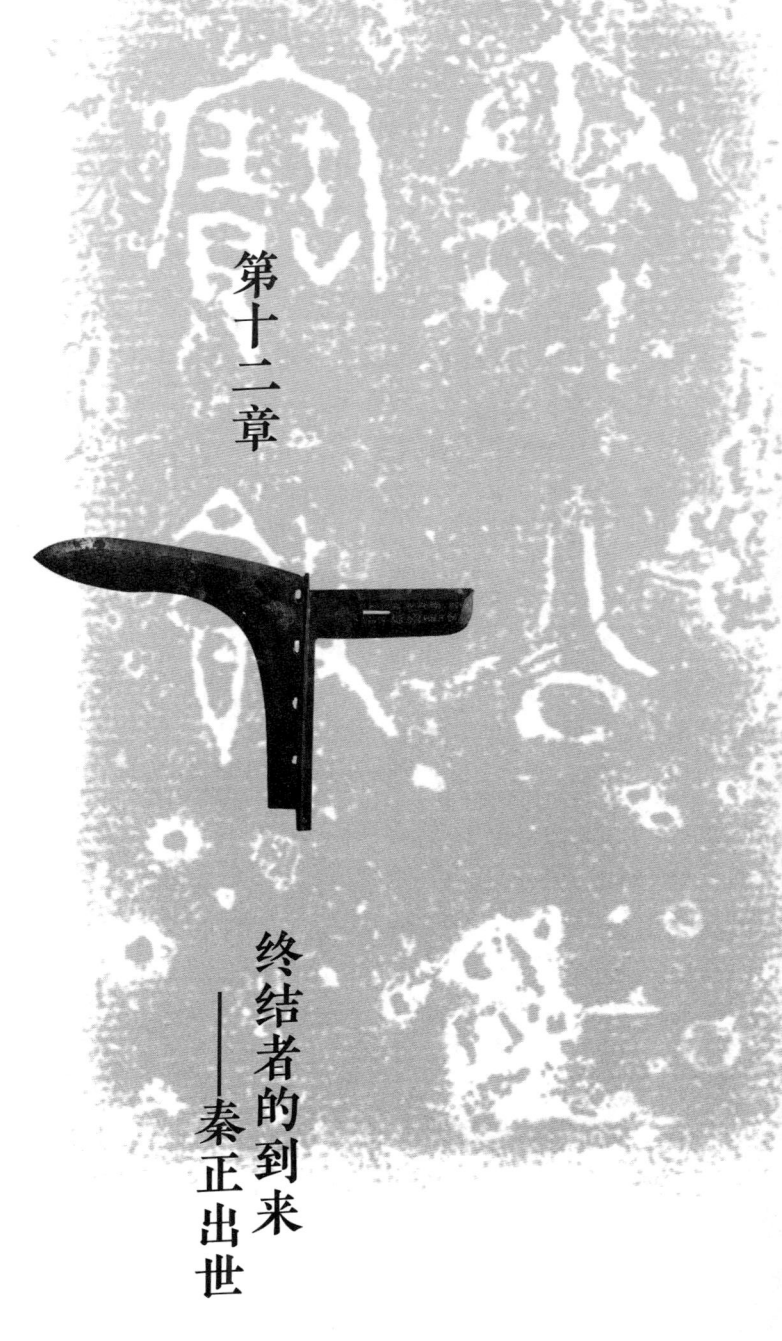

吕不韦的天大生意

秦昭王于五十六年年末闰九月驾崩后，因为他的长子悼太子先他而死（阏与之战后病死在魏国），所以王位将由其次子安国君秦柱继承。

安国君为秦昭王办完丧事，就进入了下一年，别忘了秦以十月为岁首，闰九月过完了就是新年十月。十月己亥日，安国君在大典上正式登上王位，史称秦孝文王。不过让臣子们始料不及的是，才过了三天，秦孝文王也一命呜呼了，连宝座都没焐热乎！

原来由于父王秦昭王在位时间太久，秦孝文王继位时已经五十三岁，以那个时代的标准也能算老人了，再加上他平时沉迷酒色，身体本就十分虚弱，大冷天的再被治丧和登基等一系列繁复仪式一折腾，就倒下了。纵观中国数千年可考的历史，秦孝文王应该算是在位时间倒数第二短的君王了。（倒数第一是金国末代皇帝完颜承麟，他在蔡州城中接受金哀宗禅位才个把时辰，即在与蒙宋联军的战斗中战死。）

倒霉的秦孝文王死后，他的太子子楚意外提前继位，这就是秦庄襄王。暗中欣喜不已的秦庄襄王一坐上宝座，立即任命亲信吕不韦为丞相，还把蓝田一带的十二个县作为吕不韦的食邑，也就是说这十二个县的赋税全归吕不韦享有。值得一提的是，这时秦国已经不再像以前分封商鞅、魏冉那样，把土地实封给臣子，而是只让臣子享有封邑的赋税，这是秦国中央集权制度进一步加强的体现。

说起来吕不韦之前有啥大功劳，秦庄襄王为什么这么厚待他呢？原来秦孝文王有二十多个儿子，秦庄襄王既非嫡子又非长子，完全是靠着吕不韦的强力运作才有幸成为安国君的世子，进而成为秦孝文王的王太子，最后得以坐上秦王宝座的，所以他当然要特别"感恩"吕不韦了。

那吕不韦具体是用了怎样强有力的运作，让秦庄襄王从二十多个兄弟中"脱颖而出"的呢？这还要从头说起。

吕不韦，按《史记·吕不韦列传》的说法本是韩国阳翟人，也就是今天河南禹州人。他出生于一个商人世家，有着祖上遗传的精明生意头脑，善于发现别人看不到的商机，因此家中积累了千金财富，能在当地的富豪排行榜上占据一席之地。秦赵长平之战前某个时间，他到赵国邯郸做生意，偶然在街上看到一个高贵公子模样的人，却一脸苦相，坐着破旧车子，驶进一处相对寒酸的宅子。

吕不韦很好奇，就向路人打听。路人告诉他，那位公子叫异人，是秦国的王孙——秦昭王太子安国君的一个庶子，因为母亲夏姬是个妾室且不受宠，被打发到赵国当质子。秦国跟赵国关系不好，甚至经常不顾质子安危攻打赵国，赵国自然也更不待见他，所以他只能坐破车、住旧宅。

吕不韦听说后，商人投机的本能让他的大脑迅速运转起来。只见他愣了一会儿后突然双手一拍，自言自语道："这简直是奇货可居啊！""奇货可居"这成语，就是打这儿来的。

吕不韦回到所住的客栈，问房间里的父亲说："耕田种地能获得几倍利润？"

"十倍啊。"吕父疑惑地答道。在当时，播撒一份种子收获十份粮食是常识。

"那贩卖珍珠玉器能有几倍的利润？"吕不韦又问。

"得有百倍。"吕父边点头边说。

"如果把某人捧上国君宝座，能有几倍的利润？"

吕父听了一怔，半晌说道："那就无法计算了！"

随后吕不韦就把看到、听到的秦国王孙异人的情况告诉了父亲，并说自己有一个大胆的想法，那就是支持异人登上世子的位子，这样以后若他掌握了秦国，肯定能让吕家世代昌盛。

那时商人虽富,但并没有社会地位,在"士、农、工、商"中排名垫底,因此吕父听了儿子的宏大计划也十分赞同。

有了父亲的支持,吕不韦说干就干。几天后,他就来到异人的住所,叩开门对仆人简单自我介绍一番,说有要事和王孙异人商量。

这里平时门可罗雀,异人听了仆人的通报感觉有点奇怪,就来到门口相见。

吕不韦寒暄两句后对他说:"我能光大王孙的门楣哩。"

异人一听却苦笑道:"先生有那本事,还是先光大您自家的门楣吧。"显然异人已经被现实摧残得近乎麻木。

吕不韦却说:"王孙有所不知,我的门楣得靠王孙来光大啊!"

异人听了先是迷惑不解,但随即有点醒悟,赶紧把吕不韦让进厅堂,招呼他坐下说话。

吕不韦这才细说道:"现在秦王已经老了,您的父亲安国君成为太子。我私下听说安国君最爱嫡妻华阳夫人,华阳夫人虽然没生下一男半女,但立嫡的事只有她说了能算。现在王孙有兄弟二十多人,又排行中间两头不靠,不受宠爱,被派到赵国做质子。哪一天秦王晏驾,安国君继承了王位,王孙人在外国,连跟兄弟们在父王面前争夺太子地位的机会都没有啊!"

异人叹气说:"是这样啊,那又有什么办法?"

这时吕不韦拱手说:"王孙不富裕,客居于此,没有钱财奉献双亲、结交宾客。我吕不韦虽然贫穷,但愿意拿出千金替王孙回秦国活动,保证能把安国君和华阳夫人服侍好,让他们立您为世子!"

见天上掉下一个"贵人"来扶持自己,异人又惊又喜,叩首说:"如果先生真能办到,以后一定与君共享秦国!"

这次谈话后,吕不韦先给异人黄金五百金(黄金1镒即20两为一金),让他置办行头车马,交往社会贤达人士,以提高自己的名声。不久他自己另用黄金五百金采买了东方大批奇珍异宝,西行入秦替异人"公关"。

《史记·吕不韦列传》记载，到了咸阳，吕不韦首先找关系搭上华阳夫人的姐姐的线。在华阳夫人姐姐面前，吕不韦自称是异人派来的人，夸他聪明贤能，结交的宾客贤士遍天下，尤其是他极富孝心，把嫡母华阳夫人当作老天来看，在外无论白天晚上想起父君和嫡母都伤心落泪。听了这一番话，华阳夫人的姐姐自然很受用。

见已经取得了信任，吕不韦开始进入正题："我听说，以姿色侍奉人的，等到姿色不在，就得不到宠爱了。您的漂亮妹妹虽很得太子欢心，但一直没有儿子，不如早早在庶子中选一个贤能的当作自己的养子，并立他为嫡。这样安国君在的时候，一定会更宠爱令妹；一旦安国君不在了，养子继位为王，令妹也能继续保持权势富贵，不会失去依靠；否则，不趁现在令妹得宠早做打算，一旦她色衰失宠，就是想在安国君面前说一句话，恐怕都没有机会了。"

华阳夫人的姐姐听了不由得神色凝重起来。

接着吕不韦又表示，异人虽然"贤能"，但既不是长子也不是幺儿，亲生母亲更不受宠，自知不能被立为嫡子，因此愿意认华阳夫人为亲母。如果华阳夫人肯收留，立异人为嫡子，他一定会好好孝敬，让华阳夫人能终身保持富贵。

华阳夫人的姐姐听完，觉得吕不韦说得十分有理。送走吕不韦后她急忙去见妹妹，把异人派人来找自己的事情详细说了，劝妹妹认异人为儿子，当作未来的靠山。

在《战国策·秦策五》中，也有类似的故事，不过其中吕不韦游说的不是华阳夫人的姐姐，而是华阳夫人的弟弟阳泉君。吕不韦在这里也不是打"感情牌"，而是见人下菜，使用了"威胁"的手段。他告诉阳泉君说，别看现在你仗着姐姐受宠，珍宝、骏马、美女无所不有，但如果安国君去世，他宠爱的儿子子傒继位，华阳夫人就会门庭冷落车马稀，你拥有的一切也都会随之化为乌有。阳泉君一听果然十分害怕，连忙请教吕不韦，吕不韦自然又提出让华阳夫人认异人为嫡子的方法。阳泉君听后深以为然，于是赶紧到太子宫中劝说姐姐。

《史记·吕不韦列传》和《战国策·秦策五》的记载应该没有矛盾，想来吕不韦到咸阳后肯定是多方疏通，不可能把鸡蛋都放到一个篮子里。

华阳夫人一直以来确实为无子而焦虑，听了姐姐和弟弟两位至亲之人的劝说后她眼前一亮，仿佛在黑夜中看到一丝光芒，当即答应收异人为子。

不久后的一天，华阳夫人趁丈夫安国君高兴，在他面前把异人大夸特夸了一番。说完她又哭道："妾身有幸侍奉太子，但又不幸没能生下一男半女，希望能把异人收养为子，并立他为嫡子，后半生好有依靠。"

安国君一向对华阳夫人的话言听计从，见美人突然两行热泪不停涌下，心早就软了，哪有不答应的道理？之后安国君和华阳夫人正式宣布立异人为世子，送给他大批财宝以维持排场、提升生活，并聘请吕不韦为世子的师父。

就这样，在商人吕不韦的精心操作下，原本无人问津、过着危险而又寒碜生活的秦国"弃子"异人一步登天，成为炙手可热的秦国王太孙。赵国和其他各国得知后，赶紧争相来巴结他。所谓世态炎凉，就是如此。为了进一步讨华阳夫人的欢心，异人从那时开始改名为"子楚"，因为华阳夫人和秦宣太后一样，都是楚国人。当年秦宣太后应该是故意为孙子们选的楚国夫人，以巩固秦国的楚系外戚势力。

他是谁的儿子，到底叫啥名字？

成为王太孙，权势地位钱财都有了，子楚也开始寻求"声色"了。

据《史记·吕不韦列传》记载，有一天他到师父吕不韦家吃饭，席间见到一个绝色美姬，眼睛立即转不动了。仗着现在已经是王太孙，子楚觍着脸给吕不韦敬酒，直接向他讨要那个美姬。

吕不韦一开始听了心中十分生气，原来这个美姬叫赵姬，是他在邯郸城里新娶的一房能歌善舞的小妾，而且当时已经怀了吕不韦的孩子。但是他转念一想，既然已经选择散尽家财支持子楚上位，那就索性支持到底吧！于是他忍痛割爱，如吃了蜜糖般地迅速挤出笑脸，把赵姬献给了子楚。而赵姬也听从了吕不韦的安排，隐瞒了自己怀孕的事实，又做了子楚的女人。待到"大期"之日，赵姬生下了一个儿子。因为当时是正月，所以子楚给孩子取名为"政（正）"。这个叫政（正）的男孩，自然就是日后威震天下的秦王政（正），也即秦始皇。随后母凭子贵，赵姬被子楚立为正夫人。

按上面的说法，秦始皇好像是吕不韦的儿子，不过关于秦始皇的出生，太史公司马迁又在《史记·秦始皇本纪》中写道：

> 庄襄王为秦质子于赵，见吕不韦姬，悦而取之，生始皇。以秦昭王四十八年正月生于邯郸。及生，名为政，姓赵氏。

显然按本纪的说法，秦始皇是秦庄襄王子楚的儿子，并不是吕氏之子。

《史记·吕不韦列传》和《史记·秦始皇本纪》的不同记载，

引发了一个千年争议,那就是"秦始皇的亲爸到底是谁"?

说到这儿,首先我们得弄明白太史公司马迁在写《史记》时的一个写作习惯。太史公写作前收集了大量的历史资料,其中对一个人物或事件难免有不同的说法,太史公的做法一般是把他认为较为可靠的内容记录在本纪或正传中,而对一些奇说逸闻,他出于"存疑"的目的往往也一并保留,但放在其他传记中,让大家自行对比判断。所以从太史公把"秦始皇的爸爸是庄襄王"写在《史记·秦始皇本纪》中,可知太史公认为这是官方说法;而从太史公把"秦始皇的爸爸是吕不韦"写在《史记·吕不韦列传》中,可知太史公认为这是奇说异谈。

当然我们不能说官方的、正统的说法就一定对,奇说异谈一定错,所以还得细分析。其实细说起来,不但列传和本纪的记载互相矛盾,就连列传本身都有自相矛盾的地方——列传一面说赵姬做吕不韦小妾时就已经怀孕了,一面说她跟了子楚后,"大期"才生下儿子。有人不明白"大期"什么意思,其实古人有两种解释:

期,十二月也。
　　　　　　——东晋徐广,见南朝宋裴骃《史记集解》
十月而产,妇人大期。
　　　　　　——唐孔颖达,见《左传·僖公十七年》注疏

也就是说,不论是徐广的说法还是孔颖达的解释,"大期"都是超过十个月的,这样问题就来了——如果赵姬真的怀了吕不韦的孩子,那么她从跟子楚到生孩子就不可能超过十个月,最多只能有八九个月,因为古人没有先进的测孕技术,一般是根据没来月经或有早孕反应来判断怀孕的,这至少得有一个多月的时间。反过来,既然太史公特意写赵姬"大期"而生秦始皇,那么赵姬在跟子楚之前就不可能有孕在身。

所以说列传在记述秦始皇出生时本身就自相矛盾。

接下来，我们还可以从三个方面来说说秦始皇到底是谁儿子这事儿。

一、古人尤其是秦汉时期的人，对于血统的重视不是我们能想象的，尤其在爵位继承方面必须要看血统

太史公在《史记·三代世表》中曾说：

> 自殷以前诸侯不可得而谱，周以来乃颇可著。

这意思是说，商代以前的诸侯谱系太史公已经找不到了，但是周代以来的记载还挺多。《周礼·春官·小史》记载，周代专门有一类叫"小史"的史官，他们的主要任务之一就是"奠世系，辨昭穆"，也就是记录天子诸侯的家谱世系。战国时期秦国肯定也有这样专门记录王室谱牒的机构和官员。虽然我们今天已经看不到秦国谱牒的具体形态，但根据后世的谱牒来看，王室成员的名字、出生年月、婚配对象、子女情况等都是要记录的。子楚作为王太孙，是王室的重要人物，他的婚配和子女情况自然都是要上谱牒的。

如果一个贵族的血统不纯，在古时那可是极为严重的事情。在承袭秦制的汉代有两个事例可以说道说道：

《史记·樊哙传》记载，樊哙的儿子樊市人在汉文帝时期承袭了父亲舞阳侯的爵位；樊市人做了二十九年侯爷后病死，又由他的儿子樊他广袭爵。但不久有樊家的门客向汉朝朝廷告发，说樊市人其实没有生育能力，樊他广是樊市人让夫人跟自己弟弟通奸生出来的。得报后汉景帝下令交司法部门审查处理，最终樊他广被剥夺了爵位，舞阳国也被废除。

《汉书·赵充国传》则记载，营平侯赵充国的孙子赵钦袭爵后娶

了敬武公主为妻，但公主没有儿子。她为了给赵家续香火，就指使赵钦的姜室习良人假装怀孕，然后从民间抱来一个男婴，后来取名赵岑。赵钦死后，"儿子"赵岑袭爵，习良人做了太夫人。可赵岑的亲生父母听说后，三番五次向赵家讹诈钱财。习良人不胜其扰，给了几次后就再也不肯出钱了。赵岑的亲生父母恼羞成怒，不惜鱼死网破向官府告发，最终赵岑因不是赵家骨血被免除了爵位，封国被废除。

二、子楚不傻，就算他傻还有手下人帮他把关

首先没有任何资料证明子楚这个人是个傻子，反而从他一听吕不韦说"我的门楣得靠王孙来光大"就立马请吕不韦进屋详谈，可以看出他是个智商、情商都没有问题的人。出于男人的自尊，他不可能容忍自己蒙受此等羞辱；出于维护自己好不容易得来的王太孙身份，他更不可能不重视自己的子嗣问题，因为他的那些兄弟此时肯定对他嫉妒得不得了，时刻想在他身上挑错，好把他从王太孙位子上给拱下去。

可能有人会说，子楚就算主观上不想，但也许他欠缺男女生理知识呢？这更不用担心。子楚在成为王太孙之前虽然落魄，那也是相对得势的贵族来讲的，其实人家仆人奴婢一样不会少；子楚在成为王太孙之后，各方面的待遇自然相应提升，配备的奴仆会更多，连医官应该也有了。所以就算子楚有些地方拎不清，他身边也有一堆人帮他审查娶的新妇和其生的儿子。

三、吕不韦是个精明商人，他不可能做损人更可能损己的事情

众所周知，吕不韦帮助子楚主要是为了求取政治上的"贵"。而他把一个怀了自己孩子的姬妾送给子楚，要冒着被子楚本人、子楚身边人和子楚政敌揭穿的巨大风险——如果被子楚本人和他身边人揭穿，子楚肯定会发怒把他赶走甚至杀了他；如果被子楚的政敌告发，

那子楚很可能倒霉，把王太孙的位子丢掉，吕不韦自然也没法借他上位了。

何况就算不考虑被揭穿的可能，吕不韦想给子楚"换种"的成功概率顶多也只有50%而已，因为只有健康的男孩才有可能成为子楚的世子；如果是女孩，或者是不健康的男孩，那自然就不可能做世子。

所以吕不韦把怀孕的姬妾送给子楚是一件风险极大、收益却难以预期的事情。他散尽千金好不容易把子楚捧成王太孙，以他的精明练达为什么还要再节外生枝呢？

至此，结合《史记·吕不韦列传》里赵姬"大期"产子的记录，我们可以得出结论，秦始皇应是秦庄襄王子楚的儿子，而非吕不韦的儿子。

说到这儿不免有人会问，那为什么历史上会流传"秦始皇是吕不韦儿子"这样的谣言呢？这可以从"创作灵感"和"创作动机"两方面来说一说。

首先，因为战国后期曾流传一个类似的"换种"的故事，给人们编派秦始皇提供了一个"创作灵感"。

据《战国策·楚策四·楚考烈王无子》和《史记·春申君列传》记载，与子楚和吕不韦同时代的楚考烈王也没有儿子，有一个叫李园的投机者把自己的妹妹先献给了春申君黄歇，等妹妹有身孕后又撺掇黄歇把她献给楚考烈王，说一旦妹妹在后宫生下儿子，以后楚国国王就都是黄歇的后代了。黄歇利令智昏，照着李园说的做了，后来李园的妹妹真生下一个儿子，这就是后来的楚幽王熊悍。

楚幽王是不是春申君的种我们留待以后再细说，但大家能清楚地看出，上述故事和"秦始皇的爸爸是吕不韦"的故事，在核心内容上是一致的——都是别有用心的人把怀了孕的美女献给君主，最后换了王室血统。

其次，再说"创作动机"。众所周知，后来秦始皇平灭六国，一统天下，六国在战场上打不过秦军，搞暗杀（如"荆轲刺秦王""张良博浪沙狙击始皇帝"）也都一一失败，自然对秦始皇极端痛恨又无可奈何。这时怎么办呢？那只有搞"精神胜利法"，大骂秦始皇不是秦国王室出身而是卑贱的东方商人的野种来泄愤，借此来否定其继位的合法性，进而否定其统治天下的合法性。类似的事情后世也还有，比如清朝时民间流传雍正皇帝用女儿换了陈阁老（陈元龙）家的儿子也即后来的乾隆。

因为既有创作灵感，又有创作动机，所以"秦始皇是吕不韦儿子"的流言才会广泛传播开来。

把秦始皇的身世等问题说完后，其实还有一个问题，我不妨一并说了，那就是他到底叫什么名字？

> 周历已移，仁不代母。秦直其位，吕政残虐。
> ——班固《上明帝表》

秦始皇身后两千年，一些否定秦朝统治合法性的人经常叫他"吕政"，当然我已经说明秦始皇不可能是吕不韦的儿子，所以这种称呼方式就直接可以忽略掉了。

现在大多数人提到秦始皇时都喊他"嬴政"，这种称呼方式至少从汉代就有了。从"约定俗成"这点来看，今人叫"嬴政"也没啥问题。但如果较点真，本书一开始就一再强调，先秦的普通贵族男子称氏不称姓，做了国君后称国不称氏，所以"嬴政"的叫法在先秦时严格讲当然是错误的。

"吕政"的叫法不靠谱，"嬴政"在当时也不对，那秦始皇的名字该怎么叫才符合当时的习惯呢？在《史记·秦始皇本纪》这份太史公所作的秦始皇正式传记中，太史公给出的答案是"（秦始皇）名为政，姓赵氏"，因此很多人照此把秦始皇叫"赵政"。

无独有偶。2009年，北京大学接受捐赠，收藏了一批从海外回收的西汉竹简，这就是所谓的"北大汉简"。令秦史研究者兴奋的是，北大汉简中有一篇自题为"赵正书"的西汉中期篇章，内容写的是秦始皇临终前传位胡亥的故事。该故事的真伪我以后会详述，这里我要说的是，该篇篇名和正文里都把秦始皇叫做"秦王赵正"！把秦始皇叫"秦王"，显然说明该篇的作者不承认他是有权统治天下的皇帝；但说秦始皇名字叫"赵正"，则与司马迁在《史记·秦始皇本纪》中的说法近似，只不过存在一个"政"与"正"哪个是正字哪个是通假字的问题。

那秦始皇真正的名字是"赵政（正）"吗？为什么嬴姓的秦始皇在名前加"赵"这个氏或姓？对此古今学者有两种解释：

其一，一些学者认为"赵"是沿袭造父所得的氏。大家应记得，飞廉小儿子季胜的后代造父因为在穆王西游和联络楚国平定徐偃王叛乱中立功，被周穆王封在赵城，得赐赵氏；飞廉长子恶来的后代当时还没有氏（前朝余孽被剥夺了贵族象征的氏），出于虚荣心也一度攀附，跟着冒氏赵。但笔者也解释过，自周孝王封非子于秦邑后，恢复贵族身份的非子后裔就按照"大夫以邑为氏"的惯例开始自称秦氏，《史记》中记载非子的儿子叫秦侯、曾孙叫秦仲，就是明证。从非子邑秦到秦始皇已经将近七百年了，秦始皇怎么会又改回当年祖先落魄时冒充的赵氏？所以这种解释显然错得没边。

其二，一些学者认为"赵政（正）"中的"赵"是表示秦始皇生在赵国邯郸。具体说，这里学者们的意见其实又分成两类：一类是古今大多数的意见，说"赵"是氏，秦始皇因出生在赵国，把秦氏改为赵氏；另一类小众意见说"赵"是姓，这主要是明末清初阎若璩和当代北京大学历史教授辛德勇的看法，他们认为秦始皇因出生在赵国，又自认功盖古今，于是按照"天子建德，因生以赐姓"的原则，把嬴姓改为赵姓。但这两类说法笔者均不认同。首先，战国时期从来没有哪个诸侯国的国君因自己的出生地而改氏的；其次，就算秦始皇敢于"破旧立新"，连姓都要改，按"因生以赐姓"的原则，他也该改以"邯郸"为姓，或以邯郸周边的著名山、水为姓，因为很明显"赵"是国名，并不是具体地名。秦始皇怎么会选择"赵"这个已经跟赵国密不可分的字做自己的新姓？要知道在秦始皇心中，充满对赵国、赵人的极大恨意，谁愿意在改姓时选一个会引起自己不快记忆的字眼？

"赵"字为什么会引起秦始皇的不快，这里我有必要说说秦始皇跟赵国的恩怨。

太史公在《史记·秦始皇本纪》中说，秦始皇生于秦昭王四十八年（公元前259年）正月，大家听到这个年份想到什么了么？记性好的读者马上会反应过来——这正是长平之战的次年啊！

没错，秦昭王四十七年（公元前260年）春天，秦国出兵伐赵，九月赵括败死，赵军数十万降卒被白起屠杀；次年也即秦昭王四十八年十月，秦军分兵攻占赵国太原郡和武安等城邑，白起正准备乘胜进攻邯郸，结果正月时被嫉妒他功劳的范雎制止，而秦始皇就生在秦国暂停攻赵的这个月。

但接下来赵孝成王背约不向秦国交割六县之地，秦昭王大怒，于秦昭王四十九年十月再次出兵围攻邯郸。赵国刚死了数十万青壮，几乎家家戴孝，邯郸被围后城内人又每天都徘徊在生死边缘，自然恨死了秦人。在邯郸围城里的秦人就成了过街老鼠，被赵人殴打追杀，作为人质的秦国王太孙子楚一家也被赵国看管起来。

到了秦昭王五十年年初，随着邯郸战事越来越惨烈，赵国君臣有了杀秦国人质泄愤的想法。子楚得知后十分恐慌，吕不韦也怕子楚被急了眼的赵人杀死，自己前期的巨额投入都打了水漂，于是又花了六百金的重金贿赂赵国看守，帮助子楚逃出邯郸城，进入城外秦军营寨中，最终子楚得以随秦军回国。但当时秦始皇才三虚岁，路都走不稳，他显然是没法逃走的，只能由母亲赵姬带着继续留在城里。为了躲避愤怒的赵人的追杀，赵姬抱着小始皇躲到了娘家，因为她娘家还算是个有点权势的大户，所以娘俩才幸免于难。

那赵姬娘俩是什么时候回到秦国的呢？据《史记·吕不韦列传》记载，直到秦昭王五十六年（公元前251年）秦昭王驾崩，秦孝文王继位，子楚被正式立为王太子，希望与秦国缓和关系的赵国才把赵姬和小始皇送回咸阳，也就是说秦始皇一直在赵国待到九岁。这六年间虽然有外公家罩着，但他和母亲备受邯郸人的歧视和欺辱，也吃了不少苦，遭了不少罪，以至于影响了他的性格：他内心深处自卑又缺乏安全感，导致他日后自大、多疑、残暴。《史记·秦始皇本纪》记载，后来秦始皇灭赵之后，曾专门赶赴邯郸，把跟自己母家有仇的仇人全部活埋，可见他的怨恨之深。

说到这儿，我们回到秦始皇的"赵政（正）"的这个称谓上来，大家认为深恨赵人的秦始皇，会改秦氏为赵氏，或改嬴姓为赵姓吗？想来只要不是患上自虐的斯德哥尔摩综合征的人，都不会这么干！

> 斯德哥尔摩综合征，又称人质情结或人质综合征，是指被害者对于犯罪者产生情感，甚至反过来帮助犯罪者的一种情结。

笔者以为，"赵政（正）"应该是秦始皇三岁到九岁躲在外公家期间的曾用名，他的母亲或外公让他随母亲的氏，管他叫"赵政（正）"，目的当然是掩饰他秦国王室后裔的身份，以避免受到赵人更多的伤害。不过这个名字从秦始皇回到秦国起自然就停用了，按当时的惯例，秦人对他的正式称呼先后应是王太孙政（正）、太子政（正）；而等他登基成为秦王，就该遵循"国君无氏，不称氏称国"的原则，改叫秦政（正）或秦王政（正）；等他自号皇帝，就该称呼他为皇帝；等他死了，就该按他制定的废除谥号、以世计数的规矩称他为始皇帝。那些继续用"赵政（正）"来称呼秦始皇的人，就像用"吕政"称呼他的人一样，都是在玩弄文字游戏，目的都是想有意无意抹杀他的秦国王族身份。

最后我再说一下秦始皇的名的正字到底是"政"还是"正":首先,从《史记·秦始皇本纪》中说他因正月出生而得名看,他的名应是"正"而非"政",因为这样逻辑才通顺;其次,南朝宋裴骃编纂的《史记集解》引用东晋徐广的话说,秦始皇的名"一作正",新问世的西汉中期竹简《赵正书》中也是写作"正"的;再次,文献和出土的秦简还都显示,秦二世时为避秦始皇的讳下令把"正月"改为"端月",如果秦始皇的名是"政"显然无需避讳"正月"的"正"。所以"正"才是秦始皇名的本字,"政"则是后来《史记》在传抄过程中出现的通假字。

至此我们可以总结:秦始皇是秦庄襄王子楚的亲生儿子,他并没有改姓或改氏,做国君前是嬴姓秦氏,做国君后不称氏称国,可他们的氏名和国号相同,按先秦规矩都是叫秦正(如西汉初年人贾山就在文章中写"昔者,秦政力并万国,富有天下")。当然您非要依照"约定俗成"称呼他为嬴政也没错,名字不过就是个记号罢了。在中国难道还有人不知道秦始皇吗?

信陵君再创辉煌——第四次"五国伐秦"

回过头来说秦庄襄王。虽然年初十月父亲秦孝文王登基三天就病死,但儿子秦庄襄王子楚仍然到第二年才改元,在历史上留下了"秦孝文王元年"(公元前250年)的印迹,以至于有些不了解秦国历法以十月为岁首的人误以为秦孝文王真的执政近一年之久。

秦庄襄王继位后,为了报答华阳后的恩德,尊她为华阳太后,同时也尊自己的生母夏姬为夏太后。接着他立赵姬为王后,任命吕不韦为秦国丞相。

这时秦庄襄王刚好三十二岁，正是干事业的好年纪。巧的是，当时天下形势可以说对秦国非常有利——东方各国刚刚成功地合纵一次，给予秦国重大打击，就开始忘乎所以，自相残杀起来。

首先是燕、赵两国连年大战。在秦昭王去世的那一年（秦昭王五十六年即公元前251年），燕国相邦、齐人栗腹出使赵国巩固邦交，结果他回来后却撺掇燕王喜说，经他出使观察，赵国前几年被秦国重创，壮丁大都死在长平，幼儿还未长大，此时正是燕国吞并赵国的千载难逢机会。之前燕王喜的父亲燕武成王在位时（公元前271年—公元前258年），曾经派遣大将秦开进攻东胡，一直向东打到浿（pèi）水边，也就是今天朝鲜西北部的清川江边，开拓土地千余里，史称"秦开却胡"，燕国的疆域因此几乎翻番。在父亲光辉业绩的激励下，燕王喜自然也想创造属于自己的荣光，于是头脑发热的他不顾昌国君乐间（乐毅之子）和大夫将渠等人的劝阻，发全国之兵（据《战国策》说有六十万人之众）企图一举灭赵。可连秦军都没能攻下邯郸，在七国中国力几乎垫底的燕国又如何能灭得了赵国？见弱鸡燕国都敢来捡自己的便宜，赵国上下十分愤怒，赵孝成王又重新起用了老将廉颇。在廉颇的指挥下，赵军不但击退了燕军，斩杀了罪魁祸首燕相栗腹，还大举反攻，把燕国都城都包围起来。秦庄襄王二年（公元前248年），燕王喜割让五座城池求和，又按赵国要求任命主张和平的大夫将渠为燕国新相邦，赵军方才退兵。这次由燕国挑起的燕赵战争持续四年之久，燕国作为战败方当然损失惨重，但赵国作为胜利者也不好过，它与秦国的战争创伤还未恢复，现在又增添新的伤痕。

其次是各国分别攻打齐国。齐国自三十多年前复国后就患上了"自闭症"，基本不参与国际活动，只顾关起门来过自己的小日子。但是"树欲静而风不止"，合纵诸国把秦国赶回西部后，剩余的力气没处使，认为齐国"软弱可欺"，就都开始打它的主意。燕国在进攻赵国前,就一度派兵攻占了齐国的聊城(在今山东聊城市西北)。秦昭王五十二年(公元前255年),楚国攻灭了周代著名的礼乐之邦鲁国和它周边的邹(邾)、费等小国,将泗上诸国尽数收于囊中,随后便进攻齐国的南阳地区(今泰山西南、汶河以北地区)。秦昭王五十四年(公元前253年),魏国吞并秦国飞地陶郡、攻占卫国后,也接着继续向东攻伐,夺取了齐国"五都"之一的平陆(在今山东汶上县北)。各国攻齐的行动更让齐国人觉得"天下乌鸦一般黑",燕、楚、魏等国都不是好东西,使得君王后、齐王建越发奉行"孤立主义"。

再次是魏、楚两国火并。魏国东进攻占陶郡和卫国后,就与北上夺取泗水地区的楚国发生了冲突。两国先是在原宋国故都睢阳(在今河南商丘)交锋,随后又在召陵(在今河南漯河市郾城区东)、上蔡(在今河南上蔡县南)对阵,结果都是魏军取胜。

眼见东方各国互相斗得不亦乐乎,秦庄襄王当然笑开了怀,决定继续执行当年应侯范雎的"远交近攻"政策。

秦庄襄王元年(公元前249年),他以东周国与东方诸侯合谋伐秦为名,命丞相吕不韦领兵讨伐。至于东周国有没有真的"犯下"秦国所说的"罪行",史书上没有相关记载,也已经不重要了。

不用说也明白,东周国在秦军面前跟不设防国家一样,这功劳明显是秦庄襄王要送给恩人吕不韦的,因为按商鞅之法,要加官晋爵必须得有军功。本无带兵经验的吕不韦不费吹灰之力占领了包括名城洛阳在内的东周国全境,还抓住东周君并杀了他。秦庄襄王为了显示自己的"仁德",把末代东周君的儿子封在阳人(在今河南汝州市西北),让他能够继续祭祀东周国的先君。至此,周朝最后一点嫡系骨血也完了。

随后秦庄襄王以灭掉东周国的功绩,升丞相吕不韦为相邦,封文信侯,并把天下数得着的繁华之地、前东周王朝的两座都城——河南城(原周王城)与洛阳城封给吕不韦做食邑,进一步报答他的拥立之功。

太史公在《史记·货殖列传》里曾介绍到，封邑中一户百姓一年要向封邑主缴纳200钱，即便不算秦庄襄王最初封给吕不韦的蓝田十二县，仅从河南、洛阳两个县吕不韦每年就能坐收2000万钱。按岳麓书院藏秦简所说的一两黄金能换576个秦半两钱的汇率计算，即等于3.47万两黄金，也就是1736金（1金=1镒黄金=20两黄金），吕不韦当年的投资瞬间就回本了。

接下来秦庄襄王乘着灭掉东周国的余威，又派大将蒙骜伐韩，攻占了重镇成皋和荥阳，使魏国都城大梁直接暴露在秦国的兵锋之下。为消化战争成果，秦国用新得的西周国、东周国领土和韩国成皋、荥阳组成了一个新的郡，因其境内有黄河、洛水、伊水三条大河，故而取名"三川郡"，郡治设在洛阳。

尝到扩张甜头的秦人当然停不下来。第二年也即秦庄襄王二年（公元前248年），赵国反攻燕国。燕军不敌，燕王喜把河间地区十城送给秦国相邦吕不韦做封邑，以此作为礼物向秦国求援。于是秦庄襄王和吕不韦继续以蒙骜为主将，趁着赵国西部兵力空虚的机会发兵攻打赵国的太原郡，历时一年夺得三十七城。赵孝成王为缓和秦国的攻势，只得把太子春平侯送到秦国当质子，以向秦国求和。秦国方面可能是觉得需要时间来巩固对新占领区的统治，所以答应了，随后秦庄襄王下令以所得之地设置了秦太原郡。三年后赵孝成王驾崩，赵太子春平侯因被秦人滞留无法回国继位，赵国大臣便拥立赵孝成王的另一子、春平侯的弟弟赵偃继位，是为赵悼襄王。

秦庄襄王三年（公元前247年），秦庄襄王又以王龁为主将，发兵攻打当年得而复失的韩国上党郡。韩国当然也无力防守，上党郡在十年之后再次落入秦国手中。在这前后，秦军又攻占了上党盆地东南部的魏属高都一带，并越过太行山占领了东麓的魏国汲县（在今河南卫辉市西南）。就这样，韩属、魏属上党地区和赵国太原地区都落入秦国之手，只有赵属上党还被赵人牢牢守住，因为那是邯郸西部的最后屏障。

秦国向东咄咄逼人的态势终于将浑浑噩噩的东方国家惊醒，尤其是直接受到打击的三晋再次感受到严重的生存危机。这时候三晋中名望较高、资历较老的赵国平原君赵胜已经去世，"窃符救赵"的魏国信陵君魏无忌则仍然寄居在邯郸。秦国新设的三川郡与魏国都城大梁直接接壤，让魏安釐王寝食难安，思来想去他觉得要挽救魏国必须得借重弟弟的威望，于是派使者到邯郸去请信陵君回国主持大局。

魏无忌听说有使者自祖国来，却不信哥哥能原谅自己，因而他对手下人说："有胆敢替魏国使者传话的，别怪我杀了他！"魏无忌的门客也都是跟着他背弃魏国来到赵国的，所以没有人敢劝魏无忌回国。

眼看事情要黄，有叫毛公和薛公的两个人挺身而出，前去面见信陵君。这哥俩是谁呢？原来他们是赵国"大隐隐于市"的隐者——毛公混迹于赌徒中，薛公隐藏在酒肆中。信陵君魏无忌定居邯郸后仍改不了广交朋友的习惯，曾微服去结交他们，三人相谈甚欢，成为了至交好友。

毛公和薛公见了魏无忌之后，直言不讳道："公子您之所以被赵国敬重，名闻诸侯，是因为有魏国在。现在秦国攻打您的祖国魏国，魏国危急而公子您却无动于衷。一旦秦军攻破大梁，夷平了魏国的宗庙社稷，公子还有何面目在天下立足？"

魏无忌听了面红耳赤，他不是当年的孟尝君田文，内心其实始终挂念着祖国，于是立即命人准备车马，启程回国。

进入大梁城，魏安釐王和信陵君这对兄弟时隔十一年重逢，不由得相拥而泣。随后魏安釐王把上将军大印授予信陵君，让他再次组织诸侯合纵抗秦。

信陵君利用自己的威望，分遣使者奔赴各国，动员大家放下纷争齐心对秦。当年信陵君"窃符救赵"的义举至今仍在天下传颂，听说他又举起合纵的大旗，痛失太原郡的赵国当然积极响应，曾主持救援

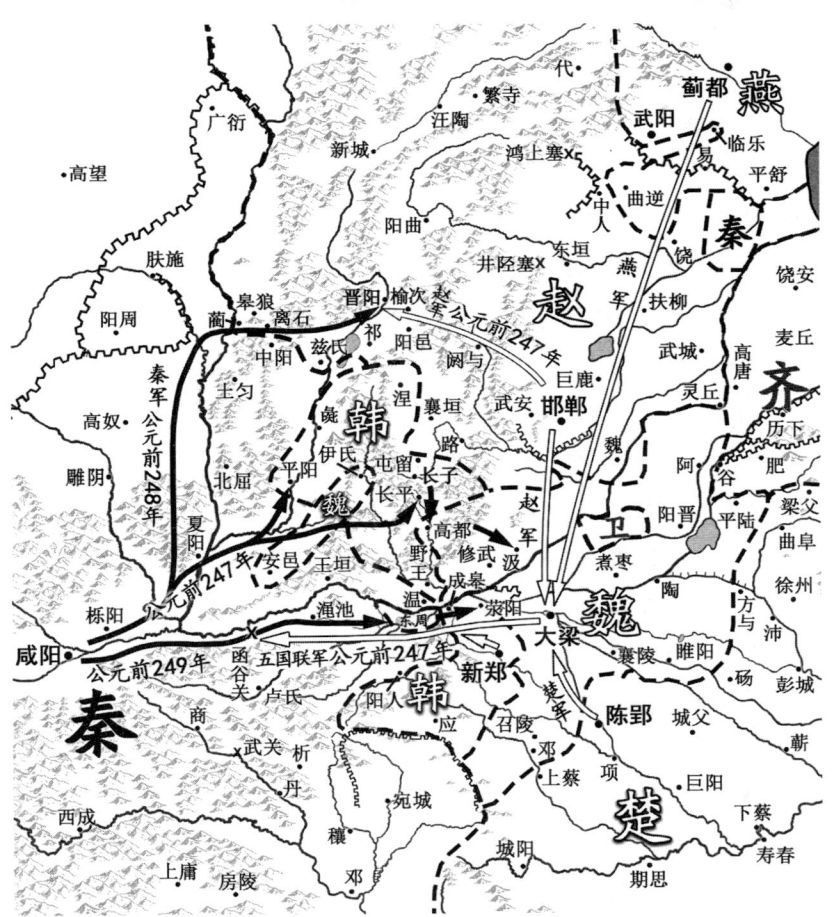

秦庄襄王灭东周国、攻三晋与信陵君组织第四次"五国伐秦"示意图

邯郸的楚国春申君黄歇也表示支持，随后较弱的韩、燕跟风而起，只有齐国一国仍旧是"自闭"到底。于是信陵君统帅魏、赵、韩、楚、燕五国联军，浩浩荡荡向西杀去。算起来，这是战国时期的第四次"五国合纵伐秦"了。（十年前的邯郸之战虽然也是合纵抗秦，但一来没有五国只有赵、魏、韩、楚四国，二来并非主动合纵而是被动抵抗。）

秦庄襄王听说曾经声震天下的信陵君又组织起规模浩大的合纵攻势，心中也不由得有些发虚。但俗话说"兵来将挡，水来土掩"，他只得硬着头皮派蒙骜领兵迎战。信陵君指挥的五国联军与蒙骜指挥的秦军在河外也即黄河以南的秦三川郡一带交战，秦军继邯郸之战、河东之战后再次遭遇大败，蒙骜狼狈逃窜。信陵君率军乘胜追击，收复了魏国的汲县和赵国的太原郡等地，一直打到函谷关前才收兵。

信陵君此次主动合纵伐秦的胜利，证明尽管当时秦国已经一国独大，东方国家没有任何一国可以单独跟秦国抗衡，但只要诸国能够"齐心合力"，制衡秦国并非没有希望。当然"齐心合力"这四个字说起来简单做起来极难，因为各国各有"小九九"，只有同时受到极大威胁，并且还得有一个威望甚高、能力非凡的核心人物来组织，合纵抗秦才有可能取得胜利，二者缺一不可。

这次失败，对秦国又是一次极大震动。当年五月，秦庄襄王突然病逝，年仅三十五岁，按古代的计算习惯这还是虚岁。秦庄襄王的死因史书上没有记载，一方面很可能是他的身体本来就不太好，另一方面应该也与河外之战惨败使他精神受到严重打击有关。从秦庄襄王继位三年来的表现看，他也算颇有作为。无奈时也命也，天不假年，所以统一天下的重任只能由他的儿子去完成了。

李斯的阴招与信陵君之死

秦庄襄王驾崩后，年仅十三虚岁的太子正继位，这就是秦王正，也即后来赫赫有名的秦始皇，当然这时他还只有"王"的名号。

按照秦国制度，君王二十二岁举行冠礼后才算成人，冠礼之前的少年秦王是不能亲政的，因此秦国大政这时暂由已经升级为太后的赵姬和已经升级为相邦的文信侯吕不韦共同执掌。为表示对吕不韦的倚重，秦王正还谨遵父亲遗命，仿效当年齐桓公对管仲，尊吕不韦为"仲父"。

不过比秦昭王和秦庄襄王时更加复杂的是，这时秦王正的嫡祖母华阳太后和亲祖母夏太后这两位太王太后依然健在。华阳太后我们知道她是楚国人，代表楚系外戚势力，那秦庄襄王子楚的生母夏太后代表哪一国的外戚势力呢？这个史书上却没有记载。旅日学者李开元认为夏太后应该是韩国人，他还做过如下解释：夏太后被尊为太后前被称作夏姬，春秋战国时"某姬"的"某"主要是指该女的国籍；那会儿没有"夏国"，夏姬的"夏"应该表示她来自旧时的夏朝区域即豫西或晋南，晋南战国前中期属于魏国，但这时早就属于秦，所以夏姬应该来自豫西，即当时的韩国。这种推测很可能接近事实，那么夏太后应该就是秦国韩系外戚的代表。所以秦王正继位之初秦国政坛上等于存在四股政治势力：华阳太后为首的楚系外戚势力；夏太后为首的韩系外戚势力；赵姬为首的赵系外戚势力；相邦吕不韦为首的客卿势力。这四股势力有大有小，还互相关联缠绕。

按惯例，新君年少，该由母太后训政，但赵姬在秦国的根基较浅，她本人也没有多少政治野心和政治能力，所以最初她的势力并不大。华阳太后是安国君也即后来的秦孝文王的嫡夫人，深得恩宠，还有弟弟阳泉君帮衬，秦王正的父亲秦庄襄王子楚都是靠她提携才上台的，所以她的势力在秦国仍树大根深。

夏太后这个人很多史书都忽视了她，因为她最初仅是安国君一个不得宠的小妾，但2005年夏太后陵在西安现身并由考古工作者进行了抢救性发掘，人们惊讶地发现夏太后的墓葬居然是"亚"字形的帝王级规格，还出土了六马所驾的天子级别马车，墓葬大小在已发掘的秦墓中仅次于秦公一号大墓，可见秦庄襄王继位后她母以子贵，终于熬出头并拥有了巨大的权势。

最后说相邦吕不韦，虽然他地位不如太后们尊贵，但他是百官之首，主持日常政务，尤其是和其他势力都有交集：吕不韦是走了当年的华阳夫人如今的华阳太后的门路才把子楚扶上位，那他自己等于说也是拜在华阳太后的门下的；另一方面，他和赵姬赵太后又曾经是主人与小妾的关系；虽然史书没有说他和夏太后的关系，但作为夏太后亲儿子的亲信，他跟夏太后的关系应该也不会差。所以那时的吕不韦应该是各个太后都能接受的人物。

就这样，因为新老太后坐镇，各派系势力相对均衡，故而秦国虽然是"少主在位"，但却没有出现"主少国疑"的情况，政局仍然稳定。

内部既然比较和谐，那秦人就有精力对外了。对外方面，此时秦国的首要大事，就是破坏东方国家的合纵，否则秦国将很难打开局面。正当主持日常政务的相邦吕不韦为此一筹莫展之际，一个从楚国来到秦国谋求发展的年轻人帮了他大忙，此人就是信奉"老鼠哲学"的李斯。

李斯，老家在楚国的上蔡（在今河南上蔡西南）。青年时代他在郡里面做一个小吏糊口，看见官署厕所里的老鼠平时只能偷吃点乌七八糟的东西，碰见人和狗都被吓得四处乱窜，但是粮仓中的老鼠却可以尽情地吃着大好粮食，还不用担心任何骚扰。为此李斯感叹说："一个人能不能有出息，就像老鼠一样，得看待在什么地方啊！"

当然李斯清楚，老鼠能随便乱跑，但人要想选择环境和平台，自身必须得有过硬的本领。因此为了能活得像粮仓中的老鼠一样幸福，他拜在当时担任楚国兰陵令的著名学者荀子门下为徒。那会儿正是秦昭王末年。

荀子名况，时人尊称其为"荀卿"，赵国人，是先秦时期最后一个大儒，也是先秦诸子的集大成者。战国时期，天下战乱不休，人心思和，各家各派几乎都对如何结束分裂、重建秩序提出了自己的方法。面对已经彻底"礼崩乐坏"的局面，荀子基于他"人性恶"的认识，在孔孟等人的基础上形成了自己的"大一统"主张。他既尊崇孔子，提倡"仁义"与"王道"，主张"隆礼"；但又明白儒家的不足之处，因而批判吸收了法家的一些思想，同时主张"重法"，并将其提升到不可或缺的地位。这就是《荀子·大略》篇所指的"隆礼尊贤而王，重法爱民而霸"。虽然作为一个儒者，他主观上仍旧认为"礼"为根本，"法"不过是必要补充，但客观上则开创了儒法合流的先河。

荀子早年在齐国临淄的稷下学宫求学，乐毅破齐后为躲避战乱一度住在楚国，白起破郢后再度回到已经复国的齐国，被齐襄王任命为稷下学宫的祭酒，也就是学宫负责人。当然荀子并不甘于做一个学问人，而是希望能够实现自己的政治抱负。因为政治主张不被齐国相邦接受，长平之战前他曾前往秦国游历。不过他虽然受到秦昭王和应侯范雎的接见，但秦昭王也认为"儒无益于人之国"（《荀子·儒效》），所以没有任用荀子。此后荀子在祖国赵国居住了一段时间，最终被欣赏他才学的春申君黄歇请到楚国，担任了兰陵县（今山东兰陵县）县令一职。

可能了解老师以前的这段碰壁经历，所以李斯和他的同学韩国公子韩非等人对老师学说中的儒学主干不是很感兴趣，反而对老师为补充儒学而引入的法家元素十分倾心。

有一次李斯问老师："秦国从秦孝公到今王（秦昭王），一连四代国君都称雄天下，兵马冠于海内，威势力压诸侯，但它却不是靠施行仁义做到这些的，只不过是顺着便利的形势而为。老师以为呢？"

徒弟公然否认儒家仁政的作用，荀子却没有难堪，而是狠狠教育他说："这不是你能懂的。你所说的便利，并非真的便利。如果能施行我所说的仁义，才是真正的便利。因为只有施行仁义，修明政治，老百姓才会亲近君主，乐于献身。所以说，一切都在于君主是否贤明，将帅的能力是次要的。秦国虽然四代君王都保持强盛，但是却整天害怕东方各国合纵来颠覆自己，这就是所谓的'末世之兵'，没有抓住根本。商汤之所以能够放逐夏桀，不是因为鸣条那一仗；周武王之所以能够诛杀纣王，也不是因为甲子那天在牧野的战斗，而是由于他们之前一直都在施行仁义、教化万民，这就是'仁义之师'。现在你们不求仁义这根本，只在强兵的末节上打转转，故而世道才如此混乱。"

荀子认为"军事是政治的延伸"这一点是没有错的，但政治就是"施行仁义"吗？李斯听了没有说话，但是内心却认为老师实在有些迂阔。

当然在荀子门下学习几年后，李斯各方面的收获还是不小的，尤其是老师学说中的"大一统"思想对他影响很深。"学而优则仕"，这是孔子弟子子夏的名言，李斯开始准备像前辈们那样去游说诸侯。但是去哪里呢？当时天下局势已经明朗，六国衰弱，秦国一家独大，李斯想起老鼠待在不同地方生活有天壤之别的那一幕，决定选择那个最佳的平台。

为此李斯辞别恩师，直言不讳地说："现在列国纷争，秦国欲统一天下，这正是游士驰骋之时。耻辱没有比卑贱更大的，悲哀莫甚于穷困。一个人长期处在卑贱的地位、困苦的环境，却愤世嫉俗，说自己不求利禄，自诩与世无争，这不是士人的真性情。所以我将西行去游说秦王。"在这里李斯直白地表达了自己不甘贫贱、追求功名利禄之心。

荀子虽然认为秦国距离王道还很远，但他当年在秦国时经过仔细观察，也曾夸赞秦国百姓质朴敦厚、百吏恭俭忠信、百官奉公无私、朝政处理迅速，实在是强于东方诸国，所以也并没有阻拦。潜意识里，他当然是希望自己的学生能在秦国实践自己的儒家理想，哪怕只有一些。

李斯进入秦国时，恰逢秦庄襄王去世，秦王正继位，相邦吕不韦权倾朝野。精明的李斯非常清楚当时秦国的权力中心在哪里，所以投在吕不韦门下当了一名舍人。

战国时期养士之风盛行。吕不韦登上相邦之位后，在养士规模方面自然向最高等级的孟尝君、平原君、信陵君、春申君这"战国四公子"看齐，其门客家臣也达到数千人之多。虽说竞争激烈，但是金子到哪里都能发光、锥子放哪里都要冒尖，李斯很快就从吕不韦的手下崭露头角，获得赏识。吕不韦于是举荐他为郎，也即国君的侍从和宿卫人员。郎的官职不大，却可以经常见到国君，能"近水楼台先得月"，升迁的机会当然更多。后世清朝的和珅和大人，就是因为担任御前侍卫，在乾隆感叹"虎兕出于柙，龟玉毁于椟中，是谁之过与"后对了一句"典守者不能辞其责"，因而得到乾隆注意并一路飞黄腾达的。

一心要改变自己命运的李斯在宫中当值时，自然不会放弃一切在小秦王正面前表现自己的机会，因为他明白这位小爷才是未来秦国的真正主人。

某一天，他趁秦王正高兴时对他说："庸人常常失去时机，能成大功业的人都是善于抓住转瞬即逝的机会猛下狠手的。自秦孝公以来，周室衰弱，诸侯兼并，关东分为六大国，秦国乘机役使他们，至今已经六世。现在六国服从秦国，就像郡县一样。以秦国的强盛，大王的贤能，剿灭诸侯，统一天下，成就帝业，就如同扫掉灶台上的灰尘一样容易。但如果现在懈怠不抓紧机会，一旦诸侯重新强大，一起合纵对秦。就算像黄帝那样贤明，也无法再完成统一了。"

在这里，李斯明确提出了彻底消灭六国、统一天下的"帝业"目标，这显然比之前秦人追求的"霸业"更高一级。李斯作为楚人,却这样怂恿秦王,显然在他心中是把建功立业放在第一位的。试想秦国如果固守自保,像李斯这样的人又怎么会有机会建功立业、出人头地呢?

秦王正虽然年纪不大也还没掌握实际权力,但打小就有成就伟业的志向。听了李斯的话,他不禁感到有些焦急,连忙问李斯如何才能打破现在由魏国信陵君发动的"五国合纵"局面。

李斯回答道:"我们可以派人带上金玉珍宝秘密潜入各国开展活动。各国的大臣名士能用财宝收买的,就不惜重金收买拉拢;如果碰到不贪财、收买不了的,那就把他暗杀掉!等到其君臣离心,然后大王就可以遣将派兵攻打了!"

李斯的招数确实阴狠,颇有"为达目的不择手段"的味道,但秦王正听了李斯的主意后眼前一亮,当即表示赞同,要求立即实施。随即他提拔李斯为长史(相邦府秘书长),不久又升他为客卿。显然秦王正在未亲政前也没有闲着,而是注重培养自己的班底,为未来掌握大权做准备。

接下来作为行政一把手的相邦吕不韦开始按李斯的计策,派人去各国进行金钱收买和暗杀活动,来破坏东方的合纵运动,并很快取得了相当成效。不过这招对付其他人有用,用来直接对付合纵的主导人信陵君魏无忌却难以奏效了——信陵君不缺财宝,买通不了;他有三千名门客、安保严密,也暗杀不掉。怎么办呢?吕不韦和李斯在一起合计来合计去,最终找到一个突破口。

这天,一位秦国密使悄悄进入魏国一个穷士人的家中。这穷士人有什么值得秦人注意的呢?原来他是当年被信陵君杀死的魏将晋鄙的门客。

秦国密使对晋鄙门客说,当年晋鄙是奉魏王之命驻军荡阴,毫无过错,却被信陵君矫诏杀死,常言道"士为知己者死",作为门客怎么能不替主人报仇呢?随后他拿出大量财宝,又对这门客耳语一番，这门客边听边连连点头。

不久，晋鄙门客来到大梁王宫外，声称有要事求见魏安釐王。魏安釐王听说了他的身份，想起了因忠于自己命令而死的晋鄙，于是让人宣他进宫。

晋鄙门客行礼后对魏安釐王说："公子信陵君流亡在外十年，现在一朝当上魏国统帅，各国将领都唯他马首是瞻，根本不把大王您放在眼中。听说信陵君打算趁着兵权在握篡位自立、南面称孤，诸侯们畏于信陵君的威势，也打算拥护他。因此小人特来向大王禀报！"

魏安釐王听后心里一沉，不由得想起一桩陈年往事。

那还是在信陵君窃符救赵前。魏安釐王有一次正跟弟弟信陵君在宫中下棋，突然边境传来急报，说赵国集结了大批兵马南下，即将大举入侵魏国。魏安釐王一听着了慌，连忙放下棋子，命人召集诸大臣前来商议如何御敌。

可是信陵君却一副风轻云淡的样子，笑着制止哥哥说："那是赵王外出打猎，不是要入侵我国。哥哥不必惊慌。"说完信陵君拉着哥哥继续下棋。

魏安釐王听了半信半疑，但怕被弟弟笑话扛不住事儿，只好也装作从容淡定的样子继续下棋，但他的棋路其实已经乱掉。

过了不久，边境又传来报告，说确实是赵王在魏赵边境附近打猎，并非是赵军要犯境。

魏安釐王对弟弟能料事如神十分惊异，就问弟弟是怎样做出判断的。

信陵君也有些嘚瑟，就回答说并非他能掐会算，而是因为自己早就派有门客在赵王身边做"卧底"，所以赵王的一举一动都在他掌握之中。

魏安釐王听了，嘴上夸奖弟弟不愧号称"门客三千"，内心却十分恐慌：弟弟连赵王身边都能安插眼线，那自己身边得有多少人是弟弟的人呢？自己的一举一动肯定也都在弟弟掌握下吧？他越想越害怕，自此开始对信陵君这个弟弟严加提防，不让他参与朝中政务。

忆完往事，回到现实，魏安釐王明白弟弟信陵君窃符救赵和成功组织"五国合纵伐秦"后，威望更进一步。当年他就能到处安插眼线，现在兵权在握的他如果心怀异志，要推翻自己、自立为王，那还不是轻而易举的事情？想到这儿，他突然感觉浑身冷飕飕的。不过虽然又对弟弟信陵君起了疑心，魏安釐王却不敢轻易进行处置：一方面他怕打蛇不成反遭咬，另一方面他更明白，没有弟弟主持合纵伐秦，不但无法收复魏国失地，恐怕大梁早晚也会被秦国端掉，自己这个王位还是保不住。

但晋鄙门客走后不久，又有不少人陆续在魏安釐王面前状告信陵君意图谋反，这些人当然大都是收了秦人的钱财的。有道是"三人成虎"，魏安釐王开始越来越讨厌弟弟信陵君。

某一天，大梁突然来了一个秦国使团，魏国人问他们所为何来，他们回答说秦王听闻信陵君登基称王，因此特派他们前来祝贺。

魏安釐王得知勃然变色，自己还没下台呢，祝贺弟弟登基的外国使团就来了！这件事成为压垮骆驼的最后一根稻草，魏安釐王于是在进行了周密的部署后，命人收回了授予弟弟信陵君的上将军印信。李斯等人的计谋终于得逞。

信陵君见此情景，知道哥哥又不信任自己了。他忠心为国，两次击败强秦、力挽狂澜，却落得这般下场，心中的委屈苦闷自然是难以名状。此后心灰意冷的信陵君称病不再上朝，天天或和门客们喝得昏天暗地，或与姬妾们在闺房嬉闹厮混，以醉生梦死来麻痹自己、逃避现实。他的不反抗和听天由命，已经足以证明他其实并无任何野心。四年之后，也就是在秦王政四年（公元前243年）时，曾经屡挫强秦的信陵君魏无忌终于被酒色掏空了身体，离开人世。

信陵君这人，说实话本身的见识能力很有限，顶多算是中人之才，从他在哥哥面前显摆自己在赵王身边安插了间谍、最初救赵时想不出办法只知道带着门客北上拼命等所作所为，大家应该都能看出来。但是魏无忌身上的一些优点有效地弥补了上述缺点，那就是他心地仁厚，重义守信，待人诚恳有礼，具有大局观念，能够虚心听取他人意见。尤其难能可贵的是，作为一个高等贵族，他对士人的尊重礼貌都是发自内心的，而不是像很多权贵那样是装出来的，所以大批能人异士聚集在他身边甘愿为他出死力。因此太史公在《魏公子列传》中写道："天下诸公子亦有喜士者矣，然信陵君之接岩穴隐者，不耻下交，有以也。名冠诸侯，不虚耳。"要给"战国四公子"排个座次，论人品、论功业，信陵君魏无忌当属第一。

信陵君的郁郁而死，不但是他个人的悲剧，也是东方六国的悲剧，因为在这之后东方再也没有出现一个能够有效整合各国力量合纵抗秦并取得成绩的政治家。他死后约二十年，秦国就吞并了东方六国。正因为如此，六国灭亡后东方人更加怀念他。

值得一提的是，后来反秦义军中一个叫张耳的领袖，年轻时就曾经投在信陵君门下做过他的门客；秦始皇刚刚统一天下时，楚地沛县丰邑（在今江苏丰县）有个二十多岁的年轻人经常去外黄（在今河南民权县西北）拜访定居那里的张耳，有时在张耳家做客一做就是数月。这个人姓祁氏刘，排行老三，人称刘季，大号叫刘邦，是春秋时期晋国名臣士会留在秦国的儿子刘轼（士雅）的后人（刘轼的后代在秦简公时被攻占河西的魏军虏回魏国，后来随魏惠王迁居新都大梁，战国末年刘家为避战乱又自魏国大梁迁居楚国丰邑）。可能刘邦从大哥张耳那儿听说了很多信陵君礼贤下士、屡挫强秦的故事，他很早就对信陵君非常崇拜。他后来敢于起事抗秦，应该也受了信陵君的不少影响。击败项羽称帝后，汉高祖刘邦每次只要路过大梁，都要到信陵君的墓前祭拜，后来还专门为信陵君墓设置了五户守家人，每年四季都举行祭祀仪式。汉代对信陵君的祭祀持续了两百多年，直到王莽代汉才停止。

最后的挣扎——第五次"五国伐秦"

自信陵君兵权被夺、五国合纵联盟瓦解后，在秦国主政的相邦吕不韦开始了对东方的又一轮攻势。

秦王正元年（公元前246年），秦国老将蒙骜率军第三次攻占赵国太原郡郡治晋阳。

我们来回顾一下历史：秦人第一次攻占赵国太原郡是在长平大战后，兵败邯郸时太原郡被赵人趁势收复；秦人第二次攻占太原郡是在秦庄襄王二年（公元前248年），但随后在信陵君领导的第四次"五国伐秦"中太原郡又被赵人收复。太原郡屡得屡失，可见作为赵氏的老根据地，当地人对秦人的抵抗是多么激烈。

秦王正二年（公元前245年），秦将麃（biāo）公率军攻魏，占领了卷县（在今河南原阳县西），并斩魏军首级三万。

麃公是秦王正时期的一位重要将领，但是因为史料残缺，他到底叫什么名字至今仍然是个谜，人们甚至连他称呼中的"麃"是姓氏还是封地名都搞不清。再说卷县，它在垣雍的北面、当时黄河的南岸，秦人控制了它，也能开掘黄河，等于在魏都大梁的脖子上悬了把利剑。

秦王正三年（公元前244年），吕不韦继续蚕食三晋：首先，秦将蒙骜率军攻韩，夺取城池十三座，弱小的韩国现在只剩下都城新郑周边的弹丸之地苟延残喘；不久，蒙骜又攻打魏国，夺取畼（chàng）、有诡两地。在用兵之余，吕不韦还派十二岁的小门客甘罗（甘茂后代）出使赵国，逼迫刚继位的赵悼襄王献出赵属河间地区的五座城池给自己做封邑。这样加上之前燕国献出的河间十城，吕不韦已经在燕赵边界东部的河间地区拥有了十五城的封地，在扩大自己地盘的同时，也为秦国在东方打入了一根钢钉。

秦王正四年（公元前243年），被哥哥解除兵权、内心极度抑郁的信陵君在纵情酒色中苦闷离世。信陵君死后没多久，他那忠奸不分的哥哥魏安釐王也一命呜呼，王位由安釐王之子太子增继承，这就是魏景湣王。魏国两位政治强人去世，新君继位，本是秦国讨便宜的良机，但当年七月秦国自身遭受大规模蝗灾，并引发严重瘟疫，只得休息了一年。为了缓解灾害，秦国官府甚至下令"百姓纳粟千石，拜爵一级"。

第二年，秦国灾情缓解，相邦吕不韦立即派蒙骜大举攻魏。魏景湣王刚上台就迎来这样的"厚礼"，内心惶恐万分，一面调兵抵御，一面派使者到各国紧急求援。魏国的使者倒是给力，先后请来了楚军、燕军。可楚、燕之师畏惧秦军，刚进入魏国境内就修筑营垒躲着不出来，只帮着魏人凑人气却不敢下场子。蒙骜看清两国援军外强中干，于是全力对魏，一口气打下魏国山阳、酸枣、桃人、燕县、虚县、雍丘、长平（非上党长平）等二十座城池。

蒙骜所得的上述地方少部分在河内地区（如山阳等），大部分在当时的黄河以南、濮水以北区域（如酸枣、桃人、燕县、虚县等），随后秦国为切断"山东纵亲之腰"，正式以河南、濮北之地组建了一个新的郡——东郡。下图阴影部分即最初的东郡。

秦国设立东郡的举动让东方国家惊惧不已：东郡是秦国河内郡和三川郡的向东延伸，它就如刚刚伸出的一只手臂，如果不及时把它打断，而让它再向前扩展顶在东方中立国齐国的身上，就能把魏、赵、韩、楚、燕等国南北隔绝开来，以后各国再想搞合纵抗秦就更加困难了，这是最令东方国家害怕的。

因此在被分割消灭的巨大威胁下，吃秦人苦头较多的魏国和赵国首先行动起来，两国相邦在柯（即阿，在今山东阳谷县东北阿城镇）

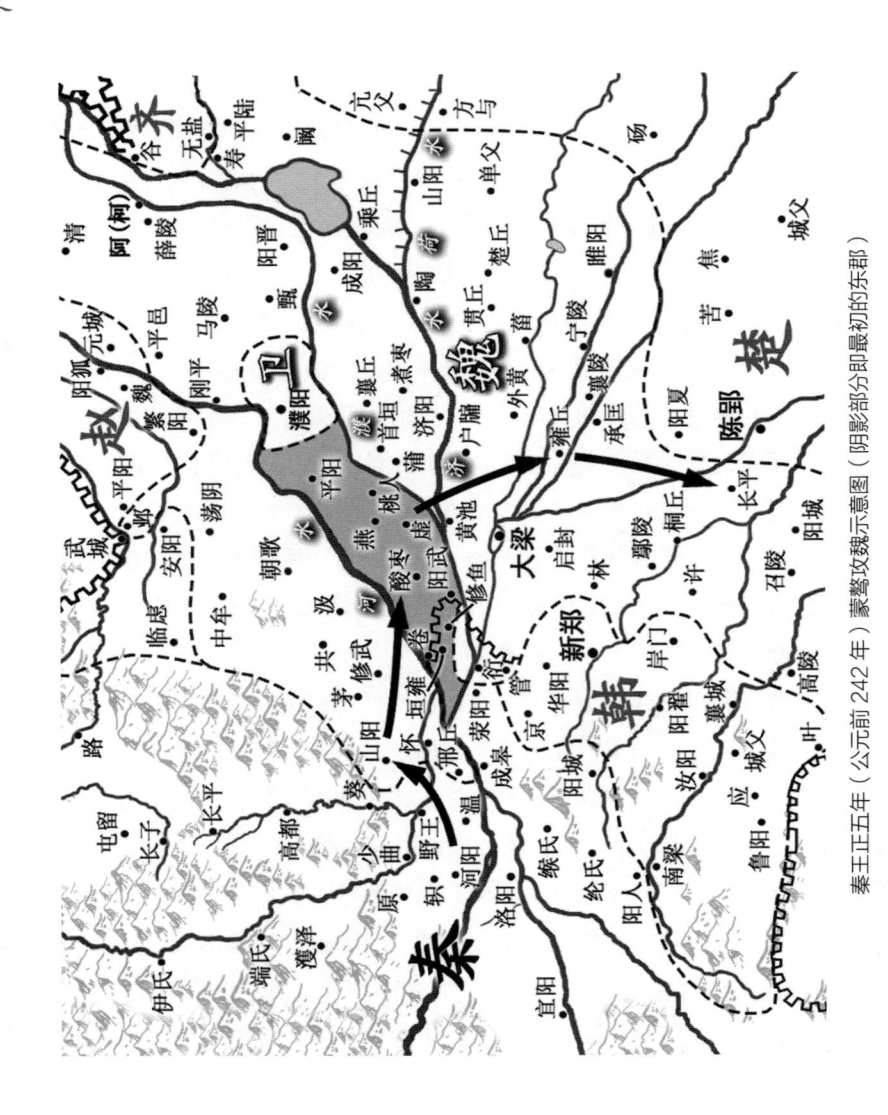

秦王正五年（公元前242年）蒙骜攻魏战示意图（阴影部分即最初的东郡）

会面，磋商合作抗秦事宜并结成联盟。为表示抗秦的决心，魏景湣王还杀掉了本国亲秦的将领吕辽。在魏景湣王的带动下，韩国、楚国也答应加入，只有燕国和齐国仍旧冷眼旁观。燕国不参与，一方面是因为它跟秦国不接壤、感受的威胁不如其他国家迫切，另一方面是因为前不久赵国又攻打燕国，夺取了燕上谷郡等地，因此正在气头上的燕人不想跟赵人合作。至于齐国，虽然这时候亲秦的太后君王后已死，但以相邦后胜为首的大臣、宾客收了秦人大批贿赂，天天在齐王建耳朵边大讲事奉秦国的好处、提醒五国"残害"齐国的新仇旧恨，所以齐王建还是坚持母亲的"谨事秦"政策，拒绝参与合纵反秦运动。

这时在赵、魏、韩、楚四国中，楚国国力居首，信陵君魏无忌卒后，年逾七旬的春申君黄歇也升级为各国中资格最老、威望最高的政治家，于是各国推举楚考烈王为合纵长、春申君为主持人，相约合纵伐秦。在黄歇的居中协调运作下，秦王正六年（公元前241年），楚、魏、赵、韩四大国的军队和魏国的附属国卫国的军队合兵一处，由赵国将领庞煖（nuǎn，同"暖"）统帅，浩浩荡荡杀向秦国函谷关。

说起庞煖，那可是个神仙般的人物。据先秦古书《鹖冠子》记载，庞煖曾经跟赵武灵王谈过兵论过道，如果该书记载无误，那按他在赵武灵王晚年为二十多岁计算，到这时也该八十岁上下的高龄了（赵武灵王死于公元前295年）。

黄歇之所以拜须发全白的老将庞煖为帅，自然因为后者是当时著名的纵横家兼兵家——《汉书·艺文志》录有纵横家书《庞煖》两篇、兵书《庞煖》三篇；而且庞煖并非"理论派"而是"实战派"，在前几年的赵燕战争时他曾大败并俘杀燕国名将剧辛，歼灭燕军两万余人。

联军出动后，一开始在庞煖的指挥下进展还挺顺利，居然打进天险函谷关，深入秦国腹地，一直攻到距离咸阳不到百里的蕞（zuì）地（在今陕西西安市临潼区北）。这是自楚怀王攻秦的蓝田之战以来，外国军队逼近咸阳最近的一次，可见庞煖并非浪得虚名。不过联军打到这

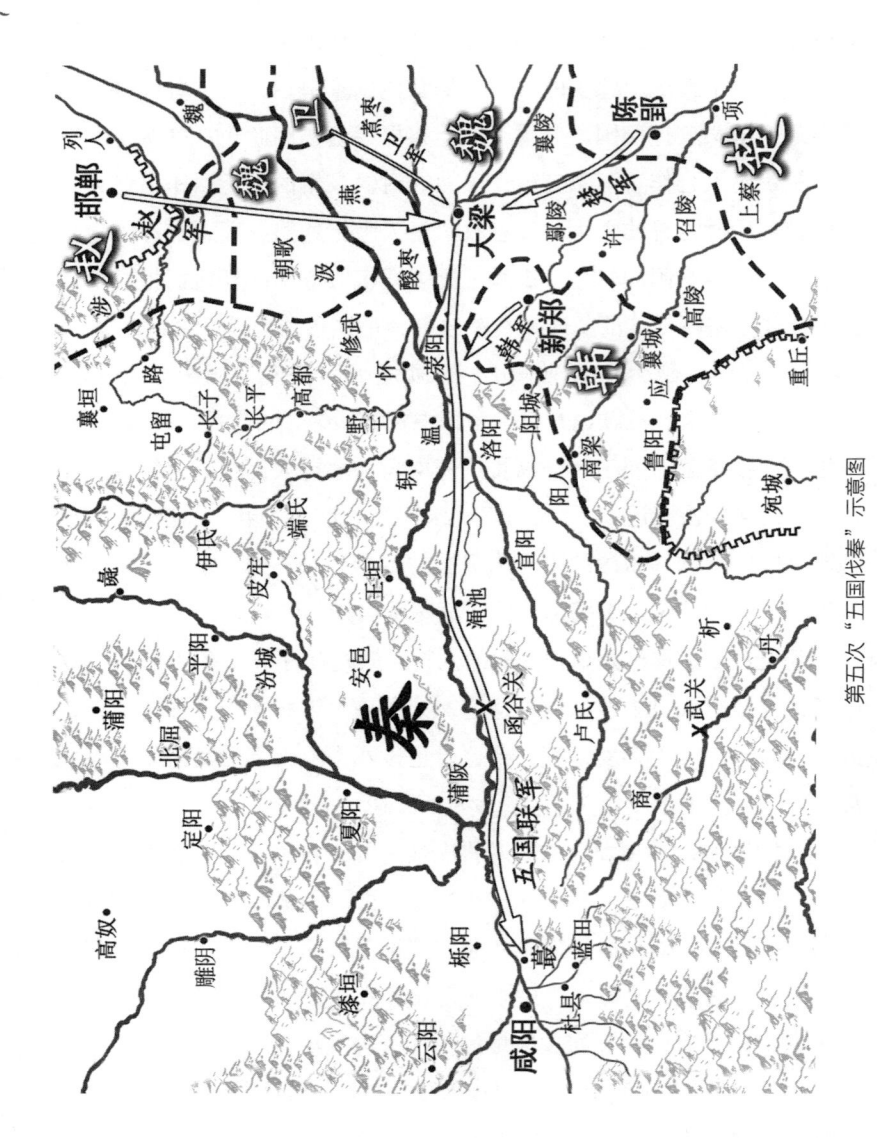

第五次"五国伐秦"示意图

里，也已经成了强弩之末。此时秦国集中兵力反击，庞煖约束不住各国军队，联军就此溃败退却。这就是虎头蛇尾的第五次"五国伐秦"，它也成为东方国家组织实施的最后一次合纵伐秦行动。

战国期间的五次"五国伐秦"活动一览表

次序	时间	发起人与合纵长	参与国	成败	详情
第一次	秦惠文王更元七年，公元前318年	魏公孙衍 楚怀王	魏赵韩楚燕	联军失败	联军在函谷关外败退，次年秦军追至修鱼，斩韩、赵两军首级八万两千。
第二次	秦昭王九年，公元前298年	齐田文	齐魏赵韩宋	联军胜利	田文先组织齐、魏、韩三国攻函谷关，公元前296年赵、宋加入，联军攻入函谷关，至秦河东盐氏而还。秦请和，将武遂、晋阳、封陵归还韩、魏。
第三次	秦昭王二十年，公元前287年	齐苏秦 赵李兑	齐魏赵韩燕	联军胜利	联军聚集在韩国荥阳、成皋，未真正攻秦，但秦迫于压力把温、轵、高平等地归还给了魏国，把王公、符逾等地归还给了赵国。
第四次	秦庄襄王三年，公元前247年	魏魏无忌	魏赵韩楚燕	联军胜利	联军在河外击败蒙骜，攻至函谷关前，收复魏国汲邑和赵国太原郡等地。
第五次	秦王正六年，公元前241年	楚黄歇 楚考烈王	楚魏赵韩卫	联军失败	联军攻至距离咸阳不到百里的蕞地后溃败，基本未收复失地。

因为此次伐秦既没能收复失地，也没有多少缴获，为了弥补庞大的军费开支，赵军退回东方后照例又进攻"自闭者"齐国，拿下了齐

邑饶安（在今河北盐山），同时攻占了吕不韦在河间地区的封邑十五城。

那边秦军乘五国败退大举追击，夺取了魏国的附属国卫国，并将东郡的郡治设在原卫都濮阳。占了卫人的都城后，吕不韦为了改变秦人在东方人眼中的残暴形象，消解东方国家的抵抗意志，照着以前春秋时期霸主的惯常做法，演出了一场"兴灭国，继绝世"的剧目，就是立亲秦的卫国公室贵族角为卫君（史称卫君角），把当时属于秦国河内郡的野王（在今河南沁阳）封给了他，让卫国做了秦国的附庸国。

在接下来的几年中，秦人又以东郡为基地大肆扩张，向北把黄河以北魏国残余的城邑如朝歌、汲县等地吃掉，向南夺取了济水流域魏国的首垣、蒲（以上二地在今河南长垣市一带）、衍（在今河南郑州市北）等地，把隔绝各国的"堤坝"筑得更宽更牢固。就这样，当年穰侯魏冉一再攻魏、企图把东方国家拦腰斩断的梦想，被吕不韦给实现了。这当然不是说吕不韦比魏冉更有能耐，而是"时势造英雄"，因为此时秦国与东方国家的实力对比的天平更有利于秦国。尤其是东郡扩大后，秦国的疆土已经把韩都新郑、魏都大梁、赵都邯郸半包围起来，秦军兵锋距离楚国都城陈郢也只有不到二百里，东方国家面临的形势更加恶劣了。

合纵诸国劳师动众却一事无成，只白白激怒秦国，遭受更大的损失，他们都深感不安，作为主谋的楚国尤其惶恐。楚考烈王因此对春申君黄歇非常不满，认为他应对伐秦失败一事负全责，于是开始疏远他。黄歇在主持此次合纵中可能确实有一些失误的地方，不过说实话当时秦人已经从秦昭王末年邯郸、河东的战败中恢复，而东方国家此时更加疲弱，天下大势已然如此，春申君、庞煖等少数人恐怕就是超常发挥，也难以扭转乾坤了。

就在黄歇失意时，一名叫朱英的士人安慰他说："人家都说楚国原本是强大的，是您削弱了它，这种说法朱英绝不赞同。先王（楚顷襄王）在时与秦国亲善，秦军二十年没有攻打楚国，是因为楚国强大吗？那是因为秦国当时如果走桐柏山间的险关黾隘极为不便，而如果借道东西二周国，把侧翼暴露给韩国、魏国来攻打楚国，又极其危险。现在就不一样了，秦人东进建立了东郡，魏国亡在旦夕，不能再吝惜许县（在今河南许昌市东）和鄢陵（在今河南鄢陵县北），说不定什么时候就会把它们割给秦国讨好秦人，而从那里到陈郢不过一百六十里。所以臣可想见，今后楚、秦要天天相斗了！"

一百六十里，急行军也就是一天一夜的事情。既然无法在合纵伐秦中击退秦人、争取到较好的战略态势，那楚都只有再次搬迁了。春申君黄歇经过一番权衡，向楚考烈王提出了把都城再迁往淮河南岸的寿春（在今安徽寿县东北）的建议。这寿春城其实就是当年黄歇受封淮北十二县后所建，算是他的杰作，当然后来因为淮北位置重要又靠近齐国，黄歇把它还给了楚考烈王，自己讨了相对僻远和安全的江东吴地做封地。楚考烈王虽然对春申君有意见，也知道寿春是春申君势力较大的地方，但秦人的威胁更大更直接，他也不得不同意。

秦王正六年年底，楚考烈王把都城从陈郢迁到寿春，并按惯例将后者改称郢。后世为了区别，常把这个郢都称作寿郢。

贪恋权色没好结果——春申君悲惨谢幕

楚国迁都寿郢后，虽然暂时避开了强秦，但不久却爆发了一场内乱。要说这场内乱的起源，还要从本章第二节我们曾简单提到过的故事说起。

据《战国策·楚策四》和《史记·春申君列传》记载，因为楚考烈王无子，王位没有继承人，令尹春申君黄歇一直为他着急，经常选一些看起来能生养的女人送进宫，但都没有用。大约在楚人迁都寿春后，一对名叫李园、李环的兄妹梦想攀上楚考烈王这高枝，以获得权势和富贵，但苦无门路。于是哥哥李园就迂回前进，先投在黄歇门下当了一名门客，然后又有意无意地在黄歇面前夸妹妹很抢手，连千里之外的齐王都派人来下聘礼。黄歇虽然已经年逾古稀，却仍旧专一地喜欢年轻漂亮小姑娘，因此立即"上钩"，把李环收到府里。

等到李环一察觉自己怀孕，就在哥哥的授意下对春申君黄歇说："现在您做楚国令尹已经二十多年。但大王无子，他一旦归天，势必将由兄弟继位，人家自有亲信，您的地位恐怕就不保了。现在我已经有了身孕，但还没有其他人知道，我侍奉您的时日也很短。如果您把我献给大王，老天保佑生下儿子，大王一定传位给他，那就等于您的儿子拥有了楚国。这比让大王兄弟继位，您前途未卜，不是要好得多？"

黄歇正为五国伐秦失败、楚考烈王疏远自己而发愁，听了李环的话不禁鬼迷心窍，于是就把她献给了楚考烈王。楚考烈王也被李环的美色迷倒，当即宠幸了她。后来李环如愿生下了一个儿子，这就是熊悍。楚考烈王老来得子异常高兴，于是封熊悍为太子，封李环为王后，李园作为国舅也受到重用。就这样，李氏兄妹的阴谋终于得逞了。两年后李环再度怀孕，又给熊悍添了个弟弟，取名熊犹。

前面我们曾经通过辨析，认为"秦正是吕不韦儿子"的传说是不成立的，并说该说法其实是受春申君故事的启发而编造出来的。那熊悍是不是春申君黄歇的儿子呢？

因为按《史记·楚世家》记载，熊悍、熊犹还有"庶兄"负刍，另外《越绝书》也记载，李环进宫后是过了十个月才产下熊悍的，所以清代学者黄式三、民国大家钱穆等人都认为"熊悍是黄歇儿子"的故事同"秦正是吕不韦儿子"的说法一样，也是编造的。但西汉刘向在《列女传·楚考李后》中却记载负刍是考烈王弟弟而不是考烈王庶子，至于那《越绝书》一书中史实错误较多（如该书说伍子胥投奔吴国时阖闾就做吴王了），证据力同样不足，所以仅从上述两方面难以推翻《战国策·楚策四》和《史记·春申君列传》的说法。因此在这里，我们还是从动机和可行性两方面来探究一番。

通过与吕不韦的故事对比，我们会发现，吕不韦是没有动机也没有能力瞒天过海来给王家换血统的，但春申君黄歇却是两者都具备的，因为二者的身份地位不同。

先说吕不韦。当年他把赵姬送给子楚的时候，他自己只算是子楚的家臣，虽然他有很多钱财，但还没有啥权势；而子楚已经是王太孙，子楚上面还有华阳夫人、安国君甚至秦昭王等一帮人给他撑腰把关。吕不韦胆敢给秦国王室换血统的事情要是暴露了，就算子楚隐忍不追究（他也许有依仗吕不韦的财力巩固地位的想法），但上面的哪一位都能要了吕不韦的脑袋。所以吕不韦当时应该没有冒险的想法，他也没有能力去只手遮天。

再说春申君黄歇，他首先是有动机的：他组织的第五次"五国伐秦"失败，导致楚考烈王对他很不满，他有送美女给楚考烈王以巩固自己权势的需要；如果这个美女怀了自己的孩子并生了儿子，那当然更好不过了。

接下来的问题是，黄歇不怕事情暴露吗？我们要明白，当时黄歇在楚国做令尹已经二十多年，权倾朝野，势力盘根错节。因此如果他把怀了孕的女人送进宫，王宫的医官、女仆等人就算察觉也不敢多嘴，这事儿只需瞒过楚考烈王一人就行。所以黄歇在动机之外还拥有强大的操作能力。

最后唯一容易露马脚的地方就是李环的产期，不过如果李环的产期再能稍微延宕一点，也就把楚考烈王糊弄过去了。退一步说，就算楚考烈王知道李环怀的不是自己的孩子，他也有可能认了，毕竟他一直生不出儿子继位，也是很难堪的。

有人会问，如果楚考烈王真的有不育症，那熊悍的二弟熊犹是哪里来的呢？其实《列女传》说这个熊犹是"遗腹子"，意思就是熊犹是在楚考烈王死后才出生的。楚考烈王本身就难生育，死前应该长期生病，怎么能让李环怀孕呢？所以熊犹应该也是别人的种，具体来说，很可能是李园的。因为李环入宫后，别的男人不好再接近她，只有她哥哥作为"娘家人"有这个机会。其实李园和李环应该也不是亲兄妹，世上有几个人会拿亲妹妹去"钓鱼"？李环很可能是李园为了往上爬而找来的一个"工具"，只是为了方便行动两人以兄妹相称罢了。

所以笔者认为，春申君黄歇把怀了他孩子的美女送给楚考烈王的事情很有可能是真的。就算其他情节有问题，有一点是确凿无疑的：那就是李园、李环借着春申君黄歇做跳板，成功跻身楚国权力中心。

接下来《战国策》和《史记》记载，李园作为国舅在楚国朝廷上获得一定政治权力后，慢慢开始骄傲起来，他尤其怕春申君黄歇泄露了他们"兄妹"跟春申君之间的秘密，丢掉好不容易得来的权势富贵。于是出于争权，出于保密，他起了杀死黄歇的念头，在家里养了很多杀手死士。不过李园做事不周密，他的这些动作被很多人看在眼中，包括朱英。

楚考烈王二十五年（秦王正九年即公元前238年），楚考烈王得了重病，寿郢的政治空气顿时紧张起来。

朱英因此跑去面见春申君黄歇，故弄玄虚地说："现在您有无妄之福，又面临无妄之灾，但有个无妄之人能化解。"

黄歇果然被这哑谜吸引住了，如朱英所料地问道："你说的无妄之福是什么？"

朱英说："您在楚国执政二十余年，名义上是令尹，实际上跟楚王差不多。现在大王病重，归天就在早晚之间。到时候您辅佐幼主，摄政当国，就如同商朝的伊尹、周朝的周公一样，可以一直等新王长大再返政，这不就遂了您南面称孤的心愿，等于您拥有楚国了吗？"

黄歇笑了笑，又问："那什么是无妄之灾呢？"

朱英又说:"因为有您在,国舅李园不能全面掌握国政,所以他把您当做敌人。他不领兵却一直在暗地里蓄养死士,等到大王归天,他一定会率先入宫夺权,再杀您灭口,这就是无妄之灾。"

黄歇皱了皱眉,再问:"那谁是无妄之人呢?"

朱英指了指自己说:"如果您能推荐我做宫内的郎中(国君侍从),等大王驾崩、李园入宫,我一定会为您杀掉李园,解决祸患。"

黄歇却不以为然,摇头道:"先生多虑了。李园是个软弱的人,我对他又很好,他怎么会杀我呢?"

朱英见春申君黄歇不听忠言,预料他定然失败,恐怕李园到时候报复自己,只得逃走避祸。

十七天后,楚考烈王真的病逝。李园有李环做内应,迅速率自己的私人武装埋伏在楚王宫的棘门之内。春申君黄歇作为令尹听说大王已死,没有多做准备,就贸然进宫处理后事,结果刚进棘门就被李园的死士们围住乱剑刺死,脑袋也被他们砍下来扔到棘门之外。随后李园发兵攻打令尹府,将黄氏满门杀光。门客三千、权势熏天的春申君黄歇就这样窝囊地死去,是"战国四公子"中下场最惨的,以至于一百多年后太史公司马迁在写《春申君列传》的时候,都一个劲儿地感慨他"当断不断,反受其乱"。

说起春申君黄歇的一生,确实也有不少"高光"时刻:楚顷襄王病危、秦人不放在秦国做人质的太子熊元即后来的楚考烈王回国时,他设计让熊元脱身返回陈郢,自己抱着必死之心留在秦国周旋,表现出智慧尤其是勇气;自请以吴地(今苏锡常和上海地区)做封地后,他疏浚河流、改造良田、传播楚文化,促进了江东的开发,至今吴地还有很多地名和水名跟他有关(如上海简称"申城"、黄浦江原称"黄歇江");邯郸之战时,他率领楚军救赵,在邯郸城下和河东重创秦军;邯郸之战后,他抓住时机攻灭了以鲁国为首的泗上诸国,扩大了楚国的版图,史称"楚复强"(《史记·春申君列传》);在秦设东郡后,他主持了第五次"五国伐秦",虽然最终失败,但也一度攻入关中,逼近了咸阳。从以上事迹来看,他跻身"战国四公子"之列是当之无愧的。

当然作为一个人,春申君黄歇也有不光彩甚至糊涂、荒唐的一面:作为令尹,他把持楚国朝政二十多年,操弄权柄,偏安一隅,却不见有什么革除弊政、励精图治的行动;他有时缺乏战略眼光和担当气魄,邯郸之战时他最初对救赵态度暧昧,是平原君的门客毛遂激将楚考烈王,他才在楚考烈王的命令下出兵;作为封君他不恤民力、十分骄奢,门客都穿镶嵌珍珠的鞋子,修筑的宫室浩大奢华,以至于一百多年后太史公游吴时惊叹"宫室盛矣哉";作为门客三千的贵公子,他却缺乏识人之明,没听说他有什么有能耐的门客,史书唯一记载的门客李园反而害了他性命;私生活中他好色又常被心机女牵着鼻子走,《韩非子·奸劫弑臣》记载他曾听信一名叫余的爱妾的诬告休弃了正妻并杀了自己的嫡子黄甲,晚年又被李环迷惑当了人家的晋身阶梯。也正是因为贪权、好色、不识人等这些弱点,他居然把怀了自己孩子的小妾送给楚考烈王以图长期垄断权力;临事又不听劝谏、不做戒备,所以最终才横死棘门。综上所述,他的死实际上是咎由自取。

因而在"战国四公子"中,论识人得人和合纵功绩,春申君黄歇都比不过信陵君魏无忌和孟尝君田文,只是比平原君赵胜略强罢了。

再说春申君黄歇死后的楚国。李园灭掉黄氏一族后,立外甥熊悍为王,这就是楚幽王。当时楚幽王大约只有三岁,所以楚国大权尽数落入李园"兄妹"手中。不过李园的资历和能力都远逊于春申君黄歇,他主政之下的楚国更加乏善可陈,客观上又帮了秦人一把。

吕不韦的宏大理想和荒唐招数

镜头转回秦国。在扩大东郡、隔绝六国的同时,秦国还从北方发起对赵国的进攻,先后攻占了龙、孤、庆都等城邑,以上地方都在今天河北唐县附近,也就是赵国与燕国之间。

不过在秦军捷报频传的时候,秦国相邦文信侯吕不韦已经在考虑军事以外的事情了。

秦王正八年(公元前239年)的一天凌晨,天还没亮,四方商贾和周边民众就像往常一样,涌往咸阳城内的市场,准备做生意或采买用品。不过今日不同往时,他们来到市场大门外时,惊奇地发现门旁摆了一大片竹简和一堆黄金,墙上还贴着布告。有好事的人凑上前去边看边念,大家才知道,这竹简是相邦吕不韦召集门客写的一部新书,书名叫《吕氏春秋》。吕相邦还说,诸侯游士宾客谁能增删其中一字,就给予千金之赏,当场兑现。

当年商鞅立木为信,也不过只赏五十金,现在改一个字就能得到封侯一般的赏赐,大家无不惊奇目瞪口呆,随即议论纷纷。有人说,既然相邦大人如此自信自负,说明书中文章一定字字珠玉,改无可改了!也有人说,相邦大人的书,谁吃了豹子胆,敢上去删删改改?因此围观的人里三层外三层,但是却没有一个人真的上场去改动一笔。

以上故事见《史记·吕不韦列传》,成语"一字千金"就是打这来的。吕不韦这么做,当然不是真的想请人校勘书籍、润色文章,也是一种行为艺术和营销手段,那就是宣传自己的新书,扩大其影响力,事实上也确实达到了轰动一时的效果。

这《吕氏春秋》都是讲些什么的呢?原来它分"八览""六论""十二纪"三部分,共二十多万字,内容包罗万象,涉及政治、经济、哲学、历史、音乐、军事、科技、养生等各方面，融会儒、道、墨、法、名、阴阳等诸家思想，堪称一本"百科全书"，所以吕不韦自负地说该书"备天地万物古今之事"。有人可能笑话这是本"大杂烩"，其实该书虽然被东汉班固归为"杂家"（《汉书·艺文志》），但并不是诸家思想的简单拼盘，而是以儒道二家为主，又按吕不韦既定的逻辑和宗旨，有目的、有取舍地整合、提升，构筑了新的思想体系。最终该书编排整齐、环环相扣、条理贯通，甚至各篇字数都大致相同，也确实是下了一番功夫的。

具体说，该书根本指导思想是黄老道家的，主张"法天地""因时施政""君道无为、臣道有为"；它又继承了邹衍的"五德终始说"，认为王朝的兴衰更替是按五行相克的规律进行的；书中推崇儒家的民本思想和德治思想，反对自商鞅以来秦国流行的"严刑重罚"的做法，但同时也赞同法家的"刑罚不可偃于国""因时变法"的观点，主张恩威并施、赏罚得当，意图把德治与法治有机结合起来；在对待战争的态度上，该书反对墨家的"非攻"说，认为"乱莫大于无天子"，主张"义兵以战"，宣扬"诛暴君而振民苦"，为秦的统一战争大造舆论；在经济上，该书在"尚农"的同时也鼓励工商业。

> 此书（指《吕氏春秋》）所尚，以道德为标的，以无为为纲纪，以忠义为品式，以公方（公正方直）为检格（规矩法度），与孟轲、孙卿（荀卿）、淮南、扬雄相表里。
> ——东汉高诱《〈吕氏春秋〉序》

有人会好奇，吕不韦编这部皇皇巨著到底是要干什么呢？这可以从两方面来讲。

要知道当时经过数百年兼并战争，秦国已经成为疆域最大、军力最强的国家，东方六国则日趋衰弱，有眼光的人都明白，由秦来完成统一是大势所趋了；而战国末期，百家互相竞争、互相碰撞，也在互相渗透、互相借鉴，如当时的大儒荀子就已经对百家学说进行批判吸收。所以作为秦国相邦的吕不韦编排这样一部综合百家学说的宏大书籍，首先是对当时学术的一次总结梳理，进而树立秦文化的新形象，昭示秦国兼容并包的文化政策，改变六国人心中秦人野蛮落后的印象；其次该书更描绘了吕不韦理想的治国理政蓝图，是在为未来统一国家的建立和长治久安提供理论基础，以争取天下士人之心。

想想秦国在长平坑杀降卒后遭遇的一系列顽强抵抗，想想苏代劝范雎放弃攻打邯郸时所说的名言"天下之民不乐为秦民之日固久矣"，想想齐人鲁仲连在邯郸围城中"义不帝秦"的慷慨言辞，不得不说，吕不韦的构想是有针对性的，而且他的眼界是开阔的、理想是宏大的。如果您把他看作一个只知道"奇货可居"的投机商人或只盯着他跟赵姬的一些私密事，那就太小瞧他了。

实际上在主政期间，吕不韦也真的在按照《吕氏春秋》来施政。比如攻下魏国控制的卫都濮阳并以其为东郡郡治之后，吕不韦立卫国贵族角为君，在野王又恢复了卫国，体现了儒家"兴灭国、继绝世"的精神；史学家们还发现，在秦王正初年秦军东攻六国的战事中，很少见到秦军斩首的记录（仅秦王正二年麃公攻打魏国卷县有"斩首三万"的记载），这一方面可能是因为战事比较顺利、各国军队望风而逃，另一方面也肯定与吕不韦兴"义兵"以统一天下的思想有关，他这样做显然是希望消除以前秦国"尚首功"而给六国将士、百姓带来的恐惧心理，以减少未来统一的阻力。

那吕不韦为什么选择在秦王正八年这一年把《吕氏春秋》一书给高调亮出来呢？他应该也有两方面的考量：

一是教育引导即将亲政的秦王正。要知道这一年秦王正已经二十一岁了，按秦国祖制他第二年就该亲政了，吕不韦是想在秦王正亲政之前把秦国的大政方针的走向给敲定下来。甚至有人分析，吕不韦的《吕氏春秋》里主张"君道无为、臣道有为"和"贤人政治"，就是想让秦王正亲政以后"垂拱而治",好继续由自己掌握大权。吕不韦是真信黄老之术还是掺杂着私心,我们当然是不可能弄清楚了,也许是兼而有之吧。

二是抬高自己名望、巩固自己的权势地位。因为那会儿吕不韦的执政地位确实遭遇到了挑战。

谁能撼动秦国名正言顺的相邦的地位呢?说起来这个政敌还是吕不韦自己树立起来的。

前面介绍过,秦昭王去世那年,赵姬带着小秦正从赵国回到咸阳,终于跟丈夫子楚团聚。但她的好日子只过了不到四年,因为在秦庄襄王三年五月,秦庄襄王就因病逝世,她瞬间成了寡妇。要知道那个时候赵姬不过才三十出头,怎么忍受得了后宫孤寂的生活?而这时她之前的男人吕不韦正担任秦国相邦,辅佐她的儿子秦王正,有机会进出后宫,所以很快她就跟吕不韦旧情复燃。

不过这次两人复合,应该是赵姬主动,吕不韦被动。原因很简单:一来吕不韦现在贵为相邦,身边美女佳人要多少有多少,根本不缺女人;二来虽说当时风气开放,但相邦跟太后私通毕竟是丑事,何况当时少年秦王正正一天天长大,华阳太后和夏太后两个太王太后也还健在,他们要是发怒还是不得了的事情。因此一心想在政治上大展宏图的吕不韦希望能够结束与赵姬的不伦关系,以免影响自己的地位和事业。但直接拒绝或冷落赵姬显然是不行的,得罪年轻的太后对吕不韦在秦国长期执政也不利。思来想去,吕不韦想出了个"金蝉脱壳"的计策,那就是替赵姬再寻个面首,让她"移情别恋"不再纠缠自己。

相邦到底是相邦,吕不韦很快找到一个老家在赵国邯郸、被称为嫪毐(lào ǎi)的奇人——这个人奇就奇在他的男性器官异于常人,特别突出。吕不韦找奇人不难理解,但为什么要找赵国邯郸人呢?要知道就算20世纪后期,普通话的普及程度都不高,两千多年前的那个时候,不同地区的人交流还是有些障碍的,给赵姬找个老乡,语言和习俗都相同，容易产生亲近感。不得不说，吕不韦心思真是缜密。

吕不韦把嫪毐接到咸阳后，不是立即把他送进赵太后宫中，而是先让他在自己府上当一名舍人，每次宴会都安排他做风俗表演——用他那活儿当车轴，把桐木车轮穿在上面滚动。吕不韦这里又玩了一把"欲擒故纵"的把戏，来吊赵姬的胃口。果然，太后赵姬在宫中听说吕不韦有这样一个天赋异禀的家臣，就私下里跟他讨要，吕不韦这才把嫪毐送入宫中，并教赵姬如何掩人耳目。

于是接下来，有人告嫪毐犯了重罪，依律当处宫刑。行刑时，太后赵姬重重地贿赂了操刀的官吏，让他真戏假做，只拔去嫪毐的胡子眉毛，弄得好像已经给嫪毐去了势的样子。手续完成后，嫪毐就以宦官的身份正式进了赵太后宫，服侍起赵姬的起居。

赵姬有了嫪毐非常称心如意，天天跟他如胶似漆。那会儿也没有有效的避孕药物，赵姬很快就怀孕了。眼看自己肚皮一天天大起来，她还有点怕丑，就对外宣称占卜算命的人说她有厄运，需要到外面躲一躲，然后带着嫪毐西行住进了旧都雍城的一处王宫。

到了雍城后，赵姬跟嫪毐无拘无束，一连生了两个孩子，就跟当年的秦宣太后和义渠王一样。事情都到了这地步，慢慢地他们也就不再避讳世人的目光了，两人关系近乎公开化。赵姬因为宠爱嫪毐，给他巨额赏赐，各处王宫、苑囿和王家车马服饰也任由他使用。嫪毐"富"了之后，野心跟着膨胀，开始插手政事，谋求"贵"（地位）。当时秦国主政的是相邦吕不韦，嫪毐干政，自然就分了吕不韦的权力。如果说开始时吕不韦还为献了嫪毐摆脱了赵姬而高兴，那现在他就不得不因自食其果而深深懊悔了。

彗星一现，将军、太后、公子齐归天

《史记》记载，秦王正七年（公元前 240 年），一颗耀眼的彗星出现在天际，其明亮的大尾巴有时竟能横贯夜空。经过现代天文工作者推算，它应该就是著名的哈雷彗星。虽然那个时候的中国人还不知道这个名字，但不妨碍对它的观测。它先是出现在东方，然后向北方移动，五月又转到西方，随后因接近太阳而一度消失，不久再次重新出现，一连照耀夜空十六日。

古人本就害怕彗星，认为它出现在哪个方向哪里就有战争和杀戮，现在彗星高悬西方那么长时间，不由得引发了秦人的恐慌情绪。

仿佛是为了"应灾"，为秦国立下赫赫战功的老将蒙骜在攻打魏国汲县的时候去世。蒙骜的死因史书中没有提及，大约是在攻城时阵亡。不久，秦庄襄王的生母、秦王正的亲奶奶夏太后也薨逝于咸阳王宫中，她应该是因为疾病归天的吧。有人也许以为这次彗星昭示的灾害已经完结了，其实不然，夏太后的死，可能又间接引发了秦国的一次叛乱。

这叛乱还要从秦军伐赵说起。哈雷彗星出现的第二年，秦人再次将征讨的目标对准赵国，统兵的主帅是长安君成蟜（jiǎo）。

长安君成蟜是谁呢？原来他是秦庄襄王的次子、秦王正的异母弟弟。不过史书对他基本情况的介绍也就只有这么多了。成蟜的母亲是谁，没人知道，但史书记载成蟜在秦王正五年时曾被派出使韩国，并不费一刀一枪从韩国索来百里土地，所以一些学者猜测他母亲很可能是韩国之女。

旅日学者李开元认为秦庄襄王子楚的生母夏太后应该就是韩人。他还推理，就是夏太后在秦昭王五十年儿子从邯郸逃回国后又为他讨了一房韩国媳妇（按当时惯例可称为"韩姬"），以维系秦国国内韩系外戚的势力。当时赵姬和秦正还困在邯郸城内生死未卜，所以他们娘俩回来前，韩姬生的成蟜实际上应该是被当作子楚的世子来培养的。只不过老天眷顾秦正，六年后他们母子安全回到咸阳，成蟜才失去接班希望。尽管如此，作为韩国人的夏太后依旧对成蟜非常宠爱，成蟜出使韩国并要来土地，肯定就是他祖母夏太后的操作，即送他份功劳好名正言顺地给他爵禄，他的"长安君"的封号应该就是这样"捡来"的。可见哪怕实行了军功爵制，受宠的贵族们自有方式能得到照顾。

不过秦王正七年夏太后去世，秦国韩系外戚的顶梁柱轰然倒塌。不知道是成蟜母亲韩姬想让儿子再立新功，因而加以运作，还是另有其他原因，显然没有什么带兵经验的成蟜被委任为伐赵秦军的主将。因为即使成蟜是子楚回到咸阳的第二年出生的，到秦王正八年时他也才刚满十八岁而已。

接下来《史记·秦始皇本纪》有如下记载：

> 八年，王弟长安君成蟜将军击赵，反，死屯留，军吏皆斩死，迁其民于临洮。将军壁死，卒屯留、蒲鹢（hú）反，戮其尸。

上段文言文的第一句比较好理解，说的是成蟜在攻打赵国的时候突然反叛，回军占领了原属韩国上党郡的秦国城邑屯留（在今山西长治市屯留区南），秦军强力平叛，成蟜被杀，其麾下军官都被处斩，屯留的百姓也因为"附逆"被集体发配临洮（在今甘肃岷县）。

不过学者对第二句的解读就有很多歧义了，可能是因为这句话在传抄的过程中有错简或漏字的问题吧。一般认为其意思是说一位叫壁的将军死了（他很可能是被派去平叛的秦将），屯留和蒲鹢（屯留附近的地名）两个城邑的士卒可能在投降后又听说了秦国下达的集体发配临洮的命令，再次造反，所以被秦军二度镇压，全部遭处死之后又受到曝尸示众的严惩。

屯留一带的人跟着成蟜一再反叛，可见自秦庄襄王三年秦国第二次占领韩属上党以来，虽然经过八年统治，当地人依旧心念故国，不愿意接受秦人的统治。可出身高贵的秦公子长安君成蟜为什么要造反呢？《史记·赵世家》中有一条信息，说同一年赵国赵悼襄王把饶县（在今河北饶阳县东北）封给了"长安君"。虽然赵国也有一位封号为"长安君"的贵族（赵孝成王的弟弟），但时间不会这么赶巧。所以《赵世家》中得到饶县封地的长安君应该就是成蟜。这样一来我们就可以推理一番了：作为秦国韩系外戚的顶梁柱夏太后去世后，受她格外庇护的成蟜顿时有巨大的失落感。在成蟜领兵伐赵时，当时的赵悼襄王派人暗中策反他，并以封地相赠。也有野心的成蟜感到在秦国出头无望，甚至担心以后可能会被清算（他曾是子楚的世子备选者），所以就赶在哥哥亲政前孤注一掷领兵反叛。他此举不但破坏了秦国精心策划的伐赵计划，还把秦国本土（原韩属上党）搅得乱作一团。不过他的死却让秦王正安了心，因为一个曾经的有力竞争对手消失了，秦国的韩系外戚势力也就此基本瓦解。

因为成蟜造反失败被杀，所以有关他的资料大都被秦国官府销毁，故而很多具体的情形，如他母亲的名字籍贯、他和哥哥秦正的关系好坏、他如何获得领兵伐赵的机会、他造反和身死的具体过程等等，我们都已经无法弄清楚了，不过这也给了后世小说家以巨大的想象和创作空间。比如在明代历史小说《东周列国志》中，作者冯梦龙就编出了如下情节：吕不韦忌惮成蟜（书中作"成峤"）是庄襄王的真骨血，故意派他伐赵想寻他的错处；成蟜在军中听大将樊於期说哥哥秦正不是秦家后裔，而是吕不韦和赵姬的野种，所以愤而起兵，最后兵败被王翦所杀。当然冯梦龙的演绎是建立在他认为秦王正是吕不韦儿子的基础上的，而这点我们早已经分析过是不可能的，所以大家对这种说法也就当作故事听听罢了。

在成蟜叛乱的段落后,《史记·秦始皇本纪》紧接着又说,"嫪毐封为长信侯,予之山阳地(在今河南修武县西北),令毐居之"。

一直以来,人们大都以为嫪毐就是靠着在闺房中把赵太后伺候好了所以得到的侯爵,实际这在秦国是不可能的。我们知道在商鞅变法后,尽管有一些王室近支和宠臣能在封爵中得到照顾,但也只是能获得较高的爵位起点和较多的带兵机会,硬的军功是必须有的,作为军功爵中档次最高的侯爵更不是能随便给的。比如秦庄襄王子楚虽然很感激把他扶上王位的吕不韦,但也是在吕不韦灭掉东周国后才封他为文信侯的;秦国名将王翦曾一再在秦王正面前抱怨封侯难。所以嫪毐能封侯一定也是立有军功的,尽管他能获得领兵的机会必然是走了赵太后的后门的,正如吕不韦伐东周是秦庄襄王给他的机会一样。

那嫪毐是在哪次军事行动中领兵的呢?查遍史书,秦王正八年秦国只有两次军事行动:第一次是成蟜伐赵,第二次就是秦军平定成蟜叛乱。第一次军事行动的领兵人史书说得清清楚楚,那就是成蟜,所以平定成蟜叛乱的秦军统帅极有可能是嫪毐!只不过后来嫪毐完了蛋,所以有关他的很多资料都被秦国官府销毁了,正如成蟜造反后有关他的资料被销毁一样。

嫪毐受封为长信侯后,在爵位上就跟文信侯吕不韦平起平坐了;非但如此,在赵太后的支持下,他几乎把吕不韦这个相邦给架空了,因为史称秦国"事无大小皆决于毐"。不久他又获得两大块封地——河西之地和太原郡,势力更加膨胀,四方士人争着抢着投在他门下,他家里养的门客一时间居然超过了四大公子和吕不韦,达到惊人的四千人!甚至很多要害部门的高官见嫪毐权势煊赫,都主动加盟做了他的党羽,如担任王宫卫队长的卫尉竭、执掌京畿军政事务的内史肆、负责王家射猎活动的佐弋竭、管理王宫中顾问人员的中大夫令齐等人。连当时的东方国家都看出嫪毐如日中天,吕不韦逐渐失势。比如《战国策》记载,有说客游说魏景湣王,劝他通过嫪毐的关系向秦国献地,以增加嫪毐的功劳,进而讨好秦国的赵太后。

不过嫪毐的崛起,显然又一次打破了秦国政治派系原有的平衡,不但威胁到吕不韦的相位,甚至也在一定程度上威胁到了秦王正的君位。因为嫪毐和党羽几乎控制了王宫,这不能不引起尚未亲政的秦王正的高度警惕。

彗星再现,"假父""仲父"双双出局

成蟜叛乱、嫪毐封侯的第二年,也就是秦王正九年(公元前238年)的年初,彗星再次照临西方的夜空,距离上次彗星消失仅过了一年多而已!

我们知道秦王正九年对于秦国来说是一个特别的年份,因为到这年正月秦王正将年满二十二岁,按秦国祖制,他可以加冠亲政了!但彗星的降临显然让他心神不安,上次彗星出现,秦国死了一位大将、薨了一位太王太后,第二年又发生了弟弟叛乱一事,这次会摊上什么事呢?他越想越觉得晦气,于是通过占卜把冠礼日期推后到四月。

这次彗星出现的时间也很长,在西方停留一段时日后转向北方,不久又从北斗附近转向南方,一共持续了八十多天。

就在这令当时人备感不祥的八十多天内,确实有大事在酝酿着。但不知道是老天在安排人间事,还是人们企图利用老天带来的恐慌心理来达到自己的目的。

西汉末年刘向编著的《说苑》记载了如下一个戏剧性的故事:

嫪毐封侯专权之后仍不改市井习气。骄横跋扈的他有一次与秦王的侍从在一起赌博喝酒，喝醉了之后跟人争执起来，瞪眼破口大骂道："我是大王的假父（继父），你个穷小子敢跟我顶嘴！"与嫪毐争执的人听了连忙跑回宫中，把他的话告诉了秦王正。

而按《史记·吕不韦列传》的说法，向秦王正告密的人还称嫪毐曾跟赵太后密商，说假如秦王正死了就让他们的孩子继位。

母亲跟嫪毐的丑事，已经日渐长大的秦王正不可能毫无耳闻，但作为儿子只能装聋作哑罢了。但现在听说嫪毐居然公开以自己的继父自居，还想篡夺嬴秦的江山，秦王正不由得又羞又怒。不过童年在邯郸的颠沛生活磨炼了他坚韧的意志、塑造了他深沉的城府，他很快冷静下来，只是命人悄悄地调查验证，并没有公开宣扬。等到确认后，他就开始秘密部署安排，准备铲除嫪毐。

转眼彗星消失，时间到了四月。当月中旬，秦王正按惯例带着朝中重臣起驾前往旧都雍城，因为那里有秦人的宗庙社稷和祭祀天地鬼神的场所。

到了雍城，秦王正住进了城南三十余里的蕲年宫，首先沐浴斋戒，到郊区的四畤祭祀天帝；四月二十一己酉日清晨，他来到城中秦国宗庙举行冠礼。

> 鄜畤，祠白帝，秦文公立；
> 密畤，祠青帝，秦宣公立；
> 上畤，祠黄帝，下畤，祠炎帝，秦灵公立。

在隆重的仪式中，他先后换上四种冠服，最后着冕冠衮服并佩带宝剑，宣告成年亲政，一个新的时代开始了。

就在秦王正举行冠礼的同时，三百里外咸阳城内的嫪毐决定利用这一难得时机铤而走险。因为他也有众多耳目眼线，知道秦王正已经在秘密调查自己。他明白一旦秦王正亲政，就算不杀了自己，他好不容易得到的权势地位也绝对保不住了，这比杀了他还难受，因此好赌成性的他选择孤注一掷。于是嫪毐与王宫卫队长卫尉竭等二十多名亲信党羽密谋，盗用秦王和太后的印玺，大举征发咸阳周边各县的守城兵、王宫卫屯兵、王宫骑士和住咸阳的戎狄君长的家臣（他们多精于骑射），命令他们进攻雍城南郊的蕲年宫，我们知道秦王正当时正住在那里！从嫪毐动员的范围来看，当时秦国关中的常备武装力量全部在他调动之列，他这绝对是要置秦王正于死地啊！

其实嫪毐的一举一动早就在秦王正的掌控之下，他立即命令相邦吕不韦和昌平君、昌文君领兵平叛。

吕不韦我们都熟悉，嫪毐分了本属于他的权力，又抢了他的风头，他正恨不得剐碎了嫪毐，秦王正让他负责平叛算是找对人了。不过这昌平君、昌文君是谁呢？很遗憾，因为秦国销毁史料，史书上没有留下他们除封号之外的任何基本信息，包括他们的名字。唐代司马贞在《史记索隐》中注解说，这二位都是楚国的公子。大家可能更奇怪了，楚国的公子怎么跑到秦国参与指挥平定嫪毐叛乱的战斗了呢？学者们普遍认为，昌平君和昌文君是以华阳太后为首的秦国楚系外戚集团中的重要成员。历史学者李开元等人还推测，他们很可能是楚考烈王做太子时在秦国当人质期间生下的孩子，当然对此笔者并不认同，因为《史记》和《战国策》都说楚考烈王无子。昌平君、昌文君的具体身份以及怎么来到秦国的，今人已经是难以弄清了，现在我们只要知道昌平君和昌文君是楚王室的近支贵族、他们当时生活在秦国并受到秦王正的高度信任就行了。

接下来《史记·秦始皇本纪》记载吕不韦和昌平、昌文二君平定嫪毐叛乱的战斗情况为"战咸阳，斩首数百，皆拜爵，及宦者皆在战中，亦拜爵一级。毐等败走"。

上面的内容透露了很多隐秘的信息。

首先，战场不在雍城而在咸阳，说明嫪毐调动各种武装袭击雍城的计划根本没有得到真正实施，秦王正其实一点儿危险也没有。其次，在咸阳的战斗斩首只有数百，说明战斗的规模不是很大。

所以综合史料来看，嫪毐反叛和被平定的过程很可能是下面这样子的：少年老成的秦王正故意把他秘密调查嫪毐一事"泄露"出去，然后如期去雍城举行冠礼给嫪毐"制造机会"，"引蛇出洞"勾引舍不得富贵且具有赌徒性格的嫪毐造反，实际上他早安排吕不韦和昌平君、昌文君监视嫪毐的一举一动；秦王正离开由嫪毐和其党羽控制的咸阳王宫，也更有利于在平叛时保障自身安全。那边咸阳城内的嫪毐和其党羽密谋好，刚刚盗用秦王和太后印玺去调发军队，但这些军队还完全没被调动起来，吕不韦和昌平君、昌文君在抓住嫪毐造反的实锤证据后就先发制人，率军围攻嫪毐和其党羽的府邸进行强力平叛，所以嫪毐等人才会迅速败逃，平叛的战斗中才会只斩得几百颗造反者的首级。

有人会问，战斗不激烈，为什么《史记·秦始皇本纪》中载连宦官都参加平叛还获得爵位了呢？因为不管嫪毐能不能调动各方武装，仅他自家的门客、僮仆就有数千人之多，他的那些高官党羽就算一家有千儿八百的门客、僮仆，包括嫪毐在内的二十多家高官至少也得有两三万人的私属，所以相邦吕不韦在平叛时为了稳妥起见，把一些忠于秦王正的宦官也动员上了，这是可以想见的。当然真正打起来后，由于嫪毐等人处于被动地位，他们的私属得知真相后也不愿为其卖命，或降或逃，故而两三万人中只有几百人顽抗被杀。

再说反叛失败逃走后嫪毐和其党羽的最终下场。因为秦王正开出了巨额悬赏，说"活捉嫪毐赏一百万钱、杀死嫪毐赏五十万钱"，秦国官吏百姓个个摩拳擦掌想以此致富，要记得当时普通秦人为官府干一天活只有八钱的工资！所以嫪毐才逃出咸阳不到百里，就在好畤（在今陕西乾县东）被人发现杀掉。秦王正仍不解气，命人把嫪毐的尸体车裂也就是肢解示众，并夷灭其三族。为了让嫪毐遗臭万年，秦王正还下令不得再叫嫪毐的本名,而只能称呼他为"毐"。"毐"字上面是个"士",下面是个"毋",即"不是一个士",意思是品行恶劣的人!没错,嫪毐的本名其实早就失传了,史书上叫他"嫪毐"是一种贬称而已,毕竟哪有人会给自己孩子取这样一个恶名呢?查遍史书,历史上被叫作"毐"的只有他嫪毐一人而已。

再说跟随嫪毐作乱的其他高官。卫尉竭、内史肆、佐弋竭、中大夫令齐等二十人,很快也都一一落网。他们本人被斩首后肢解示众,家族被诛灭。此外,曾投在嫪毐、卫尉竭等人门下做门客家臣的人也都倒了霉,轻的被罚去做苦役,重的被发配边疆。

在秦国官吏进一步深挖嫪毐余党的过程中,又一个大人物被牵连了进来,他就是负责平叛的相邦吕不韦。有人告发,就是吕不韦把嫪毐这假宦官送进宫里祸乱宫闱、带坏太后的;甚至有人说,吕不韦也和太后有暧昧关系。

秦王正得到报告再次暴怒,本想把吕不韦也杀了,但这时前来给吕不韦求情的宾客辩士却络绎不绝。这很容易理解,吕不韦当了两朝相邦,门客故吏自然遍布朝野。秦王正虽然对这些人为吕不韦求情的举动万分憎恶,但他也怕贸然杀了吕不韦会引起不必要的动荡,于是在过了年之后也即秦王正十年的年初十月,下令免去他的相邦职务,让他回封地养老。就这样,在秦国主政达十二年的相邦、"仲父"吕不韦黯然下台,带着门客和家产回到了封地洛阳。

吕不韦遭秦王正罢免,直接原因当然是他私通太后、进献嫪毐玷污了王家声誉并引发叛乱,但从深层次来说,则是强主亲政后权臣的必然下场。我们知道秦王正是一个强势的君王,俗话说"一山不容二虎",他是决不可能容忍一个功高震主的权臣存在的,就如他的祖先秦惠文王不可能容纳大良造商鞅、秦昭王不可能容纳舅舅穰侯魏冉一样;而且从执政理念、治国思想来说,两人也是不相容的——吕不韦较多倾向于道家和儒家,而秦王正更欣赏秦国一贯尊奉的法家,正所谓"道不同不相为谋"。

关于吕不韦的遭罢免，有人猜测，这是秦王正早就设计好了的：他一开始先是利用吕不韦对付共同的敌人嫪毐，然后再利用嫪毐党徒的招供，又把吕不韦除掉。但这种说法恐怕拔高了一个二十二岁青年君王的心机。

不过无论秦王正是什么时候起了除去吕不韦的念头的，总归在秦王正十年时，原秦国内部的韩系外戚势力烟消云散了（夏太后死了、成蟜叛乱被镇压了），赵姬、嫪毐为首的赵系外戚势力不复存在了，吕不韦的相邦势力也垮台了，只剩下一个楚系外戚势力还在（华阳太后仍在世，昌平君、昌文君正受重用），但这股势力现在是鼎力支持秦王正的，秦王正终于在名义和实际上都实现了亲政。

为了防止今后再出现像吕不韦一样的权臣，秦王正将相邦一职废除，而以相邦的副手丞相作为最高行政官员。不过他亲政后最初几年担任丞相的人是谁呢？史书却没有记载。

1982年，天津市文管所在废铜堆里捡出一支秦代铜戈，上有如下铭文：

十七年，丞相启、状造，郃阳嘉，丞兼，库雕，工邪。

我们知道，秦国器物都要"物勒工名"，以确保质量，标准的勒名方式就是从相邦或丞相一直到亲手制作的工匠，各级相关人员的名字都要写上，这种制度如今在历史研究方面也帮了我们大忙。

我们回忆一下，秦国自秦武王设置丞相一职以来，只有秦昭王、秦王正两位国君的纪年超过十七年，但秦昭王十七年明显没有名叫启和状的丞相，而《史记·秦始皇本纪》里记载秦王正二十多年时有叫隗状的丞相，所以这个秦代铜戈中的"丞相状"就是文献中秦王正时期的丞相隗状，前面的丞相启自然也是秦王正时期的了。具体说，丞相启排在前面，应是秦王正十七年时的右丞相，丞相隗状排在后面，应是该年的左丞相。

进入 21 世纪，又有学者发现一把秦代铜戈，上有如下铭文：

十二年，丞相启、颠造，诏事成，丞迨，工印。

这把十二年戈显示，丞相启至迟在秦王正十二年就担任秦国右丞相了，当时的左丞相则是一个叫颠的人。

不过以上铜戈中的丞相启是谁，丞相颠又是谁呢？旅日学者李开元考证认为，丞相启应该就是那个神秘的昌平君，而丞相颠可能是那个神秘的昌文君。其理由为在平定嫪毐之乱的时候昌平君、昌文君的位次排在相邦吕不韦之后，他们十有八九是右丞相和左丞相。但遗憾的是，2020 年有学者在新公布的湖南里耶秦简中发现，直到秦王正二十五年时启仍在担任秦国丞相①，但《史记·秦始皇本纪》明确记载昌平君在秦王正二十四年就死了。所以最新资料证实丞相启不是昌平君，那么丞相颠是昌文君的可能自然也很小了。因此我们也不要强行去探究丞相启和丞相颠的姓氏和事迹了，只要知道秦王正亲政初期由他们主政就行。

再说回到洛阳的吕不韦。虽然他已经不是相邦，但是诸侯各国的使者和宾客依旧络绎不绝地去拜访他。其实这在战国时也是很稀松平常的事情，那会儿各国君主都是满天下招揽士人名流为己所用，士人名流也大都是朝秦暮楚，哪国愿意用自己就去哪国任职，并没有多少忠于祖国或某一国的观念。比如齐国孟尝君田文被齐闵王罢相后就被魏国请了去，李斯在祖国楚国混得不如意就来到秦国。但时代在变，到了战国末期，君主集权越来越厉害，尤其是吕不韦碰到的是冷酷的

---

① 周海锋：《秦丞相启非昌平君说》，简帛网，2020 年 5 月 14 日。

秦王正，他害怕名动天下的吕不韦为他国所用，泄露了秦国的机密，就给吕不韦写了一封措辞严厉的信：

> 君何功于秦？秦封君河南，食十万户。君何亲于秦？号称仲父。应与家属迁居蜀地！

秦王正的信可以说是蛮不讲理，难道他不知道他父亲子楚是怎样才从一个在外国做人质的落魄王孙变成王太孙的吗？难道他不知道三川郡、太原郡、东郡是在谁主政下夺取并建立的吗？不过他是君王，他可以强词夺理罢了。

吕不韦接到信后明白秦王正跟自己已经恩断义绝，现在是要把他和家人赶到蜀地，以后还不知道会祭出什么更狠的招数。心灰意冷之下，他喝下毒酒自杀，他传奇又跌宕的一生就此结束。这时已经是秦王正十二年的上半年。

话说秦王正无情，吕不韦的门客却有义。他们不畏惧秦王正的威势，在吕不韦死后偷偷把他安葬在洛阳北邙山下，至今在河南洛阳市以东约20公里的偃师市南蔡庄大冢头村仍存有一座大冢，当地志书都说是吕不韦墓。

秦王正得知吕不韦的门客偷葬故主，怒气又被勾引上来。他下令：凡是去参加吕不韦葬礼的门客，三晋人立即驱逐出境，秦人官职在六百石以上的（秦律规定六百石以上为"显大夫"）免去爵位并流放；没去参加吕不韦葬礼的门客，秦人官职在五百石以下的，只流放不免爵。

人都死了，秦王正还不放过送故主最后一程的门客。如果说有惊无险地平定嫪毐之乱显示出他的沉着有谋、刚毅果敢，那么逼死吕不韦、株连其门客一事则暴露了他冷酷无情、刻薄寡恩的秉性。

茅焦说和母子　李斯谏止逐客

秦王正在平定嫪毐之乱后处置了那么多人，但还有一个跟嫪毐关系最密切的人，前面没有提到，那就是秦王正的亲生母亲——赵姬赵太后。赵姬在这次嫪毐之乱中扮演了什么角色、持什么立场，史书没有明确记载。有些人说赵姬被嫪毐迷了心窍，支持他叛乱，实际上并没有什么依据。赵姬赋予面首嫪毐巨大的政治权力，确实显示她在政治上比较低能，但要说她支持情夫去杀大儿子，这实在有点说不通，因为这对她一点好处也没有。前面提到曾有人告发嫪毐和赵姬商量等秦王正死后让他们的儿子继位，其实这并当不得真：一则闺房密语外人难以知道，二则他们说的是假如秦王正死，没说杀。赵姬恐怕以为嫪毐是在做"白日梦"过过嘴瘾呢，毕竟我们现在人也经常会说"如果我中了五百万会怎样怎样"。尤其按史书上嫪毐盗用秦王、太后印玺的说法，赵姬好似对嫪毐发动叛乱是不知情的。等她知情，恐怕也由不得她了。

虽然如此，性格好强、极要面子的秦王正还是因母亲在私生活上的不检点和在政治上的"养虎为患"行为而盛怒不已的。所以夷灭嫪毐三族后，他立即派人把母亲跟嫪毐生的两个"野种"弟弟给杀了，据西汉刘向所著的《说苑》一书记载，具体方法是把俩孩子装在口袋里活活摔死。对赵姬本人，秦王正表示再不想见到她，下令把她赶到雍城南郊的棫阳宫软禁居住。

可囚禁母亲，无论前因如何都是大大的不孝。还是据《说苑》记载，为了防止别人就此事进谏，秦王正提前放风说："有敢多嘴的，我一定把他乱刀砍死，在他尸体上扎满带刺的蒺藜，然后堆到王宫门阙下示众！"

你别说，秦王正还真有先见之明，不长时间内就先后有二十七个人来劝他接回母亲，不过最终这二十七个人都变成了门阙外扎满蒺藜的血肉模糊的尸体。

这天，又有一个打齐国来的叫茅焦的人来到王宫外，自称要向秦王进谏。

秦王正派侍从问他说："您有什么要进谏的？是为太后的事吗？"

茅焦点头说是。

侍从撇嘴说："阙下的一堆死尸您看不见吗？"

茅焦一本正经地回答："我听说天上有二十八宿，现在劝谏秦王才死了二十七人，我是想用我自己来凑足天数。您就这样告诉秦王。"

本来茅焦有些同乡跟他住在同一家客栈，这时听说茅焦去王宫外等着劝谏秦王与母亲和好，都吓得赶紧背上包袱跑路了。

侍从回报秦王正后，秦王正怒骂道："这是故意来顶风犯禁的啊，快把鼎镬支起来，把水烧开准备煮死他，看他还怎么去门阙底下凑足二十八宿之数！"说完秦王正按剑坐在大殿上，一边瞪眼一边吹气，唾沫星子都喷出来了。

这时茅焦迈着小碎步来到宫殿台阶下。他先拜了两拜，然后说："臣听说，长寿的人不忌讳谈死，拥有国家的人不忌讳说亡。忌讳谈死的人也不可能长生，忌讳说亡的人也不可能永保国家。生死存亡之道，明主都急切想弄清，不知道大王呢？"

秦王正皱眉说："你这是什么意思？"

茅焦道："大王有狂妄背理的行为，大王自己不知道吗？"

秦王正说："我什么事狂妄背理？你说说！"

茅焦慢条斯理地说："大王车裂假父，有妒忌之心；摔死两弟，有不慈的名声；赶母亲到棫阳宫，是不孝的行为；在进谏之士身上扎棘刺，是桀纣的暴政。现在天下听说了这些事儿，再没有人会心向秦国。臣私下里害怕秦国会灭亡，替大王感到担忧。我的话说完了，大王可以处死我了。"语毕，茅焦把衣服一脱，自动趴到砍头的木头桩子上。

秦王正正在沉思，见状赶紧走下台阶，一手扶起茅焦，一手挥退刽子手，说道："老先生快把衣服穿上，从今往后我愿接受先生的教诲！"

杀人不眨眼的秦王正怎么突然转了性了呢？这就是因为茅焦戳到了他最在意的地方。

秦王正的志向是什么呢？那自然就是囊括四海，并吞八荒！他最怕的是什么？那当然就是天下人心都厌弃秦国。所以听茅焦说他做的这些事儿会影响自己统一天下，他立即就紧张起来了。而之前被处死的那二十七人，可能都是在亲情孝道方面瞎白话，自然打动不了秦王正，只能横尸阙下了！

随后秦王正亲自赶赴雍城，将母亲赵姬接回咸阳，安排在甘泉宫（在今陕西淳化县甘泉山）居住。

赵姬没想到能得到儿子原谅，内心非常感激茅焦，特地大摆酒宴宴请他，并对他说："扭曲为直，转败为胜，安定秦国社稷，使我母子重新相会，都是茅君之力啊！"

说实话，赵姬虽然貌美，其实是个可怜的女人，一辈子的命运都由别人摆布：她先是被主人吕不韦送给王孙子楚，邯郸之战时子楚偷跑回国，她却带着当时化名赵正的儿子滞留在邯郸，度过了六年担惊受怕、朝不保夕的日子；回咸阳享福没几年，夫君子楚又壮年而逝，年纪轻轻的她就此成了寡妇。虽说她后来私通吕不韦、收养面首嫪毐被道学先生认为风流淫荡，但从当时和现在看也无可厚非，毕竟守活寡太不人道，她也有追求"又一春"的权利。可惜她养的面首嫪毐是个有政治野心的男人，她又没有控制驾驭他的能力，最后嫪毐膨胀弄权、发动叛乱被杀，她和嫪毐的两个儿子也惨死，自己还差点儿永不能跟大儿子相见。尽管后来茅焦说服秦王正，但可想见，她和儿子的关系恐怕也回不到当初了，她只能过着锦衣玉食但空虚寂寞的生活了此残生。史书记载，秦王正十九年，也就是嫪毐被杀十年后，赵姬去世，年纪不过四十岁上下。她死后，秦王正把她葬入父亲庄襄王子楚的陵墓，这个女人终于不用再受煎熬之苦了。

就在茅焦促成秦王正与母亲和好的同时，也有另一位士人在一件事关秦国国运的大事上说服了秦王正，扭转了历史的前进方向，同时奠定了他个人成功的基础。

平定嫪毐之乱后，秦王正本想诛杀吕不韦，却被一拨又一拨替吕不韦摆功劳、说好话的宾客辩士劝阻，他不得不暂时妥协，只把吕不韦罢相并赶回封地洛阳。事后他越想越觉得游士集团干预朝政，威胁王权，使自己不能乾纲独断，必须予以清除。正好在这时，又爆发了"郑国间谍事件"，给了秦王正新的借口。

"郑国间谍事件"是怎么一回事呢？这又要从韩国说起。

韩国本是七雄中垫底的国家，又身处秦国东进的要道崤函古道外，在秦人东扩时首当其冲，几十年来领土被秦人不断分割蚕食，到秦庄襄王在位时期韩国已经彻底丢掉上党郡和河内地区的领土，只保有都城新郑周边及以南的几十个县或邑，用"苟延残喘"一词来形容一点不夸张。眼看着只要秦人再发动一两轮对韩大型攻势，韩国就将遭受灭顶之灾，有见识的韩人不由得心急如焚。打也打不过，迁也没处迁，信陵君组织的合纵都没能给韩国夺回多少土地，万般无奈之下他们绞尽脑汁想出一个"疲秦之计"，那就是找点事儿给秦人干干，让秦人多上上大型工程，使秦国暂时抽不出更多人力物力来侵扰韩国。

秦王正元年（公元前 246 年），一个叫郑国的韩国水利专家来到秦国，他在关中走了一遭后，上书给秦国朝廷，大意说：现在秦国关中虽然沃野千里，农业发展得很不错，但还有不少问题，如关中平原北部比较干旱影响农业收成，东部还有一些盐碱沼泽地不能种植庄稼。我建议利用关中平原西北高、东北低的自然地势，从泾阳西北方仲山附近的瓠（hù）口开口取水，然后沿着关中平原北部一系列山脉的南

郑国渠位置示意图

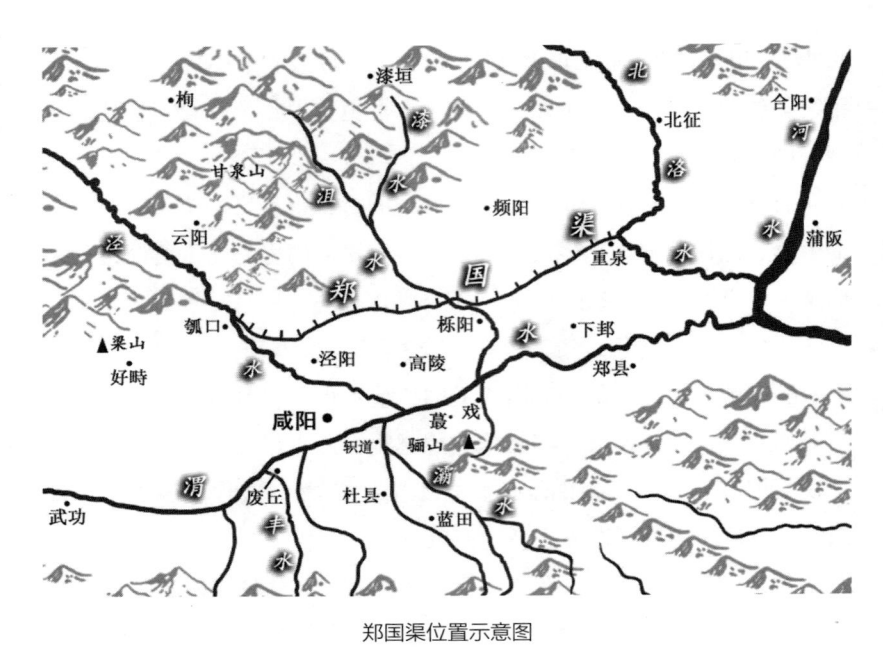

麓开凿向东的渠道，最后让渠水在三百里外的重泉附近注入北洛水。水渠建成后能灌溉秦国泾阳、高陵、栎阳、下邽、重泉五县之地，更可以用泾水中携带的富含有机质的泥沙把盐碱地改造为良田，从而极大增加关中粮食产量。

当时在秦国主政的还是相邦吕不韦。他虽然是商人出身，却也极为重视粮食生产，因为他早就定下统一天下的宏图伟略，而要实现这个目标，必须积蓄更多的军粮。大家应该记得，在长平之战期间秦国虽然在后勤供应上赢了赵国，基本保证了五六十万秦军的口粮，但国内也爆发了严重饥荒，说明当时的秦国负担如此规模的战争还是极为吃力的。不过以后要扫平六国，类似甚至超过长平之战规模的大战是少不了的。那会儿巴蜀虽然被李冰的都江堰等水利工程改造成了天府之国，但是要把粮食调出来尤其是运到北方还是极为困难的。因此吕不韦很快就同意了郑国在关中上马大型水利工程的建议，并任命他为这个工程的总负责人。

该水利工程规模浩大，当时施工又都是铁锹锄头、肩挑背扛，所以现代学者估计每年起码要动用十几万人挖土修渠，这正好可以达成郑国入秦的使命——占用秦国大量劳力。可以想见，如果这十几万劳力不参与这项工作而被调到战场，那秦国对东方国家的军事压力显然会更大。从这个角度讲，韩国的"疲秦之计"是达到了延缓秦人进攻六国步伐的目的的。

一晃十年过去，这个大型水利工程完成大半，郑国的韩国间谍身份不知道什么原因却暴露了。已经亲政的秦王正得知后当然大怒，就要杀掉郑国。

郑国赶紧自辩说："我承认我当初是作为韩国间谍来实施'疲秦之计'的，但这个水利工程只不过是延缓韩国几年的寿命，秦国却将千秋万代受益啊！"

秦王正一琢磨还确实是这样，于是就让郑国继续干下去。后来水渠建成，水量最大时能灌溉土地四万顷即四百万亩（折合成市亩等于二百八十万亩），每亩的粮食产量可以达到一钟（六石四斗），因此在理想状态下（水量充沛、人力充足），灌溉区域每年能产粮两千五百六十万石，按一个壮丁一个月吃两石半粮食来计算，可以供八十五万人吃一年！后来秦王正为吞并六国，常年出动大军，却没有军队缺粮的记载，其中郑国所修水渠的贡献是不言而喻的。这样看，韩国人其实等于是只苟安了几年却帮秦国修成"内功"、升级国力，秦王正真的该给想出这种"疲秦之计"的韩国无名谋士发个一吨重的大奖章！因此天下一统后，秦王正将该水渠命名为"郑国渠"，这是中国历史上第一条以人名命名的水渠。

回过头来说郑国的间谍身份刚暴露时，虽然秦王正被郑国的辩词说服，让他继续施工，但秦国宗室大臣却依旧群情激愤，纷纷说道："诸侯各国的人来事奉秦国的，大都是为了自己的君主搞游说活动甚至做间谍工作的而已,请把一切宾客都逐走!"

其实秦国自孝公以来,就经常任用客卿,而且除樗里疾之外的绝大多数相邦、丞相都是外国人,也没见这些宗室大臣敢说什么。现在他们突然提出极端排外的主张,显然是察觉到秦王正有驱逐宾客游士的想法,所以才加以逢迎。何况赶走了客卿们,宗室大臣的权力自然就扩大了,他们何乐而不为?

接下来秦王正就"顺应民意",正式颁布"逐客令",要求在秦国的外国人立即限期离境。

这个命令一出,自然掀起轩然大波,因为这时候已经在秦国从政或正在寻找门路机会的外国人绝对是成千上万。他们当然不愿放弃之前的打拼成果,但面对王令又无可奈何,只得收拾行囊郁郁回乡。

在这群被迫离秦的外国人中,有一个楚国人,我们前面介绍过,他就是曾经在吕不韦家做舍人、后来又入宫为郎、不久升任相邦府长史、最后官拜客卿的李斯。按"逐客令"规定,普通外国人都不能留在秦国,他与倒台的吕不韦的关系那么深,自然更在被驱赶之列。

不过大家知道,李斯一向以贫穷卑贱为耻,一心追求功名利禄,并认定秦国是最佳发展平台,要在这里实现他的梦想。何况他历尽艰辛才跟秦王正混了个脸熟、谋得客卿之位,离成为秦国重臣只有一步之遥,怎么能甘心就这么走人呢?于是具有非常胆略和才学的他决定再搏一把——给秦王正上一封《谏逐客书》。

在《谏逐客书》中,李斯首先直白地亮明了自己的观点,说"臣闻吏议逐客,窃以为过矣"。随后,他主要从三个方面进行了阐述:

其一,客卿是为秦国立有大功的。他以史实为例,说明如果不是穆公、孝公、惠文王、昭王任用了客卿百里奚、商鞅、张仪、范雎等人,秦国绝不可能日益富强、称霸诸侯,因此他发出"客何负于秦哉"的呐喊!

其二,不排斥外来之物却排斥外来人才的做法很荒唐。他以事实说明，令秦国君王爱不释手的珍宝美玉、名剑骏马、音乐舞姬等大多是取自各国，享乐方面不排外，却在治理国家、争衡天下方面排斥外国能人，岂不是本末倒置？

其三，逐客之举是削弱自己、增强敌人。贤能之士都不来秦国而去为其他诸侯服务了，秦国的祸患还能远吗？

最后他又写道，"士不产于秦，而愿忠者众"，提醒秦王正，虽然宾客游士中有间谍、有吕不韦和嫪毐等人的党羽，但是愿意向秦王正效忠的还是很多的，不能因噎废食、一棍子都打死，同时也暗表了自己的忠心。

该篇文章只有短短七百余字，但是却气势雄浑、入情入理，其中"泰山不让土壤，故能成其大；河海不择细流，故能就其深"等语句成为千古流传的名句，李斯真不愧是大儒荀子的高足。

《谏逐客书》辗转上达到秦王正手中，他读后不禁冒了一身冷汗，赶紧下令收回"逐客令"，并派专人去追已经卷铺盖走人的李斯，顺利在咸阳以东的骊邑赶上了他（他本就不想走而在路上磨蹭）。李斯回来后，秦王正立即恢复了其原有职务——客卿，不久更任命其为廷尉。毕竟客卿只是虚职，即外国高级顾问的意思，并没有具体的职权，而廷尉却位居九卿之一，掌管司法刑狱，相当于现在的最高法院院长，绝对位高权重，足见秦王正对他的信任和重用。

从秦王正听取茅焦的逆耳忠言接回母亲、接受郑国的自辩让他继续开凿水渠、采纳李斯的《谏逐客书》下令停止逐客，说明青年秦王正虽然有时候脾气暴躁、感情用事，但只要你能真正阐明利害，尤其是指出他某些做法对统一大业的影响，他还是能够保持清醒头脑、以国事为重，不怕丢面子、跌份儿，知错就改的。

至此，嫪毐之乱后的一系列后续事件基本都完结了，已经亲政且志存高远的秦王正开始把深邃的目光对准东方，"统一天下"这场大戏的幕布即将被他拉开。

第十三章

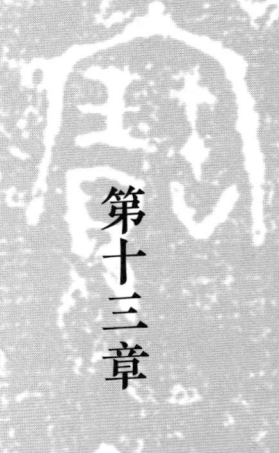

秦王扫六合

灭韩、存韩，李斯与韩非的"书面"斗争

秦王正十年（公元前237年），秦王正罢免相邦吕不韦真正把大权抓在手中时，年纪刚满二十三岁。

宋代类书《太平御览》引逸书《河图》的内容称，成年后的秦王正身高达八尺六寸，即相当于现在的1.98米；该书还说他的相貌也不同寻常，"虎口，日角，大目，隆鼻"，即长着宽嘴厚唇、隆起的额头、大大的眼睛、高挺的鼻子。《河图》中对秦王正身高相貌的记载也许有后世附会夸张的成分，因为在古人观念中帝王自然要长得与众不同；但是从遗传学来讲，儿子像妈，善于歌舞的美女赵姬生的秦王正十有八九是个高大英俊的帅哥。

雄姿英发、精力旺盛的秦王正解决了内部纷扰，开始规划他的统一大业。因为到这个时候，秦国对六国已经具有显著优势，拥有天下约五分之二的领土以及约三分之一的人口[①]。但怎样利用好有利形势，先打谁后打谁，尤其是如何破坏六国可能的合纵活动，把统一的代价降到最低、时间压缩到最短，秦王正和以右丞相启为首的秦国百官还是得好好谋划一番。

其实据《战国策·秦策四》记载，在茅焦说和秦王正母子之前，就有一个叫顿弱的说客游说秦王正，劝他连横韩魏，并用重金收买各国文臣武将。《史记·秦始皇本纪》则记载魏国大梁人尉缭游说秦王正，教他贿赂各国豪臣。因此历史大家杨宽认为顿弱和尉缭就是一个人——古无翘舌音，"弱"读若nì，与"缭"的古音近似，意思也相同；顿是他的氏，尉是他后来在秦国担任的官职。

秦王正对尉缭（顿弱）的连横韩魏和重金收买的策略比较欣赏，

[①] 秦国人口占当时总人口的比例，是笔者以《汉书·地理志》记载的西汉元始二年（公元2年）秦地人口占全国总人口比例估算的。

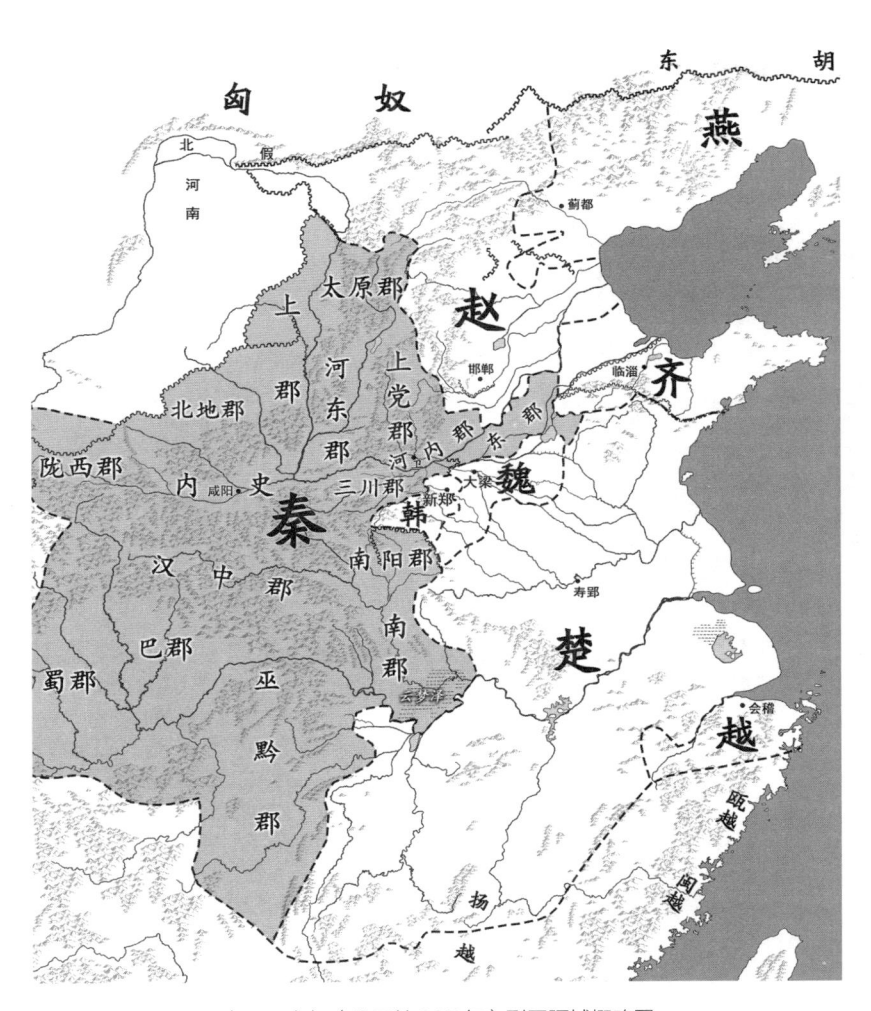

秦王正十年（公元前 237 年）列国疆域概略图

大家应该记得李斯先前也提过类似建议，应该是英雄所见略同吧。于是秦王正就给尉缭万金之资让他去游走各国了。

等到秦王正因《谏逐客书》请回了李斯，对他更为器重。李斯此时提出了自己的具体战略主张，那就是直接先把韩国灭掉，以此来震慑其他诸国。这个主张很好理解，因为看看当时的形势图我们就会发现，由于秦王正三年蒙骜又攻取韩国十三城，韩国这个最弱也距离秦国最近的国家，已经被秦国从北、西、南三个方向结结实实地包围起来，恐怕任何人站在秦国角度都会选择先灭它。秦王正也理所当然地同意了，并命令李斯拿出灭韩的具体行动方案。

就在秦国朝廷紧锣密鼓地制订灭韩计划并进行相应准备的时候，韩国在咸阳的暗探也很快得到消息，并火速向新郑方面报警。当时韩桓惠王刚去世两年，王位传到他的儿子韩王安的手中。韩王安得到密报犹如掉进冰窖一般浑身冰冷，但他也明白恐惧害怕一点用也没有，于是赶紧与公室贵族韩非等人商议对策。当时所有人都明白，以韩国的军力是绝对抵抗不了强秦的，所以最后韩王安决定，派韩非出使秦国，希望他能够上演奇迹，说动秦王正改变主意，并把祸水引向赵国。

韩王安为什么这么信任韩非并对他寄予厚望呢？我们先前简单提到过，韩非是韩国的一位公子，虽然史书没记载他是哪位韩王的儿子，但他在韩国绝对算根正苗红，忠诚是没问题的；其次我们也知道韩非曾与李斯一起拜在大儒荀子门下学习，尤其是其学业出类拔萃，连李斯都自叹不如，所以他的才能在韩国也是翘楚级别的。

可能有人会说了，《史记·老子韩非列传》不是记载韩非有口吃的毛病吗？首先，韩非的口吃应该并不严重，甚至经过训练到晚年已经好了；其次，韩非就算口吃，但是他文章写得极好，从后世整理编辑的《韩非子》一书就能看出，韩非的文章大量运用寓言故事、历史故事（如"自相矛盾""守株待兔""滥竽充数"等寓言就出自其文章），对人性的剖析、事物的描写极为贴切深入，文章结构层层推进、宏伟缜密，气势无比雄壮甚至咄咄逼人，说理敏锐深刻、切入骨髓，所以他完全也可以靠文章来进行游说。

韩非受命来到咸阳后，立即给秦王正上书一封，这篇文章保存在《韩非子》里，即《存韩》篇的前三段。其内容如下：

韩国尽心竭力臣服事奉秦国三十多年，就与秦国的郡县也几乎没有两样，不想近日却听说贵国大臣有伐韩的提议。大王岂不知，那赵国聚集训练军队，收养鼓吹合纵之徒，到处宣扬如果不灭秦国，诸侯都将亡国，一心想联合天下之兵西进攻秦。现在秦国放着赵国这祸患不问，却吞并像内臣一样恭顺的韩国，天下诸侯就会认为赵国所说是千真万确的了。

不过韩国虽然弱小，但因经常四面受敌，早就把城池修得又高又坚固，并且屯集了大量的守战物资。因此秦国攻韩，一年半载恐怕拿不下来。到时候魏、赵、齐诸国都来援助韩国，等于遂了赵国联合天下之兵攻秦的心意。因此如果按贵国大臣的提议做，陛下什么时候能实现兼并天下的理想呢？

所以臣以为，大王不如先派人到楚国重金贿赂其主政大臣，说明赵国的奸计，再派人质到魏国将其稳住，然后与韩国一起攻打赵国。这样那赵国就算有齐国帮助也不足为患了。等到赵、齐平定，秦国如果想要韩国，一封书信就足够了，以后楚国、魏国也只有主动称臣的份儿。希望大王深思熟虑啊！如果攻打韩国引起各国合纵抗秦，那就后悔也来不及了！

秦王政接了韩非的书信，一时犹豫不定，就把这封信转给了提议伐韩的李斯，想再听听他的意见。

李斯把信看完，知道自己的"老板"一时被自己的同学给忽悠住了，也给秦王政写了一篇奏章，驳斥韩非的言论，并提出了新的意见，这就是《存韩》篇中间三段。李斯的大意如下：

大王把韩国使者的信转给臣，信上说韩国不易攻取，臣绝不认同。韩国对秦国，就像心腹之病，平时都不舒服，一旦奔跑快走必然发作。秦国与赵国关系不好，虽然我们已经派出使者荆苏出使齐国，离间齐、赵，但依臣看，两国未必会绝交。如果真这样，那秦国就要面对赵、齐两个万乘之国。韩国本就只是畏惧秦国的武力，一旦赵、齐共同对秦，韩国这心腹之病一定要发作了。如果韩国再跟楚国搭上，诸侯响应，秦国确实可能会遭遇像之前诸侯合纵攻至函谷关一样的失败。

韩非到秦国来，恐怕是想以保存韩国的功劳在韩国谋取高位。这人善于诡辩和欺诈算计，应该也想在秦国捞点好处，因此为韩国的利益来试探陛下。如果秦、韩亲密，他的地位就提升了，这就是他的计策。

其实臣看韩非的言论，不过都是蛊惑人心的华丽辞藻。臣怕陛下被韩非迷了心窍，不能辨别是非。现在臣又有一条愚计：秦国集结兵马但不说讨伐哪国，韩国主政者一定会害怕而讨好秦国，到时大王再派臣出使韩国，劝韩王来朝拜。等韩王到了咸阳，大王就把他扣留，再跟韩国主政者谈判交易，这样一定能收割韩国大片土地。接下来大王让东郡的蒙武（蒙骜之子）集结军队，齐国一定害怕而答应荆苏的要求跟赵国断交，如此我们兵马未动就把韩国拿下、使齐国臣服了。诸侯听说后，赵人一定吓破了胆，楚人也必然忧心忡忡，听从我们的安排。楚人一动不动，魏人自然不足为患，那么我们就能跟赵国单独较量并制服它，最终把诸侯一一蚕食了。

秦王正又觉得李斯说得很有道理，就按他所说，在国内征发集结兵马做出要出征他国的样子，然后派李斯出使韩国。

李斯到了韩国后，以上国使者的姿态召韩王安到咸阳朝见秦王正。韩王安不知道是害怕还是闻到了什么不对的气息，没有亲自接见李斯，也不置可否，李斯只好先在新郑的宾馆中住了下来。

就这样，李斯又等了很久仍得不到韩王安的回音，他不禁焦急起来：头一次奉秦王正的命令出使他国办事，而且这主意还是自己出的，如果办砸了，肯定会给"老板"留下负面印象。他甚至感到一丝害怕，担心秦王宫内会不会有人走漏了风声，韩王安是否已经知道自己是来骗他赴秦并准备扣押他的？焦躁不安之下，李斯忍不住给韩王安写了封信，这就是《韩非子·存韩》篇的最后一部分。

信中李斯首先回顾了秦韩之间的"友好"历史，声称秦国一直照顾保护韩国，让韩国君臣享受和平安全的生活，从未对不起韩国，可韩国却曾参加合纵联军攻打过秦国，有负于秦人，因此天下人都认为韩国反复无常。

接下来李斯又说，赵国如果攻打秦国，也一定会攻打韩国，秦、韩两国是"唇亡齿寒"的关系。自己作为秦使出使韩国，既是为秦王服务，又是为韩国谋利益，韩王怎么能连接见都不接见自己呢？韩国这样对秦使，秦韩恐怕要绝交了。他表示，希望韩王能见一下自己，让自己把要说的话说完，之后哪怕杀了自己也行。如果韩王见都不见就把自己杀了，那韩国的祸患肯定要到了。

这一段，李斯是在威胁韩王安必须要跟自己见面，并且提醒他不见自己和杀了自己都可能引起严重后果。

李斯上书韩王安之后，韩王安有没有回复，史料中没有任何记载，不过能确定的是，韩王安最终没有去秦国朝见秦王正，当然他也没敢动李斯一根寒毛。所以李斯的诱骗韩王安入朝并挟持他逼迫韩国割地的阴谋还是破了产，他只能悻悻地独自回国向秦王正复命。

按以前的情形，小小韩国的国君居然敢抗拒大国的召唤，秦人一定要发兵攻韩给它一点颜色瞧瞧了，何况现在秦王正正想拿韩国当他的统一大餐的"开胃菜"。可史料却显示，随后秦王正攻打的国家却不是韩国。这是怎么回事呢？

计划不如变化快——第一刀砍向了赵国

上节说到，秦王正亲政掌权后听从李斯的建议，最初是想以伐韩来开启自己兼并六国的大戏的，韩王安拒绝来朝正是秦人出兵的好借口，谁知秦王正却并没有这样做，反而舍弃韩国去攻打其他国家了。这自然不是秦王正仁慈，而是因为天下局势突然出现变化，使得他的注意力不得不转到其他地方去了。这正应了那句俗话——计划赶不上变化。

原来就在李斯出使韩国召韩王安来朝的前后，有东方两位大王不请自来，几乎同时到咸阳朝见了秦王正，他们就是韩非与李斯书信中都提到的对秦国威胁较大的两个"万乘之国"——赵国和齐国的国君，具体来说即赵孝成王之子赵悼襄王和齐襄王之子齐王建。

他们这二位为什么现在来朝见秦王正呢？这个史书上没有任何相关记载，我们只能推理一下。

李斯的书信中提到秦国曾派使者荆苏出使齐国，目的是想让齐国跟赵国断交。也许齐王建见到荆苏后，害怕秦国把自己和赵国当成打击的目标，经常拿秦人财宝的齐国相邦后胜和宾客们又在旁边积极劝说，于是齐王建就以恭贺秦王正铲除权臣、亲政掌权的名义，前来咸阳朝见，以向秦王正示好。大家知道当时秦、齐的关系其实算是比较"友好"的，因为自穰侯魏冉下台之后秦国有三十多年没有攻打过齐国，齐国也没有参加诸侯救援邯郸的行动以及第四次、第五次"五国伐秦"。所以齐王建这次来，秦王正应该很高兴，也想趁机稳住他，让齐国在自己攻打其他诸国时继续保持"中立"。

那赵悼襄王为什么也要跑来凑热闹呢？一方面他可能听到了韩人正企图把祸水引向赵国的风声，需要进行外交反击；另一方面他还想在一件大事上寻求秦王正的支持或谅解，那就是攻伐燕国。因为他知道燕国一直在结好秦国，所以他怕秦国在他伐燕时踢自己的屁股。没错，自打秦昭王末年燕王喜趁赵国尚未从长平、邯郸之战中恢复的"良机"大举伐赵开始，两国间的战争就没有真正停过，十几年间它们不是在对战，就是在积蓄力量准备打仗。所以秦人日后能较为顺利地统一天下，与六国死到临头还要互殴有很大关系，用唐代杜牧的话来说那就是"灭六国者，六国也，非秦也"。

可能是赵悼襄王在会面时把秦王正捧得很舒服，并许了很多好处（比如承诺把打下的一些城池和子女玉帛献给秦国之类的），而且秦王正那时正一心一意想吞并韩国，所以他也没有往深里想，就痛快地答应支持赵悼襄王伐燕。随后赵悼襄王喜滋滋地离开咸阳回国，全力部署对燕战事去了。

第二年也即秦王正十一年（公元前236年）的年初，赵悼襄王就以老将庞煖为大将，大举讨伐燕国。燕军抵挡不住赵军的凌厉攻势，不由得节节败退，连丢勺梁（在今河北定州市北）、貍（在今河北任丘市东北）、阳城（在今河北保定市北）等多座城池。

再说燕国那边。据《战国策》记载，其实早在赵悼襄王从咸阳返回、秣马厉兵准备攻燕时，燕王喜就得到间谍报告，知道了赵悼襄王与秦王正会面的详情，于是他也派使者出使秦国，目的自然是想把秦国给拉到自己这边来。不过赵国横亘在燕国和秦国之间，所以燕国使者在穿越赵国领土时一不小心被赵人抓住扭送到邯郸。

赵悼襄王正要审问燕国使者，哪知后者却昂着头振振有词地抗议说："秦赵合一，天下诸侯无不臣服。我奉燕王之命去恭贺秦王，大王为何抓我？这岂不是向天下诸侯证明秦赵关系已经有了裂痕？如果这样，诸侯还会服从吗，燕国还会服从吗？"

燕国使者的论述角度很刁钻，赵悼襄王听了一下子被绕进去了，觉得不太对劲，但又貌似有理，不知该如何反驳。

燕国使者见了赵悼襄王的呆相，明白对方被自己忽悠住了，就又道："再说下臣出使秦国，对赵国有何妨碍？难道能阻止赵国伐燕？"

赵悼襄王本就为自己访问秦国取得的"骄人"外交成果洋洋自得，听了燕国使者的话更加忘乎所以，于是挥挥手让人把他放了，那意思是我就放你去游说秦国，谅你也没有改天换日的本事，撼不动我和秦王之间的"友谊"小船！

就这样，燕国使者有惊无险地通过赵国进入秦国，来到咸阳的秦王庭。见了秦王正后他再次展开三寸不烂之舌说："燕王听说秦赵联合，所以特命下臣携带千金作为贺礼！"

秦王正一听，心说燕国人傻了吧，就问道："燕国无道，所以我支持赵国讨伐，你们燕国有什么好贺的？"

燕国使者却转换话题说："我听说赵国没有与秦联合的时候，南与秦国为邻，北与我燕国为邻，中间只有三百里土地，就跟秦国周旋五十多年。赵国之所以不能战胜秦国，是因为疆域狭小无处拓展。现在大王允许赵国吞并燕国，赵国国土倍增，还能听命于大王吗？臣窃为大王担忧啊！"

秦王正立即被点醒了，明白此时绝不能坐视赵国势力扩张，变成日后的大患，因此决定暂时放过已经被秦国国土半包围起来、宛如盘中餐的弱小韩国，而以援助燕国、削弱赵国为当前最要紧的事务。

经过与右丞相启等大臣商议，秦王正下令兵分两路，从西、南两面钳击赵国，具体方案为：大将王翦统率北路军，攻打赵属上党地区，

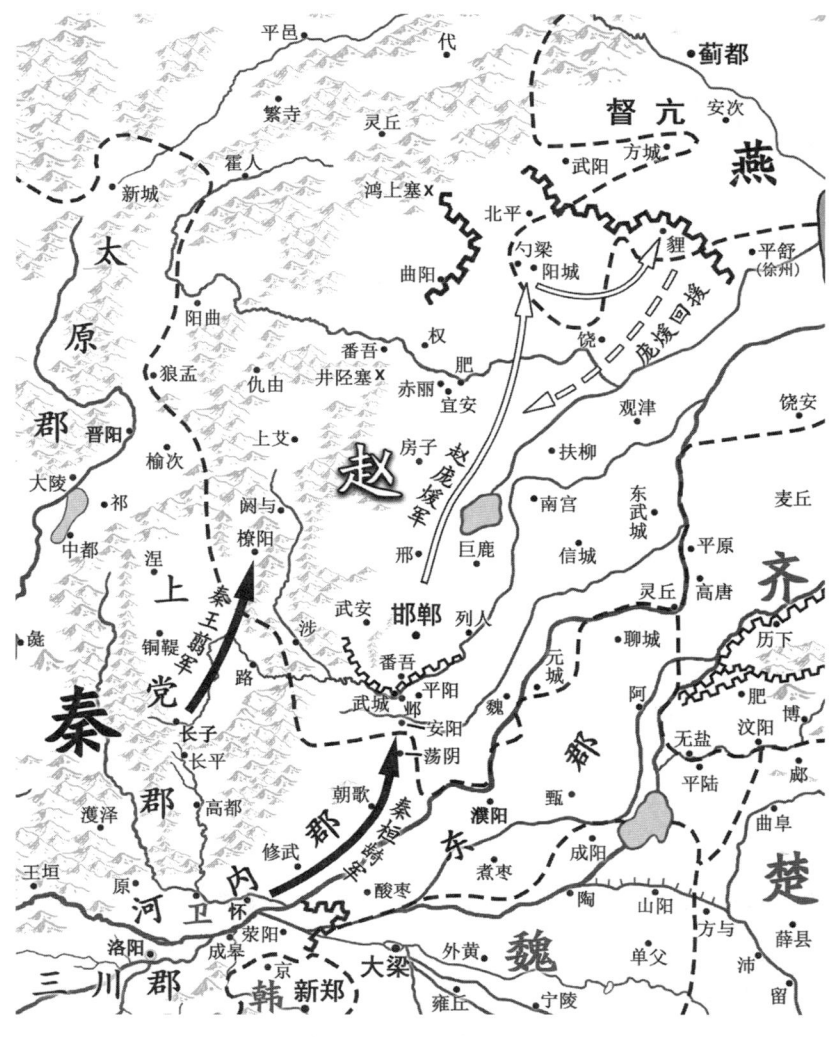

秦王正十一年（公元前236年）秦军两路攻赵示意图

也就是赵都邯郸的西北区域；大将桓齮（yǐ）统帅南路军，攻打赵国的漳水流域，也就是赵都邯郸的南部区域。

此次伐赵，也是王翦和桓齮的名字首次出现在史书上，他们应该是秦王正亲政后特地选拔上来的将领，正所谓"一朝天子一朝臣"嘛。《史记·白起王翦列传》介绍，王翦是秦国频阳县（在今陕西富平县东北）人，从小就喜欢军事，北宋欧阳修等学者编著的《新唐书·宰相世系表》还说他是周灵王太子晋之后；而桓齮的基本情况史书上却没有任何记载，可能与他很快就从历史舞台上消失有关。

就在庞煖率领赵军在北方夺取燕国貍邑的时候，大约四五十岁的王翦没有辜负秦王正的期望，攻下了赵属上党的阏与（在今山西和顺县西北）、橑阳（在今山西左权县）等六座城邑，破除了邯郸西部最外围的屏障。不过南路秦军攻打赵国漳水流域的战事却不是很顺利，桓齮久攻邺县（在今河北临漳县西南邺城镇东）不下。

这邺就是当年秦人祖先大业曾经居住过的地方，春秋时齐桓公最早在当地筑城，战国大部分时间它都属于魏国，所以史书上有西门豹治邺的故事。但前几年秦将蒙骜攻占了魏国河内和黄河、济水间的区域后，邺县就孤悬北方，与魏国剩下的济水以南的领土断了联系，等于成了魏国的一块飞地。不得已之下，魏人于是做了个顺水人情，把它送给了赵国。邺县虽然在赵国南部长城之外，但距离赵都邯郸仅约八十里，急行军也就是一天的路程，所以赵人才会拼死防守。为确保邯郸的安全，赵悼襄王同时紧急征调在燕国南部作战的庞煖回军救援邺县。

如果等庞煖赶到，秦军取胜的机会就很渺茫了。因此桓齮加紧攻城，同时王翦率军沿漳水南下，东进助战，终于在庞煖抵达前夺取了邺县和安阳（在今河南安阳市西南）等漳河流域的几座重要城池。

赵悼襄王被秦王正摆了一道，又见秦军的兵锋几乎已经顶在邯郸城的城门之上，又气又怕，不久就一命呜呼了。随后他的小儿子赵迁继位，这就是赵幽缪王。

有人会问，既然赵幽缪王是小儿子，怎么轮到他继位呢？原来赵悼襄王本有嫡妻，还给他生下嫡长子赵嘉。不过后来赵悼襄王又被一个在邯郸城内做过娼妓的寡妇给迷住了，以至于不顾大臣们的劝谏，把她娶进王宫。邯郸娼女入宫不久就怀孕，生下一个儿子，这就是赵迁。她成了大王宠姬还不满足，又设计陷害赵悼襄王的王后和太子赵嘉，好色且绝情的赵悼襄王居然就废掉原配和嫡子，立娼女为王后，立赵迁为太子。故而赵悼襄王死后，还是少年的赵迁得以登上大王宝座。

这赵幽缪王迁别的没继承到，单单继承了父亲的糊涂和母亲的荒淫，以品行不端著称。本就强敌压境，双方实力悬殊，赵国换一位明君都难以招架，关键时刻却由这么一位小爷继位，国运也就注定了。

再说秦王正这边，见伐赵取得一定胜利，赵悼襄王又归了天，继位的新君赵迁年少还没个正形，自然要加紧攻势。

第三年即秦王正十三年（公元前234年），秦王正再次下令伐赵，仍然是兵分南北两路。

此次北路秦军出太原郡，北上攻打赵国的云中郡和雁门郡。可能因为上述两地的部分赵军被抽调到内地，现有兵力薄弱，秦军很快就取得胜利。随即秦王正下令，在当地设置了秦云中郡和雁门郡。

此次南路秦军还是由桓齮担任统帅。桓齮率领秦军从河内地区出发，猛攻邺县东西两侧的赵国城邑平阳和武城，以扫清邯郸外围的赵国残余据点。显然这一路才是本次伐赵的主攻方向。

战事激烈进行中，彗星又一次照耀夜空，大家算一算就知道，这已经是秦王正继位以来第三次出现这种奇异的天文景象了。不久赵国大将扈辄领兵十万救援武城，不过却在城下被桓齮击败，扈辄与所有部下的首级都被秦军斩去，成了后者加官晋爵的军功。这次赵国损失的人数十分巨大，是长平之战后最多的一次。

赵国一家当然打不过秦国，赵人怎么不像以前邯郸之战时那样，

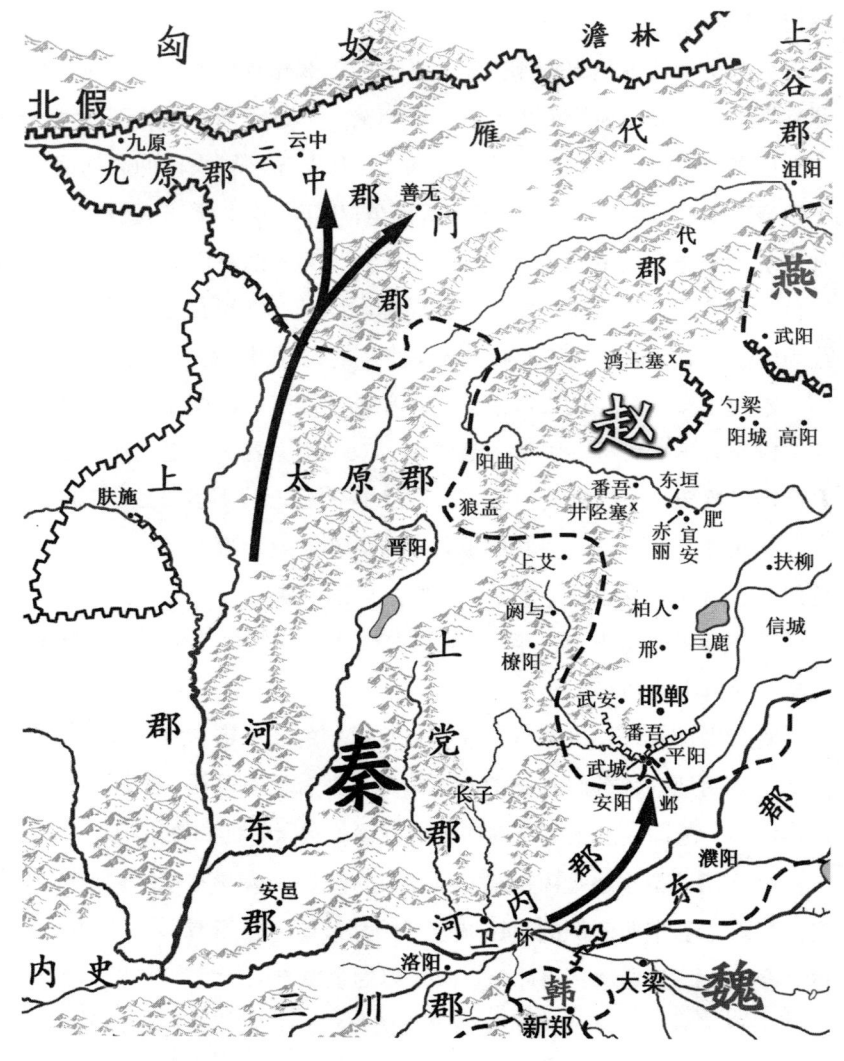

秦王正十三年（公元前234年）秦军两路攻赵示意图

联络各国组织合纵联盟来抗秦呢？

其实在秦军攻赵的初期，赵悼倡后和赵幽缪王就已经听从大臣的建议，派使者分赴各国游说求援，企图再次组建抗秦合纵联盟。在这点上,他们娘儿俩倒是没糊涂。很快,魏景湣王和楚国令尹李园被说动;燕王喜虽然跟赵国有仇,前年也是他派人去求秦国攻打赵国的,但他更怕赵国亡了下一个就轮到自己,所以转而准备援助赵国。

眼看赵、魏、楚、燕四国合纵抗秦的局面即将形成,秦昭王时期秦军兵败邯郸的那一幕可能又要重演,秦王正不由得忧心忡忡。

据《战国策·秦策五·四国为一将以攻秦》篇记载,秦王正在朝会上问大臣们怎么应对四国合纵,大家却都鸦雀无声。最后一位名叫姚贾的魏国客卿站了出来,自称愿意出使诸国,保证拆散四国联盟,使赵国孤立无援。秦王正大喜过望,就把自己的衣冠、玉带和佩剑都赐给姚贾,让他带上百辆马车组成的庞大车队和千斤的黄金去游说各国。姚贾每到一个国家,就展开"黄金攻势","轰炸"各国的主政大臣,把他们"炸"晕之后再动用如簧的巧舌大力忽悠,所以最终没有一个国家真正出兵对赵国实施援助。

半路杀出的大克星——李牧却秦

眼见众诸侯被姚贾稳住,无人出兵援助赵国,秦王正乐在心头。秦王正十四年(公元前233年),他又命令桓齮领兵北上,东出太行八陉中的井陉,攻打赵国城邑赤丽和宜安,以上两地都在今天河北石家庄市东南一带。不过这时秦王正和桓齮的好运气到了头,因为他们碰到了战国末期的赵国名将——李牧。

李牧,名繓(zuǒ),字牧,自赵孝成王时期起就在赵国北方的代郡、雁门郡一带担任边关守将,负责防备匈奴。李牧身材高大,虽然《战国策》记载他的胳膊有点残疾,不能伸直,但却治兵有方、富于韬略。

按规定,当时边关市场的收入都由李牧支配,他从不中饱私囊,把这些钱全用来提高将士的待遇,每天都杀牛犒劳大家。当然李牧对将士也很严格,要求他们努力练习骑射技术,认真管理烽火台等设施,并经常派人出去刺探匈奴的情报。将士们吃好练好,都想一展身手,建功立业。可李牧却规定,匈奴人如果入寇,立即进入堡垒防守,有敢出战抓捕俘虏的立斩不赦。

就这样,一连几年每次匈奴人进犯,赵军都按李牧的命令及时举烽火报警,然后躲进城池要塞防守,不与敌人交战。因为赵军坚壁清野,匈奴人抢不到什么东西,但赵军将士也捞不着战功。久而久之,匈奴人都认为李牧是个只知道避战的胆小鬼,连赵国人也这样认为。

最终李牧"胆怯避战"的消息传到邯郸的赵孝成王耳朵里,他觉得李牧把堂堂赵国的脸都丢尽了,就派使者去责备李牧,要求再遇到匈奴入侵必须迎头痛击。李牧嘴上应付一下,实际却"将在外君令有所不受",依然故我。赵孝成王怒了,就革了李牧的职,让其他将领替代他。

接下来一年多,匈奴人每次来袭,新上任的将领都按赵孝成王的指示积极出战,但赵军却不敌弓马娴熟、飘忽不定的匈奴骑兵,最终败多胜少,损失很大。这样一来,边境的赵国百姓再不能安心地种田放牧,闹得人心惶惶。赵孝成王没办法,只能再去请李牧,李牧却闭门不出,称病推托。赵孝成王恼了,强迫李牧听令,李牧于是讨价还价说:"大王如果一定要臣去守边,臣还是按原来的老办法,大王答应了臣才敢奉命。"赵孝成王只好应允。

李牧到了边境,又是只坚壁防守、不与匈奴人接战。匈奴人掳掠不到什么东西,只能大骂李牧是胆小鬼。而赵军将士天天吃着李牧为他们宰杀的牛羊,却没机会跟敌人打仗,心中都过意不去,多次向李牧请战,李牧总是摆手。

一晃又是几年过去了。就在大家都习惯了这种日子的时候，一天李牧突然下令，要准备跟匈奴人大干一场！他精选了一千三百辆战车、一万三千匹良马以及十五万名战士，认真进行操练演习。为了吸引匈奴人，他还故意命人在边境草原上放牧了大批的牛羊。

匈奴人得到消息，立即出动小股部队来打劫，李牧出战却打了"败

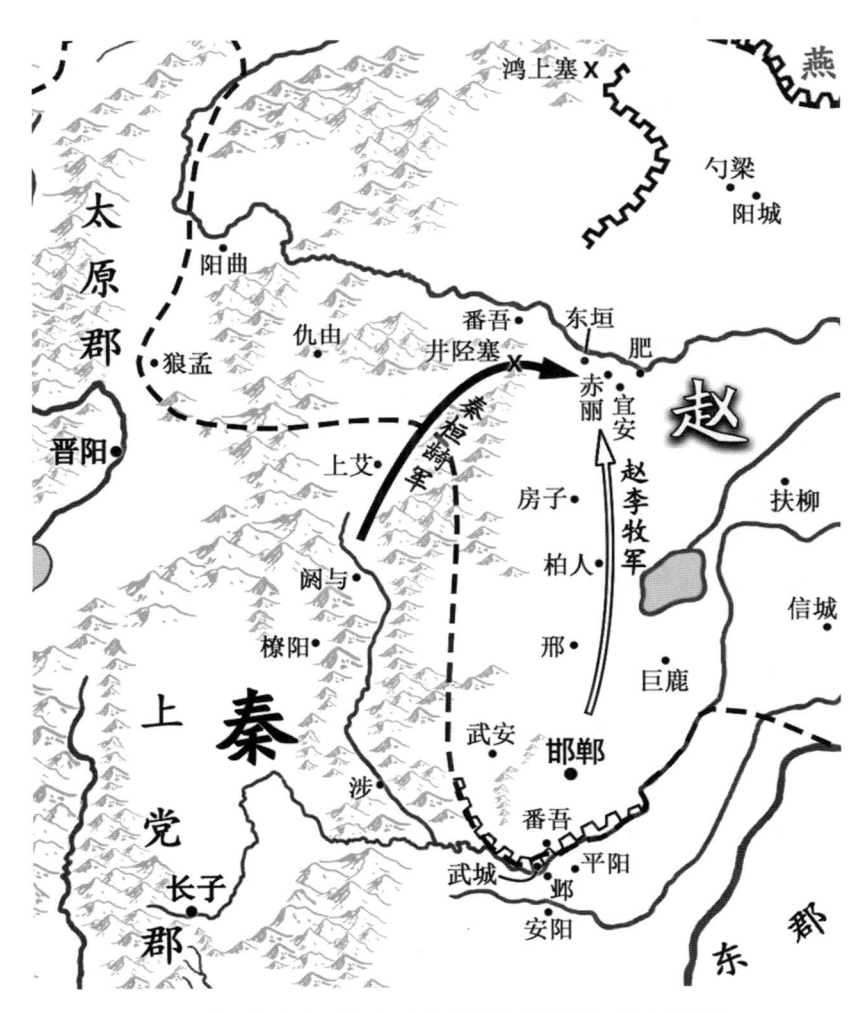

秦王正十四年（公元前 233 年）秦桓齮攻赵赤丽、宜安示意图

仗",把众多牛羊和几千边民丢给了匈奴人。

匈奴单于听说后,赶紧率大队人马来捡更多的便宜。以"怯战"闻名的李牧不但没再躲进堡垒,反而摆出一堆奇怪的阵形迎战,把匈奴人都看呆了。就在匈奴人窃窃私语的时候,赵军的战车和骑兵部队从左右两翼包抄上来,匈奴主力大败,被杀十余万人,单于狼狈逃窜。

李牧携大胜之威,又出兵灭掉了代郡北方的游牧部族澹(dàn)林,击破东北方的东胡人,并迫使今天内蒙古自治区伊金霍洛旗一带的大批林胡人向赵国投降。此后李牧的威名响彻塞北,一连十多年匈奴人都不敢再次侵犯赵国边境。

不久赵孝成王归天,他的儿子赵悼襄王听信谗言,让大将乐乘去接掌正在领兵攻打魏国的廉颇的兵权。这次廉颇忍受不了了,认为被人顶包的事情可一不可再(长平之战时他就被赵括顶了),不但不交兵权,反而把乐乘打跑了。不过廉颇出了气后冷静下来,也明白公然违抗王命,赵国是再也待不成了,于是就丢下军队流亡魏国。其间赵悼襄王一度后悔,想重新起用廉颇,曾派使者去探望他,但廉颇的仇人、赵悼襄王的宠臣郭开收买了使者。结果这个使者回来对赵悼襄王撒谎说,廉颇虽然饭量还很大,但谈了一会儿话的工夫就去茅房上了三次大号。赵悼襄王以为廉颇确实老不堪用了,就没有再召回他。郁郁不得志的廉颇后来又被楚人请去,但再未能领兵打仗,最后死在寿郢。

廉颇从赵国出走后,赵国缺乏良将,原本在北方防备匈奴的李牧被调回朝中,曾受命参加对燕国的战争,取得过一些胜利。不久秦赵烽烟再起,扈辄和十万大军在武城覆没,在这前后赵国另一位老将庞煖可能也故去了,李牧就成为赵国在军事上唯一的支柱。所以秦王正十四年(公元前233年)秦将桓齮攻打赵国的赤丽和宜安时,赵幽缪王别无选择,只有派李牧出战。

李牧之前主要跟北方游牧民族打仗，在中原国家的名声并不响亮，桓齮攻赵又多次取得大胜，因此没有把他放在眼中，免不了轻敌。而李牧这边，他之前虽然没与秦军交过手，但一个优秀将领总能根据对手的特点想出相应对策，就像后世的戚继光在沿海打倭寇是行家，到北方打蒙古骑兵也是把好手。

李牧十分重视情报收集，他了解了秦军的战法、打探到桓齮的部署后，带领赵军猛攻秦军的薄弱处，秦军大败崩溃。桓齮本人从乱军之中消失，有人说他战死，有人说他逃走，总归自那以后史书中再未提到过他。他就像一颗流星从夜空中滑过，以至于现在的我们连他的身世、籍贯等很多基本信息都搞不清。

由于此次难得的大捷，赵幽缪王封李牧为武安君，他因此也成为战国时期三个著名的"武安君"之一。（战国时期第一个著名的武安君是苏秦，封号为赵国所封；第二个是白起，封号是秦国所封。）

宜安之败，是秦军近年来少有的失败。秦王正得到败报又惊又怒，反倒激发了他心底的那股子犟劲儿。因此在第二年也就是秦王正十五年（公元前232年），他下令进行大规模动员，史称"大兴兵"，准备扫平李牧、一举灭赵。

这次秦王正又是兵分两路猛攻赵国：一路出晋阳，北上攻打赵国城邑狼孟（在今山西阳曲县）；一路出邺县，北上攻打横在赵都邯郸前的最后一个重要城邑——番吾（在今河北磁县）。为了确保胜利，秦王正还派使者到新郑和大梁，要求韩、魏两国出兵配合攻赵。两国不敢得罪秦国，又被利益诱惑，于是答应下来。

战事开始后，秦国的北路军进展顺利，很快夺取了狼孟，毕竟那里不是赵军全力防守的地方；而秦国的南路军直逼赵国都城，当然就遇到了李牧率领的赵军主力。

有关秦赵番吾之战，《史记·廉蔺列传》所附的《李牧传》中就只有一句话："秦攻番吾，李牧击破秦军，南距韩、魏。"显然，碰到李牧后秦军再次遭遇大败，连跟着秦军来讨便宜的韩、魏之军也被击退。

就这样，武安君李牧在邯郸南北两次重创秦军，打破了秦军包围邯郸、灭亡赵国的战略企图，使危若累卵的赵国暂时转危为安。可以说如果没有李牧，赵国很可能就成为六国中第一个被秦国灭亡的国家了。

不过番吾之战后赵国自身也筋疲力尽，因为在一连几年的抗秦战争中它已经先后损失数十万人马，长平之战后成长起来的一代青壮年又几乎消耗光。所以尽管防守打了胜仗，赵幽缪王还是主动派李牧跟秦国求和。秦王正虽然极不甘心，但总是无法战胜李牧，也只得面对现实同意议和。秦赵战争就此暂时告一段落。

理论家实战翻车——韩非之死

前两节我们说到，因赵国伐燕，秦王正为防止赵国坐大，不得不放弃最初的攻韩计划，转而伐赵救燕，引发了此后秦赵之间的一系列战事。不过在现实中，事情的发展往往是多头并进的。就在秦王正伐赵的第三年，也即桓齮在武城之下消灭十万赵军、斩杀赵将扈辄的那一年，一度认为伐赵胜利在望的秦王正又把目光转回到韩国身上，著名的韩非也因此而死。

韩非之死，说起来还是由秦王正读书引起的。

我们知道，秦王正的爸爸秦庄襄王子楚少年时就因不受父亲宠爱，被送到赵国当质子，《战国策》记载，子楚基本没受过什么教育，"不习于诵"，也就是连读书都读不成句。中国的父母都是自己缺什么就拼命给孩子补什么，希望孩子不要重蹈自己覆辙，王家也不例外。所以秦王正从邯郸回到咸阳后，子楚对他的文化教育一直很上心，秦王正也因此养成了一样好习惯——爱读书。当然作为君主，而且是有统一大志的秦王，他读书不是为了消遣，更不是为了练嘴皮子或做文章，而是为了学习如何治国理政、如何更好地驾驭臣民。

秦王正十三年（公元前234年），可能因为截至此时秦军伐赵一直十分顺利，秦王正闲暇时间比较多，所以他又让人给他多找了一些政治方面的书籍文章，以供他学习阅读。就这样，几篇名为"孤愤""五蠹（dù）"的传抄文章摆上了他的案头。他打开看了几眼，立即就被其文采尤其是内容深深吸引住了。

原来这《孤愤》描写的是权臣结党营私、把持朝政、蒙蔽主上、违法乱纪、危害国家，而"智术能法之士"虽然耿直忠诚、勇敢无畏，却因不能越过给权臣帮腔的诸侯、群臣、内侍、文士而备受冷落，只能孤独地发出愤懑的哀叹的政治景象。文章指出，这就是君主对大臣和身边人过于倚重信任导致的恶果，到最后甚至会出现像三家分晋、田氏代齐一样的权臣代主局面。作者的主旨显然是要警醒君王，劝告他们一定要抓住权柄、明察秋毫、任用"智术能法之士"、贬斥误国权臣。

而《五蠹》则分为两个部分：文章第一部分通过描述上古、中古、近古之世的截然不同，推导出"圣人不期修古、不法常可、论世之事、因为之备"的结论，并以"守株待兔"、徐偃王行仁义而亡国、世人往往畏威而不怀德等寓言、历史和现实故事，对儒家"法先王""行仁义"的主张予以了嘲讽和抨击，进而提出了自己的"法治"思想，即"赏莫如厚而信""罚莫如重而必""法莫如一而固"；文章第二部分痛批"儒以文乱法""侠以武犯禁"，斥责言谈者（纵横家）在各国兜售合纵或连横不过是谋求私益，数落患御者（逃役者）和工商业者败坏社会风气影响耕战，因而要求把上述"五蠹"（五种蛀虫）

彻底清除，并劝导君王善用权势、财富和权术以辅助法的实施，实现修明内政。文章中还总结说，"故明主之国，无书简之文，以法为教；无先王之语，以吏为师；无私剑之捍，以斩首为勇"，认为只有这样才能达到国富兵强的目的。

了解了《孤愤》《五蠹》的内容，大家就该明白秦王正为什么如获至宝了。

我们应记得，秦王正少年继位后没有亲政，先是吕不韦掌握秦国军政事务，后来又出现嫪毐乱政，其间还有弟弟长安君成蟜觊觎他的位子甚至发动叛乱，因此他内心一直有危机感。在他看来，尤其那吕不韦和嫪毐就如同《孤愤》中说的权臣一样，在国外交结诸侯以自重，在国内收纳朝臣和内官做党羽，还豢养宾客文士为其捧场助威，最终把持朝政、违法乱纪，而自己就是那个被蒙蔽甚至被欺凌的主上。所以他读揭批"权臣蔽主"现象的《孤愤》时，代入感极强，也非常希望能够获得文中那样的忠诚勇敢的"智术能法之士"的辅佐，帮他擦亮眼睛、杜绝新的权臣出现，牢牢抓住权柄。

当然抓牢权柄并不是最终目的，抓牢之后怎么治国才能进一步实现国富兵强，奠定统一天下的基础呢？在秦王正看来，这个问题正好由《五蠹》回答了，因为该篇文章完整透彻地阐明了"以法治国"的理论依据和具体措施。

不过当时也有其他各家各派兜售自己的治国主张和具体措施，前相邦吕不韦还汲取各家精华用《吕氏春秋》一书阐述了自己的治国纲领，为什么秦王正都不欣赏，偏偏中意《五蠹》这样的极端类型的法家主张呢？这又可以从两方面来说：

一是秦国自商鞅变法后一直尊奉法家，已经形成传统。秦王正从邯郸回到咸阳后，在这样的氛围中长大，耳濡目染不可能不受到影响。

二是秦王正的自身性格与法家的主张比较契合。《史记·秦始皇本纪》中记载，大梁人尉缭（顿弱）到秦国游说时秦王正对他很谦恭，两人相见用对等的礼节，衣装食物也相同，但尉缭却一度想离开，因为他发现秦王正"蜂准，长目，鸷鸟膺（鸡胸），豺声，少恩而虎狼心"，因此得出秦王正"居约易出人下，得志亦轻食人"（困顿时对人很谦卑，得志后也会轻易吞食别人）的结论，也就是认为他"平时越能忍，爆发也会越狠"。我们想想当年为保国保命肯尝夫差粪便的勾践，击败吴国后是怎么对待曾饶他性命的吴王夫差的，又是怎么对待辅佐他成功的大夫文种、范蠡等人的，就明白了。用一句话来说，秦王正的性格和勾践、商鞅等人差不多，都是坚忍而又残忍、刻薄寡恩。人们常说"性格决定命运"，其实是因为性格首先决定了选择，选择导致了结果，最终才决定了命运。所以秦王正看了《五蠹》所代表的那种极端法家学说才会看对眼了。

秦王正越看《孤愤》《五蠹》越喜欢，一天他不禁捧着竹简感叹道："唉！我要是能见到作者与他交游，就是死也甘心了啊！"显然秦王正以为文章的作者肯定是位已经过世的"古人"。恰巧这时秦王正的新宠、廷尉李斯在旁边，于是他告诉秦王正，这些文章就是那个三年前曾来秦国的韩国公子韩非的作品。

当年韩非来咸阳劝说秦王正放弃攻韩的计划，并诱导秦人攻赵，秦王正与他话不投机，所以没有多搭理他。现在见识到了韩非深刻的"内涵"，秦王正不禁起了爱才之心，就想把他再次请到咸阳来。

秦王正让韩非来干吗呢？我们知道，秦王正已经把前相邦吕不韦在《吕氏春秋》中提出的治国方略给否定了，但光"破"还不行，还得"立"，那他自然要拿出自己的施政蓝图。而要做好这件事，还有谁能比韩非更适合？

但是要请韩非，怎么请法？《史记·老子韩非列传》记载，"秦因急攻韩"，也就是说秦王正用猛攻韩国的方式来要人。当然这种说法应该是夸张了些，因为《史记·秦始皇本纪》以及《史记·六国年表》在这一年（秦王正十三年）都没有秦军出兵攻韩的记录。所以真实的历史上，秦王正可能也就是集结了兵力在秦韩边境上吓唬了一下韩人。

不过韩王安如惊弓之鸟，自然经不起秦人恐吓，他赶紧像上次那样，派韩非出使秦国进行外交活动，希望说服秦人不要攻韩。

与韩非想象的不一样，第二次来到咸阳，秦王正对他态度很热情，经常把他请过去，向他请教治国之道。韩非稍稍松了一口气，也就向秦王正阐述起自己的思想和主张。那韩非整体的思想和主张是怎么样的呢？这里有必要进一步介绍一下。

韩非不愧被后世公认为先秦法家的集大成者，他继承了老师荀子的"性恶论"，认为历史是发展变化的，主张注重实效而非虚名，又把商鞅的"法"、申不害的"术"和慎到的"势"融合到一起，提出以"法"为基础，以"术""势"为辅翼，三者紧密结合的君主专制统治方略。

不过不仅《五蠹》这篇文章极端，韩非其他的极端表述和主张还有很多：他片面强调"矛盾"而否定"统一"，总是揭露人性中最阴暗的一面（《韩非子·六反》云："产男则相贺，产女则杀之"），完全否认人性中的仁爱心、同情心，断定人人都是自私自利、好逸恶劳的，君臣上下、父母子女时时刻刻都是互相算计利用的，因而秉持极端的功利观和实用主义，认为只有靠赏罚才能驱动人，并把一切看上去无用尤其是对统治者无用的东西都看做是不应该存在的，比如他鄙视儒家的道德和学问，嘲讽墨家的科技探索。他一门心思都在研究君主应如何在当时的社会中去巩固统治、富国强兵，主张绝对的君主独裁，意图让一切都为君主统治服务，信奉的是重农灭商、愚民禁学、严刑酷法。他老师荀子"从道不从君"的观点他是绝对不认同的。什么"民本思想"他这也压根没有，他甚至公然表示"君上之于民也，有难则用其死，安平则尽其力"（《韩非子·六反》），意思是危难时君主就应拿老百姓当炮灰，平时就该拿老百姓当苦力，赤裸裸地教君主把老百姓当"人矿"使用。而君主在他眼中则绝不容侵犯,如孟子曾说"闻诛一夫纣矣,未闻弑君也",支持打倒暴君,他愤然称"汤武以义放弑其君,此皆以贤而危主者也……天下之乱术也"(《韩非子·忠孝》),意思是君主再坏臣下也不能推翻,尊君抑民到登峰造极的地步。显然他的很多思想比商鞅还要可怕。

当然韩非本人其实并非大奸大恶之人,他的思想主张之所以这么偏激可怖,与他的出身和经历有极大关系:

首先,他本身就不像孟子、墨子、荀子等人那样是从平民中走出来的,而是韩国公子、统治者的一员(注意商鞅也是卫国公孙)。

其次,众所周知,韩国在战国"七雄"中几乎是垫底的弱国,战国末期它面对秦国的侵略逼迫更是毫无办法、危若累卵;而韩国的君臣却多数浑浑噩噩,导致政局混乱。具有极强爱国心和忧患意识的韩国公子韩非多次上书劝谏韩王,却都如石沉大海。因此在十分愤懑、近乎绝望的韩非看来,重病只能下猛药,不能替统治者在最短时间内解决救亡图存和富国强兵问题的思想及做法都应统统滚一边去,否则等到人死国亡了,保守疗法毒副作用再小又有什么用?

所以韩非认为他的主张才是真正的"大公无私",他的逻辑就是国家要生存并富强首先要政治安定清明,政治安定清明的前提就是建立绝对君主制,君主的利益就是大家的利益、公共的利益。可问题是,君主作恶怎么办呢?这个问题韩非却避而不谈。因此韩非极力主张的所谓"法治"根本不是现代意义上的"法治",而是君主对臣民的"法治",君主本身是制定法而不受法约束的,故而本质上仍是人治。

能想象得到,对韩非的大部分东西,秦王正都十分倾心。这非常好理解,作为具有"雄心大志"的君主,他当然极端讨厌孟子这样主张"民本"、支持"打倒暴君"的家伙,而渴望建立绝对尊君、由君主控制一切的集权专制统治制度。对韩非的一些具体措施秦王正也很欣赏。比如韩非主张选拔官吏要"宰相必起于州部,猛将必发于卒伍",

"君子用人如器，各取所长"；韩非还要求君王要深藏不露，不能让臣下轻易猜中自己心思，即"君无见（现）其所欲，君见其所欲，臣自将雕琢；君无见其所意，君见其意，臣将自表异"，等等。

有道是"惺惺相惜"，秦王正和韩非在帝王术上相谈甚欢。熟了之后，秦王正又进一步向韩非请教"统一之道"。不过谈到这里，敏锐的他发现韩非就不那么自然了，说的一些策略表面上是为秦国着想，实际上都是在暗中维护韩国。秦王正不禁有些失望，明白韩非恐怕是很难为自己所用了。

恰好就在此时，那个携带重金拆散了四国合纵联盟的姚贾结束了游说各国的旅程，回到咸阳向秦王正复命。秦王正很高兴，为了嘉奖姚贾成功孤立赵国、为秦国伐赵打造了有利国际环境的功劳，他大手一挥，赏给姚贾一千户人口的食邑。

可姚贾的成功，却让韩非内心五味杂陈。虽然他之前为了保护祖国，曾施展"嫁祸之计"，极力劝说秦王正把兵锋对准赵国，但他明白，一旦诸侯合纵失败，赵国灭亡，韩国也必定不能独存。因此他下定决心，要除去这个破坏诸侯合纵的说客姚贾，来拯救东方各国尤其是自己的祖国。

据《战国策》记载，韩非借机对秦王正说："姚贾此人出使各国，历时三年，各国与秦国的邦交不知道有没有得到巩固，但大王的珍珠重宝却被他挥霍一空。他这是在利用大王的权势和财富，经营自己与各国权贵的关系啊，希望大王好好查一查！何况姚贾这人低贱猥琐，是魏国看门人之子，曾在大梁做过盗贼，到赵国做臣子时因品行不端被人家赶走。跟这样的人一起治理国家，恐怕无法激励群臣吧？"

在这里，韩非首先污蔑姚贾假公济私，有经济问题和忠诚问题，接着又拿姚贾的出身和过往经历说事儿，在秦王正与姚贾之间挑拨离间的味道还是挺浓的，也与他文章中主张的"君子用人如器,各取所长"自相矛盾。

另外多说一点的是，按《战国策》记载，这段话是韩非直接对秦王正说的，而且韩非还曾依据别人和自己的游说经验写过教人辩论之术的文章《说难》，所以韩非的口吃应该并不严重，或者是经过练习后好转了。对西方史有了解的读者可能听说过，古希腊的德摩斯梯尼小时候就是口吃，经过后天刻苦训练后却成为著名的辩论家。当时韩非这样的人想从政，不可能不训练自己的游说、辩论能力。

秦王正听了韩非对姚贾的指责后，立即就把后者叫来质问。

姚贾能拆散四国合纵，他的嘴当然不是只会吃干饭的。他首先自辩说，如果自己对秦王的忠诚有问题，各国诸侯怎么敢信用一个不忠之人呢？秦王正默然。

接下来姚贾又就自己的出身和经历做了辩护。他以史为例说，吕尚、管仲、百里奚等人都出身低微、有为世人所笑的地方，周文王、齐桓公、秦穆公用之却能称王称霸、建立功业，可见君王用人理应不问其短、只用其长。

秦王正听后也只得连连点头，说："先生说得对。"随即，他仿佛明白了什么。

姚贾虽然顺利过关，但背上也不由得冒出细汗。事后他很快打听到是韩非在秦王正面前诋毁自己，自然恨得要死。这时李斯也因韩非的思想主张深得秦王正的欢心而生出浓浓的嫉妒心，害怕自己将失宠。所以李斯和姚贾在共同对付韩非一事上结成了联盟。

几天后，李斯和姚贾一同在秦王正面前说起韩非的坏话："韩非是韩国的公子。现在大王要兼并天下，韩非这样的人肯定会心向韩国而不会帮助秦国，这是人之常情。他在秦国待了那么久，知道很多不该知道的事情。如果大王不任用他，就不能放他回国，否则将自遗祸患。不如找他个过错依法把他杀了。"

现在看来，李斯和姚贾两个人的最后一句话很有黑色幽默感，使我们能明白在秦国"依法杀人"是怎么一回事，那就是君主想杀人就自然能罗织到罪名，法家"法治"的本质暴露无遗。

再说秦王正，他虽然深爱韩非之才，但通过韩非诬告姚贾一事，他确定在秦国的统一大业中韩非不但不会帮助自己，反而会成为自己的敌人，于是立即显现出冷酷的一面，下令收捕韩非，把他关押在甘泉宫所在的云阳县（在今陕西淳化县西北）的监狱里，并让官吏加以审讯治罪。

李斯把同学韩非整到监狱中还不罢手，又命人给他送了一样礼物———一瓶毒药。韩非不甘心就这样去死，申请觐见秦王正当面自辩，但是秦王正却不肯见他。韩非绝望了，于是吞下了毒药。这时已经到秦王正十四年（公元前233年）。太史公司马迁感叹，韩非虽然写了总结游说成败经验的《说难》一文，最后自己还是不免因游说失败而死。可见理论家和实干家真的隔着一条鸿沟。

不久，也许秦王正觉得还可以再争取韩非一下，就下令赦免他，但为时已晚。秦王正可能也知道韩非吃的毒药是李斯送的，但并没有怪罪李斯，因为他知道李斯是坚定支持自己进行统一大业的。不过韩非人虽然不在了，但他的思想和主张却被秦王正、李斯以及后来的秦二世等人继承下来，构成秦国乃至秦朝的官方思想的基础。

秦朝灭亡后，法家和韩非的名声虽然臭了，无人敢公开提及，但历代的统治者戴着尊儒的帽子，骨子里还是靠韩非的那套"法""势""术"三位一体的做法来维持统治，所以近代著名学者章太炎

> 《韩非子》是韩非死后，他的弟子或后学把其文章编辑起来形成的一本书。该书的书名最初如春秋战国的其他诸子之书一样，叫"韩子"。唐代以后因为大家都把韩愈叫韩子，为了加以区别，书名才被改成了"韩非子"。

有"半部《韩非子》治天下"之说。

诸侯献地与辛腾灭韩

秦王正十四年（公元前233年），入秦的韩国公子韩非被秦人下狱逼死。消息传回韩都新郑，韩王安不但不敢对秦国有任何不满的表示，反而派人向秦王正献上韩国版籍和印玺，主动请求做秦国的藩臣。

韩王安之所以如此卑躬屈膝，是因为他清楚秦、韩国力悬殊，一旦秦国大规模攻韩，韩国九死一生，故而想用这样低声下气的办法博取秦王正的可怜和同情，给韩国多延长几年寿命。他的这招叫"示弱"，不过也不是他的发明，他的祖先就经常用。好在当时秦王正的主要注意力还在赵国身上，所以他接受了韩王安的请求后又发兵攻赵去了。

得知秦军主力北上，韩王安的心情就像牢里的死刑犯看见刽子手今天是到隔壁牢房提人一样，感觉又多赚了几天。

此后两年，秦王正继续攻赵，但一连发动的两次大规模攻势都被赵将武安君李牧击退，秦军损失不小，秦王正精心选拔的大将桓齮也在败军中失踪。这次变成秦王正无奈，他只能答应赵国的求和并罢兵休战。

暂时不打赵国了，年轻好动的秦王正总要找点事干，立即把矛头又对准了其他国家。不过这次他没有出兵，而是进行外交讹诈。秦王正十六年（公元前231年），他以天子的派头给韩王安、魏景湣王、楚幽王等君主下达命令，要求他们用献地的方式来向秦国表示忠心。

接到秦国诏书后韩王安不敢不从，只得献出了韩国的南阳郡。那会儿韩国的南阳郡在哪里呢？它就在韩国的西南部、今天河南省郏县、宝丰县、鲁山县、襄城县一带，其面积相当于当时韩国总面积的一半还多。

见韩王安遵命献地，魏景湣王也没胆抗拒，忍气吞声献出了一些土地给秦国。这当口楚幽王大约才十岁，楚国实权掌握在令尹李园手中，他为了息事宁人，同样献出了青阳（在今湖南湘阴县青山岛）以西的一块土地给秦国。于是在当年的最后一个月即九月，秦王正派遣掌管京师咸阳军政事务的内史辛腾领兵接收了韩南阳郡，并命他兼任新得之地的军政长官。

秦王正不费刀兵得了韩、魏、楚大块土地，又兴奋又得意，更看

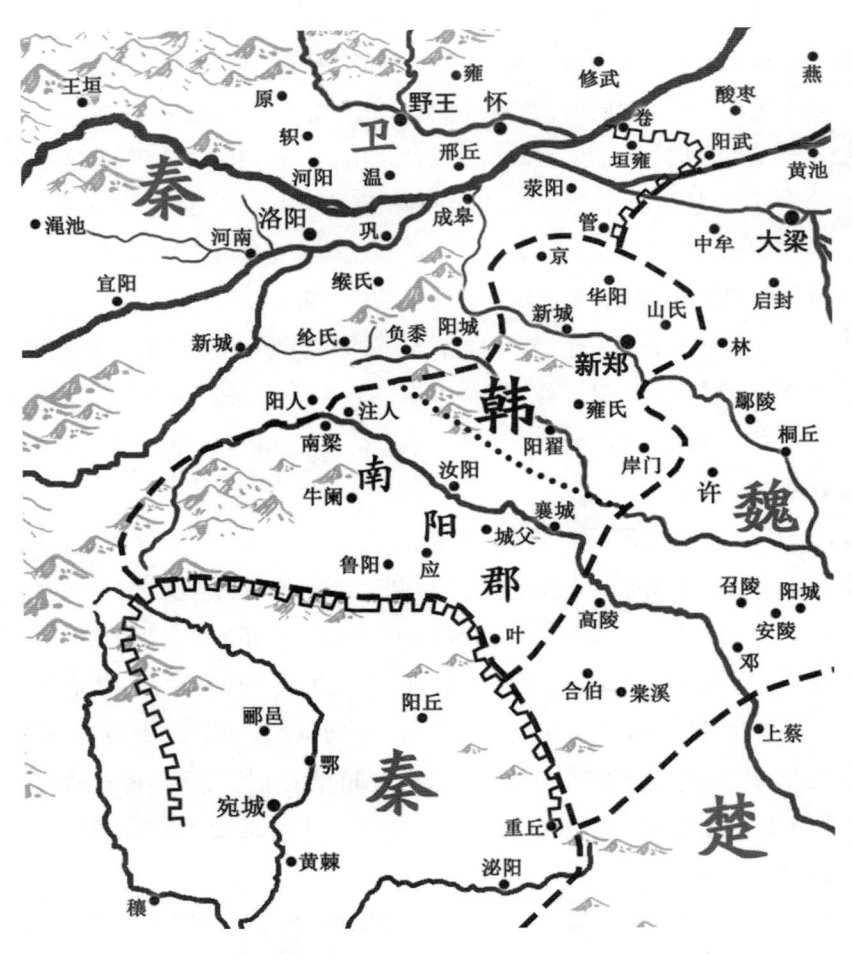

韩王安时期韩国疆域及韩南阳郡位置示意图（公元前231年）

清了东方国家的软弱本质，因伐赵失败笼罩在他心头的阴云一扫而光。受此鼓舞，秦王正正式决定，全面开启鲸吞诸侯、统一天下的进程！

不过有鉴于上一年大举伐赵失败，为了确保赢得未来的大规模、长期战争，为了给军队提供稳定的兵源和足够的役夫，秦王正特地推出一项重大举措，那就是"初令男子书年"（《史记·秦始皇本纪》），又称"自占年"（睡虎地秦简《编年记》），意思即所有秦人男子都要到官府登记年龄，以备征调。

以前我们介绍过，秦人男子十五岁至十七岁要服较轻的徭役，十七岁傅籍并从次年开始服兵役和全部徭役，但因为户籍最初不登记年龄，所以实践中官府主要是通过测量身高来估计百姓的岁数，故而对人口的信息掌握不准确。尤其是秦王正登基后秦国新占领了很多地盘，这些区域的人口也没有好好梳理。现在实施"自占年"政策，使秦国朝廷得以摸清现有全部男性人口资源。

值得一提的是，该年秦王正还下令在骊山为自己建造陵墓，同时在陵墓旁设置一个城邑——丽邑，这是史书记载的第一个专门为守护帝王陵园而建立的城市，开了西汉"陵邑制"的先河。丽邑的设置，说明秦王正已经不再按"王陵"而是按"帝陵"的标准给自己修建另一个世界的"宫殿"，显示了他对统一天下的必胜信念！

再说新郑那边，韩王安虽然献了地，又换得短暂平安，但也明白割地事秦就如同"割肉饲虎"，肉不尽，虎不休。尤其是现在韩国已经只剩下一二十座城邑而已，就算自己想继续割，还够割几次？所以深感绝望的他横下一条心做了最后的努力，尽管这努力成功的希望极其渺茫——他派人秘密联络赵国和魏国，企图再次组织起抗秦合纵联盟。

韩国人的那点小动作和小心思秦王正当然都看在眼里。韩国献出南阳郡的第二年，也就是秦王正十七年（公元前 230 年），秦王正以韩王安勾结赵、魏，背叛秦国为由，出兵伐韩。伐韩统帅不是别人，正是带兵接收韩南阳郡的内史辛腾。显然在秦王正的眼里，灭韩根本就不需要另做动员。

秦王正对韩国的轻蔑是有理由的，此次辛腾伐韩之战可谓摧枯拉朽，没有一丁点悬念，以至于《史记·秦始皇本纪》中只用了十三个字来叙述："内史腾攻韩，得韩王安，尽纳其地。"

韩国灭亡后，秦国在韩国旧地设郡管理，这就是颍川郡，郡治设在韩国别都阳翟。

再说韩王安的结局。最初秦王正只是把韩王安从新郑迁徙到颍川郡以南、当时秦楚边境上的吴房（在今河南遂平县）看管起来[①]，对韩国上层贵族也比较宽大。毕竟这是秦国发动兼并战争后灭掉的第一个国家，秦王正当然想以此展示一下秦国的"仁义"，来安抚亡国的韩人，并消弭其他国家的抵抗意志。可韩人的亡国之恨哪能因这点小恩小惠就消除了？很多韩人尤其是贵族暗地里一直在进行反秦活动。灭韩三年后即公元前 227 年时，秦国与楚国也处在战争边缘。可能是怕韩王安被楚国夺去当作"恢复韩国"的招牌，秦王正不得不又把韩王安安置到一个叫鄢郢的地方。第二年，原韩国旧都新郑果然爆发了大规模反秦暴动，为绝后患，秦王正密令将韩王安处死。

从周威烈王二十三年（公元前 403 年）周威烈王封韩虔（韩景侯）为侯算起，韩国共立国一百七十四年；如果从公元前 453 年三家灭智氏实际瓜分晋国算起，韩氏政权共持续二百二十四年。

韩国为什么成为"七雄"中最早灭亡的一家？可以说有两大原因：

首先，韩国的地理形势太差了。它夹在几个大国之间，没有发展和回旋的空间，头尾腹背四面受敌，尤其是顶在秦国的东出大道上，在奉行"远交近攻"政策的秦人面前自然承受最多、最猛烈的打击，却连逃跑的地方都没有（反例就是楚国的核心区域鄢、郢地区都被秦

[①] 李志芳，蒋鲁敬：《湖北荆州市胡家草场西汉墓 M12 出土简牍概述》，《考古》，2020 年第 2 期。

人攻占了，它还能向东迁徙重新续命）。

其次，在战国变法大潮中主持韩国变法的是崇尚"术"的申不害。申不害作为法家也讲"法"的作用，但他最擅长"术"，他辅佐的韩昭侯也主要学习"术"来驾驭群臣，并确实在一定程度上巩固了君权。不过申不害的"术"虽然有"因能授官"等积极的东西，大部分却是"阴谋权术"，比如他的好学生韩昭侯就曾假装丢了一个手指甲让侍卫去找，以撒谎来测试身边人的忠诚。因此申不害"术有余、法不足"的变法具有很大弊病：一是韩国的一些改革成果没有用"法"固定下来、形成长效机制，而"术"能不能玩好就看每个君主的悟性造化了；二是"阴谋权术"君主能玩大臣们也能玩，最后君臣上下就都在那儿比斗心眼了，韩国的政治风气因此败坏。

所以古今一些历史学者觉得，韩国较早灭亡没有什么好奇怪的，难得的是它居然在强敌环伺的恶劣环境下挺了那么多年才亡。有人认为韩国灭亡还跟它外交政策失误有关，可它的外交政策要真那么差，恐怕早就亡了。

李牧之死与王翦灭赵

顺利灭掉韩国，让秦王正的统一信心倍增，不过第二个灭国目标该选谁呢？

得到韩地之后，秦国主要跟魏、赵、楚三国接壤。楚国当时还有较大的地盘和较强的实力，尤其是我们应该了解，虽然秦国太王太后华阳夫人恰好在灭韩那一年死了，但昌平君、昌文君等楚系外戚势力在秦国还有较大影响，所以秦王正没有选择攻楚；魏国在韩国灭亡后也被秦国半包围起来，但可能是因为秦王正认为魏国衰弱，已经无法复兴、不足为虑了吧，所以决定缓一缓再打它。最终秦王正还是把他的第二个目标锁定在一再让他受挫的赵国身上。

原来据《史记·赵世家》记载，韩、魏向秦国献地的那一年，赵国代地恰好遭遇大地震，千里之间的楼台、房屋、墙垣大半坍塌，当地民众损失惨重；第二年也就是秦国灭韩这一年，赵国又爆发大规模饥荒，赵国百姓内心凄苦，纷纷传唱歌谣："赵人哭，秦人笑；如若不信，请看地里长的草。"秦王正的考虑应该是赶紧趁这几年赵国接连遭到秦军和老天的重创把它灭了，否则赵人顽强坚韧，一旦恢复创伤，势必后患无穷。

于是在秦王正十八年（公元前229年），秦王正以赵国一直策动秦国太原郡的百姓进行反秦暴动为名，再次"大兴兵"即进行大规模动员，然后发兵伐赵。此次"大兴兵"，是秦国实行"自占年"政策以后的第一次，也是对该政策效能的一个初步检验。秦国出动的总人数史书上没有具体数字，《史记·刺客列传》和《战国策·燕策三》中只提到一个约数即"数十万"，不过参考以前的长平之战（最高峰五六十万人），再参考后来的李信伐楚（二十万人）和王翦伐楚（六十万人），秦国伐赵兵力应不低于三四十万人。

出兵前，秦王正任命老将王翦为统帅，然后把秦军分为三路：北路军由年轻将领李信率领，出云中郡和太原郡，攻打赵国代郡；中路军由老将王翦亲将，出上党郡，攻打赵国中部地区；南路军由杨端和、羌瘣（huì）率领，出河内郡，攻打赵国都城邯郸。从秦军的态势可以看出，秦王正这次是铆足了劲要灭掉赵国了。

秦军大举来袭的消息传来，邯郸城顿时笼罩在恐慌的气息中，赵幽缪王急忙向群臣征集对策。

《战国策》记载，吕不韦失势时有一个叫司空马的亲信由秦国逃亡到赵国，因为熟悉秦国内情，他一度被赵悼襄王委任为代理相邦。

此时司空马主动求见赵幽缪王,首先问赵国在疆域、人口、政治、吏治等方面有哪点比秦国强。赵幽缪王丧气地直摇头,并问司空马有何退秦的良策。

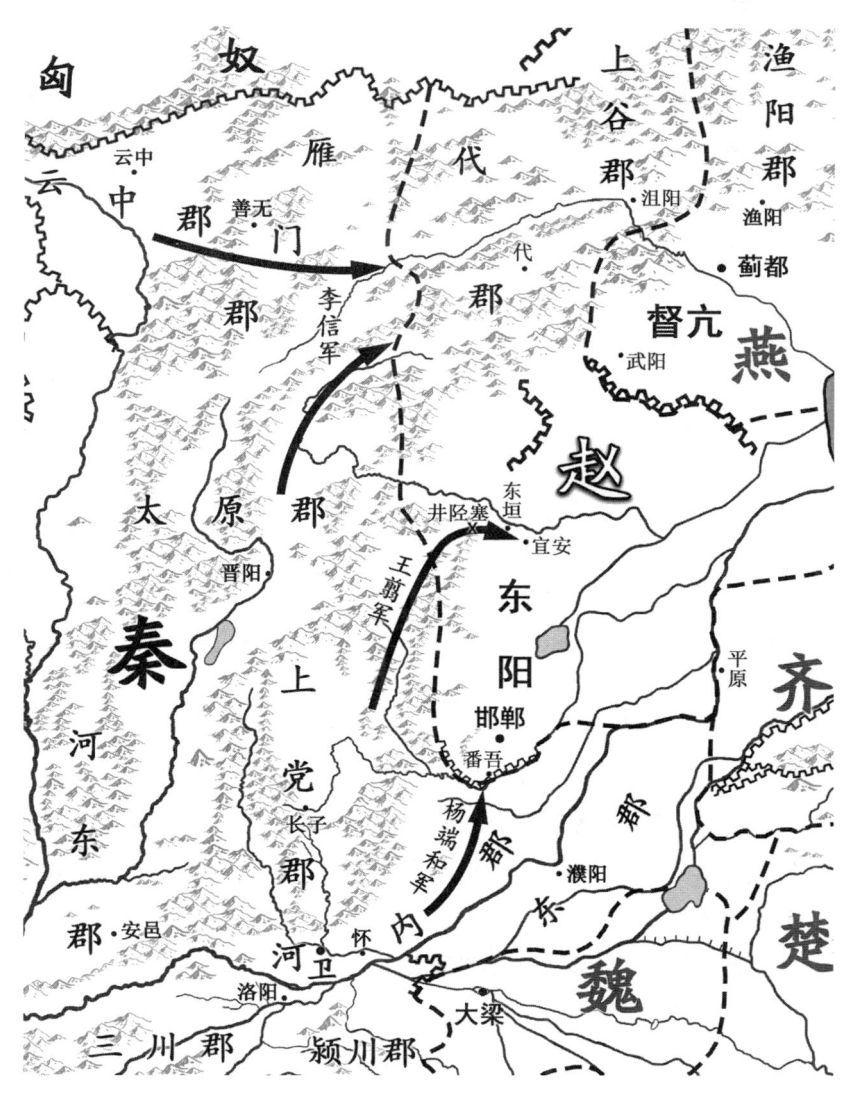

秦王政十八年(公元前229年)秦军三路攻赵示意图

司空马趁机亮明了自己的主张:"事到如今,大王不如把一半国土割给秦国。秦王正不动刀兵得到大片土地一定高兴,又怕赵人誓死坚守、四方诸侯来救,势必会下令抓紧时间接收土地,对赵国的攻势自然就停了。而其他诸侯见秦国更加膨胀、赵国濒临亡国,必然极为恐惧,这样合纵的局面就形成了。如此一来,赵国表面上看丢了半壁河山,但能组织起诸侯合纵抗秦,失地一定能收复。"

司空马的观点是赵国独自抵抗必亡,不如险中求胜,最不济还能暂时保住一半地盘。但不战就割让半壁江山,能换得"贪得无厌"的秦人几年不进攻?何况谁又能保证那些目光短浅的诸侯一定来救援呢?这都是一厢情愿的事情。所下的本钱太大,而所得又那么不确定,所以连并不精明的赵幽缪王都不敢接受,让他重新出个主意。

司空马只得说,他愿意统领全部赵军与秦军决一死战。不过赵幽缪王仍然没答应,可能是他对司空马的能力和忠诚都不相信吧。司空马心灰意冷,表示自己既然无法再为赵幽缪王服务,就不好白白占着一个位子了,因此请求离开赵国。这个赵幽缪王倒是立即同意了。

于是司空马出了邯郸,一路东行准备投奔齐国。过黄河渡口平原津(在今山东平原县南)时,齐国当地官吏问他赵国这次能扛得住吗。对秦、赵双方实力非常了解的司空马悲观地回答,赵国以李牧为将,大概还能支撑一年,如果李牧被杀,不用半年就亡了;而赵国朝廷内有不少嫉贤妒能的小人,如韩仓等人,李牧恐怕是不会得到善终的。

司空马走后,别无良策的赵幽缪王不得不任命武安君李牧为主将、司马尚为副将,组织全国力量抵抗秦军。

李牧虽然也有"战神"的称号,但此次秦军兵多将广、来势汹汹,他再也无法像上两次那样潇洒地重创、击退敌人,只能深沟高垒、勉力支撑。

再说另一边。王翦统率的优势秦军虽然压制住李牧,却不能迅速突破李牧精心布置的防线,取得决定性胜利。消息传到咸阳,秦王正不由得有些焦急——这要是打上几年，就算灭了赵，要消耗多少兵马钱粮？何况夜长梦多，万一诸侯合纵救赵，变数就更多了。为此他决定用计除去李牧，具体做法就是命人携带重金到邯郸城内活动，大肆散布谣言，说李牧和司马尚贪慕秦国的封赏，意图降秦反赵。

接下来，《史记》载秦国间谍贿赂了赵幽缪王的宠臣郭开，《战国策》说秦国间谍收买了赵幽缪王的另一宠臣韩仓，西汉《列女传》甚至说秦国间谍直接把钱送到了赵悼倡后那里。

《列女传》称赵悼倡后因为拿了秦国贿赂所以才相信了郭开、韩仓等人对李牧的污蔑，显然是说不通的。赵国可以说都是她的，秦国间谍送的钱再多，能收买得了一国太后吗？但《列女传》里也透露了一点真相，那就是在赵国最高层中首先想除掉大将李牧的人就是赵悼倡后。

那赵悼倡后为什么要自毁长城呢？原来据《列女传》记载，赵悼襄王当年准备迎娶还是寡妇的邯郸娼女时，李牧就曾经劝阻说："大王所娶之女如果不正，国家就有可能倾覆不安。何况此女曾经祸害夫家整个家族，大王难道不怕吗？"赵悼襄王没有听从李牧的意见，但倡后自此就把李牧恨上了。所以当秦国间谍收买赵国大臣，放出李牧准备反叛赵国、投降秦国的谣言时，旁人不信，赵悼倡后却不能不重视。

随即赵悼倡后在儿子赵幽缪王面前念叨说，李牧从一开始就瞧不起咱娘俩，现在全部赵军都在他手上，要是他真把咱娘俩卖了怎么办？因此对他即将降秦的传言只能"宁可信其有，不可信其无"。赵幽缪王听了母亲的话，于是杀了李牧、罢黜了司马尚，另派大将赵葱和齐将颜聚接管赵军。从赵葱的名字我们就可以看出来，他一定是出自赵国王室的贵族，所以赵幽缪王才把军队交给了他。

李牧屡败匈奴尤其是强大的秦军，已经在赵军中建立起崇高的威望，却无罪而被杀，赵军将士无不寒心。三个月后，王翦向赵军发动猛攻，备受赵幽缪王信任的赵葱和颜聚却根本不是对手，赵军大败，赵葱被斩杀。王翦乘胜追击，于秦王正十九年（公元前228年）年初攻破赵都邯郸，占领了太行山以东、黄河以西的赵国主体区域——东阳地区，并俘虏了赵幽缪王、颜聚等人，赵国至此宣告灭亡。这时距离李牧被杀只有五个月，司空马关于"李牧被杀赵国挨不过半年"的预言一语成谶。

有人可能会问，赵国被俘人员里怎么不见赵悼倡后？原来在邯郸城破时，赵国的一些大夫痛恨她陷害前太子赵嘉并撺掇赵幽缪王害死李牧导致赵国亡国，就把她杀了，并灭了其整个家族。最后这帮大夫保护前太子赵嘉向北逃到尚未被秦国占领的代郡，并拥立他为代王，继续和秦人抗衡，但已经掀不起大浪了。

说到赵国的灭亡，直接原因当然是唯一能跟秦国抗衡的名将李牧被赵悼倡后、赵幽缪王冤杀。但如果有人认为李牧不死，赵国就不会亡，那又想当然了。正如在秦、赵两国都做过高官的司空马所分析，此时秦国已经在疆域人口、钱粮收入、治理水平、将相能力等各方面对赵国形成压倒性优势，因此他预言即使由名将李牧领军，赵国也不过能多挨一年罢了。

有读者可能不认同司空马的观点，认为如果赵国多挨一年，也许东方国家真的会组建合纵联盟救赵，形势说不定能逆转。可之前介绍过，秦王正亲政后天下形势已经不同于之前：这些年秦王正一直践行李斯、尉缭（顿弱）、姚贾等人的策略，派人到各国收买政要；而东方国家日趋衰落，再也不见一个如信陵君魏无忌、春申君黄歇般有较高威信、较清醒认识的主政者；后来的历史事实更证明在秦王正扫平各国时，大家基本都是各自为战、互不援助。到了这个时候，赵国哪怕多挨一段时间，等到诸侯联军来救的可能性也是微乎其微的。

秦王正得到秦军攻占邯郸的消息后，小时候他与母亲一起在邯郸城内遭受赵人欺辱的那些不快的记忆又涌上他心头。于是他亲赴邯郸，下令找出当年跟母亲家有仇怨的人,全部坑杀,其睚眦必报的性格暴露无遗。南宋学者吕祖谦读《史记》至此,感叹道:"始皇之拊新国如此(秦始皇就是这样安抚新征服国家的)!"说来也是巧合,正是在灭赵这一年,赵姬赵太后薨逝。

最后我们再来说说赵幽缪王迁的结局。赵国灭亡后,秦王正下令把他远迁到汉中郡房陵(今湖北房县)看管起来。这房陵位于现在的湘西大山中,直到唐代还是"崎岖瘴疠之乡"(《旧唐书·中宗睿宗本纪》),所以是拘禁重要人物的绝佳之地——由你跑你也跑不出去。赵迁来到这闭塞荒凉之处,想起了在邯郸锦衣玉食的生活,心下悲凉,于是作了一首《山水之讴》,唱起家乡的景物,听到的人无不流泪。不久他就默默死在当地。

太子丹的救亡努力

灭亡赵国后,王翦、羌瘣屯兵于原中山国旧境即紧邻燕国的区域,准备伺机伐燕。这时赵幽缪王的哥哥、前太子赵嘉已经在代地自立为王。眼看死到临头,代、燕才终于携手合作起来,组成联军驻守在两国之间的上谷郡(郡治沮阳,在今河北怀来县东南)。

当时燕王喜之子太子丹本就跟秦王正有私怨,看到秦军进逼到燕国边境,家仇国恨不禁一起涌上心头。

太子丹跟秦王正的私怨是什么呢?原来太子丹自幼也被送到赵国邯郸当质子,那会儿正是秦赵邯郸之战后,所以他与名字还是赵正的秦王正算是"同期难友"。赵国小朋友排外不带他们玩,两个外国小人质正好凑在一起撒尿和泥玩,想来他们少不了结伙跟欺辱他们的赵国小孩打架。不过几年后，赵正娘俩被接回国，托祖、父短寿的福，赵正"噌噌"地升级，先从王孙正变为太子正，又从太子正变成秦王正。可太子丹的父亲燕王喜身体却十分硬朗，过了多年太子丹依然是"太子"丹。到了秦王正五年（公元前242年），先趁人之危伐赵的燕王喜能惹不能撑，为了求秦国帮燕国对付赵国，在秦纲成君蔡泽的游说下，转而把太子丹送到秦国当质子。这下子当年的小伙伴又见面了，只是现在一个是高高在上的秦王，一个仍然是个被当做筹码的质子。不知道秦王正是什么心理，总归他见了太子丹以后并未顾念小时候的"患难之交"，对太子丹很不友好，本就有严重心理落差的太子丹自然产生怨恨之情。

太子丹在咸阳做质子一做就是十年。他眼见秦王正有吞并天下之志，亲政后更是逼韩、伐赵、侵楚，预料燕国也不能幸免，不禁忧心忡忡，于是就于秦王正十五年（公元前232年）潜出咸阳，私逃回国。

后世关于太子丹出逃还衍生出一些神话传说：太子丹曾向秦王正申请回国，秦王正故意刁难他，说只要"乌白头，马生角"就行。太子丹回到住处仰天长叹，蓦然发现树上的乌鸦白了头，马厩中的马儿生出了角，这才得以回国。

"乌白头，马生角"等故事，汉代的太史公司马迁都不相信，我们自然不会当真。但这些故事反映出秦汉时期人们的心理，那就是他们同情太子丹，而认为秦王正是个邪恶的暴君。

太子丹回到蓟都（在今北京市西南）后，立即就想报复秦王正对自己的无礼行为，但燕国弱小，实在无能为力。又过了几年，秦国先灭了韩国，又猛攻赵国，燕王喜和大臣们十分恐慌，却没有任何应对之策。太子丹心中愈加焦躁不安，就去请教自己的师父鞠武，鞠武一时也没有什么好办法。

不久，秦国将军樊於期（wū jī）不知何故得罪了秦王正，向北逃到了燕国，太子丹把他接纳下来。

鞠武得知连忙劝阻说:"这不行。秦王为人凶暴,本来就想对付燕国,接纳樊於期不是给他提供借口吗?不如把樊将军送到匈奴那里,然后我们在西面联络三晋,南面联络齐、楚,北面再结好匈奴,这样才能对付秦国。"

太子丹摇头道:"太傅的计谋旷日持久,丹恐怕等不了了。何况樊将军走投无路才来投奔我,我哪能因为畏惧强秦就把人家送到匈奴那里去呢?还请太傅再想个其他办法。"

鞠武见太子丹不听自己的话,只得把自己的朋友田光引荐给他,说这个人智勇双全,可以跟他商量国家大事。太子丹大喜,就让鞠武去请田光。

燕人田光到太子宫的时候,太子丹出门很远迎接,倒退着走为田光引路,进入厅堂后亲自为田光的坐席拂拭灰尘,最后态度极其恭敬地请他出山为拯救燕国出力。

田光听了却推辞说:"骏马壮年时,一日能行千里,可到了暮年,就连劣马也能跑在它前头。太子听说了我年轻时的名声请我来,殊不知我现在已经老了,成不了事了。不过我有个叫荆轲的朋友,能担负重任。"

太子丹于是又请田光把荆轲介绍给自己,田光答应了。

送田光出门时,太子丹出于谨慎叮嘱了一句:"我们谈的是国家大事,请先生不要泄露出去。"

田光听了笑了笑,说:"敬诺。"

随后田光来到荆轲家,把刚才的事情都告诉了他,并说:"咱俩的关系在燕国尽人皆知,所以我也不见外,把你推荐给了太子,想请你去见见他。"

荆轲也很爽快,当即答应了。

这荆轲是谁呢?原来他祖上是齐国人,具体说出自姜姓庆氏,与春秋后期齐国著名权臣庆封是一家子。后来可能由于齐国逐走庆封，庆氏之人在齐国待不下去了，所以有一支迁到了卫国居住，这就是荆轲这一支，因此荆轲的本名其实是"庆轲"。

《史记·刺客列传》有载，庆轲从小喜欢读书练剑，能文能武，被人尊称为"庆卿"，看样子家里条件不错。他曾经以自己的本事去游说卫国卫元君，但卫元君没有任用他。不久到秦王正六年（公元前241年），卫元君因参与合纵伐秦被秦国杀掉，秦人另立了卫君角为卫国国君，并把卫国从濮阳迁到野王。庆轲于是离开秦人占领下的濮阳，开始周游列国。

庆轲每到一国，都跟当地的豪杰、贤士和长老交往。有一次走到原属赵国、后被秦国夺取的太原郡榆次（在今山西榆次市），庆轲遇到了战国末期著名剑客盖（gě）聂。都是练家子，两人自然想切磋一下。可是盖聂瞪了庆轲一眼，庆轲就退避离开了。不久庆轲来到了赵国邯郸，跟一个叫鲁勾践的人玩博戏（先秦一种棋）赌博，下着下着两人为走子争执起来，鲁勾践急了怒骂庆轲，庆轲也一声不出就避开逃走了。

最后庆轲来到燕国，因为当时燕国方言把"庆"读作"荆"，所以庆轲就被大家叫作"荆轲"了。在这里，荆轲找到了自己的人生知己——市场上的一个杀狗的屠户和一个善于击筑的乐人高渐离，几个人天天混在一起喝酒。每当喝到兴起的时候，高渐离左手把弦，右手用竹条击筑，荆轲则在街市上引吭高歌，一会儿哭一会儿笑，旁若无人。

荆轲虽然喜欢喝酒以及酒后"表演节目"，但他更爱好读书，其实非常深沉有内涵。所以田光知道他不是凡人，与他关系处得很好，才把他推荐给太子丹。

见荆轲应允去见太子丹，田光叹道："我听说长者做事，别人不会怀疑。但我从太子那离开时，他却让我注意保守机密，这是太子信不过老夫啊。"在感觉受辱之余，田光更想以死激励荆轲，于是顿了一顿他又说，"请你赶紧去拜访太子吧，就说田光已死，肯定不会泄

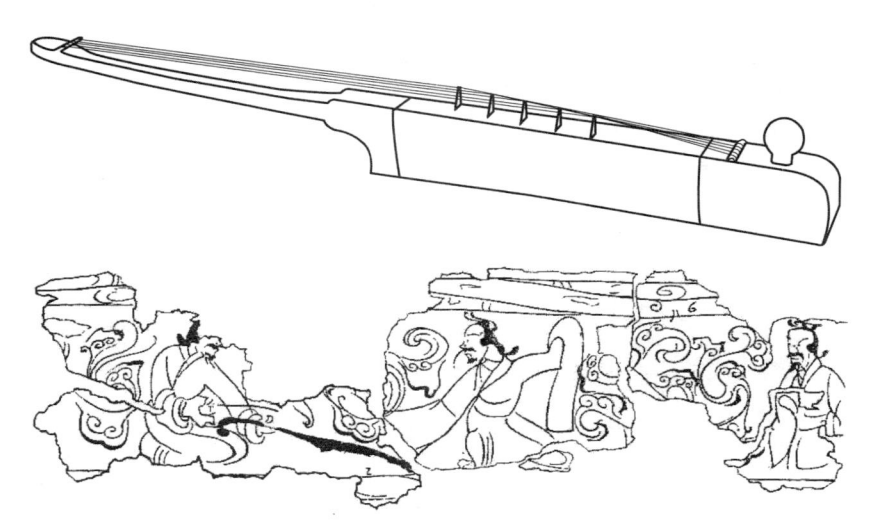

上图为湖南长沙西汉早期"渔阳"墓出土古筑，左端为细长的筑首，右端为四棱柱形筑身（中空的音箱），装有五根琴弦；下图为江苏连云港侍其繇墓出土漆器上的"击筑图"，最左侧人物左手握住筑首，将筑尾抵在地上，右手持竹条敲击

露机密了。"说完，田光拔剑抹脖子自杀了。

后人读《史记》，读到类似的故事，无不感慨当时有那么多人"轻生死、重义气"，其实这就是当时产生、风行并被韩非痛斥的"游侠精神"。游侠往往快意恩仇，能为他们心中的道义、荣誉、知己献出宝贵的生命，对他们的这种做法人们至今褒贬不一。

田光死后，荆轲去拜见太子丹，并把田光的死讯和临死前的话告诉了他。太子丹非常悲痛，表示这绝不是自己想见到的结果。

情绪稍微平稳后，太子丹终于把自己请荆轲来的真实意图和盘托出：在诸侯畏惧秦国，合纵难以实现的情况下，只有找勇士出使秦国，用重利引诱秦王正接见，然后伺机劫持他，逼迫其返还侵略诸侯所得的土地，就像当年曹沫在柯之盟上劫持并逼迫齐桓公返还鲁国土地一样；如果这个理想目标实现不了，那就把秦王刺杀掉，使秦国陷入混乱之中，诸侯合纵就能实现，秦国就能击破了。

荆轲听后却默不作声，好一会儿才推辞说："这是国家大事，臣才能低微，恐怕不能胜任。"

从我们日常的生活经验可以看出，荆轲说这话不是谦虚，因为如果是谦虚的话，用不着等上半天。他是经过思考才说出上述的话的，显然他真的不愿接这活儿，或者如他所说认为自己难以胜任。

那么荆轲为什么不愿意接这活儿呢？这可以从两方面解析一下：

一是荆轲本身有自己的理想和抱负。从荆轲前半生的经历来看，他虽然文武兼修但更爱读书，而且他曾经到卫元君那里"应聘"谋差事，周游列国又留意结交豪杰、贤士、长老，所以他头脑里应该有"学成文武艺，货与帝王家"的思想，也就是说他给自己的定位是"游士"，一有机会得遇明主，他还是想出仕做官成就一番大事业的。何况他虽然也有侠士精神，但他又不像樊於期一样跟秦王正有深仇大恨（秦王正杀了樊於期全家），何必豁出命去劫持或刺杀秦王正呢？

二是荆轲可能觉得太子丹的计划即使成功，效果也很可疑。太子丹举的曹沫劫持齐桓公的例子是春秋时期的事情，那个时代人们还讲一些信义，而且当时齐桓公追求的只是霸业并不是统一天下；即使如此，事后齐桓公也是一度想不履行被劫持时做出的承诺的，因为春秋后期的孔子都表示"要盟也，神不听"（被要挟时发的盟誓神灵也不当回事）。所以到了以"诡诈"著称的战国，就算劫持了秦王正，逼他写下退还诸侯土地的保证书，但秦王正一旦被释放，还能履约吗？其次，刺杀一个君王作用也不大。就算杀死了秦王正，秦国顶多乱一阵，也许燕国等东方国家能喘一口气。但是统一天下已经是秦国的既定国策，一两年后，一旦秦国新君稳固了内政，一样会大举进军东方。

不过见荆轲推辞，太子丹又连连叩头，软磨硬缠一再请求荆轲答应，最终荆轲只得点头。

荆轲为什么又同意了呢？这一方面应该是他见太子丹贵为一国太子，居然如此看得起自己这个流落江湖的卑微寒士，心中感动，生出了"报答知遇之恩"的想法；另一方面，他应该又想到了田光的死，感觉不答应没法面对好友的在天之灵。他的好友燕人田光为什么一定要自刎呢？他现在也明白其用意了，那就是怕自己不肯接下太子丹的任务，以死来断自己的后路。当然应该还有第三方面起作用，那就是荆轲跟秦王正虽然没有私怨，却有国仇，濮阳被秦人占领导致他有家难归，至于野王的新卫国不过是秦王正豢养的傀儡国罢了。事到如今，荆轲已经被太子丹的恩情和田光的性命架了起来，他心中的国仇也被激发起来，只能去当他原本不愿当的刺客了。至于最后成效，那只能"谋事在人，成事在天"了。

接下来，太子丹把荆轲奉为上卿，让他搬进豪华宅邸，天天上门拜访，然后美味珍馐、歌女舞姬、骏马豪车好好伺候着，进一步把荆轲架起来。

荆轲刺秦王——架上去的英雄也是英雄

荆轲答应了太子丹提出的担任刺客的请求，又接受了太子丹提供的优厚待遇，但很长时间也没提动身上路的事儿。这时秦军已经占领邯郸、灭掉赵国，屯兵于燕国南部边界了。

太子丹急了，就去催促荆轲说："秦军眼看着就要渡过易水，我就是想多侍奉足下也不可能了。"

荆轲却说："太子不来找臣，臣也想去找太子了。"

他表示，就是现在出发，但没有能打动秦王正的礼物也白搭；而如果能献上秦王正痛恨的叛将樊於期的人头以及燕国腹心地带督亢地区的地图，秦王正一定会亲自接见燕国使者。

关于督亢地图太子丹倒没说什么，但要杀死投奔自己的樊於期，爱惜名声的太子丹却不愿意。

见此情景荆轲也不多说话，事后偷偷去找樊於期说明原委，并晓之以情、动之以理，许诺将替他和他全家报仇，樊於期因此刎颈自杀。至此礼物问题解决了。

回过头来再说荆轲逗留多日也不动身一事，一些人可能认为荆轲是不想赴秦，在"磨洋工"拖延时间，实际上这样想就有些小人之心了。虽然荆轲起初不愿接活，但他这样秉持"忠""信"等理念、拥有独立人格的士人，一旦答应别人，无论最初乐不乐意，最终都会拼尽全力去践行诺言，否则田光也不会把他推荐给太子丹。何况荆轲如果真的嘴上答应心里却想反悔，他大可不必提出拿樊於期的头颅和督亢地图去做见面礼的建议，更不必在太子丹拒绝后上赶着去劝樊於期自杀。这样没有了重礼，他到了咸阳秦王正不接见他，他岂不可以名正言顺地保全自己的性命？因此荆轲之所以停留一段时间，应该就是在想送什么礼物才能打动秦王正、获得其亲自接见的机会；甚至他可能还在想除劫持或刺杀秦王正之外还有什么方法能使秦军退兵、使燕国得以保全，但他显然没有想出来。

接下来，太子丹给荆轲找了一件称手兵器——淬了毒、划个口子就致人死命的匕首，同时又给荆轲配了个助手——十三岁就当街杀人、无人敢对视的问题少年秦舞阳。

眼看什么都准备好了，荆轲仍又盘桓了几日还没有动身，他说他想等一位道远的朋友来，带他一起去咸阳。太子丹又急了，怀疑荆轲反悔，故意编个理由拖延，于是旁敲侧击说："快没日子了，荆卿有动身的打算吗？要不然我先让秦舞阳出发吧？"

荆轲怒了，斥责说："太子这样安排是什么意思？只图快点出发却不想着怎样完成任务，这是傻小子的想法！何况是要提一柄小匕首到不可预测的强大秦国去呢！臣之所以留在这儿还没有动身，是想等一位客人跟我一起去。既然太子嫌我走得晚了，那么我现在就出发吧！"

荆轲在没有等来同伴的情况下愤而出发，太子丹和所有知情人都穿着白衣前来送行，等于提前给他把丧事办了，又架了他一把。在易水边，高渐离击筑，荆轲出口成诗，慷慨高歌："风萧萧兮易水寒，壮士一去兮不复还！"他已经预见到结局，但仍"知其不可而为之"！

秦王正二十年（公元前227年）年初，荆轲一行跋山涉水来到咸阳，首先用重金贿赂了秦王正身边的红人——蒙骜之孙、蒙武之子、当时担任秦王正中庶子（秘书）的蒙嘉。经蒙嘉介绍，秦王正答应亲自接见带有樊於期人头和督亢地图的燕国使者。

随后的故事大家都知道了：接见那天，荆轲抱着盛放樊於期人头的木匣、秦舞阳捧着督亢地图入宫，走到咸阳宫正殿台阶下秦舞阳却吓得浑身筛糠，荆轲只能机智化解，然后独自上殿献地图。"图穷匕见"后他一个人没能抓住秦王正，反而被经人提醒拔出长剑的秦王正砍断了左腿。荆轲受伤后把匕首当飞镖掷出，却只打到殿内铜柱上。最后身上八处受伤、明白事情失败的荆轲倚着柱子笑骂道："事情之所以不成功，是因为想劫持活的秦王，让他写下退还诸侯土地的盟书拿回去报答太子丹啊！"话毕，荆轲被秦王正和受命上殿的众郎中砍成了碎块。

荆轲刺秦失败，消息传到剑客鲁勾践耳朵里，鲁勾践才明白当年荆轲被自己骂了就逃并非胆小，而是不把自己当同道中人，不想因小事和自己计较。但他依然说："嗟乎，惜哉其不讲于刺剑之术也！"这意思是荆轲不成功是因为剑术不精。后来东晋陶渊明也在《咏荆轲》一诗中说"惜哉剑术疏，奇功遂不成"。

剑术不够高明当然是荆轲没办成事的重要原因，他不但没能控制住秦王正，连投匕首都投偏了。不过前面说过，荆轲本来就是文才重于武功，他根本不是近现代一些武侠小说中描写的"武林高手"，格斗能力顶多比一般人强点，对此他自己也有"自知之明"，最初推辞任务应该也有这方面的考虑。因此答应太子丹后，他设计的劫持或刺杀方案是由两个人合作实施的，他主要负责文的方面（游说秦王宠臣争取获得接见、应对外交礼仪等），而他的助手负责献上地图并用里面藏的匕首进行攻击，两个人一个主攻（助手），一个人包夹（荆轲），来制服或刺杀秦王正。荆轲游历各国可谓阅人无数，他早就看出秦舞阳这小屁孩上不了大台面，所以自己又找了个信得过的朋友做帮手。可惜太子丹却用人而疑人，一再催促他启程，最后秦舞阳果然关键时刻掉链子，连大殿都没能上，两个人的工作只能由荆轲一个人去做，结果当然失败了。从这个角度讲，太子丹的多疑和急躁才是劫持或刺杀失败的根本原因。

那荆轲到底算不算英雄呢？

有人说他剑术不精，所以不算英雄。这点不值一驳，评"英雄"不是评"武林高手"，别说剑术不精，就是手无缚鸡之力的人也有可能成为英雄。

有人认为他是被架上去才答应"刺秦"的，所以不算英雄。这一点也不能成立。所以不要管一个人最初是被架上去的还是抓上去的，最重要的是看他上场后的表现。

具体说荆轲，虽然他最初有犹豫有推托，但一旦正式答应了太子丹就义无反顾、尽心尽力，称得上"重诺守信"；他想出让秦王正必定接见的礼物并顺利得到，可以说"机智有谋"；他在威严的秦王正和雄壮的秦国执戟武士面前从容不迫、神色自若，无疑具备"弥天大勇"；他在行动失败后还倚柱笑骂，是"视死如归"。这样一个"信""智""勇"俱全的人，怎么能不是英雄呢？

可能有读者会说了，中国统一是历史大势，秦王正做的是顺应历史潮流的事情，荆轲"妄图阻挡历史车轮前进"，怎么能算英雄呢？确实，20世纪六七十年代，由于过于抬高始皇帝和法家的地位，一些人就把刺杀秦始皇的荆轲说成是逆历史潮流而动的"反动分子"。2002年张艺谋导演拍的以"荆轲刺秦"故事改编的电影《英雄》，甚至安排已经杀到秦王面前的叫"无名"的刺客放弃行动，选择自杀，来成就秦王的统一大业。

可问题是，秦国的几代国君作为专制君王，他们发动的统一战争，固然应该有些解决"天下苦战斗久矣"的公心，但更有抢夺更多地盘、奴役更多百姓的私欲。后世常把"群雄"争夺天下叫作"逐鹿中原"，就是说在"群雄"眼中土地和民众就是供人猎取的猎物而已；何况在秦人发动的兼并和统一战争中确实充满了野蛮的掠夺、破坏和血腥的杀戮。如长平之战秦军一次就屠杀赵国四十余万人，其中不乏大批平民；后面我们还会提到秦国灭楚时给楚人带来的深重灾难。所以战国末期百姓们虽憎恶战乱、渴望和平，但他们并不喜欢甚至可以说非常痛恨秦人，更不愿意由秦国来统一。因此韩国上党郡军民宁可降赵都不降秦，东周人苏代说天下人长久以来都不愿意做秦民，齐人鲁仲连更表态宁可跳海也不做秦民，秦灭西周国后周人大批东逃，这都是铁的事实。总不能只要打出"统一"的旗号，就"一白遮百丑"，其他小国也好、百姓也罢，都必须跪下配合、不能反抗，甚至要如电影《英雄》里的"无名"那样自杀成全吧？如果荆轲这样算对抗历史大势的"反动分子"，那当时和后世的"反动分子"就太多了，屈原、魏无忌、李牧等统统都是，连岳飞、文天祥、史可法等人也全跑不了了。

故而在战国末期，统一固然是历史大趋势，但不畏强暴、侠肝义胆、视死如归的荆轲是英雄也不应质疑。

回过头再说秦王正。本来没事他都要打燕国，现在燕国居然胆敢派人刺杀自己，这当然令他爆发雷霆之怒，立即派已经调任南郡郡守的辛腾率军进入赵地，扩充已经驻守在那里的王翦的实力。

兵马齐备后，王翦和辛腾北上大举进攻燕国，首先在易水以西区域大破燕代联军，燕、代残部分头逃回蓟都和代县（在今河北蔚县东

王翦、辛腾攻燕示意图

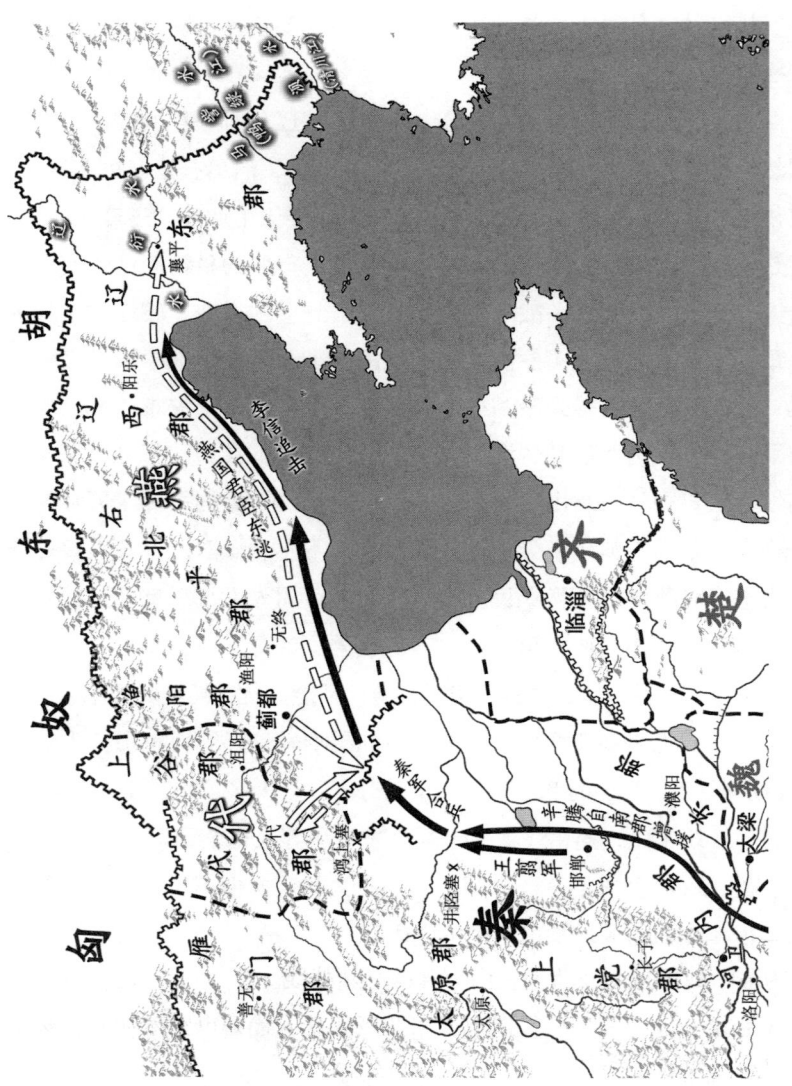

北）。秦王正二十一年（公元前226年）年初十月，秦军又攻破燕国首都蓟都，燕王喜和太子丹不得不放弃现在的北京市一带，而率精兵退保辽河以东地区。

但秦王正必欲置之死地的人，秦军当然不会放过。王翦手下的青年将领李信，仗着自己精力旺盛，率数千精锐对燕王喜父子紧追不舍。

燕王喜正为甩不掉李信而焦急时，突然接到了代王赵嘉的信。信中说，秦军之所以死咬燕国不放，就是因为太子丹惹怒秦王，如果大王杀了太子丹，把首级献给秦王，秦王一定能宽容，燕国的社稷就能保存了。

在秦王正统一天下的意图已经如此明显的时候，代王赵嘉居然认为杀了"祸首"太子丹就能保存燕国，真是幼稚至极。看来当初就是由他当赵王，也不会比他弟弟赵迁强到哪里去。

更昏庸的是燕王喜，他读了赵嘉的信后为了能维持对祖先的祭祀，真的派人杀了藏匿在衍水（今辽东太子河）一带的太子丹，并把首级送给了李信。不知道燕王喜想没想过，被人追急了就把坚定抗秦的亲儿子都卖掉，燕军将士会怎么看他这个大王呢？

不过秦王正接到太子丹人头后，确实暂停了对辽东的攻击。当然这并不是因为秦王正"宽容"了燕国，而是由于两方面原因：其一，从蓟都通往辽东的辽西走廊上群山纵横，冬季酷寒、道路冰封，到了春夏时节冻土融化后沼泽密布，远道而来的秦军既不适应气候又不熟悉道路，一时无法大举东进（后来隋炀帝、唐太宗东征高句丽失败都跟这有关）。其二，打下蓟都后秦王正认为燕、代的残余势力已经不足为患，故而迫不及待地在南方开辟了新战线。

这样一来，燕王喜得以在辽东苟延残喘，代国也跟着沾光，被秦军一并饶过。

伐楚的前哨战——水灌大梁

就在王翦等人伐燕的同时，秦王正已经又在南方开辟了新战线，那就是伐楚。秦王正亲政后的对楚征伐，其实最早可追溯到秦王正十二年（公元前235年）。

秦王正十一年至十五年之间秦军几乎年年攻打赵国，唯有秦王正十二年这一年史书上没有秦军伐赵的记录，因为那一年秦王正去找楚国的麻烦去了。

《史记》和长沙马王堆三号汉墓出土的帛书《战国纵横家书》有如下记载：秦王正十二年秦国派了一名叫辛梧的将军到大梁，并出动东方四郡的兵力，"助"魏国攻打楚国。当时的楚国执政李园着急上火，于是派人游说辛梧，说秦楚关系原本就比秦魏关系好，假如辛梧攻打楚国太急，楚人不得不降秦并使出反间计，到时辛梧很可能就被牺牲掉了；而如果辛梧能够"悠着点"，秦国为了打击楚国必定要进一步拉拢魏国，魏国为了得到楚国土地也一定会进一步向秦国靠拢，这样两国都会更加重视作为"桥梁纽带"的辛梧。辛梧听后觉得有理，于是拖到当年六月才出兵伐楚。

秦魏联合伐楚的结果史书上没讲，估计被李园一通忽悠，辛梧出兵也没使多大劲儿，因此未取得什么战果。接下来秦王正一连几年全力攻打赵国，时间很快到了秦王正十六年（公元前231年）。

这一年，惊弓之鸟般的韩、魏向秦国献地之后，惶惶不安的楚人也献上了青阳以西的土地。不过眼见秦国得地之后，照样出兵灭掉了韩国和赵国，这终于让楚人明白，秦王正不灭尽诸侯是决不会罢休的，秦军未来必定要大举侵楚，楚人就是再磕头、割地都是无济于事的。恰好在此时，楚国国内政局也发生了一系列巨变。

秦王正十九年、楚幽王十年（公元前228年），也就是王翦攻占邯郸、俘虏赵幽缪王的那一年，当时年仅十三岁的楚幽王熊悍突然驾崩，具体死因不详，随后楚国令尹李园拥立熊悍的同母弟弟、楚考烈王王后李环的二儿子熊犹继位。熊犹上台时只有十一岁，后世称他为楚哀王。

话说楚幽王正值少年，怎么会说死就死了呢？有人猜测，有可能是李园害死了实际是春申君黄歇儿子的熊悍，目的是让自己跟李环的儿子熊犹能坐上楚王宝座。当然因为史料残缺，这些猜测是真是假，今天的我们已经无法核实了。

不过有道是"螳螂捕蝉，黄雀在后"。儿童楚哀王熊犹坐上王位才两个多月，楚国公子负刍因为听说刚死的楚幽王熊悍不是楚考烈王的骨血而是黄歇的儿子，进而怀疑楚哀王熊犹也不是楚考烈王的种，于是发动政变，派党羽入宫杀死了楚哀王熊犹和他的母亲太后李环，随后又诛灭了令尹李园全家，自己登基称王。

关于楚王负刍的身份，《史记》里记载他是楚考烈王之子、熊悍和熊犹的庶兄，但西汉《列女传》却说他是楚顷襄王之子、楚考烈王的弟弟。鉴于《史记》和《战国策》都称在熊悍出生之前楚考烈王无子，所以笔者认为《列女传》的记载应该才是准确的。

政变上台的负刍还有那么一股血勇之气，当然可能也有迅速树立自己威信的政治考虑，总之刚刚坐上王位他就主动发兵向秦国南郡发动了反攻，企图收复旧都鄢、郢地区。因此睡虎地秦简《编年记》记载，秦王正十九年（公元前228年）秦国南郡"备警"。不过秦人在南郡经营已经五十年，再加上桐柏山既是秦军东攻楚国的障碍，同样也不方便楚军用兵，所以楚王负刍的进攻收效甚微。睡虎地秦简中还有一篇《语书》，是秦王正二十年四月南郡守辛腾颁布郡内各县、道（少数民族区域）的文告，显示当时南郡仍控制在秦人手中。

楚人居然敢主动袭击秦国，秦王正当然不能饶了他们。可秦王正二十年突然发生了"荆轲刺秦"事件，令秦王正更加痛恨燕人，因此这一年他只能集中兵力北上伐燕。又过了一年即秦王正二十一年时，王翦、辛腾击破燕代联军，顺利攻占蓟都，燕王喜、太子丹等人东逃到辽东。秦王正认为通往辽东的道路艰险尤其是燕国已经不足为患，所以没等伐燕大军班师，他就开始惩罚楚人，命令王翦之子王贲率少量秦军东攻楚国。王贲作为将门之子也不负所托，他大破楚军，一连攻下楚国城池十余座。

王贲以偏师攻楚，就取得这样的成就，让秦王正十分振奋，认为看起来数量庞大的楚军不足为虑。当然在全面伐楚之前，秦王正觉得还得先解决内外两个问题：

内，那就是颍川郡的韩人复国运动。在秦王正二十一年时新郑爆发大规模的反秦叛乱，韩人甚至企图营救当时被囚禁在鄢郢的末代韩君韩王安。这股势力存在，对秦国集中内部力量攻楚是个阻碍。

外，那就是夹在秦楚北部边界之中的魏国。魏国的存在，让秦军只能从南郡或南阳郡出发东进攻楚，这必须要通过行军困难的桐柏山脉、大别山脉等山区；而此时的魏人也因韩、赵灭亡而兔死狐悲，一旦秦军先攻楚，他们很可能与楚人联合抗秦。

所以在王贲伐楚后，秦王正首先派遣昌平君奔赴鄢郢，处理韩王安，并应对韩地的反抗浪潮。

有读者可能会奇怪，这鄢郢不是在秦国南郡吗，距离颍川郡七八百里，韩人怎么到那里营救韩王安，昌平君在那儿怎么应对韩地的反抗浪潮？其实此鄢郢非彼鄢郢（为郢）！据清华简《楚居》记载，战国初年楚惠王曾在一个叫"鄢郢"的地方短暂居住过，有学者考证这个鄢郢的"鄢"通"郾"，即秦汉时期的郾县，它位于今天河南漯河市郾城区南。郾县战国末属魏，此时已被纳入秦颍川郡。

昌平君抵达今郾城南的鄢郢后，按秦王正的命令秘密处死了韩王安，同时坐镇当地指挥秦军以高压态势镇压韩人。韩人无力反抗，只得再次将复国运动转入地下。

接下来，秦王正又给王贲下达了灭魏的命令。因此在秦王正二十二年（公元前225年），王贲突袭魏国，一举包围了魏都大梁。这是四十多年来大梁首次被秦军围攻，上一次秦军攻打大梁还是在穰侯魏冉任秦国相邦的时候。

此时魏景湣王已死（他正死在王翦灭赵那一年），在位的是他的儿子魏王假。虽然坐困孤城，外无援兵，几乎看不到一丝希望，但魏王假依然指挥城中军民顽抗。好在大梁城墙高达七仞（11.3米），当年秦昭王时穰侯魏冉几次包围大梁都未能攻破城墙，王贲时代的攻城技术并没有什么新发展，所以强攻也告失败。可这个时候有一点已经和魏冉时代不一样了，那就是魏国疆域早就大大缩水，大梁以北即济水到黄河间的土地已经全被秦国占领，因此王贲得以使用一种新的攻城方法，那就是水攻。

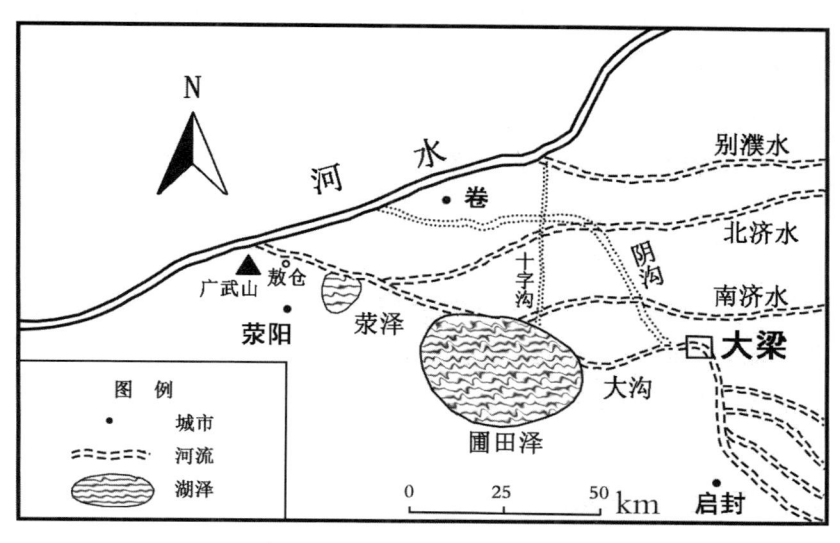

荥阳河口至大梁城鸿沟主道示意图

注：根据论文《"引河沟灌大梁"初探》绘制，并稍作添加。

据河南大学教授吴朋飞考证，王贲应该是利用魏国挖掘的水利工程鸿沟上游的大沟和阴沟引黄河水，然后在两沟的交汇点筑坝蓄水，最终把滔滔河水引向了大梁城的西南角。①

就这样，宏伟大梁城的西南角被河水冲击了三个月，夯土城墙终于坍塌，大水漫灌进城中，史称"水灌大梁"。眼见城中已经成为一片泽国，魏王假明白再也无法支撑，不得不出城请降，在战国前期称霸数十年的魏国就这样灭亡了。

占领魏国全境后，秦王正下令以其旧地的主体部分设置了砀郡。而繁荣百余年的大梁城经此浩劫，变成一片废墟，沦为一个县级城市，直到七百年后的南北朝时期才重新发达起来。

至于魏王假，秦王正可能吸取了留着韩王安导致引发新郑叛乱的教训，再加上攻打诸国顺利，使他认为不需要再施展什么怀柔手腕了，故而不久后就把他处死了。

文献显示，对于魏国的近支诸公子，秦人也是全力捕杀。西汉《韩诗外传》和《列女传》都记载了如下一个感人故事：秦军破大梁后几乎把魏近支公子杀光，只有一个魏国小公子被乳母藏了起来。秦王正为斩草除根，宣布有能献出小公子的赏赐千金，藏匿不报者诛杀十族。有人劝乳母把小公子交出去换重赏，乳母却严词拒绝："我听说忠诚的人不背叛主上，勇敢的人不畏惧死亡。凡是替人家养孩子的，都希望孩子平安活着，哪有要杀孩子的？我怎么能贪财怕死而把'义'字丢下？"随后她抱着小公子逃到湖沼之中。秦军发现后乱箭齐发，乳母用身子挡在小公子前面，最后两人都中箭而死。

出土秦简还显示，秦王正尤其对魏国的"从人"进行严厉镇压。"从人"是些什么人呢？原来这里的"从"通"纵"，"从人"就是"纵人"，即主张合纵抗秦的人士，包括贵族和说客、游士等。秦王正下令，

---

① 吴朋飞，徐纪安，马建华：《"引河沟灌大梁"初探》，《中原文物》，2016年第1期。

凡是"从人"（纵人），主犯及其亲属和家吏、舍人均按犯罪情节处以死刑或发配边地服劳役，终身不得赦免[①]。此后秦王正每破一国，都照此例追捕该国的"从人"。

魏国灭亡后，为了震慑齐国，让齐人继续在秦国即将发动的对楚战争中保持中立，秦王正还命令王贲所部突破原魏齐边境，一直打到了历下，也就是现在的山东济南市西部。

至此，内外问题都已经解决，秦王正决定一鼓作气，一战灭楚！

拨开李信伐楚的迷雾

就在秦王正为灭楚做具体准备时，老将王翦和青年将领李信等人已经从燕国班师回朝。于是他先问在灭赵、伐燕中表现突出的李信说："现在寡人想攻取荆国，将军认为需要多少人能完成任务？"

秦王正说的"荆国"就是楚国，因为秦王正的爸爸异人为讨华阳太后的喜欢改名"子楚"，所以秦王正要避父亲的名讳，秦国的官方资料里也都避国讳把楚国写成"荆国"。

李信自信地回答："有二十万人就足矣！"

然后秦王正又去问王翦同样的问题，王翦却回答："非六十万人不可！"

秦王正满脑子都是王贲一旅偏师就攻下楚国十余城的往事，于是笑道："王将军怎么越老胆子越小了？李将军果然年轻力壮、果决勇敢啊！"就发兵二十万交给李信和蒙武，让他们去平定楚国。

王翦见自己的意见不被采纳，还被嘲笑，于是就以年老为名请求

[①] 杨振红：《秦"从人"简与战国秦汉时期的"合从"》，《文史哲》，2020年第3期。

辞官回乡，秦王正没有挽留就批准了。

再说李信和蒙武，他们带领二十万人的大军出了函谷关后，经三川郡一路东行，来到了刚刚被纳入秦土的魏地，也即新设的砀郡。

众所周知，当时的楚国都城已经迁到寿郢，也就是颍水入淮水之处。所以进攻寿郢最方便运兵、运粮的路线，就是借用原魏国开凿的鸿沟南下进入颍水。但大家都能看到的事情，楚人自然也看得到，因此他们在鸿沟入颍水之前的区域——旧都陈郢驻扎了重兵。

相对楚国辽阔的疆域和庞大的人口，李信的兵力不多，当然没本钱强攻敌人的重点设防城市。于是他经过思索，决定把兵力集结点放在砀郡西南的颍川郡，然后顺着同样汇入淮水的汝水向东南推进。具体说，李信把二十万人的大军分为前后两部：前部先锋由蒙武率领，探路先行；后部主力由他自己统领，紧跟策应。这样一旦蒙武遭遇楚军主力，李信可迅速到位，与蒙武夹击敌人。

秦军分兵不久，蒙武就攻占了陈郢东南的要地寝县（在今安徽临泉县），而李信也带主力攻占了陈郢西南的要地平舆（在今河南平舆县北）。两路秦军给予了楚军重大打击。

不过接下来李信的进军路线就众说纷纭了，因为《史记·白起王翦列传》说："信又攻鄢郢破之，于是引兵而西，与蒙武[①]会城父。"

两千年来学者看到这里的"鄢郢"一词，一般有两种认识：其一，认为是一地，即鄢城（在今湖北宜城东南），因为鄢城做过楚人都城故可加"郢"字称为"鄢郢"；其二，认为是鄢城和郢都（在今湖北荆州市荆州区）两地的合称，指白起攻楚前楚国的王畿区域。但"鄢郢"不论是指一地还是两地，总归早在秦昭王时代就被白起夺取了，当时属于秦国南郡，而且距离李信刚攻下的平舆极为遥远（近八百里）。所以古今的学者们都很疑惑，人在平舆的李信怎么可能又千里迢迢去

[①] 《史记》此处原文本作"蒙恬"，据清朝梁玉绳《史记志疑》改，见中华书局1981年版，第1267页。

攻打属于自家的"鄢郢"呢？何况战国末期虽有两个城父（一个当时属秦，在今河南宝丰县东；一个当时属楚，在今安徽亳州市谯城区东南），但它们都在南郡"鄢郢"的东北方，李信如果从南郡"鄢郢""引兵而西"是绝对走不到城父的，除非他围地球转一圈。

为此以前学者们绞尽脑汁地对"信又攻鄢郢破之，于是引兵而西，与蒙武会城父"这句话进行各种解释：有的认为当时秦国南郡的鄢郢地区已经被楚军攻占，所以李信奉命不远千里去收复；也有的认为《史记·白起王翦列传》中的"鄢郢"二字是传抄错误，应当改为"陈郢"或"寿郢"，以符合"城父在西"的说法。但以上解释要么牵强附会、不合情理，要么对原文进行重大修改，都不能令人信服。好在我们比前人更幸运，能看到更多出土资料。

其实上节我们提到，在2008年清华大学收藏的战国竹简《楚居》中也记载了一个"鄢郢"，有学者考证这个鄢郢的"鄢"通"郾"，它就是秦汉时期的郾县（在今河南漯河市郾城区南）。这个鄢郢距离李信所攻占的平舆就很近了（一百几十里），而且秦颍川郡的城父正好在它的西边不远（也是一百几十里）。

但查看地图大家可能还会有疑惑，位于今漯河市郾城区的鄢郢和平舆虽然近，但却是在平舆以西，也是秦国城邑。李信原本一路向东南方向推进，为什么会调头攻打自家的城邑呢？说到这儿，大家不要忘了，当时有一个大人物正身在鄢郢（郾县），他就是秦国昌平君。

原来据唐朝司马贞《史记索隐》记载，昌平君到"郢"后叛秦归楚，后来还被楚国大将项燕立为楚王。由此我们可以推论出史书缺失的情节：昌平君到鄢郢（郾县）处置了末代韩君韩王安、镇压了韩人的复国运动后，可能继续留在当地负责统筹秦军攻楚的后勤事务。但作为楚人尤其是楚国王室近支的他，眼见父母之邦正沦入战火之中，故国之情最终压倒了一切，于是在鄢郢（郾县）发动"反叛"（当然从楚人角度来说是"反正"）。昌平君突然发难，让正按原计划向东南

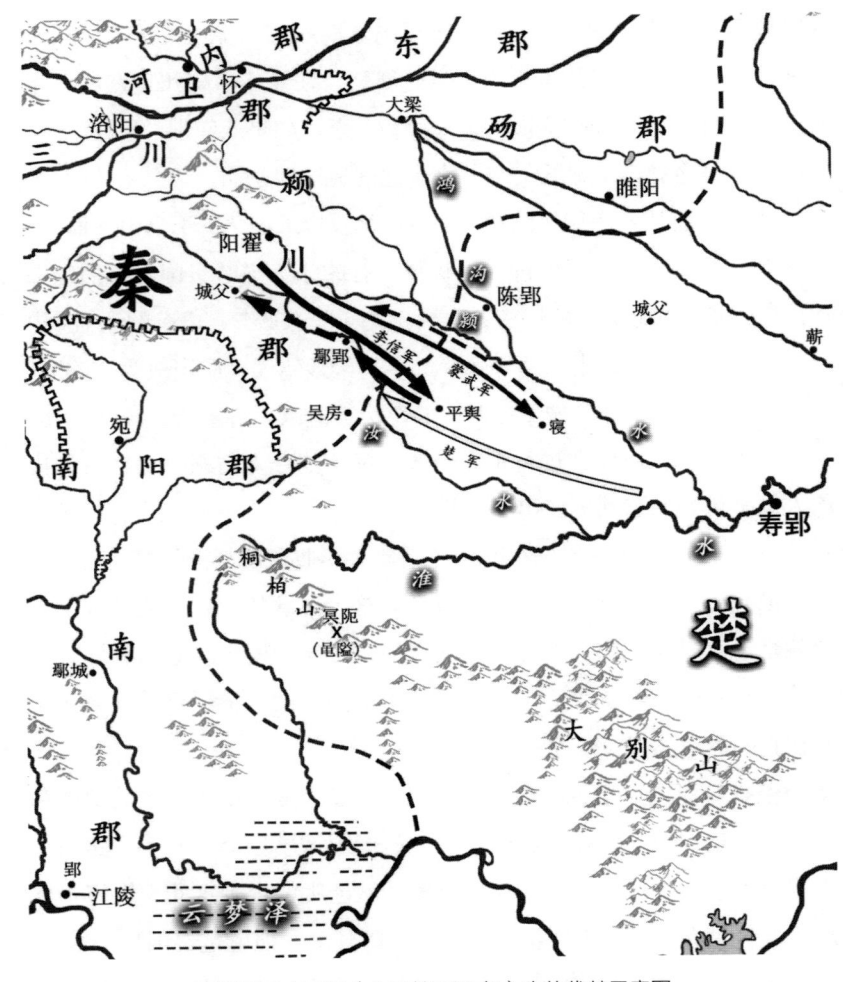

秦王正二十二年（公元前225年）李信伐楚示意图

挺进的李信措手不及。为避免腹背受敌，他不得不放弃前进，回师平叛。而鄢郢（郾县）毕竟是秦国的城邑，昌平君的亲信力量不可能太多，所以在城内秦国势力的配合下，城池很快被李信攻破，昌平君不得不向东逃回楚国境内。但"螳螂捕蝉，黄雀在后"，在李信回师攻打昌平君时，原本与李信当面对阵的楚军主力当然不会坐失这个良机，他们在楚国大将项燕的指挥下尾随追击李信部。李信知道自己在鄢郢（郾县）立足不住，只得弃城向更西边撤退，同时通知也在撤退的蒙武以后与自己在城父（在今河南宝丰县东）会合。

但是楚军好不容易抓住一个绝佳的机会，当然不会白白放过。《白起王翦列传》记载："荆人因随之，三日三夜不顿舍，大破李信军，入两壁，杀七都尉，秦军走。"

以上文言文很简单，意思就是说楚军觉都不睡穷追李信三天三夜，攻破了秦军两座壁垒，杀死七名都尉（即郡尉，执掌一郡的军事），秦军大败溃逃。

此次李信大败，是秦王正十六年（公元前231年）秦王正正式开启兼并天下进程以来秦军的首次大败，是秦王正亲政以来秦军的第三次大败（第一次是宜安之败、第二次是番吾之败，都是败给赵国李牧）。李信兵败后，楚人还乘胜转入反攻，攻占了一些秦国土地，一时局势发生逆转。

李信惨败的消息传回咸阳，秦王正自然震惊愤怒。稍微冷静后，他不由得想起老将王翦所说的伐楚"非六十万人不可"的话来，明白楚国虽然衰落，但仍是"百足之虫，死而不僵"，自己确实轻敌了。算来算去，现在秦国能担当大任的也只有王翦了。所以高傲的秦王正不得不低下头，亲自驾车到王翦的老家频阳县（在今陕西富平县东北）去请他重新出山。

试解王翦伐楚的疑案

进入频阳县的王翦府邸，秦王正耐着性子对王翦致歉说："寡人不听将军之言，而让李信领兵，李信果然打了败仗使秦国蒙羞。现在荆国之兵大举反攻西进，将军虽然有病在身，但能弃寡人于不顾吗？"

王翦却推辞道："臣身体有病，心智也糊涂了，希望大王另择良将。"

秦王正有点不耐烦，手一挥说："好了，将军不要再推辞了！"

王翦明白再推辞秦王正就要发作，白起的例子就在前头，于是讲价道："如果大王不得已一定要用臣，臣还是那句话，非六十万人不可。"

为了实现统一梦想，秦王正只能点头："一切都听将军的。"

随后秦王正下令全国总动员，凑足六十万人的大军交由王翦指挥。大军开拔之日，秦王正出城百余里，一直送王翦到霸上，也就是今天的灞水岸边。可临别之际王翦却不谈军事，一个劲儿地在秦王正面前絮絮叨叨，说哪些地方有良田，哪些地方有美宅，哪些地方还有园林池囿，请求把这些都赐予自己。

秦王正一听有点蒙，催促说："将军快点出发吧，难道你还怕以后受穷不成？"

王翦却用一本正经的神情回答："做大王的将领，有功劳也难得能封侯。所以趁着大王现在用得着我，赶紧要些田宅园林，也好为子孙置办些家业。"

秦王正听了哈哈大笑，让王翦只管放心上路。

王翦出发后，仍旧不停地派遣使者回咸阳提醒秦王正田宅的事情，才走到函谷关，行了还不到五百里，已经派了五拨人了。

王翦的部将都看不下去了，纷纷说："将军您求财也求得有点过分了吧？"

王翦却摇头苦笑道："事情不是你们想的那样。咱们大王脾气暴躁又不相信人，现在全国的兵力都在我手上，我不用给子孙多求田宅的方法来表示自己只想做个富家翁，难道还等着大王来猜疑我有其他野心不成？"从王翦自污的行为就可以看出，他不但是个将军，还有政治头脑，在这点上他比白起强多了。

秦王正二十三年（公元前224年），王翦带着大军来到颍川郡与蒙武的军队会合，然后驻扎到秦楚边境线上。与此同时秦王正也传来命令，任命蒙武为伐楚大军的副将，目的当然是为了监视、牵制主将王翦。这就是秦王正的用人之术，既用又防。

听说秦国又大举增兵，楚王负刍不敢怠慢，命令集结全国兵力西进，准备和秦军决一死战。

可王翦却像当年李牧对付匈奴一样，只管修筑堡垒防守，并不出兵应战。楚军多次谩骂挑战，秦军将士都忍不住了，王翦仍旧是拒不出兵。

在营垒里，王翦只督促士兵两件事：第一件事是休息好。为让将士们能够真正轻松身心、解除疲劳，王翦还给将士们提供条件，让他们天天洗澡，这在近现代军队中也是件奢侈的事情。第二件事是吃好饭。王翦变着法为士兵们提供丰盛的伙食，自己还天天陪着将士们一起吃。

一晃好一段日子过去，有一天王翦突然问手下人："大伙儿现在都在玩什么啊？"

手下人回答："都在玩投石头和跳高。"

王翦笑了，这是养足了力气没处使啊，于是说："现在可以去打仗了。"

在此期间，秦楚边境楚国一侧的楚军看秦军总是避而不战，斗志逐渐松懈，后勤更是吃不消了。楚国也是全国动员而来，男人们都在前线，却一直无仗可打，天长日久后方没有壮劳力从事生产，经济上自然顶不住了。楚国方面鉴于粮草供应困难，不得不下令退兵东归，准备等秦军有所行动再集结抵抗。由此也可以看出，王翦能优哉游哉地与楚军对峙，秦国后勤人员绝对是立下头功。这功劳簿上，肯定还要记上替秦国修建水渠、增产粮食的前韩国间谍郑国的名字哩！

现在我们应该明白王翦的计策了。本来秦军远道而来、人困马乏，楚人却是家门口作战、以逸待劳，当然不利于秦军、有利于楚军。而王翦坚守不战，利用秦国地广粮多的国力优势专心休养士卒，把原本的疲惫之师养成了生力军，而楚军则被拖得士气下降，最终国力不如秦国的劣势暴露出来。可见王翦确实是个战场操控大师，极为善于扬长避短，发挥自身优势。

因此这时楚军想走是没那么容易了，毕竟自古以来在敌前组织好撤退就极为困难，李信即是例子。养精蓄锐已久的王翦一看机会来了，立即进行追击，并组织精锐突袭楚军，这回秦楚两军的角色正好与上一年李信伐楚时相反，成了"李信第二"的楚军最终也大败崩溃。王翦乘胜南下，攻占了陈郢和平舆等地。为了目睹胜利，更为了监视手握全部秦军的王翦，秦王正也来到刚刚被占领的郢陈督战。

不过再往下，《史记》各篇的记载又打架了。

《史记》不同部分对王翦伐楚过程的记录列表

《史记·秦始皇本纪》	二十三年……（王翦）取陈以南至平舆，虏荆王。秦王游至郢陈。荆将项燕立昌平君为荆王，反秦于淮南。二十四年，王翦、蒙武攻荆，破荆军，昌平君死，项燕遂自杀。
《六国年表·秦表》	（二十三年）王翦、蒙武击破楚军，杀其将项燕。（二十四年）王翦蒙武破楚，虏其王负刍。
《楚世家》	（负刍）四年（秦王正二十三年），秦将王翦破我军于蕲，而杀将军项燕。五年，秦将王翦、蒙武遂破楚国，虏楚王负刍，灭楚名为（楚）郡云。
《白起王翦列传》	荆数挑战而秦不出，乃引而东。（王）翦因举兵追之，令壮士击，大破荆军。至蕲南，杀其将军项燕，荆兵遂败走。秦因乘胜略定荆地城邑。岁余，虏荆王负刍，竟平荆地为郡县。
《蒙恬列传》	始皇二十三年，蒙武为秦裨将军，与王翦攻楚，大破之，杀项燕。二十四年，蒙武攻楚，虏楚王。

仔细看表格可知，《史记》关于接下来王翦灭楚的过程有两种表述：表述一即《史记·秦始皇本纪》的记载，说王翦于二十三年先俘虏楚王，二十四年再击败项燕和他所立的新楚王昌平君，并置项燕和昌平君于死地；表述二即《六国年表》《楚世家》《白起王翦列传》《蒙恬列传》的记载，这四篇均说王翦于二十三年先击败杀死项燕，二十四年再俘虏楚王负刍。

自古至今的学者，多采用表述二的说法，如北宋司马光的《资治通鉴》。毕竟《史记》中持表述二观点的篇章多，持表述一观点的只有《史记·秦始皇本纪》这一篇，表述二与表述一的篇章对比是4:1。

但表述二也有一个明显的问题，那就是如果楚王负刍被俘在后，项燕失败被杀或自杀在前，那项燕怎么敢、怎么会在楚王负刍还在位的时候就拥立昌平君为楚王呢？就算负刍是篡位自立，项燕对他有所不满，也不该在大敌当前的时候分裂国家、自乱阵脚啊？假如他确实做了不顾大局的事情、加速了楚国的灭亡，楚人肯定会责骂他，可众所周知，后来陈胜、吴广起义就打了他的旗号，显然楚人对他一直是很尊崇的，这应该证明项燕没有做过不利于楚国的事情。

因此一些学者认为，《史记》中"本纪"的地位较高（前面介绍过《史记》的体例就是本纪中记载官方的或太史公认为比较靠谱的说法，而把"存疑"的内容放在传记等其他地方），尽管持"楚王先被俘、项燕再身死"观点的篇章少，但这种观点是记在《史记·秦始皇本纪》中的，所以说明该种说法是官方的说法，是太史公比较看重的说法，尤其是这种说法符合常理——楚王负刍被俘了，项燕才再立新君来树立抗秦旗帜的。

不过笔者认为，表述一和表述二很可能不是"非此即彼"的关系，也就是说它们应该都是记录了王翦伐楚过程的一个侧面。下面笔者就试着把它们"捏合"在一起。

我们从王翦追击并大败撤退中的楚军接着说起。在这过程中，秦军可能确实先俘虏了一个"楚王",只是这个楚王不是负刍(《史记·秦始皇本纪》也只提及"荆王"没明言名字),而是一个"冒牌货"。

这怎么讲呢?当时楚国出动倾国之师北上抗秦,除了楚将项燕,楚王负刍应该也"御驾亲征",身在军中。楚军大败时,建制完全被打乱,也许有亲信大臣或贵族为了掩护负刍逃跑,与他换了衣冠,最终被秦军擒获。这在中国历史上不乏其例,如二十年后项羽围攻荥阳时,汉将纪信就穿了刘邦的衣冠替他出降,结果纪信被项羽烧死,刘邦安全脱险。秦军抓了"假楚王"也许一时没有辨认出,也许秦王正和王翦认为可以"将计就计"利用此事瓦解楚人的抵抗意志,所以高调放出了"擒获楚王"的风声。而在通信不畅的一片混乱之下,部分楚国城邑听说大王被擒,果真就丧失斗志投降秦军了。

这个"楚王被俘"的"假新闻",也让大将项燕拥立昌平君顺理成章。因为大家都跑散了,项燕误以为楚王负刍真的被秦人抓住。他为了凝聚楚国人心、重振抗秦士气,于是在淮南地区扶保不久前叛秦归来的昌平君坐上了楚王的宝座。

项燕拥立昌平君为新楚王的消息传出后,很多投降秦军的楚国城邑又"反正"了,这引起了王翦的高度注意,于是他立即集中兵力渡淮南下围剿昌平君。秦王正二十三年年尾、二十四年年初,昌平君和大将项燕从淮南逃到淮北,在蕲邑(在今安徽宿州东南)被王翦指挥的秦军包围,昌平君身死,项燕也消失在乱军之中,有人说他被杀,有人说他自杀,还有人说他逃亡了(所以后来陈胜、吴广起义才以他的名义)。

说到了昌平君和项燕的结局,我们不能不一块说说昌文君的结局。睡虎地秦简《编年记》记载:"二十三年……四月,昌文君死。"原本身在秦国朝廷的昌文君,应该是在昌平君于鄢郢(郢县)反秦后被秦人下狱囚禁,最终被处死。

再说楚王负刍,当秦军被昌平君和项燕吸引过去的时候,他成功逃回楚国后方寿郢一带，也重新以楚王的名义组织楚人进行抗秦斗争。因此秦军在淮北蕲邑消灭项燕的部队、杀死新楚王昌平君后，又转而南下攻打楚王负刍，消灭了他指挥的军队，最终将他俘虏，进而平定了楚地。

笔者的以上推想虽然是表述一和表述二的结合，但在现有史料下，也只能如此，毕竟只有这样才能解释一些疑点。

当然《史记》中各篇的记载都很简略，仿佛王翦带六十万大军灭楚犹如泰山压顶，没费多大力气，可睡虎地简牍却透露，秦军伐楚打得极为艰苦，也给楚地带来了巨大的灾难。

20世纪70年代，考古学者在湖北云梦县睡虎地四号秦墓出土两块木牍（编号为11号与6号），经释读，发现它们是两封战地家书，写信人一个叫黑夫，一个叫惊，都是王翦率领的伐楚秦军中的士兵！

从两封信的内容可知，黑夫和惊是兄弟俩，均为秦国南郡安陆县人，秦时的安陆县也就是今天的湖北云梦县。黑夫和惊两人的信是秦王正二十四年先后从楚地寄回家的，他俩在信中除了问候亲人和邻里，主要是向母亲索要夏天的衣服和五六百钱，在后一封家书中惊甚至说："室毋遗，即死矣。急急急。"他的意思是说，家里再不给衣服和钱他就要死了，十万火急！

现在多数学者认为秦国是给士兵们提供军服的，但从黑夫和惊两名秦军士兵的家书可以看出，要么战时秦国的军服供应常常难以及时保障，要么秦国只给士兵提供外衣而不提供内衣（家书要求把夏衣做成襦），总归在长期作战时黑夫和惊都缺衣少钱，生活极其困苦，到了家里如不迅速接济就要活不下去的地步。因此征战中尤其是长期征战中的秦军士兵，绝不像影视剧中演的那样服装整齐，而是破衣烂衫形同乞丐。

黑夫和惊的家书中还直接提到了战斗情况。

在发出时间较早（秦王正二十四年二月辛巳日）的家书（11号

木牍）中，黑夫和惊自称行军到了淮阳郡（郡治为陈），"攻反城久，伤未可知也"。可见伐楚作战中秦军的伤亡也很巨大，兄弟俩哀叹不知啥时就会挂彩甚至挂掉。

发出时间较晚的家书（6号木牍）中，惊说"闻新地城多空不实者，且令故民有为不如令者实"。新地，是秦人对新征服土地的称呼。上句意思是，新征服的楚地城池大都人烟稀少，秦国官府不得不迁徙犯法的秦民去充实。可见战争中楚国大批百姓或死于兵灾或流离失所。接下来惊又告诉家人，虽然他们兄弟俩暂时都"无恙"，但他们已经攻入反城之中，因此要求家人"为惊祠祀"，也就是到祠堂里为他祷告。祷告什么？想来是让家人求祖先、神灵保佑他能够平安归来。可见虽然拿下"反城"，但楚人的抵抗和袭击仍然没有停止，让身在楚地的秦国士兵时刻心惊胆战。最后惊还嘱咐收信人也即他的兄弟衷，新征服的土地上"盗贼"横行，千万别来。这里所谓的"盗贼"，自然是反抗秦军的楚人武装了。

不过惊虽然让家人为他祷告，但他们兄弟俩应该还是战死在了淮河南北，没能回家。道理很简单：如果黑夫和惊在伐楚战争结束后平安回家，那么他们的家人多半就不会把他们的战地家书珍藏起来并一直带到坟墓中了；只有在人没回来、他们的家书成了"遗物"的情况下，家人才会那样做。

可怜惊在两封书信中还一再关心一个被称为"新负"的人。学者多认为"负"通"妇"，"新负"即"新妇"，也就是惊的新婚不久的妻子。然而新妇终究没能等回她的"良人"（先秦时期妻子对丈夫的常用称呼）。在王翦伐楚的战争中，像黑夫和惊这样没能回家的秦人士兵不知道有多少，不过肯定数以万计。

说完了出土家书回过头再说传世文献。《史记》记载在下一年也就是秦王正二十五年（公元前222年），王翦在秦王正的命令下继续向东南推进，又越过长江平定了楚国江南之地，并迫使原来臣服于楚国的越国君长向秦国投降。至此，楚国全境被秦人占领。自西周初年周成王封熊绎为楚君算起，楚国立国约八百余年。为巩固统治，秦人在楚地设置了淮阳郡、四川郡（文献误作"泗水郡"）、九江郡、江胡郡等郡进行管理。

至于王翦本人，因为灭楚的赫赫战功，应该被秦王正封为了列侯。因为《史记·秦始皇本纪》记载，在几年后，已经称帝的秦始皇曾东巡至越国旧都琅邪并刻石记功，随驾大臣有"列侯武城侯王离、列侯通城侯王贲、伦侯建成侯赵亥"等人。伦侯秦简中写作"轮侯"，即秦汉二十级军功爵制中的第二级，汉代称"关内侯"；列侯又称"彻侯"，即秦汉二十级军功爵制中的第一级。不过王离是王贲的儿子、王翦的孙子，他在秦王正二十多年时年纪还小，也没有战功，绝不可能被封为列侯并排名随驾大臣第一，所以后世史家多认为"武城侯王离"必是"武城侯王翦"之误。因此王翦应该因灭楚之功受封为列侯武城侯，也算是秦始皇对他当年发的"封侯难"牢骚的回应吧。当然凭王翦在秦国统一天下中的功绩（灭赵、攻取燕蓟都、灭楚），他爵封列侯并名列大臣第一也是理所应当的。

不过秦人喜，楚人悲。正如前面所说，秦人征服楚国花费了巨大人力物力，也给楚地带来了无尽的灾难，以至于众多城池人烟稀落。面对国仇家恨，不少楚人三五成群继续从事反秦斗争。秦始皇不得不承认"所取荆新地多群盗"，要求新地的官吏必须严厉镇压，并下令如果官吏与群盗作战失败一律以《儋乏不斗律》论处，即腰斩[①]。想来当时应该经常会出现官吏镇压不力的状况，才让秦始皇如此恼火。所以《史记·项羽本纪》中记载，有个叫楚南公的人物预言说："楚虽三户，亡秦必楚！"

---

① 张家山二四七号汉墓竹简整理小组：《张家山汉墓竹简（二四七号墓）》，北京：文物出版社，2001年版。

尽灭燕代齐　天下归于一

六国中地盘最大、军队最多的楚国被打趴下，让秦王正大喜过望。就在秦王正二十五年（公元前222年）王翦率军渡江扫平楚国江南之地的时候，迫不及待统一天下的秦王正已经再次"大兴兵"，并任命王翦之子、前几年"水灌大梁"灭魏的王贲为主将，又任命曾东渡辽水追击太子丹的李信为副将，让他们去剿灭盘踞辽东的燕王喜。

李信本来就对辽西、辽东的气候和道路有一定了解，这四年中秦人自然也少不了派间谍进一步研究辽西走廊的地理情况，所以王贲大军较为顺利地通过辽西山区地带进入辽东。征服了自然这个敌人后，击败残余的燕军当然不在话下，王贲、李信很快就俘虏了燕王喜。燕王喜四年前把亲儿子太子丹的人头送给秦王正，最后仍是逃不掉亡国的命运。

姬姓燕国大约于西周初年的第二次大分封也即周成王四年（约公元前1040年）周公旦"建侯卫"的时候建国，虽然实际的始封君是召公奭之子克，但后世都把它视作召公之国，从周代的角度讲它是战国七雄里原本地位最高的国家。至今这个周初分封的根红苗正的姬姓国终于结束，立国约819年。

王贲在回军的途中又攻打代地，代军更不堪一击，代王赵嘉被俘，赵国残余势力所建的代国也烟消云散了。

> 居住在田间庐舍的百姓不准买卖酒，管理田地的小吏和乡村中的小吏应严加禁止，违犯者有罪。
> ——睡虎地秦简《田律》
>
> 汉律，三人以上无故群饮酒，罚金四两。
> ——东汉文颖注释《汉书·文帝纪》

这样一来，东方六国除了一个齐国，都已经被彻底灭掉了。当年五月，秦王正下令天下大摆宴席，饮酒狂欢庆祝。要知道秦汉法律规定，在不年不节的平时是不允许聚众饮酒的！

再说那齐王建，他在秦国攻灭各国时不但坐视不救，反而在每次秦军获胜后都遣使向秦王正祝贺。不过燕、代灭亡后，他环顾四周，蓦然发现东方只剩下自己孤零零一国，而秦人已经占据了天下十分之九还多，并从北、西、南三面把齐国包围了起来，后知后觉的他这才感到不对劲儿，连忙要求相邦后胜调派大军到西部边境驻防，并关闭了与秦国往来的通道。

不过既然三面都受敌，为什么齐军把重兵配置在西边呢？这是因为齐国南部有泰沂山脉和齐长城，而北部是济水、漯水（先秦时期黄河重要支流）等河流密布之地，所以历来外敌入侵齐国，多是打西边来。

秦王正本来就想找齐人的茬儿，好彻底实现统一，得知齐王建的布防举动后立即以此为由，宣布出兵讨伐。随后王贲、李信、蒙恬率军避开齐国西部重兵集团，出其不意地从燕地攻进齐国的北部区域，继而南下直逼临淄。这时已经是秦王正二十六年（公元前221年）。

《战国策》记载，此时不知所措的齐王建又想去咸阳朝见，幻想通过称臣请罪装可怜，祈求秦王正放过齐国。可能他还记得十六年前去咸阳受到的秦王正的"盛情款待"吧。不过此一时，彼一时。当年秦王正对他笑脸相迎自然只是为了稳住齐国，让齐人不要在秦国攻伐五国时施以援手；现在五国全不在了，秦王正哪里还需要对齐国客气？

好在齐王建的车驾出了王宫刚走到临淄城的西门雍门前，就被负责守门的司马横戟立马拦住。

雍门司马大声质问齐王建说："人们之所以立大王，是为国家社稷，还是为大王本人？"

齐王建虽然昏庸，但也知道回答："是为国家社稷。"

雍门司马说："既然如此，大王怎么能抛弃江山社稷而去秦国呢？"

齐王建没办法，只得命人调转车头返回王宫。

齐国即墨大夫听说齐王建接纳了雍门司马的诤谏没去秦国，以为国事还有挽救的可能，于是入宫进谏说："齐国有地方数千里，甲士数十万。三晋灭亡后，有不愿与秦国合作的大夫数百人流亡到我国西部的甄城（在今山东甄城北）、阿县（在今山东阳谷县东北阿城镇）一带，大王笼络他们并交给他们十万之师，定能收复三晋故地，到时候就能从河西的临晋杀入秦国关中本土了；楚国灭亡后，有不愿与秦国合作的大夫数百人流亡到我国南部的武城（在今山东平邑县南）一带，大王笼络他们并交给他们十万之师，定能取得楚国故地，到时候就能从武关杀入秦国本土了。这样一来，齐国在天下的威望就树立起来，而秦国势必灭亡。为什么有天下之主不做，而要去做秦国的臣属呢？"

即墨大夫的话说得有些夸张，秦国当然是没那么容易就灭掉的。但在秦国刚灭三晋和楚国、当地反抗势力尚未被完全清除的时候，如果齐国能给予三晋和楚国的流亡大夫们相当的兵力，让他们去反攻故国，各国必然会有众多不甘心当亡国奴的人起而响应。到那时，即便三晋和楚国不能复国，也一定可以牵制大批秦军，这样齐国至少就能暂时保全了。

不过齐王建胆怯懦弱，不敢实施即墨大夫的计策。

时机转瞬即逝。很快，王贲、李信、蒙恬所率的秦军就兵临临淄城下。说起来战国后期临淄城的住户有七万之多，就算一户出一丁，立马就可以拉起七万大军守城。但自六十年前田单复齐，临淄百姓已经有两三代人不识兵戈，听说秦军来了都吓得瑟瑟发抖，没有抵抗的勇气。这时相邦后胜力劝齐王建投降，秦国方面也派了一个叫陈驰的说客进入临淄城进行游说。从陈驰的姓氏来看，他很有可能就是齐国人（"陈""田"相通），只不过已经投靠了秦国。

陈驰见了齐王建，说秦王保证，只要齐王肯交出国土投降，就给他五百里的封地。

齐王建在王位上享乐了四十四年、苟且偷安惯了，听说投降了还能做个五百里之地的封君，可以继续美酒在手、美人在怀，立即答应了，宣布向秦国投降。田氏齐国就此亡国。从周安王十六年（公元前386年）周天子封姜齐执政田和为齐侯算起，田齐共存在一百六十六年。

说起来，田齐的灭亡是六国中最窝囊的，一个还拥有千里土地、数十万兵马的大国，连场像样的仗都没打就稀里糊涂地完了，比弱小的魏国和燕国都不如，人家魏王假至少是在都城大梁被大水冲了三个月后才投降的。齐国灭亡的直接责任当然要由怯懦短视的齐王建和贪利忘义的相邦后胜来承担。如果他们能早日放弃君王后制定的"谨事秦"对外政策，在秦国攻打五国时及时介入干预，组建合纵抗秦联盟，秦国要想灭掉五国还是有一定难度的。尤其是秦国攻打赵国、魏国和楚国时都曾经陷入僵局达数月之久（如王翦和李牧对峙、王贲筑坝蓄水并淹城、王翦与楚王负刍及项燕对峙），那时齐国若能全力救赵或救魏、救楚，这三国不一定会亡。北宋苏东坡特别提到，当王翦率秦国倾国之兵六十万伐楚、楚国也出倾国之兵迎战时，假使齐国有中等资质的君主、聊以充数的大臣，发大兵乘虚西向攻入秦国本土，秦国恐怕就亡了。可惜的是，齐王建连中等资质都没有，齐国相邦后胜更是只会误国。有道是"救人就是救己"，休养生息六十年、兵多将广、号称富庶的齐国却走不出"五国伐齐"的阴影，不能放下几十年前的旧怨去援救五国，最终当然欲自保而不得，因为没人救它了。

齐王建被秦军俘虏带走后，秦王正下令把他流放到太行山东麓、战国时原属魏国所有的共邑（在今河南辉县）。齐王建到了地方发现，自己的住地就是树林里搭的小破房子，不要说美酒佳人，连饭都有一顿没一顿，这才明白上了当，但又有什么用呢？

齐王建的悲惨境况传到齐地，齐人编了歌谣唱道："松邪，柏邪，住建共者客邪（松树啊，柏树啊，让田建住到共邑的就是那些宾客啊）!"意思是讽刺齐王建不辨忠奸，听信收受了秦人贿赂的宾客们的话，不助五国、不修武备、天真投降，才活该有这样的下场。不久齐王建就饿死在了共邑的松柏树林里。

再说秦国方面。把齐土收归己有，标志着秦国兼并各国的战争全面结束，天下重新归于一统（上一次当然是西周的极为松散的"封建一统"）。在此让我们回顾一下秦国灭六国（包括赵国残余代国）的时间节点：

秦王正十七年（公元前230年），灭韩；

秦王正十九年（公元前228年），灭赵；

秦王正二十二年（公元前225年），灭魏；

秦王正二十四年（公元前223年），灭楚；

秦王正二十五年（公元前222年），灭燕、代；

秦王正二十六年（公元前221年），灭齐。

不得不说，秦王正在攻灭六国时确实体现出一位雄主的风范：他志向高远、意志坚定，虽然有脾气急躁、猜忌刻薄等毛病，但为了统一大业他都能极力隐忍克制，并努力做到礼贤下士、虚心纳谏、知错就改，因而笼络到李斯、尉缭（顿弱）、姚贾、王翦、李信、蒙武等大批谋臣武将为己所用。在具体的兼并过程中，他与大臣们商议制订了军事、政治并重的可行方略，先以"黄金攻势"收买各国权臣，使秦人最为忌惮的合纵局面始终没能形成，从而得以在军事上大胆从容地抓住时机，各个击破六国，最终较为顺利地达成战略目的。值得一提的是，秦王正虽然打倒了自己的"仲父"吕不韦，总体上摒弃了记载他治国蓝图的《吕氏春秋》，但吕不韦"兴义兵"以统一天下的思想秦王正在一定程度上还是接受了。比如他亲政以来攻打六国的十余年战争历程中，除了秦王正十三年（公元前234年）秦将桓齮于武城之下斩杀赵将扈辄所部十万人这一条记录外，再无"斩首××万"的记载，说明他也开始注意不要多杀人，这无疑会在一定程度上消解六国军队和民众的仇秦情绪和抵抗意志，有利于加快统一进程，虽然可能效果并不明显。

有鉴于此，很多书籍都把统一的功劳全算在秦王正头上，并夸赞他用十年时间就结束数百年的列国纷争，速度令人咋舌。不过回顾本书，你会发现这种说法是有严重问题的。因为"十年"的算法显然是从秦王正十七年（公元前230年）灭韩算起的，照这样算法，那秦王正十一年到十五年之间连年攻打赵国、使其丧失士卒数十万的系列行动，岂不是就不属于统一战争的一部分了？这合理吗？前面说过，如果不是李牧力挽狂澜，在宜安尤其是番吾之战击败秦军，恐怕赵国就成为第一个灭亡的"七雄"之国了。再往前说，之前秦王正五年、吕不韦执政时发动的攻占魏国河内与河济之间二十城并建立把东方五国隔绝开来的东郡的军事行动，算不算统一战争的一部分呢？没有这次建立东郡以及后续扩充东郡的系列军事行动，秦王正后来攻灭六国能比较顺利吗？继续往前说，秦王正继位的时候就接手了一个在当时天下诸国当中领土最广、人口最多、国力最强的国家，显然他并非"白手起家"。没有这个雄厚基础，他能在短期内实现统一吗？

所以说，秦王正灭六国，不过是秦国统一天下的收官阶段即鲸吞阶段，就像长跑的冲刺阶段一样，只是全程的一小部分。那秦国的统一历程到底该从哪里算起呢？其实西汉贾谊在《过秦论》里就说，秦始皇实际是"奋六世之余烈"，意思即秦国统一的历程，至少要往前数六位秦君从秦孝公算起！

正是秦孝公任命商鞅主持了秦国进入战国以来范围最广、影响最深的变法，为秦国争霸统一的大业奠定了制度基础；正是秦惠文王任用张仪连横诸国，并用司马错、甘茂等人东出争霸，收复河西、夺取上郡、兼并巴蜀汉中、重创楚国，使秦国人口大增、战略态势得到极大优化；至于秦武王，他在位时间虽短，但平定蜀地叛乱稳固了后方，尤其攻克宜阳打开了秦国东出中原的重要通道；而秦昭王，更是挑起"五国伐齐"打蒙齐国、攻下鄢郢地区夺取楚国半壁江山、在长平之战中耗光赵国一代人、灭掉天下共主东周王朝，使得秦国国力就此凌驾于六国中任何一国之上，奠定了统一的物质基础、扫除了统一的政治障碍；秦王正的爷爷秦孝文王在位三天而死可以忽略不计，但秦王正的父亲秦庄襄王也有灭东周国、置三川郡、收上党郡的功劳。

当然除了以上六位秦君外，笔者还想提一下秦孝公之父、从三晋流亡回来的秦献公。大家不要忘了，是他开启了战国时期秦国大规模变法的序幕，推动了秦国中央集权的加强（中央集权国家中最重要的"编户齐民"制度就是他引入秦国的），也是他初步扭转了对魏战争的颓势，使秦国走上复兴的道路。所以笔者认为秦王正之前为秦国统一奠定基础的"六世"秦君中应该去掉只在位三天的秦孝文王而加上秦献公。

因此秦国的统一历程就像一场超大型接力长跑比赛，不能从最后一位选手算起，更不能从最后一位选手的冲刺阶段算起。如果赛后颁奖，上台领奖的应当是一个团队，而不应该是最后一位选手！集体上台领奖时聚光灯应该打到每一位选手的身上，而不是聚焦到冲刺选手身上。这样说来，秦国统一天下的历程实际上长达一百四十年，而不是十年；统一之功实际是七世秦君（秦献公、秦孝公、秦惠文王、秦武王、秦昭王、秦庄襄王、秦王正）之功，而不是秦王正一人之功！

秦国作为一个偏僻落后的国家，为什么最后能够统一天下呢？其实上述就是一个重要的主观原因，那就是秦国一连七世虽不能说都是明君英主，但至少没有昏君庸主，每一位君王均能重用东方人才，都没有犯过"掉棒"之类的大错，从而一步一个脚印、稳扎稳打地持续推动着秦国的统一进程。这不能不说是老天眷顾秦国。

除此之外，秦国笑到最后的另一个重要原因是地理优势。秦国最初的地盘是陇西和关中区域，僻处西方、相对落后，在春秋时期和战国前期不是诸侯们大力争抢的区域，因此避免了很多兵祸，取得了闷声发展的机会。戎狄环伺的环境又养成了秦人彪悍勇武、简单质朴、崇拜强权、趋利寡义的性格。到秦惠文王收复河西以后，关中真正成为险峻的"四塞"之国；同时秦人又夺取汉中、巴蜀地区，也是相对封闭，且占据汉水、长江上游。关中平原和成都平原土地肥沃，经过开发尤其是后来郑国、李冰的治理后更是成为稳固的大型粮仓。因此形势对它有利时，它可以凭借充足粮草东出函谷关蚕食三晋，也可以顺汉水、长江而下侵吞楚国的土地；形势不利时它又方便像乌龟一样缩头据险自守。反之，东方诸侯要想西进攻入关中或逆流而上夺取巴蜀、汉中地区，则非常困难。打个比方，秦国就像后世军队中的刀牌手，一手持盾一手拿刀，看敌人不备就抡出胳膊猛砍几刀、前进几步，敌人若势大，大不了就躲在盾牌后边，因而便宜不少占，亏却难得吃。

最后要说的一点就是老生常谈的原因，那就是秦国的变法更彻底——它受周礼精神影响小，受殷商和戎狄文化影响大，君权重、功利主义思想浓厚的独特土壤，与法家文化高度契合。说起与法家文化的契合度，六国之中的三晋也较高（晋国立国后也是戎狄环伺），实际上法家思想就发源于三晋，三晋的法律也很严酷；燕国的历史资料遗存太少，不好定论；与法家文化最不契合的，则是商业气息浓厚、文化多元开放的齐国和自由散漫又富有反抗精神的楚国（这也是后来楚人最先反秦的根源）。古代社会，在科技没有代差、人口地盘接近的情况下，谁能够最大限度地榨取人力、物力、财力，谁就能在军事斗争中取得胜利。与法家文化高度契合、变法更彻底的秦国在耕战政策、军功爵制、兵役徭役管理等方面都强过六国，让它"战争机器"的效率更高。

与之相对，六国在上述方面或多或少出了问题或处于劣势。

在君主方面，六国也曾出现一些明君，但过后往往又出现昏君，把之前积攒下的家业败光。比如齐国，前有齐威王励精图治、知人善任、屡败强魏，后有齐闵王吞并宋国招致五国伐齐，使齐国遭受重创；至于楚国，后期的楚怀王、楚顷襄王都很昏庸。尤其到了战国末期，六国君主普遍目光短浅、没有战略远见，对秦或卑躬屈膝、或割肉饲虎，不独一个齐王建。秦国在攻韩时没有赵、魏、楚等国来援的历史记录，我们暂且还能替它们开脱，一则韩国弱小抵抗时间太短，大家来不及救援，二则可能他们没料到秦王正这次会真的灭人之国；但韩国灭亡后，秦国在攻赵时同样没有魏、燕、齐等国来援的史料记载，只是到邯郸陷落前后才有楚国进攻秦南郡的事件发生，不知是巧合还是楚人也有牵制攻赵秦军的意图，这就让人很不解了；接下来，秦军攻燕时只有赵国残余势力代军与燕军并肩作战，不见齐、魏有何举动，攻魏时不见楚、齐来救，攻楚时不见齐国来救。所以从现有的文献和秦简资料算下来，秦王正灭六国期间，除了易西之战时有燕代联军联合对秦外，再无任何两国配合抗秦的记录，不由得让人摇头感叹——六国不亡真是没天理了。虽然秦王正用李斯、尉缭（顿弱）、姚贾之计收买各国权臣，但各国君主都是傀儡吗？他们的昏聩之责绝对跑不了。

接下来说地理方面，在此魏国、韩国都是典型的反例。两国都位于中原腹心地带，四面受敌，特别是魏国还被韩国分隔为东西两块，呈哑铃状。因此尽管魏国魏文侯、魏武侯都是明君，魏惠王也不算很昏庸，但是魏国一个闪失就前功尽弃，一蹶不振。

最后说变法方面，楚国、赵国都算是反例。战国时期的列国变法，虽然花样繁多，但归根到底的目的是加强对人力、物力、财力的攫取力度，以在战场上赢得对手。因为春秋开局开得不错，楚国长期是天下土地最广、人口最多的诸侯国，本来楚国只要在攫取力度上有别国几成的效率就能保持不败之地，但楚悼王死后吴起被杀，楚国的变法进程被打断，导致"大臣太重、封君太众"的局面未能得到真正扭转，不能把五指捏成拳头对敌，再加上楚怀王等君主的昏聩，楚地一削再削，最终覆亡。至于赵国，变法主要集中在军事领域即"胡服骑射"，政治上贵族当政气息依然浓厚，赵国的相邦大多是赵氏亲贵，关键时刻赵王也只信赵家人，如长平之战赵孝成王以赵括顶替廉颇、王翦伐赵时赵幽缪王以赵葱顶替李牧，最终酿成惨祸。

说来说去，秦国之所以能从"战国七雄"中脱颖而出，完成统一天下的历史使命，是由国内与国外、主观与客观等诸多因素综合促成的。看似偶然，实际上太多的偶然就是必然。

第十四章

伟绩、暴政——始皇帝的一体两面

从大王到皇帝——"皇帝"到底是啥意思？

李白诗云："秦王扫六合，虎视何雄哉！"秦王正二十六年（公元前221年）秦军轻松灭齐之后，眼见经过数代人的努力，终于在自己手中实现了统一大业，秦王正兴奋激动的心情自然可以想象。要知道这一年他刚刚三十九岁！

因此他下诏书给当时的丞相、御史大夫等人，首先历数六国"背叛""谋害"秦国的种种"罪恶"，然后得意地说："寡人以渺渺之身，兴兵诛除暴乱，依赖祖宗显灵，六国之王都已经认罪服法，天下终于安定。现在如果不改变君主的称号，就无法与今日的功业相配，并传给后世子孙。因此请诸位商议新的君主称号。"

丞相大家都已经熟悉了，不过御史大夫是什么官呢？原来它本是御史之长即秦王的秘书长，大约在秦统一天下前后，秦王正为了牵制统领百官、日益膨胀的相权，于是提高御史大夫的地位，设置以御史大夫为长官的御史府与丞相府并立，并强化其监察、执法、行政等权力。因为御史大夫直接听命于皇帝，与丞相共同处理政务，丞相出缺后也往往由其递补，所以秦汉人都把御史大夫当作副相看待。明白了御史大夫是秦王正加强君主集权的产物，下面我们再具体说说当时担任秦国丞相和御史大夫职务之人的个人情况。

该年秦国右丞相是隗状，左丞相是王绾，御史大夫由冯劫担任。丞相隗状和王绾的出身和履历，史书上都没有记载，但他们能在秦王正手底下担任丞相职务，想必有过人之处，一定也在秦国统一进程中立过不少功劳。至于冯劫，据《汉书·冯奉世传》记载，他是长平之战时韩国委派、后来降赵的上党郡守冯亭的子孙。冯亭战死之后，他的家人部分留在赵国，部分留在秦国，后来都混得不错：留在赵国的那支有人做过代国相邦，成语"冯唐易老"中的汉初名臣冯唐就是代相之子；留在秦国的这支，除了冯劫担任了仅次于丞相的御史大夫，还有冯去疾后来升任右丞相、冯毋择官拜将军爵封武信侯（秦王正时期封侯是极难的，参见王翦的抱怨），算得上是"一门将相"了。

按传统说法，秦国当时还有一个重要官职叫太尉，主管全国军事，并与丞相、御史大夫一起构成了秦国的"三公"。不过传世的秦国封泥虽证实当时确实有"大尉"的官职①，但文献和简帛书等资料却从未提到秦王正时期担任太尉的人具体是谁，在此前、此后秦人的重大军事行动中也从不见有太尉出场。尤其按照出土的秦国虎符铭文记载，当时调动五十人以上兵力都得有国君的虎符做凭证，证明兵权牢牢掌握在国君自己手中，所以秦代的太尉应该并不是全国最高军事长官，顶多只能管管军事行政事务（如军官任免、兵役与军队日常管理等），职级不算很高，肯定不能与丞相和御史大夫并列，事实上秦汉时期人也都说"两府"即丞相府、御史府，没有"三府"的说法。因此，秦代并无"丞相、太尉、御史大夫"并列的"三公"制度，只有"右左丞相、御史大夫"并列的"三公"事实。

言归正传。话说接到秦王正要求拟定新君主名号的诏书后，左丞相王绾、御史大夫冯劫和廷尉李斯几个人一起上奏说："以前五帝的疆域方圆不过千里，在此之外的诸侯，或来朝贡，或不来朝贡，天子也不能控制。

> 博士，本指博学多闻之士。战国后期一些国家如齐、魏等国均设立了博士官，让知识渊博的学者充当君主的顾问，参与议政，辅助决策。秦至迟在统一天下后，也设置了博士官，员额有数十名，只要精通诸子百家中某一家的就可以成为博士，不过实际上还是以儒家博士居多。博士官制度的建立，是从私家养士到王朝养士的转变。

---

① 周晓陆，刘瑞，李凯，等：《在京新见秦封泥中的中央职官内容——纪念相家巷秦封泥发现十周年》，《考古与文物》，2005年第5期。

现在陛下兴义兵,诛残贼,平定天下,全都设为郡县,四海法令统一,这是亘古以来未有之事,五帝自然都比不上。臣等与博士们慎重商议后,一致认为,古代有'天皇、地皇、泰皇'的称号,其中数'泰皇'最为尊贵。因此臣等冒死请大王以'泰皇'为尊号。同时再把天子下的'命'改称'制','令'改称'诏',天子的自称定为'朕'。"

王绾、冯劫、李斯等人说的话中,既有神话又有史实。神话方面,比如三皇、五帝当然都是传说时代的人物,具体是哪三个皇、哪五个帝,自古至今众说纷纭,尤其是四五千年前的大型部落联盟首领管控的土地也绝对没有千里。史实方面,传说中的三皇五帝时期甚至包括后世的夏商周时期,确实都是部族邦国林立,各部族邦国基本自治,有的向居于霸主地位的部落联盟首领或夏商周的君主朝贡,有的则不,部落联盟或夏商周政权强大的时候还能管一些,势力衰弱时也就任它们去了。像秦灭六国后直接管理各地、统一法令的情况,历史上的的确确是头一遭,秦王正算是开辟了一个新时代。从这点讲,秦王正有资格要个新尊号,大臣们也有责任帮他找个新尊号。

不过秦王正对"泰皇"这个尊号却不满意,他大手一挥说:"其他都依爱卿们所言。至于尊号,去掉'泰皇'的'泰',留下'皇',再把'帝'拿过来,就称'皇帝'!"

秦王正为什么以"皇帝"作为自己的尊号呢?按《史记·秦始皇本纪》的上述记载,好像秦王正在强调自己的功绩超越三皇加五帝,但这恐怕不是事实的全部。要说清这个问题,我们得弄明白"皇帝"一词的本意。

可能有读者会惊异了,"皇帝"一词不就是秦王正发明的吗,一个新词哪来什么本意?其实这样想您就错了,"皇帝"一词的发明权

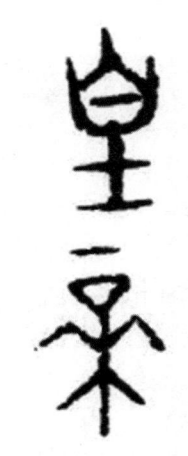

西周师询簋铭文中的"皇帝"二字(《殷周金文集成》编号4342)

并不属于秦王正,早在西周时期这个词就有了——西周中后期青铜器师询簋铭文中有"肆皇帝无斁(yì,厌弃),临保我有周"的语句,《尚书·吕刑》里也有"皇帝哀矜庶戮之不辜"的说法。

在上述周代金文和文献里,"皇"一般被认为是形容词,有高贵、伟大的意思,"帝"即"上帝""天帝","皇帝"就是"伟大的天帝"之意。

可能有人又会提出一个问题,那就是秦王正知不知道"皇帝"这个词和它的本意呢?他会不会原先不知道,而是凑巧拼出了这个词呢。答案应是否定的。

因为在2012年公之于世的里耶秦简里,有一块编号为8-461的木牍,时代为秦王正称帝后,上面记载了官府对一些字形写法和事物称谓的规定,其中明确写到"天帝观献曰皇帝(观献)"[①],学者游逸飞认为意思是把"祭祀时天帝降临观看献祭之物改称为皇帝降临观看献祭之物"[②],也就是说秦王正以"皇帝祭祀"代替了"天帝祭祀",以"皇帝"一词代替了"天帝"一词,说明他明白在周代"皇帝"原本就是对"天帝"的一种更显尊贵的称呼。

至此我们就该明白了,秦王正选择在西周时期已有的"皇帝"一词作为自己的尊号,除了有表示自己功超三皇五帝的意思,更是在强调自己的神性。他之所以自号"皇帝",并把对天帝的祭祀改称为对皇帝的祭祀,用儒家的话来说就是"正名",用法家的话来说就是"造势",即宣称自己就是伟大的天帝、伟大的天帝就是自己,从而营造神圣、神秘的气息神化自己,进一步彰显自己超越众人、超越诸神、超越天地万物的至高无上地位,以期达到让臣民像尊奉服从天神一样尊奉服从自己的效果。我们知道,在周代周王不过是自称"天子",意思是"天帝之子",表示自己只是天帝在人间的代表,而秦王正则

---

① 陈伟:《里耶秦简牍校释(第一卷)》,武汉:武汉大学出版社,2012年版,第156页。
② 游逸飞:《里耶8-461号"秦更名方"选释》,简帛网,2013年8月。

更进一步,直接宣称自己就是天帝了,可见他的自负和狂妄!与此对应的是,秦代碑刻中秦始皇从没有自称过"天子"。

接下来秦王正还说谥号制度是儿子评议父亲、臣子评议君主,实在不像话,因此予以废除,同时宣布以后就称自己为始皇帝,后代皇帝按辈分计算,如二世皇帝、三世皇帝……万世皇帝这样数下去,直到无穷无尽。不过他既然不准后世议论自己,他在称呼父亲子楚时也就不好意思再叫"庄襄王"这个评价性的谥号了,于是追尊自己的父亲为"泰上皇"(秦简作"泰",文献作"太"),并下令在全国各县、道修筑泰上皇祠庙按时祭祀。①

随后秦王正又规定只有皇帝的印章能称"玺"(以前所有印章都可叫这名),同时让人在以蓝田玉(一说以和氏璧)为原料所刻的皇帝玉玺上雕刻了李斯所书的"受命于天,既寿永昌"八个字,史称"传国玉玺"。后世群雄逐鹿、朝代更替,无不全力抢夺传国玉玺,作为获得"正统地位"的标志,直到五代后唐时期传国玉玺失踪,这是后话。

就这样,秦王正亲自给自己定尊号为"皇帝",并以"始皇帝"作为自己身后的称呼。要注意,按秦王正的本意,"某世皇帝"的称呼是用来代替谥号的,所以不能活着当面叫,秦正生前秦朝官方刻的碑文里也只称他为"皇帝"从不称"始皇帝"。当然我们作为后人,打这里起就可以也应该称呼秦正为"秦始皇帝",简称"秦始皇"了。

秦始皇的上述决定是划时代的,从此以后,中国最高统治者的尊号就由"王"升级为"皇帝",直到清朝结束。所以一些学者把中国自秦朝至清朝这两千年称为"帝制时期"。而先秦时人人可以用来自称的"朕",也成了最高统治者皇帝的专称,其他人再也不能用。

至于秦始皇废除谥号,让后世以世数来称呼已死的皇帝(他自己也带头不叫父亲的谥号而改叫泰上皇),则释放了一个重大信号——

---

① 陈松长:《岳麓书院藏秦简》(四),上海:上海辞书出版社,2015年版,整理简号325。

臣子是不能非议君主的！表面看这只是说不得非议故去的君主，但故去的君主尚且不能议论，何况活着的呢？可见自秦始皇实现统一后，他的心态已经完全发生了变化。正如当年尉缭所预言，他"居约易出人下，得志亦轻食人"。六国还在时他礼贤下士、虚心纳谏、知错就改，不过是为达到自己一统天下的目的硬装出来的，他本性其实是很高傲、不愿听取任何意见的，现在四海已然归一，谋臣良将都用不着了，他再也不想"委屈自己"了。

秦始皇神化完自己，接下来又开始为自己的王朝统治天下寻找理论依据。之所以说王朝，是因为按习惯，秦统一天下后就升级为秦朝了。

秦始皇和曾祖父秦昭王、"仲父"吕不韦一样，对战国中后期齐人邹衍提出、社会影响很大的"五德终始说"十分看重，认同邹衍"周为火德"的说法，并根据"代火者必将水"（《吕氏春秋·应同》）的逻辑，认为秦代周应为水德。在他授意下，秦朝史官在档案中扒拉出一条史料，说秦人祖宗秦文公当年外出打猎时，就曾捕获一条黑龙。秦始皇于是宣称这就是秦人获得水德的开始，因而把黄河改称"德水"，并把自秦昭王二十年以后使用的、以十月为岁首的颛顼历向全天下推广，同时规定服饰、旌旗、符节等都以代表水德的黑色为贵，后两者就是所谓的"改正朔、易服色"了。秦始皇此举又在历史上留下深远影响，后来中国历朝历代都用五行相生或相克的理论来证明本朝取代前朝的合法性，并宣称自己拥有"某德"。

按《尚书大传·五行传》中"天一生水……地六成水"的记载，水对应的数是"六"。巧了，《国语·周语》又记载"天六地五，数之常也"，也就是说"六"是不变的天数、终数，代表永恒。于是秦始皇宣布秦朝计数都以"六"为基数，比如符节、法冠高六寸，车舆（车厢）宽六尺，一步（古指两腿各迈一次）长六尺，天子驾六马，等等。秦始皇显然是想紧紧抓住"六"这个与水德对应的不变的天数，来确

黄帝 → 夏 → 商 → 周 → 秦
土德　木德　金德　火德　水德
黄　　青　　白　　赤　　黑

"五德终始说"示意图

注：秦始皇按邹衍"五德终始说"认定秦为水德。

保秦朝的运数永恒，以实现"传之万世"的理想。

不过秦始皇对邹衍的"五德终始说"也不是完全照搬，而是有取舍有改造。我们前面介绍过，邹衍搞出"五德终始说"的初衷并不仅仅是要解释历史发展规律，更是要诱导君王们实行"仁义节俭"。而秦始皇却把邹衍的根本即"尚德"给抛弃了，片面地强调"水为阴性，阴主刑杀"，在行政治国上更加刻意追求严刑峻法。

上面的这些措施就是秦始皇在宣扬自己的王朝取代周朝拥有天下是"奉天承运"，自己的作为和行事也都是严格遵从天意和天数，反之胆敢跟秦朝作对的就都是逆天之举，是有罪的也绝不可能成功的。

郡县制的确立与周秦之变

名号和统治合法性的问题解决后，秦朝君臣开始关注实质的统治方法。因此左丞相王绾等人又进言说："诸侯刚刚被消灭，燕地、齐地、楚地都很遥远，不在当地设置诸侯王加以统治，恐怕没办法镇抚。因此请陛下封建诸公子到上述地区。"

秦始皇让臣下们一起讨论，大家都认为合适。只有廷尉李斯站出来反对说："当年周文王、周武王分封的子弟和同族很多，可年长日久，等到亲属关系疏远了，同姓之国打起来像仇人一样，其他诸侯更是互相攻伐不止，周天子根本无法禁止。现在有赖陛下的神威，天下一统，都设置为郡县，王室子弟和功臣们用国家税赋收入重赏就行了，这样也容易管控。如此天下都没有二心，这就是安宁太平的办法，设置诸侯就不利于治理了。"

听完大家的意见，秦始皇拍板做了最后裁决，他说："天下共苦战斗不休，就是因为有诸侯存在。幸赖祖宗之灵，天下初步一统，如果重新设立诸侯国，这是埋下战争祸根，想要以此求得安宁，岂非南辕北辙？廷尉所言极是！"

秦始皇乾纲独断，否决了左丞相王绾等大臣提出、绝大多数朝臣赞同的在远方实施分封的建议，决定按廷尉李斯的主张在天下全面设置郡县，话说得非常霸气。因此很多书都说秦始皇和李斯高瞻远瞩，而把王绾等人说成是意图"复古"的保守分子甚至"反动势力"。

不过在读历史的时候，我们其实要力避那种思想，即革新就是好的，革新越彻底甚至越激进就越好，主张比较保守或有妥协性就是坏的，甚至是"反动"的；更不要随意给历史人物贴上分类"标签"，因为人是复杂的，可能对某一问题持保守立场，对另一问题又持激进立场。那一种制度是好是坏怎么判断呢？那就是是否与当时的社会状况（包括经济、科技、心理等各方面发展情况）相适应。

具体分析王绾等人的建议，其实具有一定的合理性。他们并没有主张在秦朝全面恢复封建制，而只是说在距离咸阳最远的齐地、燕地、楚地分封公子镇守，相当于后来西汉的"郡国并行制"。秦朝都城咸阳偏在西方，从当时的交通、通信等技术条件来讲，咸阳与上述三地的往来、联络比较困难。如果这三地都设置成郡县，重要事情均须请示中央，行政效率必然低下，甚至很可能会耽误大事，后来陈胜、吴广等人的"反叛"没有被迅速镇压反而蔓延，不能说与此没有关系。大家在日常学习、工作中，肯定会听到诸如做事"不能一刀切""要因地制宜、因人而异"等说法，王绾等人的建议，不正是符合上述精神的吗？所以说简单地给王绾等人戴上"守旧"的脸谱是不对的。

至于秦始皇的反驳，说按周代旧例，亲戚关系疏远后也会自相残杀，百姓要饱受战乱之苦，这本来也是事实。但周代的设计和王绾等人的设计还是有不同之处的，那就是中央力量和地方力量的对比：在王绾等人的设计中，原秦国本土和韩、魏、赵等地还是要设为郡县的，即原七国中的四国为郡县制，三国封建出去，秦朝中央控制的地盘和人口仍是大多数；而西周时期东西两王畿的地盘不到当时天下总面积的五六分之一，尤其是即使王畿之内的大量土地也是分封给卿大夫们的，周天子真正直辖的土地只有王邑和王田，周朝中央力量相对过于弱小。因此按王绾等人的方案，秦朝皇帝不能控制诸侯的可能性要远小于西周天子不能控制诸侯的可能性。

有读者想必还会举出后来实行"郡国并行制"的西汉出现的"七国之乱"的例子，来证明秦始皇和李斯是对的，王绾等人是错的。但西汉前期实行"郡国并行制"时，汉朝中央直辖的地盘只有统一前的秦国一国地盘（十余郡），原来六国都封建出去了（总共四十郡），使得中央对地方处于相对劣势，这和王绾的只分封齐、燕、楚，而把韩、赵、魏都郡县化纳入中央直属的主张仍有很大的不同。换句话说，如果西汉中央朝廷也只分封齐、燕、楚三国之地，而把大部分地盘直接控制在自己手中，"七国之乱"能不能出现还不好说。

最后一句话总结：按王绾等人把偏远的齐、燕、楚三地拿出来分封、其余地方实行中央直辖的郡县制的方案，秦朝中央可以拥有对地方的绝对力量优势，分封的诸侯要造反的难度是远大于之前的西周王朝和后来的西汉王朝的。

但为什么这种少部分分封、大部分设为郡县且得到多数朝臣赞同的"一国两制"主张，秦始皇却不接受呢？除了他表面陈述的怕诸侯互相攻打、老百姓过不安生的理由，其实还另有其他原因：一方面，秦始皇是个"理想主义者"，他后来巡游天下时所刻的碑文中有"治道运行，诸产得宜，皆有法式"的语句，显示他的理想就是要让全天下都在统一的轨道上运行。一个"强迫症"患者，怎么能容忍一幅整

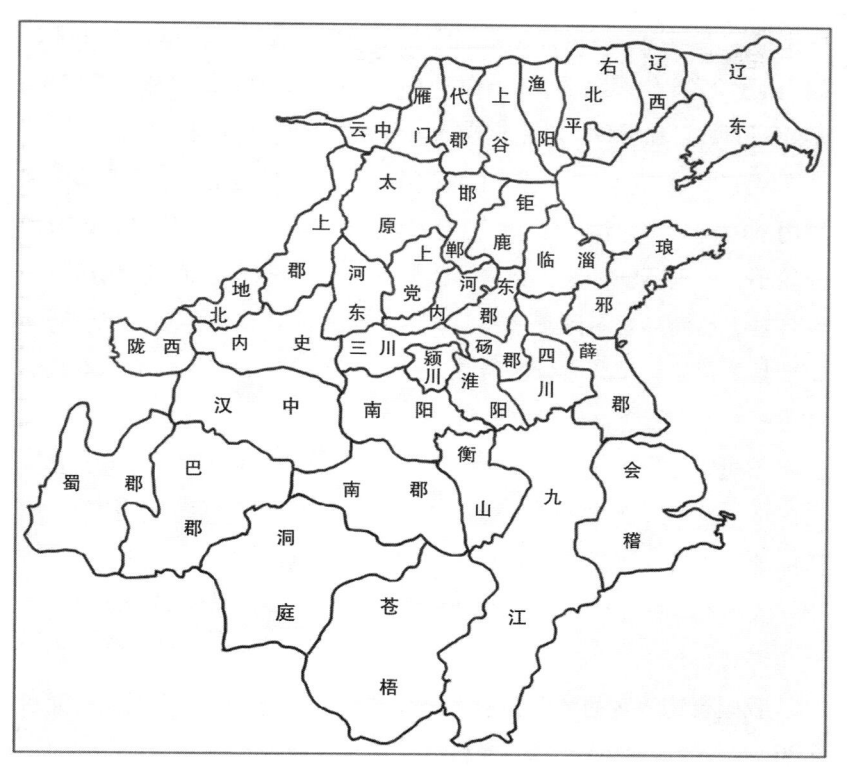

秦始皇二十六年（公元前221年）三十六郡示意图
注：引自周振鹤、李晓杰、张莉著《中国行政区划通史·秦汉卷》。

齐的图画上有不协调的图案呢？另一方面，秦始皇自比于"天帝"，是个有极强控制欲的专制帝王，他怎么能接受有地方游离在自己的直接管控之外呢？所以他坚持"一刀切"即选择全面实施郡县制也就是情理之中的事情了。

随后秦始皇下令，对天下进行全面调整，将内史区域即关中王畿之外的地方划分为三十六郡（注意该数字也是六的倍数），分别为：陇西郡、北地郡、上郡、汉中郡、巴郡、蜀郡、河东郡、河内郡、上党郡、太原郡、云中郡、雁门郡、邯郸郡、巨鹿郡、代郡、上谷郡、渔阳郡、右北平郡、辽西郡、辽东郡、三川郡、颍川郡、砀郡、东郡、南阳郡、淮阳郡、四川郡、临淄郡、琅邪郡、薛郡、南郡、九江郡、衡山郡、会稽郡、洞庭郡、苍梧郡。①（后来随着秦朝向匈奴和百越拓地，秦朝郡的数目和名称又有所调整，一般认为最终达到四十八个。）

大家应该记得，在战国时期各国的郡只是军区性质，并不掌握区域内县的行政、司法（指民法）、人事、财政等权力。战国时各国相对较小，一国所辖一般为数十县，多不过百余县，故而各国朝廷能直管各县。然而随着秦国逐渐兼并各国，管理的县越来越多（统一后达千余县），尤其是新占领区域急需恢复秩序，秦中央朝廷不得不赋予郡更多权力，就这样郡逐渐由军区向县以上的行政区转变。

不过秦始皇这人疑心很重，分封儿子们镇守各地他尚且不放心，又怎么会对没有血缘关系的地方官僚们放心呢？于是深通法家制衡之术的他，在郡一级设置多名高官，即郡守（编制一人）、郡尉（普通郡一人、大郡两人或以上）、郡监御史（编制一人），让他们各管一摊，互相牵制。

我国台湾地区的学者游逸飞研究文献尤其是近年来出土的秦简后认为，秦朝的郡守主要是拥有财政权、兵器监造和管理权、部分司法权，郡尉主要是拥有人事权（官职、爵位任免）、军事行政权（兵役徭役征发、军队管理）和治安权，郡监御史主要是拥有监察权和部分司法权，三者分别开府治事，分别上计中央朝廷。②此外，像不少县的县廷和尉舍不在一起一样，秦简显示秦朝一些郡的郡守府和郡尉府也不驻在同一城内，如洞庭郡、琅邪郡，这种习惯一直保持到汉朝。因此秦代的郡不是很多人想象的"郡守负责制"，而是"多头负责制"。如此"三权分立"、平行条线管理，郡中没有人能独揽大权，也就很难割据造

---

① 秦朝初年所置三十六郡具体为哪些郡，自古至今说法不一（参见周振鹤、李晓杰、张莉：《中国行政区划通史·秦汉卷》，上海：复旦大学出版社，2016年版）。

② 游逸飞：《三府分立——从新出秦简论秦代郡制》，《"中央"研究院历史语言研究所集刊》第87本（2016，中国台北）。

反了。有人可能以为只有靠政变上台的赵宋喜欢玩分权，比如一路（宋代行政区划，相当于省）搞出转运司、提点刑狱司、提举常平司、安抚司四种机构，其实这种思想秦始皇早就有了。当然秦始皇在郡搞的这套把戏，其实主要是复制自县的，因为秦是先有的县级行政区，才有的郡级行政区。

就这样，秦始皇在全国结束了分封制，全面推行以郡统县的郡县制度，宣告了中国早期国家的终结，新的官僚制下的地方行政系统的建立。虽然作为一种新系统，用后世的眼光看它还有很多不整齐甚至缺失的地方，如秦简显示秦郡之下的县中仍有一些业务不经郡里而直接上计中央朝廷，民政、司法系统的"治民官"全部在县级单位，但这种流官制下的分级行政的基本思路和框架已经出来了。后世中央集权制的专制王朝虽然在地方行政体制上有小修小改，甚至把两级制升级为三级制或四级制（如元朝），但是核心和实质都没有变。

郡县制的核心和实质是什么呢？那就是中央集权：一方面郡县各级的官员都由皇帝任命、拿皇帝的俸禄，基层所有的事务最终都要汇总到中央朝廷、汇总到皇帝一人手中；另一方面中央的各种命令一竿子到底，郡县的百姓向皇帝纳税服役。这与西周层层分封、贵族世官、代理统治、天子命令无法直达基层是完全不同的。两者不同的深层次原因当然在于经济上以家族为单位劳作、收取劳役地租的井田制崩溃，被以五口之家为单位劳作、实行按亩收税的税亩制所取代。

这样一来，皇权得以直接支配全国的土地和人口，指挥调度所有的军队，并用流官制确保官吏的权力来源不再是他们的宗族祖先而是君主授权（理论上周代天子和诸侯有分封的权力也有收回的权力，但是天长日久，诸侯国和大夫之家实际上沦为诸侯和大夫们世袭的私产）。由此在整个帝国范围内，皇帝与最底层臣民之间的一切中间力量被一扫而空，从而缔造出一个强大到极点的君主，一个萎缩到极点的社会以及一个个沉默到极点的奴仆化个体。秦始皇还给这些底层平

887

民赋予了一个法律上的新统一称号——"黔首"。

黔首，因先秦平民平时常用黑布包头而得名。出土秦简显示，兼并六国前秦国就已经把本国平民称作黔首，现在又把这顶帽子戴在新得土地上的百姓头上。从这个法律名称就可以看出来，相比周代，秦朝平民的地位进一步下降。以前介绍过，在周代平民作为国人的一分子，还拥有参政议政的权利，现在他们几乎只剩下为皇帝和王朝服务的义务了。

当然，既然把一切权力都抓在手中，秦始皇这个皇帝也得付出代价。《淮南子·泰族训》称"赵政昼决狱而夜理书，御史冠盖接于郡县"；《史记·秦始皇本纪》甚至记载秦始皇给自己定量，每天都要看一石重的简牍奏疏。石作为重量单位等于秦制一百二十斤，约合现在的六十市斤。能想象得到，秦始皇办公一定累得要死，但性格强悍、坚韧的他宁肯累也不愿意把权分出去，这种工作劲头恐怕只有后来的明太祖朱元璋、清世祖雍正能和他一拼。

"防反"三板斧与"促统"三招数

实行了郡县制，把权力都抓在手中后，秦始皇还不安心，他清楚原六国之人并不服自己的统治，于是首先祭出了防范造反的"三板斧"。

一是"堕名城"，即把原东方六国的险要城池给破坏掉或削低。

"堕城"这种做法当年孔子担任鲁国大司寇的时候就干过，但因三桓最后醒悟、联手抵制而失败。秦始皇为什么要"堕名城"显而易见。我们知道，在秦人统一天下的过程中，很多高大城墙曾给秦军造成相当的麻烦，比如要不是靠水淹，白起很难拿下鄢城，王贲也对大梁城无可奈何。当时的攻城技术是落后于守城技术的，如果以后有反秦势力占据了这些易守难攻的城池再对抗秦军，秦军要平叛也必定要大费周章，所以把这些城池破坏或削低是一个简单可行的办法。当然秦始皇不是第一个也不是最后一个干"堕名城"这种事的人，比如后世宋太宗赵光义就把费了老劲儿才攻占的北汉都城太原城给拆了，这故事想必很多历史爱好者都知道。

二是"收天下之兵"，也就是把缴获的六国兵器都集中到咸阳处理。

具体怎么处理法呢？传说当时在临洮（在今甘肃岷县）出现了十二个穿着戎狄衣服、身高五丈（约 11.5 米）、脚印长六尺（约 1.38 米）的巨人，秦始皇认为是瑞兆（估计他认为是四夷宾服的象征吧），于是就把这些兵器都回炉熔化了，用铜水（当时还是以青铜兵器为主）铸成了铜钟等乐器以及十二个戎狄装扮、坐姿高三丈（约 6.9 米）、每个重二十四万斤（约合 60 吨）的大铜人，放置在宫中，充当编钟架子的立柱（一些影视剧中把秦朝铜人设计为秦兵马俑的形象显然错得没谱）。表面上，秦始皇说这是表示"销其兵刃，示不复用"（《史记·李斯列传》），有点儿学周武王灭纣后"刀枪入库、马放南山"的味道，但深层次的缘由大家都能猜到，就是防止这些兵器流落民间，被反秦势力利用。

三是"徙豪富"，就是把六国中有反叛能力的豪族大户大批迁徙到咸阳这"天子脚下"。

据《史记·秦始皇本纪》记载，这次秦始皇一共迁徙了十二万户人家，也就是说原六国中平均每国要迁徙两万户，等于几乎把该国的旧贵族和强宗大族一网打尽了。这样首先方便对他们严加管束，其次可以利用他们的人力、财力，毕竟在统一战争中秦人也有巨大损耗。秦始皇"徙豪富"这招，应该是学周武王和周公旦，因为他们在东征后都曾把大批殷商贵族强行迁徙到周人的"龙兴之地"岐邑、旧都丰镐和新都洛邑一带。别忘了秦人自己就是被周公旦强行迁徙到西部的，只不过由于他们地位较低，又屡次反周，所以没资格待在周人的都城附近，而是被发配到周人眼中极西的陇西一带。

名城削了，兵器收了，豪强管起来了，秦始皇认为还必须进一步加强全国的统一力度，于是又放出三招——他下令"书同文""车同轨"以及统一度量衡。

说起这三项，过去多是从文化、经济等方面来阐述其重大意义的，但是站在秦始皇的角度，他做一切事情的第一着眼点当然是政治。

战国初年，孔子之孙孔伋（字子思）在《中庸》一文中写道："非天子，不议礼，不制度，不考文。"反过来说，议定礼仪、制定制度、考定文字都是天子的权力。事实上在西周强盛时期，礼乐制度都是西周朝廷制定颁布；班固《汉书》记载，西周中兴之主周宣王曾命太史作《史籀（zhòu）篇》来教导贵族子弟，考古也发现，西周时期东南西北各诸侯国的青铜器上的铭文都是统一的字体。所以说秦始皇搞"书同文""车同轨"以及统一度量衡，首先是在彰显自己作为最高统治者的权力，就和"改正朔、易服色"是一样的。接下来我再细说一下。

先说"书同文"。秦朝可以说是以"文书"治国的，睡虎地秦简《秦律十八种·内史杂》明确规定："有事请殹（也），必以书，毋口请，毋羁请。"也就是说秦国官吏向上级请示，必须书面请示，不能口头请示，也不能托人代为请示。而由于春秋战国以来各国长期割据，西周时期原本统一的文字在各国出现了变异，所以"书同文"是关乎秦人的行政畅通和效率的政治大事。

不过关于"书同文"，自古以来人们往往有两大误区，必须予以指出。

误区一：很多历史书甚至历史教材上都说，秦朝的官方统一字体是李斯等人整理规范的小篆。

其实上述说法是错误的。看看里耶秦简就知道了，作为秦朝洞庭郡迁陵县的官方档案资料，其内容全是用古隶体也就是一种介于篆隶之间的字体写的，显然古隶体才是秦朝官府日常文书所用的字体。当然小篆也是秦朝官方字体之一，因为大家知道秦代皇家碑刻上的字体用的都是小篆。所以秦始皇"书同文"时应该并没有限制使用哪一种字体，而是多种字体并行：古隶体书写相对方便，故而是官方和民间最常使用的字体；小篆看起来十分华丽优美，但是写起来比较费功夫、费时间，因此多作为"艺术字"用在显示皇家威仪的碑刻上。明白了这，如果以后有人再拍摄有关战国后期秦国和秦朝的影视剧，就知道道具竹简上的文字要用古隶体而不是小篆。

误区二："书同文"就是"统一规范文字的字形"，即消除异体字。

其实上述认识太过狭隘了。本章第一节里提到的里耶秦简编号8-461木牍（学者游逸飞将其命名为"秦更名方"）里，除了有"故

> 自尔秦书有八体：一曰大篆，二曰小篆，三曰刻符，四曰虫书，五曰摹印，六曰署书，七曰殳书，八曰隶书。
> ——东汉许慎《说文解字》
>
> 注：大篆即《史籀篇》中文字，秦石鼓文即大篆；刻符指在符节上用的字体，摹印指在印玺中用的字体，署书指在官署牌匾上用的字体，殳书指在兵器上用的字体，虫书指在兵器、符节上用的带有虫、鸟装饰花纹的字体，均可算是篆体的变种。

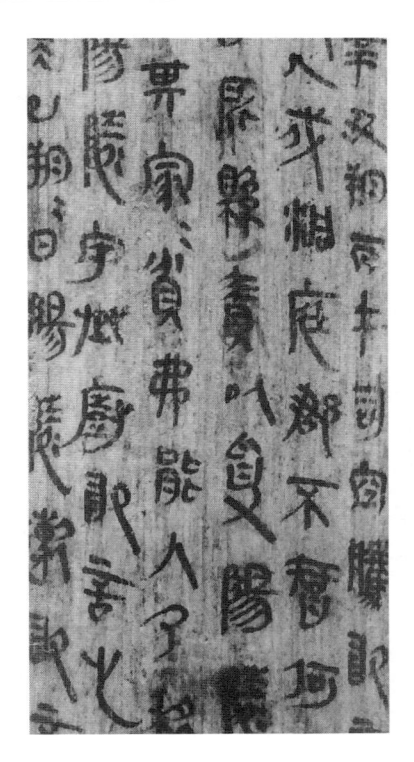

里耶秦简牍（局部）

注：引自张春龙主编《湖南里耶秦简》三。

皇今更如此皇"（过去上面加"自"的"皇"字应改作加"白"）这样统一字形的规定，更多的是诸如"毋敢曰王父曰泰父（不能喊爷爷为王父要喊大父）""毋敢曰猪曰彘（不能叫猪要叫彘）""王马曰乘舆马""以王令曰以皇帝诏""庄（襄）王为泰上皇""以大车为牛车"等统一称谓、用语的规定。另有研究者对里耶秦简的文书进行研究后，认为"里耶秦简的公文体式呈固定化，包括一些固定化公文语言'敢言之''敢告''如律令'等，显示着秦帝国的威严"①。一般认为里耶秦简的书写年代始于秦王正二十五年（公元前222年），绝大多数写于秦统一以后，所以秦始皇的"书同文"应该至少包括了三方面内容：一是字形的统一；二是称谓、用语等的统一；三是公文体式的统一。

消除以上两个误区后，大家就会明白，"书同文"的内涵远比大家想象的要宽广得多。不过同时要提醒大家的是，因为秦朝国祚短暂，所以不能把秦始皇"书同文"的作用过于夸大，真正实现"书同文"的还是绵延四百年的汉朝，毕竟规定要变成习惯，少不了时间的积淀。

再说"车同轨"。"车同轨"现在多说是把全国车辆的轮距都统一起来②，使车子走在同样宽的车辙里。实际上统一轮距在理论上就是不可能的事情，出土的秦代车辆实物尺寸也不支持该说法。

首先，无论是封建时代还是帝国专制时代，都是实行严格的等级制的，什么样的人住多大的房子、穿什么规制的衣服、坐什么样子的车子，都是有等差规定的，尤其是后两者非常显眼（人总不能背着房子走），所以汉代以后的正史中往往有《舆服志》，专门记载该朝代对各色人等所用车马、服饰的规定。在这种思想下，皇帝坐的车子和最底层平民坐的车子一样的车舆宽度、一样的轮距，这怎么可以呢？何况当时车子的种类也很繁多，从用途上讲有路车、戎车、安车、鱼

---

① 姚登君：《里耶秦简〔壹〕文书分类》，中国石油大学硕士学位论文，2014年。
② 据东汉郑玄说，车轨即轮距一般为八尺即约185厘米，见《周礼》郑玄注。

轩等多种名目，从驾马数量上讲有驾两马、驾三马、驾四马、驾六马的车，甚至还出现了双辕单驾的牛车，单驾的车与六驾的车能是一样的宽度、一样的轮距吗？

其次，再说考古对秦朝车辆的实测显示，各种车的轮距并不统一。秦始皇陵兵马俑坑发现后，考古工作者测量其中的战车，发现车舆（车厢）的宽度从 100 厘米（二号坑骑兵用车）到 150 厘米（普通战车）都有，而轮距又大于车舆，车舆窄的车与车舆宽的车，轮距自然不可能一样。再如秦陵两辆著名的铜车马，前面的立车车舆宽 74 厘米，后面的安车车舆宽 78 厘米，因为这两辆车都是按实车二分之一制作的，所以秦代立车的实车车舆应是 148 厘米、轮距约是 180 厘米，安车的实车车舆应是 156 厘米、轮距约是 204 厘米，明显不一样宽，后者轮距已经差不多达到八又四分之三尺，比前者大出一尺。

看到这大家应该就明白了，目前发现的秦朝车辆车舆的宽度从四尺多到七尺都有，轮距从五尺多到八尺多都有，哪里来的统一的轮距？至于说没有统一的轮距，车子在有车辙的路上就不好跑，这也是笑谈。翻遍记载春秋战国历史的先秦、秦汉书籍，其中从未提到过某诸侯国的马车到了另一国就不好走。因为就算各种车辆的轮距不一样，但被各种车辆反复碾压的土路上的车辙也是一个较宽的沟，而不是一条窄线。轮距窄的车，轮子就轧在两道车辙宽沟的内侧，轮距宽的车，轮子就轧在两道车辙宽沟的外缘，怎么会影响通行呢？

读者会问，既然秦始皇的"车同轨"不是统一轮距，那是统一什么呢？其实很简单，就是规定用车等级，即什么级别能用什么档次的车、能用多少辆车，因为西周虽有该方面的规定，但到了春秋战国诸侯纷纷僭越，连小小的曾国曾侯乙的墓葬中都用上了驾六马之车。《后汉书·舆服志》记载，"及秦并天下，揽其（各诸侯国）舆服，上选以供御（皇帝），其次以赐百官"，说的就是秦人重新分配车辆并制定车马使用制度这事。其目的当然是为了"明尊卑、别贵贱"，突出

893

皇帝的威严和至高地位。

既然"车同轨"只是规范用车的上下等级制度，凸显皇帝威仪，与规定轮距没关系，那也就谈不上什么促进经济发展了。

三说统一度量衡。统一度量衡，其实就是把当年商鞅在秦国制定的度量衡制度向全天下推广，因为春秋战国时期各国的度量衡极其混乱。近现代考古工作者在全国范围内都发现了秦始皇向各地颁发的由中央制作或校准的度量衡标准器，如铜权（重量标准器）、铜量（量度标准器）等，不少器物身上还有秦始皇统一度量衡的诏书：

廿六年，皇帝尽并兼天下诸侯，黔首大安，立号为皇帝，乃诏丞相状、绾，法度量则不壹歉疑者，皆明壹之。

我们讲商鞅做这事儿的时候就指出，秦人统一度量衡的直接动机是政治原因，也就是为了征收赋税、发放俸禄，当然客观上大大促进了各地的经济文化往来。

这样全部解读下来，大家就明白，"书同文"、"车同轨"、统一度量衡三措施都是政治举措，而且由于秦朝速亡，所以实施效果不能过于夸大。

秦始皇的祭祖巡边之旅和两大工程

秦始皇在推行一系列巩固统治的措施后，仍旧毫不懈怠，精力充沛又喜欢事必躬亲的他又拾起了一条古老的治国方法，那就是"巡狩"。本书第二章曾介绍，西周王朝以及之前的夏商王朝和传说中的三皇五帝时期，帝王都经常性地开展巡狩，目的是震慑地方和四夷、监督诸侯、进行主权宣誓、武力收取贡赋，好让诸侯不要忘了谁是"老大"。至于帝王巡狩的时间频次，古籍上也有相关说法：据《周礼》记载天子十二年一巡狩；而《礼记·王制》则记载"天子五年一巡守"，还详细规定"二月东巡、五月南巡、八月西巡、十一月北巡"。但上面的这些说法恐怕都当不得真。帝王什么时候到什么地方巡狩，应该与当时的国力情况、地方形势以及帝王的意愿有关。

先秦帝王之所以要进行巡狩，是当时国家形式的客观要求：作为复合制国家，各部族方国林立并自治（即便在西周时期周天子以"授土授民"方式封建的国家也只占天下国家总数的几分之一），帝王对各族各国的控制力度较小，除了让部族方国首领和分封的诸侯定期前来朝贡外，那就只有帝王自己勤下去巡视，来加强双方的联系与互动，并通过让诸侯迎驾以及提供人力和贡赋等的方式，进一步明晰上下关系。之所以带着武装部队巡视，那就是因为上古诸侯常常叛服不定，不如此不足以保障帝王安全、不足以震慑诸侯；而当出现诸侯抗命情况时，帝王随时可以变"文巡"为"武征"。

但秦始皇统一天下并实行郡县制后，中国国家形式已经改变，各地官吏都由非世袭的流官组成，地方的事务也都通过文书汇总到中央朝廷，皇帝可以直接控制地方，征调地方的人力、物力，这与上古诸侯世袭、各国自治、天子对地方了解有限、管理力度较弱的情况已经完全不同。按理说在中央集权、地方郡县的专制帝国体制下，帝王巡狩已经不像上古时期那样必要，但是秦始皇为震慑各地、巩固前所未有的大一统局面，同时游览自己打下的如画江山，不但没有停止巡狩，反而把它当作重要的统治手段，最终成为历史上巡狩最为频繁的皇帝之一（在巡狩的频次和范围上能与他媲美的可能也就数后来的隋炀帝了）。

统一天下的第二年，也就是秦始皇二十七年（公元前220年），秦始皇宣布巡行西北地区，开启了他称帝后的"神州行"之旅。

秦始皇车驾千乘万骑，浩浩荡荡。庞大的队伍出了咸阳后一路先沿渭水向西，过旧都雍城，再逆汧水（今千河）而上翻越陇山，进入了陇西郡。消灭六国后首次巡行的第一站秦始皇为什么选择这里呢？虽然史书没有相关记载，但大家不要忘了，陇西的邽圄、西垂、秦邑一带，那可是西周时期秦人祖先生活战斗了二百多年的地方，西垂更是后来秦襄公立国祭天之地。可以想见，秦始皇来到陇西，自然是要缅怀先人的创业艰辛，并到西垂最早的秦人宗庙（襄公、文公等先公之庙）里向先祖报告夺取天下的喜讯，同时感谢列祖列宗的护佑。

祭祖完毕，秦始皇继续西行，来到了陇西郡的郡治、战国时期秦长城的西部起始点狄道（在今甘肃临洮）。这里已经是秦帝国的最西端，秦始皇自然不能再往前走了，遥望未知的西方世界后他只有打道回府。不过回程时他没有走老路，而是折向东北，从战国时期秦长城以北地区穿过，巡视边疆防务，然后在北地郡西部、今天宁夏固原附近南下，来到了鸡头山，即固原原州区境内狭义的六盘山。

鸡头山为什么吸引秦始皇来访呢？原来当时传说黄帝巡狩就曾经"西至于空桐，登鸡头"（《史记·五帝本纪》），并向自称活了一千二百岁的广成子问道（《庄子·在宥》）。虽然秦始皇不把三皇五帝当多大人物，但他对求神问仙非常感兴趣，所以可能藏着活神仙的神山他自然不会放过了！

当然，神仙只在传说中存在，秦始皇是不可能访到广成子的。难免有些失落之心的他从鸡头山上下来后继续向南，经过离宫回中宫（在今甘肃华亭县与陕西陇县之间），再顺着汧水往东南行进，回到关中渭水流域。至此，秦始皇统一天下后的首次巡行结束，他的这次巡行可以说是一次祭祖巡边之旅。

回到咸阳后，秦始皇先后做出两项重大决定，这第一项是围绕宗庙和祭祀展开的。

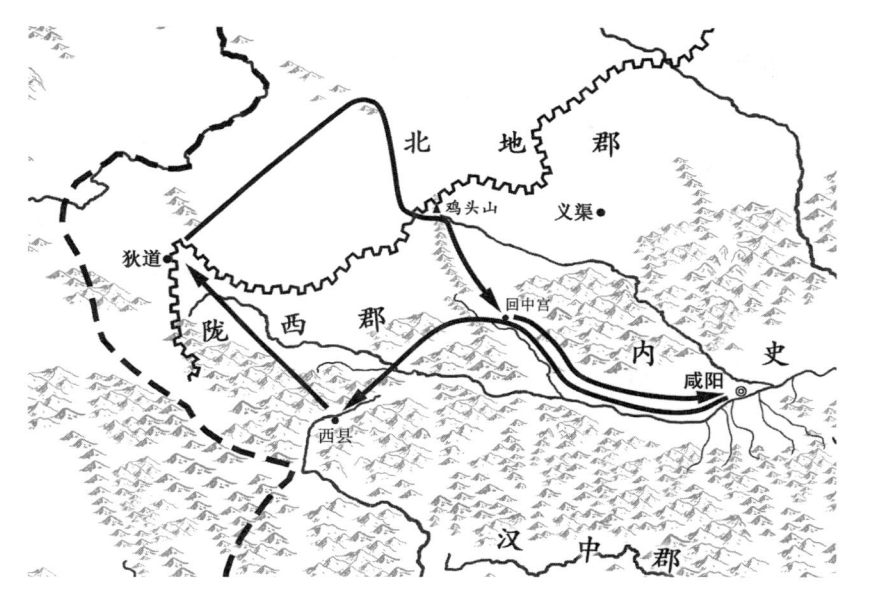

秦始皇第一次出巡路线图

  秦始皇首先在渭水南岸兴建一座信宫。信宫这名字是啥意思呢？秦始皇本人没解释，后世众说纷纭，郭沫若认为"神者伸也，伸与信古字通用"，所以"信宫就是神宫"。

  等信宫修好之后，秦始皇说它象征着天极，将它改名叫极庙，并下令修筑从极庙到自己陵墓骊山的道路。这下子他的心思终于暴露出来：原来天极就是北极星，又叫紫微星。古人认为天如伞盖罩在大地上，天极就如同伞轴，满天星宿都围绕它旋转，所以天极就是帝王之星。秦始皇建极庙，还与自己的陵寝联通，那意思就是极庙即自己的宗庙，自己就是地上的天极，他死后灵魂要在极庙和陵寝之间来回溜达的。

  秦始皇为什么在自己活着的时候就自己给自己建宗庙呢？这应该是他西巡祭拜了秦国始祖庙襄公庙之后，开始考虑自己的历史地位问题。他可能怕后代儿孙和大臣给自己评定的地位达不到高度，所以自己给自己建了宏大的庙宇，并定了调子——他的地位要高于一切！

此外秦始皇又下令在云阳县（在今陕西淳化县西北）的甘泉宫修建庞大的前殿，同时修筑从甘泉宫到咸阳的甬道。所谓甬道，就是两旁有墙的通道。这样秦始皇的车驾走在甬道中间，路边的人就无法看见了，可以确保秘密和安全。

秦始皇修筑极庙与骊山之间的道路大家可以理解，那他为什么又要修筑甘泉宫与咸阳之间的甬道呢？原来传说黄帝等上古帝王甚至匈奴人都曾在甘泉山祭天，所以那里也是当时人心目中能够沟通天地的圣地，修筑甬道后秦始皇到甘泉宫祭天就更方便了。

> 周道，西周王朝修筑的官方大道，两侧种植树木，每隔一段距离有为出行的贵族提供食宿的场所。《诗经》中多次提到周道，如"周道如砥，其直如矢"等。1999年，考古工作者在周原岐邑遗址发现一段周道遗址，路面坚实，中间略高、两边略低，宽达10米，上有8条车辙痕迹，显示这是一条可供4辆马车并行的大道。

这一系列涉及宗庙和祭祀的事情做完后，秦始皇开始了第二项工程，那就是遵循周代动用国家力量兴修周道的旧例，集中民力大修驰道。

驰道一词出自《礼记·曲礼下》，就是国君驰走车马的大道，也即后世所说的"御道"。秦始皇之所以要修筑驰道，应该是上一趟陇西郡、北地郡之行让他吃够了苦头。要知道古代的道路都是泥土路，路况非常差，往往崎岖不平，晴天尘土飞扬，雨天泥泞不堪，所以马车根本跑不起来。尤其是当时的马车轮子都是没有充气轮胎的硬木头轮子，车身也没有有效的减震系统，在坑洼的土路上颠簸数千里，那滋味想一想都觉得酸爽。所以秦始皇为了提高日后巡行的速度和舒适度，自然要在国内的主要交通线上大修道路。

据《汉书·贾山传》记载，秦始皇的驰道"道广五十步，三丈而树，厚筑其外，隐以金椎，树以青松"。也就是说驰道宽约69米，隔6.9米就栽一棵树，路基夯筑得厚厚的，路旁种有开金黄色花朵的某种植物（一说为金不换）和翠绿的松树等，可谓十分养眼。

有人认为"道广五十步"也就是 69 米有些太宽了，相当于现在的 16 车道宽，是不是多了个"十"字，只有五步？不过五步才合今天 6.9 米，还不如西周的周道宽，这样想未免也太小瞧秦始皇这位好大喜功的主了。现代考古工作者曾在咸阳一带发现一条宽 50 米的南北大道，学者认为这应该就是秦代连接咸阳宫与阿房宫的驰道；据调查，潼关以东的秦汉驰道路面宽也在 45 米以上[①]。显然贾山对秦驰道宽度的描述并不算很夸张。史书还记载，秦代的驰道尽量追求平直，减缓坡度，因此加上其极其霸道的宽度，说它是一种超豪华的高速路丝毫不为过。

秦代修筑的驰道有几条，史书中没有详细记载，但是汉代贾山说秦驰道"东穷燕齐、南极吴楚"。那么驰道的主干道至少有四条，东北可达燕地，东可达齐地，东南可达吴地，南可达楚地，组成了一张以咸阳为中心的全国性交通网。所以保守估计，秦代驰道总长度也得有几千公里。

夯筑宽几十米、长数千公里的大道，还要在旁边栽种草木，这工程量自然是极为惊人的。如果大家没有概念，我们可以做一个对比：抗战时期中国曾经在西南修筑了一条著名的滇缅公路，该路全长1146.1 公里，路面用碎石、卵石、沙砾混合铺垫，宽 3～3.5 米、厚 20 厘米，主要采用原始的手段施工，只一些关键路桥有当时的陆军工兵团和交通部施工队援助。整个工程共动用民工二十万人，最终耗时九个月完成。而驰道的总长度是滇缅公路的数倍以上，宽度更是滇缅公路的十五倍至二十倍，那么秦代修筑全国驰道的总工程量至少应该是抗战时修筑滇缅公路的几十倍！与此对应，秦代动用的筑路役夫也得是二十万的几十倍，即几百万至近千万人！当然秦代的驰道应该不

[①] 王子今：《秦汉交通史稿》，北京：中共中央党校出版社，1994 年版，第 33 页。

是一年内修筑完的，不过就按十年修筑完计算，每年动用的役夫也不可能低于四五十万人！所以当您为驰道这两千年前的超豪华高速公路自豪的时候，千万别忘了那数以百万、千万计的衣衫褴褛、艰苦筑路的秦国黔首和刑徒！

花费了如此巨大的人力物力，接下来，很多书籍开始赞扬秦始皇修筑驰道对中国交通乃至经济的巨大贡献。其实鲜为人知的是，秦和西汉时期的律法是严禁贵族百官和普通百姓在驰道上行走的！

> 敢行驰道中者，皆迁之；其骑及以乘车、轺（yáo）车、牛、牛车、輓车行之，又没入其车、马、牛县、道。
> ——云梦龙岗秦简[1]

> 高年受王杖，上有鸠……得出入官府郎第，行驰道旁道。
> ——甘肃武威磨咀子18号汉墓木简[2]

> 骑乘车马行驰道中，已论者没入车马被具。……诸使有制得行驰道中者，行旁道，无得行中央三丈也。
> ——《汉书》三国如淳注

由上可知，秦法规定敢在驰道当中行走的人一律要判处流放之刑，其交通工具无论是马车、牛车还是人拉车都要由县、道官府没收。汉法稍微宽松了一些，没提人要流放，但也规定要罚没车马，而且说就算一些得到特许可以在驰道上行走的人，如受赐鸠杖的老者或得到皇帝诏令的使臣，也只能走驰道边上的旁道。

其实秦汉驰道不但不允许皇帝之外的人上路沿路行走，就连横穿

---

[1] 中国文物研究所，湖北省文物研究所：《龙岗秦简》，北京：中华书局，2001年版，第95页。

[2] 李均明，何双全：《秦汉魏晋出土文献散见简牍合辑》，北京：文物出版社，1990年版，第3页。

都不行。《汉书·成帝纪》记载,汉成帝刘骜还是太子的时候,有一次他父皇汉元帝召见他,刘骜不敢从驰道上穿过,愣是绕了一大圈路才进宫。汉元帝听说后,特地下诏准许太子横穿驰道。从这个故事可以看出,哪怕是储君也不能横穿驰道,更不用说别人了。

因为驰道横竖都不准人通行,所以西汉人哀叹"今驰道经营陵陆,纡周天下,是以万里为民阱也"(《盐铁论·刑德》),意思是说当时的万里驰道就像万里的陷阱一样,让老百姓动辄得咎。这个驰道严禁各色人等通行的禁令直到西汉末年才解除。

说白了,秦始皇花费那么多人力物力修建的驰道,性质上就和那些皇家宫庙苑囿一样,都是皇帝私人用品。既然驰道不给皇帝之外的人走,反而像陷阱一样影响老百姓出行,那它在秦代的所谓交通价值、经济价值也就不能夸大了。准确点表述,只能说秦始皇修建的驰道在客观上为国家百姓做出了一些贡献,而且这些贡献主要在西汉末期有关驰道的禁令解除后才体现出来。

泰山封禅　泗水捞鼎

转眼又过了一年,时间到了秦始皇二十八年(公元前219年)。刚歇了没几个月的秦始皇再次起驾外出巡行,王朝的主要文武大臣都随侍左右,他们有:列侯武城侯王翦(《史记·秦始皇本纪》误作"王离")、通武侯王贲、伦侯建成侯赵亥、昌武侯成、武信侯冯毋择、右丞相隗状、左丞相王绾、卿李斯、王戊、五大夫赵婴、杨樛(liáo)。

上述名单见秦代石刻,注意其中排序,拥有侯爵的人的名字是排在丞相之前的,可见秦代重爵位轻官职。商鞅变法时秦国的爵位等级大约只有十五级,到秦朝统一后的此时,二十级军功爵制可能才正式形成。

回过来说秦始皇的第二次巡行。浩浩荡荡的皇家车队离开咸阳后,向东穿过崤函古道,然后沿着济水一线行进,进入了薛郡(治所为鲁县即今山东曲阜)地界,也即战国时期鲁国、邹国的疆域。

秦始皇一行首先来到薛郡邹县的峄山(在今山东邹城市东南约10公里处)山脚下。

峄山方圆十余公里,海拔却只有582米,但因位于华东冲积平原上,所以显得十分突兀挺拔。尤其是峄山作为海蚀岩型山,经大自然亿万年的雕琢,形成怪石叠垒、幽洞玲珑的雄奇风貌,因此很早就著称于世,《诗经·鲁颂·閟宫》中"保有凫峄"一句中的"峄"就指它。

据宋代《太平寰宇记》记载,秦始皇乘坐羊拉的车登上峄山(羊善于攀登),并命李斯以小篆撰文为自己歌功颂德,然后镌刻在峄山的石碑上。峄山石刻因此成为秦始皇时期第一块记功石刻。

峄山石刻全文

皇帝立国,维初在昔,嗣世称王。
讨伐乱逆,威动四极,武义直方。
戎臣奉诏,经时不久,灭六暴强。
廿有六年,上荐高号,孝道显明。
既献泰成,乃降专惠,亲巡远方。
登于绎山,群臣从者,咸思攸长。
追念乱世,分土建邦,以开争理。
功战日作,流血于野,自泰古始。
世无万数,陀及五帝,莫能禁止。
乃今皇帝,一家天下,兵不复起。
灾害灭除,黔首康定,利泽长久。

群臣诵略，刻此乐石，以著经纪。

（以下为秦二世补刻）

皇帝曰：金石刻尽，始皇帝所为也，今袭号而金石刻辞不称始皇帝。其于久远也，如后嗣为之者，不称成功盛德。丞相臣斯、臣去疾、御史大夫臣德昧死言：臣请具刻诏书，金石刻因明白矣。臣昧死请。

制曰：可。

李斯的峄山石刻四字一句，三句一颂，每颂十二个字，正与秦代"数以六为纪"的规定相合。后来秦始皇在各地巡行时又命李斯作了六篇颂文，大都是这种格式。作为第一篇颂文，峄山石刻主要是夸赞秦始皇诛灭六国、结束自古以来的诸侯混战局面、使天下一家、百姓得享太平的功绩。树碑纪功，昭告天下，这也是秦始皇巡行四方的重要目的之一。

峄山石刻原石早毁，此为宋人根据南唐徐铉摹本翻刻之作

立石镌刻后，秦始皇在峄山上召见鲁地儒生们，与他们商议一件大事，这件事可以说是秦始皇本次巡行的重头戏，那就是在泰山举行封禅大典。

对于封禅，古人是这样解释的：在泰山上筑土坛祭天，报天之功，叫"封"；在泰山下的小山梁父山上祭地，报地之功，叫"禅"。说白了，封禅就是一种特殊的祭祀天地的典礼。

中国最早系统记载封禅一事的，是战国时期成书的《管子》一书中的《封禅》篇。但该篇早已经亡佚,现在流传的《封禅》篇内容是后人截取《史记·封禅书》中相应的段落补上的。

《史记·封禅书》记载,春秋时齐桓公自以为"九合诸侯"、功高盖世,于是起了封禅泰山的念头。骨子里认同周礼的管仲认为齐桓公不是承接天命的君王,没有封禅的资格,但又不好明说,就表示上古虽有无怀氏、伏羲、神农、炎帝(先秦古籍中神农和炎帝是两人)、黄帝、颛顼、帝喾、尧、舜、商汤、周成王等七十二位帝王都在泰山搞过封禅,但现在还没有祥瑞出现,所以未到举行这种大典的时候。齐桓公最终只得放弃。

按上述说法,好像中国自传说时期到三代一直都有泰山封禅的活动,但实际上这是不符合历史事实的。在甲骨文和金文里,大家是找不到"封禅"一词的。甲骨文和金文中虽有"封"字,却主要当封疆讲;甲骨文和金文中压根找不到"禅"字,只有"单"字,有清理出的平地以及在这种平地上进行祭祀活动的意思。在古老的《尚书·尧典》中,舜虽然在巡狩时到过泰山,但只是进行了"柴祭"(把牺牲放在柴上焚烧祭天或祭山的仪式),而没有进行封禅,所以在《尧典》成篇的时候肯定还没有封禅这一说。西周时期周天子虽然可能在泰山搞过祭祀活动,泰山甚至有据说是周代的明堂遗址,但同样没有封禅的名目。

现在学者多认为封禅礼仪和故事是战国时期齐鲁地区的方士、儒生等人编造出来的,历史背景是东周以后周王室衰微,周人旧有的礼仪制度也动摇崩塌,期待天下重归一统的人们于是开始设计更高级别的祭祀天地的礼仪。

不过虽然我们知道封禅在先秦时期本是子虚乌有之事,但在战国末期和秦朝,封禅说的影响还是十分巨大的,众多人士都相信古代有德行、受天命的帝王都进行过封禅大典,包括秦始皇。在传说中,最后一位封禅泰山的帝王是西周初年的周成王,自以为功盖三皇五帝的秦始皇当然期待再一次在泰山举行封禅盛典，向天下宣扬自己的德威，证明自己统治的合法性，借以震慑不服的六国遗民、巩固秦朝的统治。此外还有一点大家不要忘了，那就是秦人本出自东方，秦始皇在东方神山告祭天地，也有荣归故里的一层意思在里面。

此次秦始皇在峄山召集以知礼著称的儒生，目的就是想弄清楚古代帝王封禅的具体礼仪程式。但令秦始皇备感失望的是，儒生们所叙述的封禅具体做法五花八门，令人莫衷一是。其实这也怨不得儒生，毕竟帝王封禅本就是编造出来的故事，当然是有人这样编，有人那样造，怎么会有统一的说辞呢？有的儒生说的做法还非常繁琐，如封禅应该乘坐用蒲草包裹车轮的车子，因为怕碾伤了山上的泥土石头、花花草草，祭祀时用的席子必须得是水草和秸秆编的。

最后秦始皇听得不耐烦了，决定按自己的想法来。

下了峄山，秦始皇的车驾队伍向北方行进，几天工夫就来到二百里外的泰山脚下。泰山海拔 1532.7 米，是峄山的近 3 倍，在平原之上更显雄伟壮丽，无怪乎自古以来就被东方人视为神山。

秦始皇一行从泰山南面登顶，立石刻文颂功，这是巡行以来的第二块石刻，石刻内容从第一块石刻的歌颂统一之功，变为歌颂秦法和秦始皇的治理之功。

之后秦始皇命人修筑土坛，在吉日吉时开始了祭天的封礼。他没听儒生们的那一套，而是把秦人在雍城时祭上帝的礼仪稍作变更，拿来在封禅大典中使用。只不过举行仪式时只有秦始皇和少数官员在场，具体的详情外人不得而知。

封礼完成后，秦始皇等人从泰山北面下山。不过这时天色突然暗下来，大雨滂沱而至，他只得躲在一棵大松树下避雨。不久雨停，为了酬谢这棵松树的庇护功劳，秦始皇封其为秦爵第九级五大夫爵，这棵松树于是就被称作"五大夫松"。后世一些人不知道"五大夫"是秦汉二十级军功爵制中的一个爵位等级，误以为"五大夫松"是五棵被封为大夫的松树，就在泰山山腰圈出五棵松树说是秦始皇加封过的，实在是令人哭笑不得。

再说另一边。那些儒生见秦始皇不采纳他们的封禅建议，也不让他们参与封禅大典，心中本就来气。等到秦始皇下山被雨淋了，他们私下里都幸灾乐祸，说这是老天爷不接受秦始皇的祭礼。

离开泰山，秦始皇带着大臣们又来到泰山东南七八十里外的海拔288米的梁父山，在上面举行祭地的禅礼。至此，封禅的全套典礼都告完成，秦始皇也因此成为信史上第一位在泰山进行封禅活动的帝王。

接下来，秦始皇一行向东北方向行进，顺着淄水抵达原齐国都城、当时的秦朝临淄郡郡治临淄（在今山东淄博市临淄区），在南郊天齐泉祭祀了齐地八神之第一神"天主"。至于那"地主"就是梁父山的土社，秦始皇算是已经祭过了。

随后秦始皇又沿着山东半岛的北海岸线东行，一路登山祭祀：他先进入夜邑县（在今山东莱州市）境内，在该县北部叁山的阴面即北面祭祀了齐地八神之第四神阴主（又称寒主）；再进入黄县（在今山东龙口市东南）境内，登上了该县西南的莱山，祭祀了齐地八神之第六神"月主"即月神；继而进入腄（chuí）县（在今山东烟台市福山区），登上该县北部之罘（罘音fú，今写作"芝罘"）半岛上的之罘山，在那里祭祀了齐地八神之第五神"阳主"，并留下了第三块颂功刻石。

下了之罘山后，秦始皇继续往东，来到了山东半岛尖角上的成山（在今山东荣成市龙须岛镇）。这成山号称是"天尽头"、九州最早迎来日出的地方。秦始皇在那里祭祀了齐地八神之第七神"日主"，并领略了碧海巨浪的无限风光，随后开始掉头往回走。

秦始皇车驾沿着山东半岛的南部海岸线西行，很快进入了当时的琅邪郡。来到了琅邪郡的郡治、当年越王勾践营建的北方都城琅邪（今山东省青岛市黄岛区琅琊镇）后，秦始皇登上了琅邪山，祭祀了齐地八神之第八神"四时主",即掌管春夏秋冬四季变换的神。祭祀完毕,他却为那里的美景所陶醉,一连待了三个月也不想走,还特意迁徙了三万户黔首到当地,并免除这些黔首十二年的赋税徭役。

在琅邪,秦始皇特地修筑了琅邪台,同时在台上留下了第四块颂功石刻。可能因为他待在这里的时间最长,所以琅邪石刻的字数也最多,达到了426字。秦始皇的随驾大臣名单也是因为刻在琅邪石刻中才为后人所知。

石刻完成后,几个齐地的方士上书秦始皇,为首的叫徐市(fú),后世讹作"徐福"。徐市等人对秦始皇说,大海之中有三座神山,分别叫蓬莱、方丈、瀛洲,上面住着仙人,还有不死之药,请求率童男童女出海寻访。

原来因为靠近浩瀚莫测的海边,经常能看见"海市蜃楼"等奇异景观,在齐燕一带一直广泛流传着海外神仙的传说,到战国时期甚至衍生出道教的源头之一"方仙道"。方仙道的"方"指的是"方技",就是医药、气功、辟谷、房中术等一些所谓能延年益寿的方法,"仙"就是拜神寻仙,他们宣称海外有神山,山上有神仙和不死仙药,得到神仙指点、拿到仙药,活人能长生不死,死人能起死回生。方仙道,就是由一帮子天天研究长寿之法、到处拜神寻仙的方士所组成的松散宗教团体。

方仙道的活动在当时的影响很大,尤其是握有大权的君王们都想再活五百年甚至永生,好永远享受锦衣玉食、美女名马,连颇有贤君之名的齐威王、齐宣王和燕昭王都曾禁不住诱惑,派人入海去寻找住有仙人、藏有不死药的仙山,结果当然是不言而喻的了。不过虽然这三位君王没寻到仙山,但神仙传说一点也没有受影响,因为人们都说不是神仙不存在,而是神仙不可能让你那么容易访到。尤其是战国中后期出了个喜欢谈论阴阳五行的邹衍,他的学说被方士们拿去做了方仙道的理论,让原本停留在巫鬼低级层面上的方仙道变得更加高大上,信的人反而更多了。

现在见秦始皇也到处拜神求寿，方仙道的成员徐市等人来了精神，决定拿下这位超级大客户。可能有人认为他们都是些骗钱财的骗子，其实这倒不一定，2000多年前的徐市等人有可能真的相信有仙山、仙人和不死药存在，但苦于没有财力、物力和人力去实现"梦想"，所以就想寻个大金主来赞助自己的寻仙活动，等于是"借鸡生蛋"，真要能找到不死药他们保证自己先吃了。

神仙传说在先秦流传很广泛，秦始皇应该早就有所耳闻，在齐地巡行的这几个月他在这方面的印象肯定又加深了。因此看到徐市等人的上奏后，他果然极其感兴趣，因为越是这样雄才大略的主儿越不想死，包括后世的汉武帝和唐太宗等帝王也都是如此。于是他下令提供大船给徐市等人，又为他们配备了几千童男童女，让他们带着出海寻访那三座仙山。就这样，秦始皇时代规模浩大的出海寻仙行动拉开了序幕。

派遣徐市等人出海寻仙后，秦始皇依依不舍地离开琅邪，继续往回走。当时传说周代的九鼎就落在四川郡彭城（在今江苏徐州市区）附近的泗水之中，还有好事者声称在水中看见了九鼎，于是秦始皇就来到彭城，沐浴斋戒祭祀神灵，并派千余人下水打捞，最终当然是徒劳无功。汉代传说其实当时下水的人已经把绳子系到鼎上，但秦朝暴政，上天不愿秦始皇拥有九鼎，所以有蛟龙作祟，把绳子咬断，致使捞鼎失败。据不完全统计，到21世纪初国内共发现以"泗水捞鼎"为题材的汉画像石四十多块，主要分布在鲁南、苏北、河南以及四川区域，前三地正是徐州的周边区域。

象征王权的九鼎没捞到，秦始皇怏怏不乐地离开彭城，然后南渡淮水，经九江郡、衡山郡来到南郡的安陆，并从那里南下浮舟入江、逆流而上。不过进入苍梧郡洞庭湖，路过湖中湘山（今君山）上的湘君祠时，突然风雨大作，秦始皇乘坐的大船几乎不能通行。

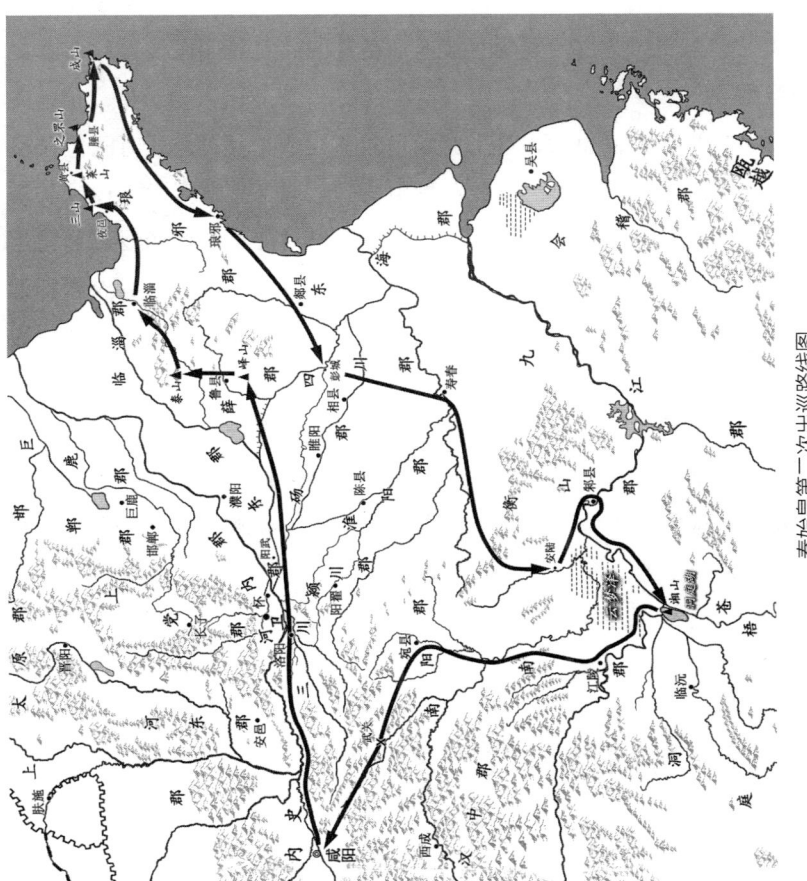

第十四章 伟绩、暴政——始皇帝的一体两面

秦始皇第二次出巡路线图

于是秦始皇把随行的儒生喊来，问他们湘君是何方神仙。

儒生们答曰是帝尧的女儿，嫁给了帝舜做夫人。

秦始皇听了勃然大怒，心说一个女人也敢来冒犯自己，于是下令出动三千刑徒，把湘山上的树木全部砍光，露出底下的土壤，象征给大山实施剃去头发的髡刑并披上刑徒穿的赭石色囚服，以此来惩罚湘君。

从这里，我们也可以看出秦始皇有些欺软怕硬，前段时间他在泰山上祭天挨了雨淋，不但没敢对泰山实施髡刑来惩罚泰山之神或老天爷，反而封替他挡雨的松树为五大夫，这里对待帝舜的老婆湘君就抖起威风来了。当然有人认为，秦始皇惩罚湘君之举可能另有深意，意在震慑当地楚人，因为在灭六国的过程中楚人抵抗非常激烈。这种猜测也不无道理。

离开湘山后，秦始皇沿着长江逆流北上再次进入南郡，随后舍舟登岸，由陆路穿越南阳郡、取道武关，最终回到咸阳，结束了他统一后第二次巡行天下暨第一次巡行东方之旅。这次旅行可以称为封禅泰山之旅。

遇刺博浪沙　　逢盗兰池宫

回到咸阳的秦始皇对东方美景念念不忘，尤其惦念徐市寻仙的进展情况。于是过了年进入秦始皇二十九年（公元前218年）后，他迫不及待开始第三次出巡。

从咸阳出发后，规模浩大的巡行队伍沿着去年的东巡路线一路前进，穿崤函，过洛阳，于正月的某一天进入了三川郡最东方的一个县——阳武县的境内。

秦代的阳武县,位于现在河南原阳县东南。当时黄河河道偏北,是打阳武县的北方绕过的。阳武县的南部有一段小山,那是洛阳北部著名的邙山向东的余脉(后世黄河向南改道时把这段余脉冲没了)。秦代从咸阳通往东海边的"三川东海道"就从邙山余脉的山北经过。

皇家车马飞驰在阳武县的官道上,到了一个叫博浪沙的地方,因为官道在这里转了一个大弯,所以队伍行进的速度不得不慢下来。

秦始皇正坐在安车内闭目养神,突然听到"轰隆"一声巨响,紧接着车子也停了下来。他一个激灵,急忙问左右侍从出了什么事,侍从告诉他,有一个黑乎乎的大铁锤从山上砸下来,把旁边一辆副车砸得稀巴烂。

有人可能不明白,副车是什么车?原来按秦代的制度,皇帝乘舆中规格最高的叫"金根车",它由殷商"瑞山车"发展而来,是皇帝乘舆中唯一驾驭六马的,车身用黄金装饰,最为豪华。但金根车作为一种款式古老的车,人应该是站在车里面的,也就是所谓的"立乘",长途旅行并不舒服。在金根车的后面,还有十辆驾驭四马的副车,即五辆五时立车和五辆五时安车。前面说过,秦始皇陵兵马俑坑中的1号铜车马就是立车,2号铜车马就是安车,安车因为有窗户可开闭调节温度,又名辒辌(wēn liáng)车。之所以每种车有五辆,是象征东、西、南、北、中五方,分别涂成青、白、赤、黑、黄五色(秦陵两辆铜车马原本涂有白色,应为西方之车)。所以巡行中秦始皇多数时间应该是坐在金根车后面十辆副车中的某一辆可坐可卧的安车中的。被山上铁锤砸烂的则是前后的某一辆安车。因为秦始皇车队中副车太多,袭击者搞不清楚他到底在哪辆车中,所以砸错了。

秦始皇听了侍从的汇报又惊又怒——居然有"反贼"敢袭击自己的车驾,这还了得!这时早就有随驾的军士迎着铁锤出来的方向爬上去搜山,不过搜了半天什么人也没抓到。秦始皇得报后,大骂手下人无用，随即下令在全国大规模搜索十天。不过就是这样，最终还是没有抓住博浪沙的行刺者。

博浪沙刺秦的人是谁呢？其实很多对历史有些了解的朋友应该知道，他就是张良。

张良是韩国贵族，他们家号称"五世相韩"，也就是他爷爷张开地在韩昭侯、韩宣惠王、韩襄王时期做过相邦，而他爸爸张平在韩釐王、韩桓惠王时期做过相邦，即他们家辅佐过五代韩国君主。

有人会问，像张良这样的权贵之家的后代，秦始皇迁六国豪富十二万户到咸阳的时候怎么被漏掉了呢？甚至一些人得出秦始皇对待六国贵族很仁慈的结论。其实秦始皇对六国王室近支也是血腥杀戮，本书前面曾提到汉人记载的秦军追杀漏网的魏国小公子的故事；秦简也记述了秦人严惩六国"从人"的案例。至于王室近支以外、没有反秦举动的六国贵族，多数当然被迁到咸阳并享受一定优待，毕竟当时还很看重血统。张良之所以没被迁徙，应该是因为韩国灭亡后他就散尽家财投身地下反秦复国运动，运动被镇压后他肯定已经脱离户籍管理成了流亡者。

那张良的亡命之旅具体是怎样的呢？《史记·留侯世家》记载，张良离开韩地向东流浪，先是进入了楚国淮阳郡拜在某儒生门下学礼；不久秦国发起灭楚之战，淮阳成为秦、楚两军激烈争夺的地方，他只有再次逃亡，辗转北上跋涉数千里，来到尚在燕王喜控制下的燕国辽东郡；后来王贲、李信又攻打辽东灭燕，不愿做秦民的他继续向东逃亡，最后来到辽东郡的东南边境附近，也即后来汉武帝设置的仓海郡一带（今吉林省东南部、朝鲜国东北部）。那里当时是华夷交界之处，秦朝无法进行有效管控。在当地躲藏时，张良认识了一个东夷部落君长，太史公按汉代的地名称呼他为"仓海君"。不知道张良用了什么手段，从仓海君那里得到一个大力士。于是张良制作了一个一百二十斤（合今60市斤）的大铁锤，制订了一个周密的刺秦计划，然后秘密潜回中原实施，这便有了前面博浪沙的故事。

　　智勇双全的张良指挥大力士抛出大铁锤之后，迅速按事前规划的路线逃离博浪沙。为避免暴露，不久两人分开行走，张良潜伏到了他较为熟悉的楚地北部，即东海郡的下邳县（在今江苏睢宁县北古邳镇）。随后张良在那里隐居多年，并因在圯（yí）桥给隐士黄石公拾鞋穿鞋而得授《太公兵法》。很多画作、连环画中把"圯桥进履"时的张良画成一个青年，其实这是错误的，因为那时张良的父亲张平已经去世三十多年，张良还有个夭折的弟弟，所以张良的年纪至少得四十上下了。

　　回过头说秦始皇。博浪沙遇刺，尤其还在他生辰所在的正月，不能不对他的心情有所影响。他东行第二次到达腄县的之罘山后，在欣赏美景之余，又连着立下两块石碑，都是歌颂自己"烹灭强暴，振救黔首，周定四极""皇帝明德，经理宇内，视听不怠"的统一和治理之功。他可能实在不理解为什么自己的功劳这么大，还有"反贼"要刺杀自己，故而进一步加大了宣传自己丰功伟绩的力度。

　　离开之罘山，秦始皇再次抵达琅邪。他边游玩边等待徐市的消息，却毫无音讯。失望之余，他只得西行翻越太行山、取道上党郡回到咸阳，结束了第三次巡行。

　　接下来的一年，也就是秦始皇三十年（公元前217年），史书云天下无事。

　　时间进入秦始皇三十一年后，秦始皇颁布了一个极为重要的命令，那就是"令黔首自实田"。这是什么意思呢？

　　我们知道，按商鞅变法时候的规定，户主无爵的秦人每户可分上等田地1顷即100亩（或中等田地200亩或下等田地300亩），病残人士在此基础上削减，获得军功爵的按相应规定逐级增加，这就是秦的普遍授田制，即名田制。当时秦国地广人稀，官府掌握大量土地，实施名田制毫无问题。但是到秦始皇统一天下后他发现，这套制度马

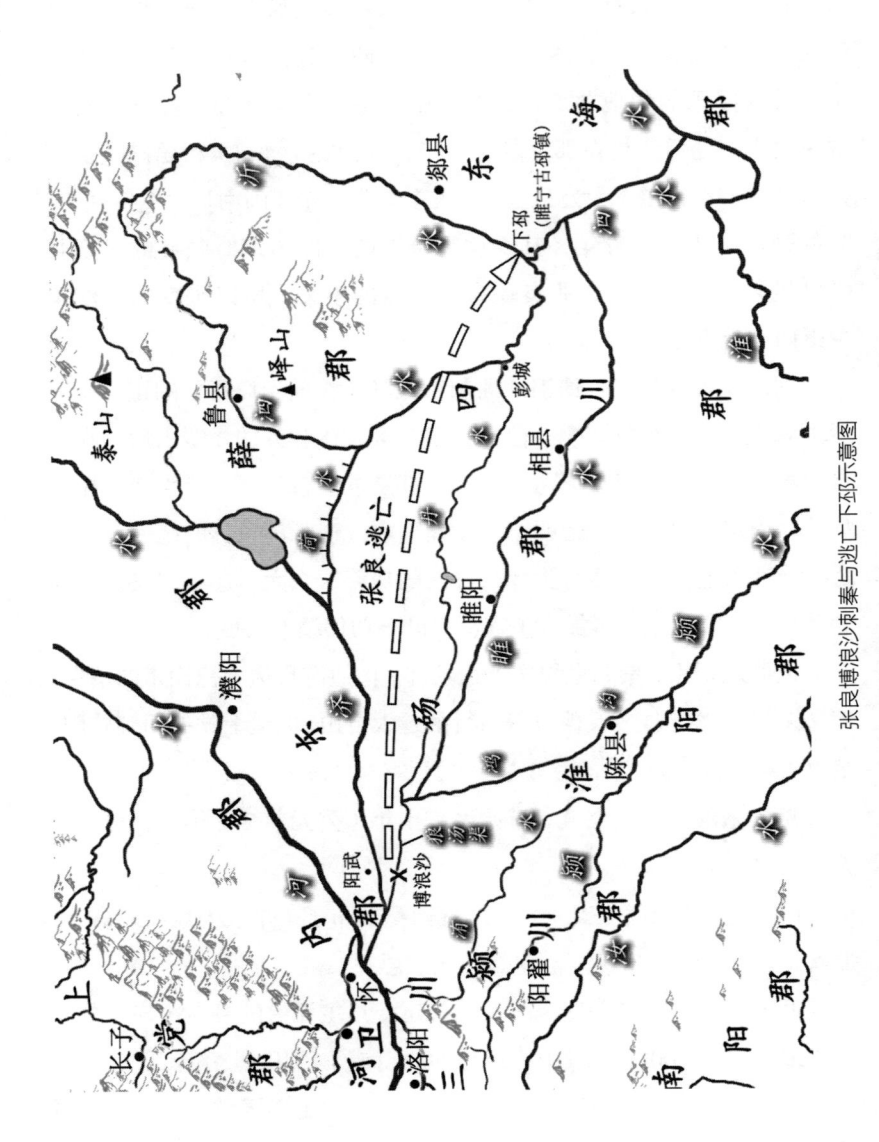

张良博浪沙刺秦与逃亡下邳示意图

上要玩不下去了。

　　首先，原关东地区本就是地狭人稠，六国所实行的土地制度、爵位制度也与秦不同，统一后的秦朝当地官府手中并没有大量土地，因此很难给当地无地的百姓按爵授田。其次，关中地区随着百余年的生聚繁衍，人口也大幅增长，尤其是秦始皇一下子从关东迁来十二万户豪富，就按一户八人计算（豪富之家人口往往比较多），也得有近百万人，这无疑给关中地区官府的授田部门带来巨大的压力。

　　怎么办呢？无奈之下秦始皇只得下了这个"令黔首自实田"的命令，也就是允许老百姓自己开荒或买地，并向官府呈报实际拥有土地的数额，作为缴纳田租的根据。因此很多历史学者认为，这个政策实际上等于宣告秦政权实施的土地国有制度名田制开始松动，而土地私人所有制在一定程度上被承认。

　　过了年很快就到十二月（注意这是秦历一年的第三个月），秦始皇又宣布把冬日祭祀神灵祖先的腊日改称为"嘉平"。没错，这腊日就是后世腊八节的前身，只不过当时佛教尚未传入中国，所以还没跟佛教挂起钩来，日子也没固定到腊月的第八日（湖北荆州关沮秦墓简牍中有秦始皇三十四年的历谱，其中十二月辛酉日即该月第二十五日下面标注有"嘉平"二字）。

　　秦始皇为什么要改腊日的名称呢？据南朝宋时期的学者裴骃说，创立了道教茅山派的道士茅盈自称其曾祖父茅濛于秦始皇三十一年在华山乘云驾龙、白日升天，升天前当地流传着这样一首歌谣："神仙得者茅初成，驾龙上升入泰清，时下玄洲戏赤城，继世而往在我盈，帝若学之腊嘉平。"秦始皇听后极其羡慕，于是就按歌谣的最后一句所说，把"腊"改为"嘉平"。

　　不过上述说法出现的时间很晚，很有可能是后世茅山道士为了抬高自己的名气编出来的。笔者以为在真实的历史上，秦始皇改腊日名字的用意应该是夸耀自己使天下太平的功绩。

虽然秦始皇改腊日名的原因我们无法确定，但有一点《史记》记得很清楚，那就是改名后秦始皇广施雨露，下令赏赐天下黔首，每一里给六石米、两头羊，好让大家过个好嘉平日。

赏赐命令发出后，秦始皇觉得自己又施行了一件德政，于是就在某天晚上带了四名侍卫出宫微服私访，估计是想看看民间是怎么歌颂自己这个乐善好施的皇帝的吧。君臣一行五人走走逛逛，最后来到咸阳东边风景秀丽的人工湖兰池附近，秦朝的兰池宫就在湖边，想来秦始皇是打算夜里到兰池宫下榻的了。

哪知道就在君臣离兰池宫还有一段距离时，黑暗中突然跳出来一伙人，个个手拿兵刃，向他们包围过来。当了几十年大王和皇帝，秦始皇从来没见过这阵势，不由得十分惊恐。那四个侍卫也格外紧张，连忙拔剑把秦始皇护在当中。接下来双方白刃相接，乒乒乓乓打作一团。虽然对方人多，但是皇帝的贴身侍卫自然都有两下子，他们拼死护驾，混战中砍翻了几个对手。剩下的人可能怕动静太大把不远处兰池宫的守卫招来，赶紧逃跑了。

这些围攻秦始皇的家伙都是什么人呢？史书没有细讲，只称他们为"盗"，也就是强盗。也有历史学者认为没那么简单，猜测他们很有可能是另一伙"张良"，即痛恨秦始皇的六国遗民，专为刺杀他而来。不过笔者觉得这种猜测是不成立的，因为秦始皇出宫微服私访应该是临时起意，出发前顶多有几个身边人知道。就算有六国遗民想刺杀秦始皇，他们把秦始皇身边人发展为眼线并第一时间得到消息的可能性也几乎为零。所以这些人应该就是普通的强盗，他们想必是见秦始皇一行人衣着不俗，故而想劫点钱财。

这次兰池逢盗，应该说是秦始皇一生中最凶险的一次经历，尤其是嘉平日前后却不太平，这简直就是对他改名的极大讽刺。回宫之后，秦始皇立即下令在天下大规模搜索二十天，来抓捕兰池的那伙强盗，这比搜索博浪沙刺客的时间还多了十天。因为这次大搜索使交通暂时中断、正常的商贸活动被扰乱，再加上前几年秦始皇往咸阳迁徙了近百万的六国豪富使得关中人地关系紧张（关中原本的人口大约也就二百万上下），《史记》记载那一年关中的米价达到了惊人的每石一千六百钱，比岳麓秦简中提到的官方米价每石五十钱涨了30多倍！

"强盛"之下潜伏的危机

秦始皇三年之中两次遇险，第一次是东巡遭遇所谓"反贼"的行刺，第二次是嘉平日微服私访、与民同乐却在京师撞上了强盗。其实上面仅仅是传世文献中的部分记载，在出土秦汉简牍中还可发现更多当时的治安和反叛事件。

如作为秦朝洞庭郡迁陵县官府档案的里耶秦简9-1112，记载了秦始皇二十六年也即秦统一那年的一次"群盗"入侵事件。当时迁陵县唐亭的代理校长壮向县廷报告，说当地出现一个大约三十人的强盗集团，亭里人手太少，请求县里派人支援予以剿灭。

又如张家山汉墓竹简《奏谳书》记载秦始皇二十七年秦朝苍梧郡攸县（在今湖南攸县东北）利乡发生叛乱，攸县县廷两次发兵平叛都告失败，第三次增兵才取胜，可见当时一些地方的反叛已经达到相当规模。

文献和秦汉简牍中记载的刺杀、治安、反叛等事件，说明当时的大秦帝国，远不是秦始皇巡行石刻和把腊日改名为嘉平日的诏书中宣扬的那么太平祥和，反而是潜伏着很大危机，政治上的反秦势力和因活不下去而铤而走险的普通强盗充斥帝国的各个角落，甚至连应该是

"首善之区"的京师都不安全!

如果说政治上的反秦势力,即以张良为代表的六国旧贵族要杀秦始皇,还不能证明秦朝不得人心,但很多普通人也在秦朝活不下去,最终被逼得"落草为寇",那就说明这个王朝确实是很有问题的了。那么秦朝的问题到底出在哪里呢?细算算,应该至少有以下几点:

一、国民经济有问题,老百姓生活不轻松

秦朝统一后,秦始皇为了显示自己的德政,将田租的征收比例从战国时的"十税一"即10%,改为"十二税一"即8.33%[1],注意十二也是秦朝吉祥数"六"的倍数。减税当然是好事,但降低的幅度很小,显然只是象征性的;而且在降田租的同时,秦朝还增加了其他方面的赋税。此外据《汉书》的《食货志》《晁错传》等记载,秦朝又出现了口赋(人头税)、算赋(一说为向妇女征收的赋税)[2],秦简则显示秦朝还已经出现了以前误以为是汉武帝时期才有的訾税(财产税)以及六畜税等文献不见的苛捐杂税。所以统一后秦朝百姓的总体税赋负担并不比战国时期低。再加上秦始皇时期授田制不能足额实行,去了各种赋税和衣食等开支,农民在正常年景下忙活一年也没有

---

[1] 刘三解:《秦砖——大秦帝国兴亡启示录》,北京:北京联合出版公司,2020年版,第390页。

[2] 晋文:《秦代确有算赋辨——与臧知非先生商榷》,《中国农史》,2018年第5期。

什么结余。①

农户勉强糊口，工商业者就惨了。因为秦朝向新地普及以刑徒、官奴婢为主要劳动力的庞大官营经济（包含工商业），当然对东方繁荣的私营工商业带来一定打击。同时按秦法，老百姓不得随意出县，

---

① 当时秦朝农户的收入主要分两块——种粮收入与副业收入。历史学者于琨奇考证，秦代中等田地平均亩产为粟米2.88石，按秦始皇时平均每户实际耕种五十亩计算（因劳力不足以及休耕等原因秦民即使足额得到按规定应授予的百亩田地一般每年也只耕种其中数十亩），能收144石粟米；战国秦汉时期农户的副业主要包括饲养家畜、种植瓜果蔬菜、种桑麻纺织、植树等，每年大约可以收入汉五铢钱4200个，价值约相当于秦半两钱1100个。再说支出方面。五十亩地理论上就要向官府缴纳粮食12石粟米。注意秦人除了要交田租还要交草料，具体为一百亩交饲草三石（每石16钱）、秸秆二石（每石6钱），总价60个半两钱，正相当于2石粟米的卖价。这些草料本来地里就有，只要割下来运到官府就行。但汉初《二年律令·田律》规定，各县如果收足了够用的草料，再有百姓来交就不收实物只收钱了，这个规定很可能是沿袭自秦朝的，所以秦朝百姓交草料交晚了应该也要出钱。秦代的户赋为32个半两钱。口赋钱是多少学界还没有统一意见，如果按每人每年20多钱的较低标准来算，五口之家也要交100多钱。秦代訾税的征税范围和税额现在也没有定论（汉代大约按家庭总资产的百分之一），六畜税等杂税税额不清楚，就算几十钱吧。那么秦代一户百姓一年交的赋税至少要200多钱。吃粮，按一家五口（一对成年夫妻带三个孩子），成年男子一月吃2.5石、成年女子一月吃1.5石、大孩子一月吃1.2石、小孩子一月吃1石计算，一年大约要吃掉90石粟米；吃盐，一家五口一年大约要吃一石二斗盐，合120钱左右。穿衣，按云梦睡虎地秦简《金布律》中官府给刑徒奴隶授衣的价格标准，一家五口刑徒奴隶的冬夏衣服至少要500多个半两钱，平民的穿衣标准差不多是刑徒奴隶的2倍，那差不多要1100多钱才能购置。购买锅碗瓢盆等生活必需品，《秦汉物价史料汇释》说汉代釜50钱、甑80钱、瓢10钱、盆20钱。以上可能是汉代五铢钱，折合秦半两钱约40钱。为来年生产留种子，当时的惯例是每亩要留"禾、麦一斗"（《秦律十八种·仓律》），五十亩地就要5石种子。农具方面，汉代铁价每斤（250克）价值10个汉五铢钱，约合两三个秦半两钱。另外一个家庭劳作必备的锄、锸、铧、铲、镰、斧等农具的总重量应不少于一二十斤，价值应不低于40个半两钱。这样算下来，一户人家辛苦劳作一年，省吃俭用，最后可能剩不到700钱。别忘了这还是年景正常，没算疾病、婚丧嫁娶、祭祀、人际交往等开支下的结余。而《汉书·食货志》记载，战国时李悝说一户每年的社间尝新和春秋祭祀的费用就要300钱；《史记·高祖本纪》记载县令朋友吕公请客，"进不满千钱坐之堂下"，可见多数官吏出的礼金当在数百钱。

所以原东方六国行商的生计基本断了。尤其到秦始皇时期又增加了对商贾的歧视性法规，如里耶秦简8-466说城父繁阳里一个名叫枯的士伍（无爵傅籍男子）因娶了一个商贾之女做老婆，被判戍边四年。要知道关东土地不足，大批百姓从事工商业，所以统一后受到影响的人口非常庞大。

因此由于客观原因（人地矛盾）和主观原因（秦朝的苛捐杂税、抑商法规和庞大官营经济），秦朝百姓日子过得紧巴巴的，尤其是商贾受到经济和政治的双重打击，肯定会对秦朝不满。

二、徭役兵役有问题，百姓负担极沉重

如果说秦朝前期的赋税还不算太高，那徭役兵役的负担就极为沉重了。这一方面是因为统一后服役路程远了，另一方面更是因为秦始皇继承了祖先们"唯大尚多"的传统并发挥到极致，十分贪图享乐、好大喜功，结果自然是滥用民力。

先说第一方面，这个很好理解。战国时期各国的疆域相对较小，一般国家差不多相当于今天一省之地，大国也就是今天两三省之地。所以当时某国的百姓到国内任何地方服徭役兵役，顶多就是走几天的路程。但是统一以后就不一样了，一个关东地区的新黔首要到都城咸阳服徭役，光是来回路上可能就要走上几个月。秦代常规徭役期间的所有费用（差旅费和衣食）可都是要由服役者

> 秦汉简牍中有一类名为《质日》的文书，形式为"历表"+"记事"，也就是官吏在日历上记下公私大事以作备忘或留档。岳麓秦简中的《三十五年私质日》记载了当时南郡的一位官吏从郡治江陵到都城咸阳的旅程，他三月二十八日启程，四月十八日到咸阳，单程耗时二十天。

自己负担的；就是临时的兴徭，来回路上的衣食也要自己承担（只服役地点的食宿由官府负责）。

再说第二方面。路途远只能说是百姓负担重的次要原因，毕竟后世大一统王朝也会遇到疆域辽阔的问题，最主要的原因还在秦始皇个人的身上。秦始皇自统一到"逢盗兰池宫"这些年，自己的陵墓工程一直没有停，又新修筑了大批宫苑、道路，还进行了三次巡行，花费的人力自然巨大。

一说修建陵墓。在灭韩前一年也就是秦王正十六年，当时的秦王正下令在骊山建造自己的陵墓并置邑，开了因陵设邑的先河。在统一全国后，秦始皇可以役使的人口更多了，骊山陵的规模再上台阶。《史记·秦始皇本纪》记载，劳工们修陵向下挖地宫时曾"穿三泉，下铜而致椁"，也就是挖穿了几层地下水，以至于不得不在地宫的地面上浇注铜水做隔水层。经现代技术勘探，秦始皇陵的地宫深达30米，地宫开挖范围东西长170米、南北宽145米，墓室东西长约80米、南北宽约50米。为防水，地宫中同时建有厚达20~30米的夯土宫墙和厚达8米的石质宫墙。地宫里面极尽奢华，有象征离宫别馆的墓室，插满人鱼（娃娃鱼）膏做的、能经久不灭的大型蜡烛，穹顶上绘有日月星辰，地面上还有描摹天下地理形势的大型"沙盘"，其中的江河湖海都是用水银来模拟的。此外，秦始皇陵还有众多附属设施，如外围的内外两重城垣、防水堤坝、寝殿和便殿等宫室建筑（面积相当于半个故宫）、各种大小陪葬坑。著名的秦兵马俑坑，就是已经发现的180多座陪葬坑之一。因此秦始皇陵这个浩大的系统工程，每年都要有几十万人为其劳作。

在骊山陵劳作可不是什么轻松的活儿。考古学者已经在骊山陵区发现多处修陵人的墓地，墓地的一个墓穴中往往埋葬多人，最多的一个墓穴埋了十四人，尸骨各种姿势都有，说明埋葬得非常草率。经鉴定，修陵人的尸骨绝大部分为壮年男性的，极少数为妇女和儿童的；大部分修陵人的尸骨完整，死因不明，不过也有一些尸骨或身首异处、或肢体残断、或有刀剑伤痕，显然是被残害而死。值得注意的是部分尸骨的身上盖有瓦片,刻着死者的姓名、籍贯、爵位,通过这些瓦片我们知道修陵人来自全国各地,身份有普通黔首,有刑徒,还有居赀,也就是犯了轻罪被处以罚金但交不起,给官府服劳役抵扣的人。地位最低下的刑徒就不说了,可怜普通黔首服一次徭役再没能回家,居赀们干到死也没还上欠债。修陵人墓地的发掘,直接证明了秦始皇大修陵墓给天下人带来的沉重徭役负担和苦难。

再说新建宫苑。《史记·秦始皇本纪》记载,秦始皇在统一天下的过程中,每灭一国就按照这个国家的王宫的样子在咸阳北坂复建一座王宫。六国尽灭后,自咸阳西郊的离宫雍门宫以东,到渭水、泾水交汇处以西的三角地带之间,连绵数十里都建满了仿自六国的宫苑。秦始皇把从六国王宫掳掠来的美女和钟鼓器物等全放置在这些宫苑中,宫苑之间还用天桥和回廊连接在一起。除了北坂的六国宫苑,前面我们也曾提到秦始皇修的信宫也即极庙。新建这么多宫苑,要用多少民力来挖土奠基、烧砖制瓦、采石伐木、立柱上梁、彩绘装饰,大家可想而知。

三说修筑道路。这主要是指驰道。驰道的主干道至少有四条,总长数千公里以上,每年需动用几十万劳动力为之辛劳。

四说外出巡行。皇帝出巡可不是一般的排场,而是"千乘万骑",浩浩荡荡。一路上所经之处,地方官府都要提供饮食、整修道路甚至修建行宫。《史记》记载秦始皇时期关东的行宫有四百多座,前面我们曾提到秦始皇修筑琅邪台。自20世纪80年代以来,考古工作者已经在辽宁绥中至河北秦皇岛一带发现了三个秦代宫殿群遗址。

上述四件大事,秦始皇几乎是在同一时期做的,等于每年要有上百万刑徒奴隶和普通黔首在为之挥洒着血与汗。不过大家不要以为秦朝就只有这些方面需要劳工,因为它们等于是非常态的工程,与此同时各地日常的需要劳力的事情还是很多的,如官田和官方手工业的经营、各地尤其是边关的驻防、道路桥梁官舍等维修,也都是要进行的。

这样算下来，当时秦朝每年要有数百万人在为朝廷和秦始皇本人服苦役。而且秦朝的徭役兵役都是实行轮班制的，也就是说每人只干若干月。如果某工程常年需要一万人在现场施工，意味着全年将有数万人在这个工程劳作过。以此类推，秦朝各项常态和非常态的工程每年总需求数百万劳动力，实际上就得有上千万人才能运转过来。当时秦朝多少人呢？过去史学家们估计秦朝人口大约两千万，但现在有学者认为秦朝的人口可能有四千万[1]。这个总数看上去不小，不过去掉老弱病残，也几乎是人人每年都要为国家义务劳动若干月了。当时干活全靠肩挑背扛，这个负担当然是很沉重的。法定徭役是无偿、强制的，网传秦代徭役有偿是对秦简《司空律》的误读。平时秦朝百姓的日子就过得紧巴巴的，频繁长期服役要耽误正常生产时间、减少收入，还得自负差旅费和衣食费用，加大支出，那肯定是要负资产甚至破产的了。

有人可能会说，既然徭役沉重，不如逃避不去吧！可你能想到的，官府会想不到？秦律中对此有专门的罪名：接到徭役通知直接逃跑不去，叫"逋（bū，逃亡）事"；到了服役的地方再跑，叫"乏徭"。逋事一旦抓住，鞭笞五十下；如果逃跑一年内被抓住，加倍鞭笞。乏徭在一个月内被抓获，罚交一副盾牌（相当于384钱，秦代官定日工资才8钱），继续服役；如果再逃跑，超过一年被抓获者，处以剃除鬓须并服终身劳役的耐刑（用钱赎需7680钱）。即便是前几种处罚或判处耐刑用钱赎了，也留下案底了。如果以后缺人戍边，曾经犯下各种逃亡罪的人会被优先发配边疆戍守，这就是所谓的"谪戍"。

三、司法刑狱有问题，老黔首和新黔首都苦不堪言

首先说老黔首也就是原秦国区域的人们。商鞅变法后让秦民专务耕战，徭役沉重，法律又严苛，秦民的生活其实是很艰苦的，如《商

---

[1] 葛剑雄：《中国人口史·第一卷·导论、先秦至南北朝时期》，上海：复旦大学出版社，2002年版。

君书》的《徕民》篇(该篇作于长平之战后)就承认"秦士戚而民苦也"(秦国士人忧愁、民众生活凄苦)。已故历史学家张正明对比已进行考古挖掘的战国中期、后期的秦国、楚国中小贵族墓和平民墓,也发现秦墓出土的铜铁等贵重器物要比同阶层楚墓少得多、寒酸得多(秦人并无薄葬风俗),证明秦国在商鞅变法后"仍然'地小民贫'"[①]。这一方面是由于秦国的气候条件、自然资源比不上楚国,另一方面更是因为商鞅等人秉持"(民)贫则重赏"的思想,认为只有让老百姓徘徊在贫穷的边缘,老百姓才会重视军功爵制下的赏赐。现在天下一统,基本没有战争了,再加上官府不再掌握大批土地,因此一个人想通过获得军功来改变命运的可能性更小了;以前实在忍受不了,秦民还可以往六国逃(如岳麓秦简记载了一个名叫多的小走马于秦始皇初年跟随母亲逃亡楚国,后来秦军占领当地又被抓住处罚的故事),现在天下尽是秦土,鲜有地方可逃了,再逃只能向"蛮夷"地区逃了(岳麓秦简中有对秦民逃亡"蛮夷"地区的判刑规定,可见当时这种情况不在少数)。

再说新黔首也就是原六国地区的民众。春秋战国列国割据数百年,各国的风俗和法律原本不同,六国尤其是三晋之外的齐、楚等国的法律要比秦法宽松。如有学者研究文献和楚简认为,齐、楚言论相对自由没有各种言论罪,楚国城市里虽有严格的编伍制度但乡下没有、相对自由,楚国法律规定亲邻之间不可揭发举证,更没有拆分大家庭的强制要求。秦始皇统一天下后,没有考虑照顾这长久形成的差异性,一味地大搞移风易俗,特别是向全国推行细密苛刻的秦法,原六国民众就像现在的职工从一家宽松的企业进入了一家军事化管理的企业,动辄得咎。

此外秦法还有两个特色:一是秦的徒刑没有刑期,说白了都是无

[①] 张正明:《秦与楚》,武汉:华中师范大学出版社,2007年版,第186—193页、第219—222页。

期徒刑，不存在现代人思维中判五年还是判十年之类的概念。一旦你犯了法成为刑徒，基本就要为官府服劳役到死，所以秦简里有很多"仗城旦"

> 丈夫偷盗 1000 钱，把 300 钱交给老婆保存，老婆应该如何论处？老婆知道钱是偷盗来的而藏匿，按偷盗 300 钱论处；老婆不知情的，要收进官府罚做劳役。
> ——《睡虎地秦墓竹简·法律答问》

（超过六十岁的老年城旦）。虽然秦法也规定刑徒本人或家人获得军功爵可以赎罪，朝廷偶尔还会对一些特定人群发出特赦令，但一个刑徒能碰上的概率堪比中彩票大奖。而战国时的六国与秦不同，目前我们至少知道齐国已经实行有期刑（见山东银雀山汉简《守法守令十三篇》）。二是秦代的连坐制非常体系化、制度化，不但有亲族连坐、邻里连坐、职务连坐和军事连坐四大种类，而且每一种类内还分得很细。如亲族连坐里有夫妻连坐、子女连坐，也就是说往往一人犯法、全家服刑。像城旦舂之类的重刑犯，不仅连坐全家，连成为城旦舂后生的孩子都自动成为小刑徒，所以秦简中经常有"小城旦""小舂"的记录。而战国时的六国与秦相比，连坐制没有这么发达，如楚国的连坐主要在亲族方面，前面说过楚国的乡下连编伍制度都没有，自然谈不上邻里连坐。

因此在这样的秦法之下，大批平民沦为刑徒。作为秦朝洞庭郡迁陵县官府档案的里耶秦简显示，秦始皇末年该县的黔首（平民）人口数字为 882~912 人[①]，而同时期该县的刑徒数量约为 300 人[②]，简单计算可知刑徒人口占该县总人口（黔首+刑徒）的 25.24%~27.70%，也就是说秦朝迁陵县有四分之一的人口都是刑徒！按这个比例，秦朝四千万人口，差不多要有一千万人是刑徒！当然有历史研究者认为迁陵县可能不具有代表性，因为迁陵县是边陲小县，

---

① 唐俊峰：《里耶秦简所示秦代的积户和见户》，简帛网，2014 年 2 月 8 日。
② 赵岩：《里耶秦简所见秦迁陵县粮食收支初探》，《史学月刊》，2016 年第 8 期。

居民人数本就偏少，秦朝又有向边地流放犯人的做法，所以该县刑徒比例应比一般地方高一些。但哪怕秦朝内地县的刑徒占全县总人口的比例没有四分之一，只有十分之一左右，那也是一个相当惊人的比例，这意味着秦朝的刑徒总数至少有数百万人。无怪乎《汉书·刑法志》记载秦朝"赭衣塞路，囹圄成市"，即穿着红褐色囚服的刑徒充斥道路，监狱里热闹得像市场一样。

> 在秦简发现以前，学者已经从秦兵器的铭文里察觉大量刑徒的存在。与此作为对比，在东方六国的兵器铭文中则很难找到身分类似的人名。古书的情况也是一样，关于六国只能找出一些私人的臣妾，而少见官有的刑徒。这种现象恐怕只能解释为六国不像秦那样大规模地使用刑徒劳动力。有的著作认为秦的社会制度比六国先进，我们不能同意这一看法，从秦人相当普遍地保留野蛮的奴隶制关系来看，事实毋宁说是相反。
> ——李学勤《中国古代文明十讲》

秦朝刑徒的日子可不好过，作为重刑犯的城旦舂常常还被附加斩趾、劓、黥等较重的肉刑；而且秦法规定各种公共工程和物资转运等工作，都先派遣刑徒上，不够才允许征发普通黔首去服徭役，何况秦朝上自中央下至地方的庞大官营经济也主要靠刑徒及官奴婢维持，所以他们的劳动量非常大。里耶秦简记载，秦始皇二十七年该县有116名隶臣妾，到第二年就"死亡"28人[①]。众所周知，古文中的"死亡"是"死掉"与"逃亡"的合称。那么不论这28人是"死"的多还是"亡"的多，总归隶臣妾减员率高达18.54%！而且须知，隶臣妾要算是刑徒中身份相对较高、待遇相对较好的一个群体，鬼薪白粲和城旦舂还不如他们。

生活在那样一个不是已经成为刑徒就是即将成为刑徒，刑徒减员

---

① 里耶秦简博物馆、出土文献与中国古代文明研究协同创新中心、中国人民大学中心：《里耶秦简博物馆藏秦简》，上海：中西书局，2016年版，第78页。

率又很高的社会中，秦朝老百姓怎么能不战战兢兢、怨声载道？

四、吏治有问题，官府对关东地区基层的控制力不强

秦始皇统一天下后，面临的一个迫切问题就是统治原六国的广阔区域。而要治理，首先要有官吏。秦人原本设计好一套严格的选举和培养官吏的制度、做法，但因官吏需求量暴增，所以在新征服地区出现了缺吏的现象。里耶秦简显示洞庭郡迁陵县按编制应有各级官吏101人，但缺编15人，另有35人参加徭役活动去了，实际在岗的只有51人，也就是仅有总编制的一半。

要解决新征服区域官吏不足的问题，当然有两条路：一条是从原秦国区域调派秦人老官吏到新征服地区任职，另一条是在新征服地区选拔、培养新官吏。后者秦朝当然也在逐步进行，如大家熟知的刘邦、萧何等人就是这样当上官吏的；但在征服初期，因为时间来不及，尤其是对新征服地区的人民不信任，所以秦朝主要靠前者来维持。原秦国地区的秦人老官吏当然不乐意到新地方任职的了，毕竟要远离家乡，无法照顾家庭，而且新征服地区的治安状况往往不佳，经常会有生命危险。因此秦朝就在正常的调动之外想出了一招，那就是把原秦国地区犯有过失的官吏派往新征服区域任职，条件为任满一定年限后（秦简中所见最长时间是四年），可以调回原籍，并不再追究先前的罪过。所以最后派到原六国区域任职的秦人官吏，往往不是操守不高，就是业务不精，更常常以"战胜者""征服者"的高傲态度自居，导致基层治理中索要贿赂、操纵物价、打骂民众等现象屡见不鲜。原六国的百姓见新来的统治者是这副模样，做"亡国奴"的屈辱感更强了。

另外，由于信奉商鞅"重罪去刑"的思想，秦法对各级官吏的督责很重，而且各级官吏不但要为自己的过错负责，还要为很多下级的错误负"领导责任"，如岳麓秦简记载南郡江陵县丞半年内受到的处罚达8次之多。这就在一定程度上逼着他们"报喜不报忧"，因为替

下级遮掩错误，就是避免自己受连带的责罚。

秦朝在东方的官吏数量不足、素质偏低以及对官吏问责规定不合理的状况，必然影响到行政效率，导致无法对地方实施深入有效的统治。现在大家就能够理解为什么张良刺杀秦始皇以后躲在下邳十来年也安然无恙了。

统一后的秦朝，面临经济、徭役、刑法、吏治等问题，统治根基当然不稳固。那这些问题秦始皇不知道吗？他当然也是了解一些的，比如在经济方面，他曾下达"令黔首自实田"的命令；比如在吏治方面，岳麓秦简显示秦始皇也曾命人制定法律对"新地吏"（秦简中对新征服地区官吏的称呼）的欺压、鱼肉百姓的行为进行严惩。不过上述两种解决方法的效果，肯定是不尽如人意的。

> 新地吏和其舍人，如果接受新黔首的钱财、酒肉或其他物品，以及在与新黔首的买卖、租赁、借贷活动中操纵价格，则按其所得财物数额，以盗窃之罪论处。
>
> 新地吏辱骂新黔首，罚交一副铠甲；殴打新黔首，罚交两副铠甲。县丞、县令监管不力，要予以连坐，所受惩罚递减。
>
> ——岳麓秦简 893、1113、2028 号简

如果说秦始皇对经济和吏治问题还有清醒的认识并寻求解决之道，那他对徭役沉重、刑法残民的问题，仿佛完全不以为意，甚至还干起了火上浇油的事情。

"亡秦者胡也"与北击匈奴

秦始皇三十二年（公元前215年），在关中的王宫住了两年的秦

始皇又宣布出巡，这是他统一后的第四次巡行，巡视的地方是之前未曾到过的东北地区。

沿着新修成的驰道经过数月的跋涉，秦始皇车驾来到燕地的碣石，也即四百年后曹操吟唱"东临碣石，以观沧海"的地方。

不过碣石到底在哪儿，自古以来有不少说法。20世纪80年代考古工作者在今天辽宁绥中县万家镇南的沿海区域，发现由六处秦代宫殿遗址组成的遗址群，其中最大的遗址石碑地宫殿遗址正对着南方海上的海蚀柱"姜女石"，退潮后还隐约可见一条直通"姜女石"的白石道路。因此现在很多学者认为当年像两个门阙一样竖在海边的"姜女石"就是所谓的碣石（因汉代地震其中一根海蚀柱已经倒下并断成几截）。

现在我们明白了，秦始皇"东临碣石"，显然是把这里天然形成的海蚀柱门阙当成"国门"来祭拜了。在碣石秦始皇继续刻石记功，数一数，这要算他巡行以来刻的第六块记功碑了。李斯在碑文中称"遂兴师旅，诛戮无道，为逆灭息""皇帝奋威，德并诸侯，初一泰平""男乐其畴，女修其业，事各有序"，又猛夸秦始皇统一和治理的功劳。

接下来在碣石行宫内，秦始皇先后接见了当时一批著名的方仙道方士——卢生、韩终、侯公、石生。这里的"生""公"显然都是尊称，直到现在广东人、香港人还经常根据男士的姓叫他为"某生"。

"姜女石"与石碑地秦代宫殿遗址

秦始皇把这批人招来要干什么呢？原来自从秦始皇二十八年第二次巡行时在琅邪台见到了徐巿等人，他就深深迷上了神仙方术。这很好理解，他已经征服了六国，夺取了天下，可以役使世间的一切，现在唯一令他感到无法掌控的就是自己的阳寿，所以他迫切想得到长生不老之术，好永远拥有这如画江山。上次徐巿带着童男童女出海寻找"三神山"和仙人，一去四年杳无音信，秦始皇不由得有些焦急。可能是他觉得不应该把希望寄托在徐巿一人身上，所以决定要多派些人手，广撒网。

因此在碣石行宫内，秦始皇首先给卢生派了任务，叫他去寻找传说中已经得道成仙的羡门、高誓两位世外高人；接下来他又给韩终、侯公、石生三人派任务，让他们去寻找不死之药。

方士们分头出发后，秦始皇也离开碣石行宫往回走。他西行巡视北部边疆，然后从上郡南下，回到咸阳，结束了第四次巡行之旅。这次巡行他当然也有震慑赵燕等地和视察边境防务的目的，但主要还是为了寻求长生不老之术。

再说那些方士，韩终等人入海后许久没有消息，倒是卢生很快就回来了。可能是他怕秦始皇责怪自己没有完成任务吧，于是向秦始皇报告说，他在海上转了一大圈，虽然没有找到羡门、高誓两位仙人，但是听说了不少鬼神故事，尤其是看到了一本能预知未来的图书，并把其中有关秦朝的预言抄了回来。

秦始皇接过卢生的手抄本一看，里面赫然写着"亡秦者胡也"，他不禁心头一震。自非子被周孝王封于秦邑，后来秦襄公又被周平王封为诸侯，嬴秦历代君主筚路蓝缕、开拓基业，尤其是秦始皇自己辛苦操劳近二十年，这才诛灭六国，统一天下。秦始皇正想把江山传之万世，现在海外的神书居然说秦朝要被"胡"灭亡，他怎么能不恐惧、不愤怒？

这将要灭亡秦朝的"胡"是谁呢？秦始皇第一时间想到了战国末

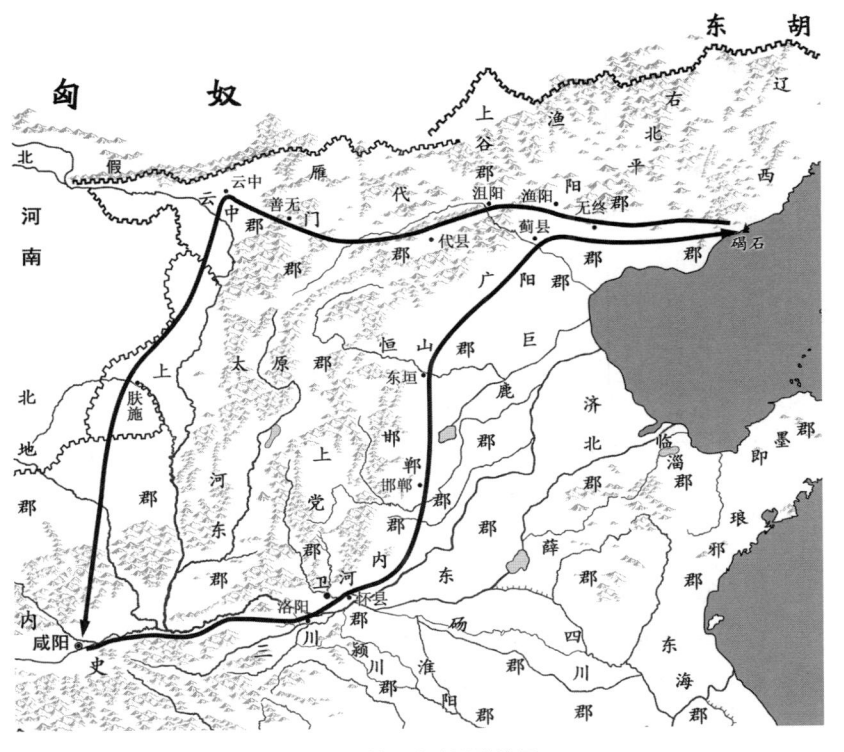

秦始皇第四次出巡路线图

期给北方诸国带来不小压力的匈奴人。历史大家陈寅恪考证，匈奴人自称"huna"，去掉尾音 na，翻译为华夏语就是"胡"。[1]

秦始皇在第一次巡行时曾视察过北部边疆的西段，第四次巡行也即从碣石行宫返回时曾视察过北部边疆的中段，很可能从守边将领那里听说过匈奴入寇的情况，害怕匈奴日后强大起来，后世子孙真的抵挡不住，于是决定趁自己诛灭六国的余威还在，发兵北上对匈奴人进行预防性打击。

秦始皇想要北征的消息传出后，原本几乎对秦始皇的任何决策都

---

[1] 蒋天枢：《陈寅恪先生编年事辑》（增订本），上海：上海古籍出版社，1997 年版。

大力支持的廷尉李斯却表达了反对意见。他说："匈奴人没有城郭居住，也没有积聚财物的府库要守，一迁徙就像飞鸟一样飘忽不定，因此很难制伏他们。如果我们派轻装部队深入，粮草补给一定断绝；如果我们携带大批辎重进剿，后勤压力太大必然难以维系。何况就算得到了匈奴的土地也无法耕种、无利可图，就算得到了他们的民众也无法役使，还得浪费兵力看管。如此一来攻打匈奴取胜，只能把俘虏杀掉，可这样又不是作为百姓父母的君主应该干的事情。所以浪费中原的人力物力，而让匈奴人高兴，这不是好的计策。"

大家知道，李斯这人一贯热衷功名利禄，所以他一般是哪头风大往哪头倒的。但这次他为什么转了性子，不附和大权独揽的秦始皇了呢？想来是因为他作为朝中重臣，清楚此时秦朝官民的压力已经够沉重的了，害怕激起民变，到时候玉石俱焚殃及自己，所以才不得不说说实话，对秦始皇加以劝谏。

但秦始皇听了李斯的话后却不为所动，一来他坚决要替儿孙清除掉潜在的威胁，二来可能也有开辟新疆土来缓解地少人多的矛盾的想法。所以他最终还是下令，以当时担任秦朝内史的蒙恬为将军，发兵三十万人北击匈奴。

征兵的命令下达到天下各地后，接到通知书的傅籍者先集中到县里，接着在县尉带领下来到郡里，然后由郡尉统领向上郡（郡治肤施，在今陕西榆林市南）进发。

就这样，三十万人的大军逐渐在上郡会合。整编检阅后，蒙恬带着他们向北挺进，兵锋直指黄河"几"字湾那一小横下的"河南地"，也即现代地图上标注为"鄂尔多斯高原"的那块地方。

那这时匈奴的实力如何呢？一说到该问题，很多人可能就想到西汉前期拥有"控弦之士三十万"，势力东抵额尔古纳河、鸭绿江一带，西逾葱岭控制西域诸国，北至贝加尔湖，南达今陕西神木、山西朔州的强大匈奴帝国来。实际上这是后来匈奴人趁秦末汉初中原战乱和休

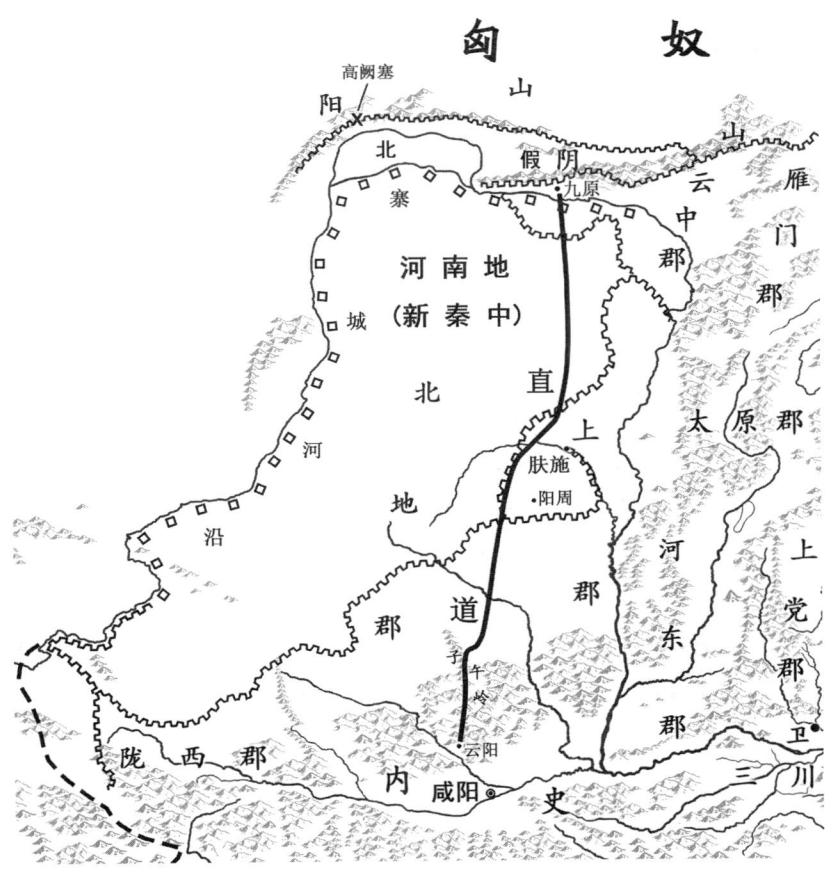

河南地和直道形势图

养生息的时机大肆扩张的结果，秦始皇时期的匈奴还远没有这么多兵力、这么大地盘。

当时今天内蒙古东部是东胡人的势力范围，今天的河西走廊则是月氏人的地盘，今天的蒙古国境内还有浑庾、丁零、屈射等国，所以匈奴人的领地只在今内蒙古自治区阴山山脉（包含大青山、色尔腾山、乌拉山、狼山等）南北，东西长不过千余里，人口不到百万，在组织上仍是部落联盟形式。尤其是匈奴人虽然善于骑射，但军事装备还比较落后，甲胄为皮甲，刀剑为青铜短刀剑，箭镞多为骨质或石质。因此当时的匈奴单于头曼抵挡不住组织严密、武器精良、步骑战车各军种齐全且人数众多的秦军的猛攻，不得不退出河南地。

但是得了河南地之后，秦人发现这里多是盐碱地，无法进行耕种。对于华夏农耕民族来说，没有粮食就无法固守。于是次年即秦始皇三十三年（公元前214年），蒙恬又奉秦始皇之命北渡黄河，夺取了阴山（此指古阴山，今内蒙古乌拉前山—大青山山系）北假地区。所谓"北假"，就是指阴山北坡以北、黄河以南的区域，即现在所说的后套平原及其东部地区。后套平原依山带水、土地肥沃，比河南地更适宜农业民族耕种居住，可以驻军屯田、长期固守。为了守住北假地区，秦军还攻占了更北方的阳山（今内蒙古狼山—乌拉后山山系），并控制了阳山中重要的南北通道高阙，即今天的内蒙古自治区乌拉特中旗乌加河镇石兰计山口。

第二阶段战事结束后，秦始皇下令将新开拓的黄河南北方圆七百余里的疆土命名为"新秦中"，这也就是明代以后所说的"河套地区"。不过他知道匈奴人虽然被驱逐到阳山以北，但主力尚在，为了守住新秦中，他又进行了三项大的部署：

这第一项部署，就是修筑防线。秦始皇要求把战国时期的燕长城、赵长城、秦长城连接起来，并加以修补和拓展。不过有些地方因为没有各国的旧长城可以利用，防守宽度又太大，所以就没有修筑连续不断的城墙，而是每隔一段距离就建造一座城寨或堡垒，由一串点来代替线，比如黄河"几"字湾的"丿"和"一"那里，以及辽东等地。经过军民多年艰苦努力，一条西起临洮（在今甘肃岷县）、东至辽东，实际长度五千余里、号称"万里"的长城最终屹立在秦帝国的北部边境上。因为秦长城的夯土部分多为紫色，后世又称之为"紫塞"。

这第二项部署，就是在新秦中设置四十四个县，并移民充实。史书记载，在秦始皇三十六年这一年，秦朝即向该地移民三万户。按户均五人计算，这批移民也该有十五万人上下。为了让移民在当地安心居住，秦始皇还给每人都赐爵一级。除百姓外，为增加戍边和修筑长城的人手，秦始皇又遣发刑徒和枉法官吏北上谪戍。

这第三项部署，就是修筑"直道"。直道的南部起点在云阳县甘泉宫，然后一直向北，逢山开山，遇谷填谷，直达秦朝新设的九原郡郡治九原（在今内蒙古包头市九原区）。直道全长1800里，子午岭上的道宽为5米上下，子午岭以北开阔地带的道宽为22米左右，是从咸阳到新秦中最短的大道（咸阳到云阳间本有道路）。为了加强云阳的力量，秦始皇后来还迁徙了五万户人口到那里。这样一旦新秦中有事，秦人可以第一时间调派军队和物资。

秦始皇北击匈奴的战争，一时之间确实取得了很大的成效，史称"蒙恬威震匈奴"，"胡人不敢南下而牧马，士不敢弯弓而报怨"。但正如李斯所预料的那样，为了维持这一切，秦朝的后勤压力、民众负担大到炸天的地步。

大家知道，匈奴人作为马背上的民族，天生就是打游击战的高手，敌强他就退，敌弱他就打，所以蒙恬虽然把匈奴人赶到阳山以北，秦始皇也无法把三十万大军撤回，只能让他们常驻当地。即使秦始皇命令军队和新迁入的百姓、刑徒在当地屯田，但头一年的粮食肯定要由朝廷来负担；而且当时新秦中一带的土地多是盐碱荒漠，只有北假西部（后套平原）较适宜耕种。所以日后种出的粮食、收获的刍草也远远不能满足五十万以上人口的需求，只能继续从关东地区调拨粮食、草料输往新秦中。

大约百年后，汉武帝驾前的大臣、西汉齐国临淄人主父偃追述这段历史时曾说："（秦始皇）又让天下人运送粮食和草料，从黄县、腄县、琅邪等东方靠海的郡县出发，辗转运往北河（黄河"几"字湾头上东西流向的河段），一般是出发时带三十钟，到地方还能剩下一石。因此男子努力耕种无法满足北方所需的粮饷，女子纺线织布供不上前线所需的帐篷帷幕。故而百姓疲惫不堪，孤寡老弱之人得不到照顾赡养，道路上死者相望。"

齐人主父偃说出发时带三十钟粮（一钟合六石四斗），到地方只有一石，显然太过夸张，但路途上损失很多（役夫吃及撒、漏等），导致运输成本高昂，却是不争的事实。

新秦中距离山东半岛直线距离有两千余里，算上道路曲折实际路途不下三千里。虽然秦律规定运粮大车一日必须行六十里，行三千里理论上只需五十日，但现实中随着路途的增加，遇到恶劣天气、艰险路段和车辆故障的概率也大大增加，所以运粮大车开到新秦中很可能要六七十日。如果按一个人驾车、一个人押车，两个人一个月吃五石粮来计算，来回四个月就要吃掉二十石粮食。我们曾介绍过，秦汉时期一辆大车的运量才二十五石，等于运到新秦中的粮食只有五石，仅为出发时的五分之一。秦朝在新秦中的军民、刑徒超过五十万，就算当地的屯田能满足一半的需求，也得再运二十五万人的口粮。按人均月食二石半计算，一年需七百五十万石粮食。因为路上至少要消耗五分之四，那么从内地的起运量就要乘以五，即调拨三千七百五十万石粮食。这是什么概念？按秦朝平均每户每年实际耕种五十亩田地，平均亩产2.88石[1]，一年收一百四十四石粮食，"十二税一"即上缴官府十二石粮食计算，那么三千七百五十万石粮食就相当于二十六万个家庭的产粮总量，或相当于三百一十二万户家庭上缴的田租总数。而当时秦朝四千万人，按一家五口算才有八百万户家庭，等于为新秦中消耗的粮食占到全国正常田租总收入的一小半！

上面说的不过是粮食这一项，事实上新秦中前线不只需要粮食，还需要副食品（菜、酱、盐等）、草料、武器、甲胄、服装、帐篷等，这些我们就不细算了。以秦朝原有的赋税项目和额度，肯定供应不起

---

[1] 于琨奇：《秦汉粮食亩产量考辨》，《中国农史》，1990年第1期。

这天量的粮草物资，秦始皇不得不提高田租征收比例，增加苛捐杂税的名目，因此《淮南子》《史记》《汉书》等古籍中有"秦收泰半之赋""头会箕敛，以供军费"等记载。

当然运送这么多粮草物资还需要占用大量劳力。单单那三千七百五十万石粮食用承载二十五石的大车运输，就要一百五十万车次、三百万人次。再加上其他物资，运输大军至少需百万人以上才能运转过来（一人运几趟）。我们上节算过秦始皇时期的大型工程，如修建骊山陵、建造关中关外几百座王宫行宫、修筑驰道、为秦始皇的出巡服务，已经占用了几百万劳力，本节叙述的戍守北河、修筑长城又占用大量劳力，导致秦朝男性劳力已经不够用，因此据《汉书》记载，当时只能"丁男披甲，丁女委输"，也就是运输大军不得不以女性为主了。秦始皇对天下百姓的役使离极点也不远了！

不过为巩固对新秦中地区的占领，最苦最累最要命的活儿还不是千里运输，而是修筑长城。

秦始皇时期的长城，都是最大程度利用地形，有山峦的地方建在山峦岭脊上，有河谷的地方建在河谷之侧，实在没有险要地势可以利用，才在平地挖沟取土筑墙。在没有现代化机械工具的时代，于崇山峻岭上运石夯土建造城墙，难度可想而知。尤其当时工期十分紧张（秦始皇死之前长城就建成了），为了加快进度、完成任务，督造城墙的军官小吏自然要把手中的鞭子挥个不停，导致大批建造者承受不住高强度的作业，倒毙在城墙之下。因此民间有歌谣唱道："生男慎勿举，生女哺用脯。不见长城下，尸骸相支拄。"意思是生了男孩不要养活了，生了女孩倒要用肉干来喂养，你不见那长城下面，都是建造者的累累尸骸在支撑！至于那"孟姜女哭长城"的故事虽然是后人附会的（孟姜女的原型杞梁妻本是春秋时齐人），但该故事能够在后世广泛流传，就和上面那首民谣一样，都是老百姓对秦代不顾百姓死活的暴政的控诉！

千里运输和修建长城都给百姓带来灾难,其实那兴修直道的工程也一样。长度一千八百里、穿山过谷的直道,蒙恬仅用了两年时间就让它基本通车了。百年后太史公司马迁实地在上面走了一遭,感觉十分震撼,批评蒙恬在天下刚刚结束战争不久的情况下就迎合上意,飞速完成了这么巨大的工程,太不懂得珍惜民力了。

解密南征百越的动因和兵力

如果说北击匈奴虽然严重劳民伤财,但在军事上还有一定的必要性和迫切性,即阻止游牧族群南侵、保护农业文明,那秦始皇自统一后一直在进行的继续南征的行动,就让人有点难以理解了。

在秦王正二十三年(公元前224年)时,王翦率六十万大军伐楚,次年俘虏楚王负刍,至二十五年(公元前222年)时秦军又越过长江一路平推,全面占领了楚国南部疆域。就这样,来自西方的秦人士卒踏上了原楚国的南部边境线——五岭。

五岭,由西向东分别为越城岭、都庞岭、萌渚岭、骑田岭、大庾岭,是一道隔绝南北的天然地理分界线。五岭之南,也就是今天的广西、广东地区,已经是当时的"化外之地",从未被纳入过华夏诸国的管辖范围。

岭南的居民,属于所谓的"百越"。商周时期,中原人把长江以南的族群统称为"越人"。因为他们分为众多互不统属的部落和酋邦,故而又被称为"百越"。如浙北越国就是由百越中相对靠近北方、吸收了部分中原先进文化的一支——于越人建立的。所以百越并非一个民族,也未曾建立过统一的政权。

到战国末期,长江以南、五岭以北的百越人,已经被纳入华夏诸国(主要是楚国)的管辖,并逐渐华夏化;但因为五岭的隔绝,岭南地区的百越人仍十分落后:政治上还是一盘散沙,分属无数部落和酋邦;经济上虽然有了原始农业,但渔猎采摘的比重依旧相当大。所以岭南百越既缺乏物质基础,又没有组织能力,构不成对秦朝的威胁,在这一点上是和匈奴完全不同的。

那秦始皇为什么会生出南征岭南之心呢?

据西汉前期淮南王刘安召集门客所写的《淮南子》一书载,秦始皇是贪图岭南越人的"犀角、象齿、翡翠、珠玑"等奇珍异宝。

> (秦始皇)又利越之犀角、象齿、翡翠、珠玑,乃使尉屠睢发卒五十万,为五军,一军塞镡城之岭,一军守九嶷之塞,一军处番禺之都,一军守南野之界,一军结余干之水。三年不解甲弛弩,使监禄无以转饷。又以卒凿渠而通粮道,以与越人战,杀西呕君译吁宋。而越人皆入丛薄中,与禽兽处,莫肯为秦虏。相置桀骏以为将,而夜攻秦人,大破之。杀尉屠睢,伏尸流血数十万,乃发谪戍以备之。
>
> ——《淮南子·人间》

我们不能说秦始皇南征的动因里没有夺取岭南宝物这一项,但这绝对不可能是主要动因:一来这些物品毕竟不像食盐、铜铁矿藏等一样是重要的战略资源,而属于贵族的"玩物""奢侈品";二来这些物品完全可以通过贸易方式获得,没有必要为此大动干戈。所以《淮南子》中的说法,可能是西汉人出于对秦始皇暴虐、贪婪的负面印象而编派出来的。

既然抢夺奇珍异宝不是秦始皇南征的主要动因,那是什么呢?笔者认为,这其实很简单,就是"开疆拓土",因为它是历代具有"雄才大略"的君主都有的念头。尤其是秦始皇作为第一个以郡县形式统一天下的君王,内心一定有一种执念,那就是把当时人已知的地理空间都纳入秦帝国的管理,最大程度实现"大一统"。岭南地域广大,又处于混乱"无主"的状态，这样的软柿子自然要去摘了。不过秦军最初是在什么时候、出动多少兵力、以何种方式跨越五岭的呢？有关以上问题，史书的记载却很模糊和混乱，下面我们就来一一探究一下。

先说秦军南征的时间。

据《史记·秦始皇本纪》记载，"三十三年……略取陆梁地，为桂林、象郡、南海"。这里的三十三年（公元前214年），应该是秦朝正式设置三郡的时间。而秦朝的出兵时间理应在此之前。《淮南子》一书曾有"（秦军）三年不解甲弛弩"的语句，那从三十三年（公元前214年）往前推三年，大约是三十一年（公元前216年），因为古人说几年就像说几岁一样，一般是算本年的。但据学者透露，"荆州博物馆藏一种新出土汉简中，有秦始皇三十年苍梧尉徒唯攻陆梁的记载"[1]。而我们前面说过，《史记·秦始皇本纪》明确记载"三十年，无事"。所以笔者以为秦始皇首次下令南征岭南的时间很可能在三十年的年底，等秦军真正出动已进入三十一年，所以太史公才说三十年"无事"。

再说秦军的兵力。

按《淮南子》的说法，秦军南征以尉屠睢（张家山等汉简作"徒唯"）为统帅，出兵高达五十万人。这一说法被众多图书所引述，甚至有不少现代读者在读到秦朝灭亡的历史时，发出"岭南五十万大军为什么不回援"的疑问和感慨。但历史大家吕思勉早在20世纪30年代所著的《燕石札记》中就指出"五十万"数字之荒谬。笔者也认为，这一数字是严重夸张的，是不符合历史情况的，笔者至少有四点理由：

一、太史公司马迁对"五十万"的说法是不认可的

要知道早在汉武帝建元二年（公元前139年），淮南王刘安就将

---

[1] 守彬：《秦苍梧郡考》，《出土文献研究》第七辑，上海：上海古籍出版社，2005年版，第185页。

自己和门客编著的《淮南子》一书进献给朝廷，汉武帝随即下令将该书藏于秘府。而司马迁是在元封三年（公元前108年）担任汉朝太史令的，他编著《史记》更在这之后。鉴于《淮南子》成书在先，司马迁又是能阅览秘府书籍的太史令，他必定看过该书。但在《史记》各篇章中，司马迁却并没有采纳《淮南子》一书中秦军南征百越动用士卒"五十万"的说法，可见既博览群书又曾亲身游历过西南地区的他认为该数字是不可信的。《淮南子》一书把秦朝北征匈奴的兵力也说成是"五十万"，可见这种诸子书只是借用历史故事来说理，对历史事实和细节并不太在意，讲兵力往往张口就是"五十万"，所以太史公同样未予采信。当然司马迁肯定也没找到其他可让他相信的秦军南征兵力数字，因此他在《史记》中采取了模糊化的处理方式，即没有写南征秦军的具体人数。这看似是有些粗糙，但正是司马迁写史态度严谨的表现。

二、"五十万"士卒的数字与屠睢的官职"尉"是不匹配的

大家知道，多大的官儿管多少人，无论哪朝哪代哪个国家，都是有一定规定的。以现代军事制度为例，连长可管百十人，营长则能管五百余人，团长那就能管数千人了。一般是不可能出现职务是连长却管几千人的异常情况的。至于屠睢，南征前他不过是秦朝苍梧郡郡尉。当年李信带二十万人伐楚，被楚人追击时一次被杀都尉即郡尉七名，可见李信的军队里至少也得有十几个郡尉级别的将领，所以一名郡尉顶多也就领几万名士兵。反过来，再说"五十万"士卒那得是什么级别的将领才能拥有的兵力？秦政权历史上，恐怕只有长平之战时的武安君白起和灭楚之战时的大将王翦指挥过五六十万人规模的军队。而与南征百越几乎同时进行的北击匈奴战事中，深受秦始皇信任的名将蒙恬不过才被授予三十万人。大家想想，像屠睢这样的郡尉，论地位、

威望、能力，比起白起、王翦、蒙恬差了不知道有多远，秦始皇怎么可能授予他五十万人马呢？

三、"五十万"士卒的数字与南征百越的任务难度不匹配

秦始皇时期岭南的百越人分成无数部落和酋邦，根本不是一个统一的国家。当年秦昭王为了对抗长平四十多万强悍的赵军，才授予白起五六十万人马；十来年前秦始皇为了消灭树大根深的楚国，才授予王翦六十万人马；同时期秦始皇为了对付弓马娴熟，曾给秦、赵、燕三国边境带来压力的匈奴人，才授予蒙恬三十万人马。现在对付一群"一盘散沙"、要组织没组织、要装备没装备的"部落人"，秦始皇能给屠睢五十万人马吗？

四、秦朝无法保障岭南"五十万"士卒的口粮

按秦代士兵一月吃两石半口粮计算，五十万名士卒一年需一千五百万石粮食。但运粮到岭南需要翻山越岭，只能肩挑背扛，路上损耗会比用车船运输多得多！上一节我们计算用大车运送二十五万军民的粮食到北河，没算撒漏只算役夫的伙食，差不多就要消耗秦朝正常情况下一年一小半的田租收入。所以秦朝无论如何是无法在保障北河五十万戍边军民和咸阳七十万修陵人的口粮的同时，再保障岭南五十万士卒的口粮的！

所以根据以上四点可以断定，屠睢南征百越的军队绝对没有五十万人。那他到底带了多少军队南下呢？

太史公司马迁虽然没有记载秦始皇出兵岭南的兵力，但是却在《史记·南越列传》中清楚记载了一百多年后汉武帝出兵岭南的兵力，那就是兵分五路共十万；而且列传中叙述，其实五路军中有三路军尚未到位，只有两路军进行了实际战斗，南越就投降了。再结合屠睢的

官职仅是较低级别的"尉"这一点，所以秦朝南征岭南的初始兵力应不超过十万人，也就是只有几万人的规模。

那《淮南子》一书所载的五十万人是怎么回事呢？笔者认为，那很有可能是刘安等人把秦朝为岭南作战提供后勤支援的役夫以及进行战略策应但实际并未越岭南下的部队都算上了，或者是把之前王翦伐楚时几十万秦军抵达楚国南部边境一带的事情与屠睢征南搞混淆了。

最后我们来探究一下秦军南征的具体过程。

近现代很多历史学者，根据《淮南子》一书中"一军塞镡城之岭，一军守九嶷之塞，一军处番禺之都，一军守南野之界，一军结余干之水"的记载，认为秦军南征百越是五路大军并进，其实这显然误解了原文。原文中本来写得很明白，五路秦军的举动分别是"塞""守""处""守""结"。"守"自然是防守的意思，"塞"是"封闭"的意思，"处"是"置身"的意思，"结"是"集结"的意思。所以到"镡城之岭"（在今湖南怀化南）、"九嶷之塞"（萌渚岭）、"南野之界"（大庾岭）的秦军，任务都是防守，而非进攻；"余干之水"在今天江西余干县境内，距离五岭近千里，既无水路也无陆路通往岭南，集结在这里的秦军无疑很难与进攻岭南百越挂上钩，倒是可能是为了对付今天福建境内的闽越的；"番禺之都"即今广东广州，当时是岭南百越的老巢，只有这一路秦军应是打过岭南并在当地驻防的。总归《淮南子》中关于这段的记载是极为混乱的，有拼凑之嫌，吕思勉也在《燕石札记》中指出其荒诞不经。

那么秦始皇三十一年（公元前 216 年），秦军南征岭南的仗到底是怎么打的呢？《史记·平津侯主父列传》称："（秦）使尉屠睢将楼船之士南攻百越，使监禄凿渠运粮，深入越。"可见秦军走的是水路。

结合文献、地理和考古，秦军南攻的水路，只能是逆湘水南下（湘水自南向北流），穿过五岭中最西部的越城岭，到苍梧郡零陵县（在今广西全州西南）的湘水源头处，再经人工开凿的灵渠进入离水（今漓江），然后顺离水入郁水（今珠江），进而直下番禺，也即岭南百越最富庶的地区。至今在广西兴安县城西南20公里的灵渠与漓江汇合处，还有一座周长达15公里的秦城遗址，应是当年秦军驻军、屯粮的场所。只不过秦始皇三十一年屠睢最初南下的时候，灵渠应该还未修筑，秦军只能乘舟到湘水的源头处登岸，然后在陆地上行进八十余秦里（34公里），再进入离水。

屠睢率数万大军顺离水、郁水进入番禺地区后，利用先进的兵器和技战术对部落状态的百越人进行了"降维打击"，当然是迅速占领该地。此后屠睢以番禺为基地分别向东西两个方向进军，扩大秦人的领地。越人只能四散逃命，躲入深山密林中，连百越中西瓯（西越）方国的首领译吁宋都被屠睢杀死。

南征至此表面看很"完美"，但事实上岭南秦军的处境却不是很妙：首先他们的后勤补给线上有一个"梗阻点"，即湘水到离水间的八十里陆地，物资在这段只能陆运，费时费力；其次他们只占领了今天珠三角平原地区和交通枢纽，其他的地方还在敌对的百越人手中。

为了解决补给问题，秦朝一名叫禄的监御史奉命在湘水和离水之间开凿一段东西流向的水渠，这就是著名的灵渠。可就在灵渠修建过程中，退至密林深处的越人趁着秦军粮食短缺、士卒疲敝发起了反攻，秦军大败，连主将屠睢都死于乱军之中。

接到岭南的败报后，秦始皇自然恼怒又不甘心。在秦始皇三十三年（公元前214年），也就是蒙恬北击匈奴的第二年，秦始皇下令征发"尝逋亡人"（曾犯有逃亡罪的人）、赘婿（上门女婿）和贾人（商人）入伍，作为增援部队补充岭南秦军。

前面说过，在秦朝抛弃户籍或逃避兵役徭役可不是好玩的事情，这里应验了，被派去"谪戍"了。但秦始皇为什么要派曾犯有逃亡罪的人、上门女婿和商人这三种人去"谪戍"呢？

有读者肯定会说，当时秦始皇已经派三十万人的大军北击匈奴，常规兵源肯定不足了,他自然要开发其他人力资源。上述理由肯定也是成立的,但我们细瞅瞅会猛然发现,秦始皇派的三种人全都是秦朝"多余的人",甚至是制度和秩序的破坏者!

曾犯有逃亡罪的人,他们不想接受官府管理,尤其是不想缴纳赋税和服兵役、徭役,属于有一定反抗精神的"刺头"。这样的人不但自己不愿给朝廷尽义务、做贡献,还会影响到周围的人。如果百姓都有样学样,秦朝官府还能剥削谁、役使谁去?

上门女婿,很多人不理解他们有什么错。其实大家想想,秦自商鞅变法后一直鼓励分户。这些人如果不当上门女婿,按理该娶老婆另立新户的,国家就可以多收一户的赋税了。但他们不立户,而入赘到某家当女婿,朝廷就等于少了一户的赋税收入了。所以在统治者看来,他们跟逃亡者的性质是差不多的。

至于商人,这就容易明白了,因为秦一贯重农抑商,在统治者看来,商人不事生产,只靠贩运来赚取地区差价。在秦统一前,秦的统治者还需要六国商人把东方的物资贩运到秦国;但统一之后,皇帝可以随意调拨天下的人和物,需要什么地方特产让当地县的官营工场去采伐或生产,或让当地老百姓上缴特产去抵赋税就行了,哪里还需要商人?所以此时的商人也成了多余的人,没生意可做的他们反倒成了社会不稳定因素。

因此从这个角度看秦始皇派上述人员南征百越就有意思了:他其实是在对秦朝内部的"垃圾"进行"废物利用",反正这些人容易引发帝国内部的矛盾,不如征发他们去打岭南的百越,无论胜败都是减轻秦朝内部的压力和负担。一句话总结,就是"转嫁国内矛盾"。

在秦始皇三十三年,灵渠应该修通了,秦军的补给和增援部队先进入长江,再进入湘水,通过灵渠顺利转进离水,然后从离水进入郁水,继而进抵番禺(今广东广州)。在充足的人力、物力支持下,接替屠睢职务的任嚣终于带领秦军在岭南站稳了脚跟。同年,

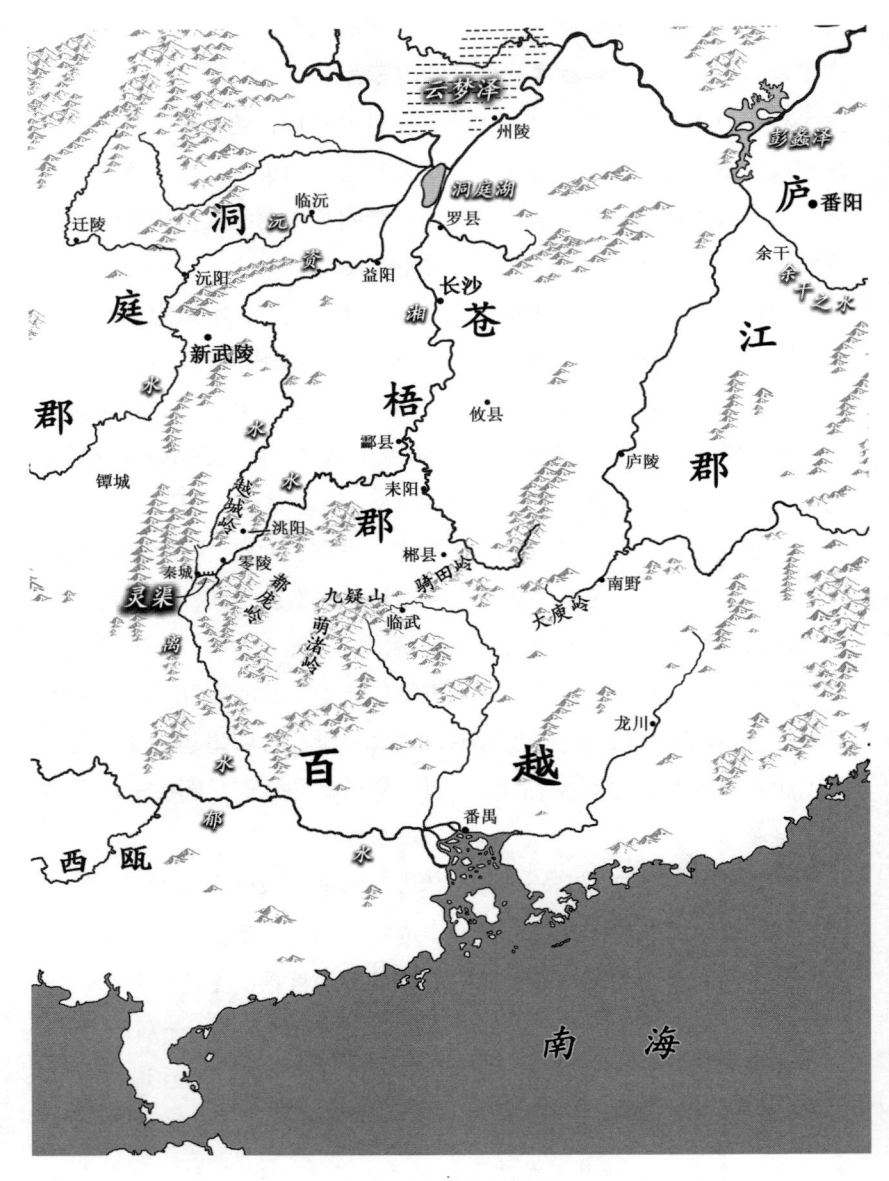

五岭、灵渠位置示意图

秦朝在岭南设置了桂林、象、南海三个郡；同时为避免三郡军事力量分散、被南越人各个击破，秦朝任命任嚣为南海郡尉并统管三郡军事。至此秦始皇南征百越的大规模军事行动结束了，开始转入巩固占领的阶段，为此秦始皇又派身份低贱的人和犯法的官吏、百姓去谪戍。如据《史记·淮南衡山列传》记载，岭南曾要求秦始皇调派三万名无夫的妇女给当地驻军士卒缝补衣服，秦始皇最终答应的数额是一万五千名。

秦始皇南征百越的行动我们该如何评价呢？它无疑有积极的一面，即大大拓展了华夏民族的势力范围，促进了岭南地区的开发；但它的消极一面也是可以想见的，那就是加剧了本已痛苦不堪的秦朝百姓的负担（尽管南征百越的规模远小于北征匈奴），尤其是在民间引发一定"恐慌"，因为岭南一向被中原人视为"烟瘴之地"，大家唯恐被抓去"发配"南方。

在本节结束时，很多人感到困惑的问题即"秦朝灭亡时岭南五十万大军为什么不回援"也就可以解决了：

首先，秦朝在岭南的兵力根本没有五十万。秦朝灭亡时岭南顶多只有不到十万的军民混合队伍，即最初由屠睢率领的几万秦军的余部加几万增援的尝逋亡人、赘婿、贾人以及几万贱民和犯法的官吏、百姓。之所以说这些人应该不超过十万，是因为《史记·郦生陆贾列传》中记载，西汉初年大臣陆贾曾出使南越国，称南越王赵佗"今王众不过数十万，皆蛮夷"。如果赵佗属下的汉人超过十万，陆贾显然不会这样说了。

其次，岭南的军民混合队伍没有救援秦朝的动力。他们中顶多只有最初的几万秦军和谪戍的官吏里可能有不少"老秦人"，后面增援的谪戍的百姓应该大多是原六国人（原秦国区域本不存在商人，赘婿也早被打击过了），连秦朝灭亡时接替任嚣担任南海尉的赵佗都是原赵国人（他籍贯为恒山郡真定县即今河北省正定县），所以他们中多数人对秦政权不可能有什么感情,甚至应该说是痛恨的,秦朝有难他们不落井下石跟着各路反秦义军进攻咸阳就不错了,怎么会去援助呢?

焚书——"百家争鸣"结束了

秦始皇三十四年(公元前213年),因为当时南北两个战场进展都很顺利,秦朝开拓了大片疆土,咸阳城中的秦始皇不由得龙颜大悦,下令在咸阳宫大摆酒宴庆祝。

> 仆射,本为武官名,秦代皇帝身边的博士、侍中、尚书、郎官等的主管均叫仆射。

酒过几巡后,秦朝的博士官七十人一起向秦始皇敬酒。为首的博士仆射(yè)周青臣高举酒杯颂扬说:"以前秦国方圆不过千里,全靠陛下英明神武,扫平天下,驱逐蛮夷。现在但凡日月能够照耀到的地方,没有不臣服的。把诸侯之地都改为郡县,人人安居乐业,再没有战争的祸患,陛下的江山必将传之万世。臣以为,自古以来的帝王,都比不上陛下的德威!"

周青臣当然是在拍秦始皇的马屁。虽然他说的话有事实,如"扫平天下,驱逐蛮夷";但也有睁眼说瞎话的地方,如"人人安居乐业,再没有战争的祸患",因为自秦统一至此,各种大型工程并行不断,北方和岭南的战事实际上也未停止,老百姓哪里过过几天安稳日子?

秦始皇听后,自然是十分受用,笑逐颜开。谁知道这时候有个来自齐地、名叫淳于越的博士却不识趣,站出来高声说:"臣听说,商周统治天下都将近千年,因为他们都大封子弟功臣,作为枝干,辅佐王室。现在陛下拥有四海，但是王室子弟却都是平民百姓，一旦出现像齐国田氏、晋国六卿那样的权臣，王室没有依靠，怎么来挽救呢？办事不以古人为师而能长久的，臣还没有听说过。现在周青臣又当面奉承陛下，等于是加重陛下的过失，显然不是一个忠臣！"

淳于越的话一说完，本来觥筹交错、欢声笑语的大殿一下子寂静下来。大家面面相觑，心说这个博士真不知道看看现在是什么天，敢在喜庆的日子泼秦始皇冷水，而且不是一般的冷水！

确实，以前战国的时候，说客、游士们在各国君主面前都是不卑不亢、直言不讳，甚至经常端起架子、危言耸听。在那会儿，淳于越说话的内容、语气根本不算事儿。但现在秦始皇已经兼并了天下，多国竞争变成了一家垄断。常言道"飞鸟尽，良弓藏；狡兔死，走狗烹"。他再不需要装"礼贤下士"，反而在竭力打造唯我独尊的霸权统治。天已经变了，淳于越还活在战国老皇历里！

再说秦始皇，他见统一已经八年多了，居然仍旧有人在这样的根本问题上公然反对自己，自然心中火起。但他并没有立时发作，而是按照惯常的流程，让众大臣们先一起评议一下淳于越的话。

这时秦朝右丞相隗状和左丞相王绾都已经去职，史书再未提到过他们，可能是去世了吧；该年的右丞相变成了冯去疾（也是冯亭的子孙），左丞相则由李斯升任。

果然，不劳秦始皇直接出声，极了解他心思的新任丞相李斯就走出班列，对淳于越的言论大加批驳："五帝的做法不相重复，三代的制度各有因袭，都有自己治理的方法。并不是他们故意要不同，而是因为时变事异。现在陛下开创大业，建立万世之功，本来就不是迂腐的儒生能明白的。淳于越所说的是三代的旧事，哪里值得效法？过去诸侯互争短长，所以才用优厚的待遇招揽游学之士。如今天下一统，法令都出自一家。百姓就应该种田做工，士人就应该学习法律禁令。可现在儒生不以今人为师，却效法古人，用来非议当今之世，迷惑扰乱黔首，实属不该。"

说到这儿李斯还不罢休，他举着笏板向秦始皇郑重建议道："作为丞相，臣李斯现在冒死进言：古代天下散乱，不能统一，所以诸侯并起，异说迭出。现在皇帝兼并天下，是非黑白都已辨明，大小事宜全有了裁决。可传播私家学说的人却仍旧相互勾结，非议法令和教化。这些人一听到法令下达，就各自用自己的学说来评议指摘，在朝中时心中讥讽，退朝后就在街巷褒贬。于君主面前夸耀自己的学说来博取名声，用标新立异来表现自己的高明，带着一群追随者对官府造谣毁谤。都像这样而不加禁止，那么在上，君主的威势就会下降；在下，臣子们就会结成朋党。臣以为只有加以禁止才是适当的。因此臣请求陛下命令史官，把《秦记》以外的史书都焚毁。除了博士官以外，天下有敢收藏《诗经》《尚书》和诸子百家之书的，都要交由郡守、郡尉烧掉。"偶语《诗》《书》者弃市，以古非今者族"，官吏有知情不报者，与之同罪。法令下达三十日还不焚书者，脸上刺字罚为城旦。不过要明令以下一些书籍不烧，那就是医药之书、占卜之书和种植之书。如果有人想学习法令典籍，就应拜官吏为师。"

秦始皇听完李斯的建议后感觉正合自己心意，于是缓慢而坚定地点点头，蹦出一句："可！"

在秦政权时期，君王或皇帝的话就是法律，因为秦的法律在古籍中本就被称为"律令"："律"是指商鞅变法时制定的条文，相当于现代法律界所说的"成文法"；而"令"就是指历代秦君的诏令，即对某些问题的具体处理命令，这种处理命令将成为以后类似问题的处理依据，相当于现代法律界所说的"判例法"。

李斯的建议被秦始皇认可并作为诏令颁布天下后，秦朝的各级官吏当然要迅速跟进执行，否则要连坐同罪。所以一时之间天下各地黑烟滚滚，大批私家藏书被献出来或搜出来烧掉。这就是历史上著名的"焚书"事件！

不过李斯的话恐怕一些读者读得不太明白，这会影响大家对"焚书"事件的正确认识，所以下面有必要做一番解读。

首先，李斯要烧的是什么书。李斯最先提到的是史书，除了秦国自己的《秦记》，其他的史书全烧；李斯后面提到的是《诗经》《尚书》和诸子百家之书，即儒家、法家、道家、墨家、阴阳家等家的书也全在焚烧之列。但是注意李斯还提到一个前提，那就是史书只说让秦朝史官烧，没说烧民间的史书，可能是秦始皇统一天下后，各国的史书都集中到秦朝的史官手里去了，民间很少有史书；至于诸子百家书（严格说儒家也算百家之一），则是要求烧民间的，博士官署所拥有的书不烧。

其次，除了"焚书"，李斯实际上还提到了"禁言"。"以古非今者族诛"这句大家都能理解，一直以来也没有疑义，不过"偶语《诗》《书》者弃市"这句过去大家却都理解错了。

"偶语《诗》《书》者弃市"一句中的"偶"，坊间不少人多望文生义地把它解释为"偶尔"，这当然是错的；古今学者多解释为"成双成对"，也就是面对面说话，这其实也不对。因为按学者的解释，那就成了任何人都不能在别人面前谈论或引述《诗经》《尚书》中的内容了。可这种解释显然是违背史实的，因为在此之后秦朝还是有博士、有儒生在活动的，而讲述儒家经典是他们吃饭的手段，也是他们作为儒家门徒的标志，所以"偶语《诗》《书》者弃市"的意思不可能是你嘴里冒出几句儒家言论就要杀头。

当代历史学者辛德勇经过仔细考证后认为，"偶"在这里实际上通"寓"，"偶语"即"寓言"，所谓"寓言"也就是用类比、比喻的方式来说理或讽刺的意思，通俗说即"借事说事"[①]。因此李斯所说的"偶语《诗》《书》者弃市"，真实的意思是说你纯粹做学问，

[①] 辛德勇：《生死秦始皇》，北京：中华书局，2019年版。

把《诗经》《尚书》当文学书、历史书来诵读是可以的，但是绝不能借事说事、有所讽刺！要是敢的话，那就砍脑袋！

有读者可能会说，看样子李斯、秦始皇确实被"抹黑"、被冤枉了嘛，"偶语《诗》《书》者弃市"没过去理解的那么残暴。不过笔者认为这依然是很恐怖的。为什么这么说？因为借事说事的判断标准完全是主观的，《诗经》里也有一些讽刺周代朝政昏暗、聚敛无度的诗句，如"小东大东，杼柚（zhù zhóu，指织布机的一些部件）其空"（西周末年朝廷拼命聚敛财物，远东近东各路诸侯的布帛都被搜刮一空）等等，如果一个博士授徒的时候教了这些内容，会不会被认定是借事说事、借古讽今呢？所以"不能借《诗》《书》讽刺当朝"，完全是"言论入罪"，执行标准完全看统治者心情，等于是秦始皇给儒生们头上悬了把刀，看谁不老实、不顺眼，随时可以把刀落下！这当然也是很恐怖的！

弄清楚了李斯"焚书"加"禁言"建议的具体内容后，我们就能明白秦始皇为什么一口就答应了：烧了周王室和六国史书，一来能够消除百姓对统一之前的封建时代和原属国家的记忆，防止推崇三代、复辟旧国等思想产生，二来能够掩盖秦人历史上不够光彩的地方（如飞廉子孙是反周失败被周人发配到邾圉的、秦军曾多次屠杀六国军民等），塑造秦朝的光辉形象；把民间除了医药、占卜、种植方面的书都烧了，可以防止不受朝廷控制的私学泛滥，恢复春秋以前"学在官府"的旧制，禁言可以防止诽谤朝廷的事情发生。"学在官府"之后，博士官署虽然拥有书籍，但那些博士现在都被朝廷圈养，又有禁言令在，谅他们不敢再多嘴。总之这样的思想文化专制的做法，非常有利于秦朝"统一思想""控制舆论"。之前秦始皇已经在行政、度量衡、文字等方面采取了统一的措施，现在正好补上思想文化统一这一缺项。

那么"焚书"加"禁言"的实际影响有多大呢？

能够观看汉代秘府藏书、把毕生精力奉献给史学的太史公司马迁在《史记·六国年表》的序言中写道:"秦既得意,烧天下《诗》《书》,诸侯史记尤甚,为其有所刺讥也。《诗》《书》所以复见者,多藏人家,而史记独藏周室,以故灭。惜哉!惜哉!"

按太史公的说法,在秦朝"焚书"浩劫中损失最惨重的是周王室和诸侯的史记,因为它们多藏在官府而不是民间,秦灭二周和六国时这些各国史记大部分进了秦朝的秘府,而秦始皇听从李斯的建议让秦朝史官把它们都烧了。虽然有学者考证司马迁在写《史记》三十世家时也曾引用过一些六国史记资料,证明秦朝的史官可能并没有把各国史记全毁掉而是保留了一部分,汉朝建立后也曾从民间收集到一些六国史记[①],但更多的史书资料是毁于这次"焚书",应该是没有疑问的;否则太史公也不会痛心疾首,连说两个"惜哉!"

所以"焚书"给中国先秦史料带来的打击是极其严重的。比如我们号称五千年文明古国,但至今连西周王朝共持续多少年、西周诸王分别在位多少年这样的基本问题都搞不清,导致直至公元前841年才有确切的连续纪年;又如在《史记》中,战国时期的很多历史事件、人物都很混乱,田齐的君主世系比实际错位几十年,张仪、苏秦这两位原本相差三十年的人物也唱起了对台戏。虽然晋代出土了《竹书纪年》,尤其是近现代以来商周甲骨文、金文和战国、秦汉简帛书等资料大量问世,很多历史错误得到纠正,一些历史事件得到还原,但更多的历史真相却随着秦始皇"焚书"湮没在历史长河中,可能我们永远也无法揭开了。

其实在"焚书"中,以儒家为首的诸子百家之书的损失也非常大。虽然秦始皇按李斯所说,允许博士官署保留《诗经》《尚书》等儒家典籍和诸子书籍,但博士官署所藏之书种类数量毕竟有限,大量散落民间的儒家和各家书籍被烧毁;到秦末战争期间,博士官所藏的书籍

---

① 赵生群:《〈史记〉取材于六国史记》,《人文杂志》,1984年第2期。

又有所损失,以至于到汉初文化出现断层。如《诗经》,虽因朗朗上口、易于背诵而由汉代经师整理出来,但是战国时期儒家关于《诗经》学的大批著作却失传了。20世纪末上海博物馆从香港购回的战国楚简《孔子诗论》二十九枚,就是因秦火而失传的儒家论诗作品的一种;如《尚书》,先秦时期至少有上百篇在社会上流传,汉初只剩数十篇,近年来学者在战国楚简中又发现了失传的《尹至》《厚父》《封许之命》等篇章。此外,如今发现的战国简帛书中还有失传的儒家篇章《鲁穆公问子思》《民之父母》《鲁邦大旱》,道家篇章《太一生水》《亙(gèn)先》,兵家篇章《曹沫之阵》,纵横家篇章《战国纵横家书》,杂家篇章《容成氏》,楚辞《兰赋》《有皇将起》,等等。众所周知,能够出土的战国、秦汉简帛书毕竟是极少数,从这推导,毁于秦火的先秦诸子的文章、书籍数量肯定是很庞大的。

"焚书"之外,禁言也起了很坏的作用。众所周知,西周周厉王虽然"止谤",但还未上升到法律层面,尤其是他很快就被暴动的国人推翻了。到了春秋战国,百家争鸣、互相辩论,齐国稷下学宫甚至允许"不任职而论国事"(《盐铁论·论儒》),言论的空前自由,也带来了思想、学术的繁荣景象。现在秦始皇把"偶语《诗》《书》者弃市,以古非今者族"公然写入律令,春秋末期以来自由思索、大胆质疑的精神受到致命打击,"万马齐喑"的时代到来了。

总之,由李斯提议、秦始皇确认而搞出来的"焚书""禁言"运动,是中国文化史、思想史上的一次大浩劫,而且开了一个恶的先河。自此以后两千多年,中国历代专制王朝无不有样学样,奉行"太上禁其心,其次禁其言,其次禁其事"(《韩非子·说疑》)的统治法则,总是在禁毁书籍、堵嘴封口上下功夫,千方百计钳制思想、愚弄百姓,以维护一家一姓的统治地位。而中国的文化思想,两千多年来也停滞不前,从没超出战国诸子的范畴,直到鸦片战争国门被英国人的坚船利炮砸开。

号称"德国古典文学的最后一位代表"的诗人兼散文家海因里希·海涅（1797—1856年）曾写过一句名言："哪里有人在烧书，哪里最后就烧人。"专制者的头脑都是相通的，果然秦始皇焚书之后没多久，就开始大规模因言杀人了。

兴阿房　坑术士

"焚书"的第二年，也就是秦始皇三十五年（公元前212年），自认为文治武功盖世的秦始皇嫌咸阳的人口太多、先王修筑的王宫太小。于是他告诉群臣，自己听说周文王建都于丰京，周武王建都于镐京，丰镐之间是帝王之都，所以他想在丰镐旧地以北、当时咸阳西南的皇家园林上林苑里新建一座举行朝会大典的王宫，作为秦朝新的政治中心。至于规模，那当然要与他前无古人的功业和唯我独尊的皇权相匹配。

去年博士淳于越提出分封制，在喜庆的酒宴上大败秦始皇的兴致，酿出"焚书"事件。现在对秦始皇要做的事情，大臣们当然只有应和而无人敢提出不同意见了。

因此在很短时间内新朝宫的设计方案就被拿了出来，并得到秦始皇的确认。接下来秦朝官府调拨人力物力，交给负责管理皇室财产和生活、当然也包括修筑宫室的少府，开始了新朝宫前殿的建设工作。这前殿即新朝宫的主体建筑，其功用和地位就如同明清紫禁城里的太和殿一样，将来建成后，秦朝的大型朝会、典礼活动都将在这里举行。

不过现在北京故宫的太和殿（长64.24米，宽37米），在秦朝新朝宫前殿的面前简直是小巫见大巫！据《史记》记载，新朝宫前殿东

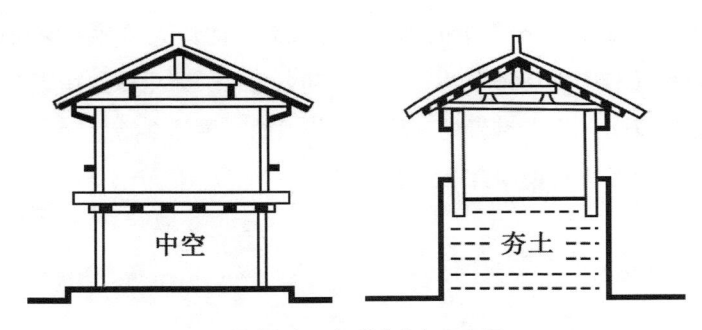

阁道（左）、复道（右）示意图

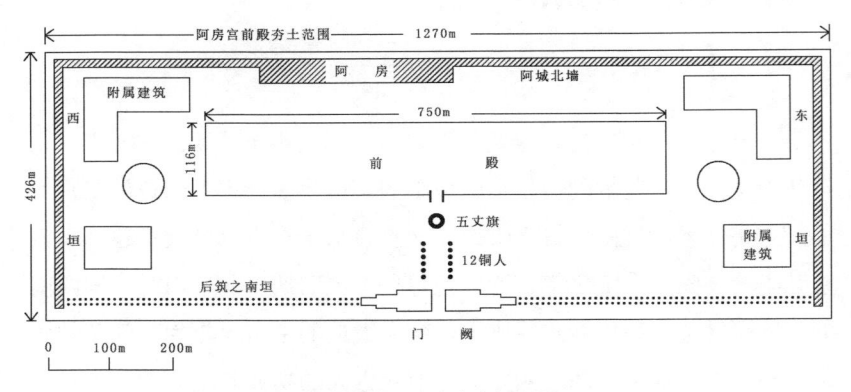

阿房宫前殿设计方案复原图

注：本图引自王学理论文《"阿房宫"、"阿房前殿"与"前殿阿房"的考古学解读》。

西长五百步（合今693米）、南北宽五十丈（合今115米），上面能坐一万人，房檐下能竖起五丈（合今11.5米）的旗杆。前殿正对南面五十多里外的终南山缺口沣峪口（丰水从这里流出），显示了秦始皇的非凡气度——他要让沣峪口做新朝宫的南大门，两旁的山脉正好当门阙！在秦始皇的规划里，新朝宫前殿将有阁道围绕，一直延伸到终南山下；还将建设复道，跨越渭水与咸阳老城区连接，来象征天空中的阁道星横跨银河抵达营室星。

可这个在建的新朝宫叫什么名字，才能显示出前无古人的皇帝的威仪呢？秦始皇却一直没有想好，所以他搁置下来准备等建成以后再说。不过在现实生活中,大家总要叫它,太史公司马迁于是说因为"作宫阿房,故天下谓之阿房宫"。

但太史公这句话说得太简单,后世人仍然一头雾水——那"阿房"又是啥意思呢?这解释又有很多。一般都按唐代经学大家颜师古的说法,说"房"通"旁","阿"有"近"的意思,阿房就是"(咸阳)近旁"的意思。也有现代学者引《说文》称"阿,大陵也",认为"阿房"就是"山旁"的意思,因为从咸阳向新朝宫方向望去,由于视觉的原因,它好像就在南面的终南山旁边一样[1]。总之"阿房"的意思和读音(ē páng、ē fáng 还是 ā fáng),至今仍没有定论。

阿房宫前殿破土动工后,首先就是夯筑台基,因为三代和秦汉时期营建宫室,都要建在高台之上。高台建筑的出现最初本是为了防潮,后来统治者发现房屋建在台上看上去高大壮丽,能凸显君主的威仪气势,所以就把台基修筑得越来越高、越来越大。据现代考古实测,阿房宫前殿的夯土台基高出秦代地面 12 米,相当于现在 4 层楼的高度;台基原址东西长 1270 米,南北宽 426 米,面积达 54 万平方米,相当于现在 75 个标准足球场的大小!

简单计算一下,我们就知道这个夯土台基有 528 万立方米的体积,要夯出这么一个巨型夯土台来,所需的人工自然是海量的。

不过建阿房宫前殿可不是只要修个台基就算了,以后还要建起大殿本身,那就需要木材、石料。所以史书说秦朝少府又安排人到关中地区北部山脉中去开采石料,到蜀地乃至楚地去砍伐木材。与此同时,上林苑中有一些战国后期秦国修筑的旧宫室也在翻新,准备作为阿房宫前殿的附属建筑,当然以后还会再新建一些建筑纳入阿房宫。所以大家千万别把阿房宫前殿这一座建筑当做"阿房宫",秦始皇规划的阿房宫将是一片建筑群。

---

[1] 雍双全:《揭开"阿房"神秘面纱——阿房宫名续考》,《华夏文化》,2018 年第 4 期。

因此太史公说，秦朝共计征集七十万名刑徒和服役黔首投入到修筑阿房宫（主要是前殿）和骊山陵的工地上，那算起来负责修筑阿房宫的人力也不下数十万！

其实秦始皇的雄心远远超出我们的想象。前面提到过，他准备按天上的星宿排列来布局他心目中的新都城，而他心目中的新都城包括整个关中地区！《史记》记载当时的关中地区有王宫三百座，可谓宫殿台阁弥山漫谷，星罗棋布！此外秦始皇还在朐（qú）县（在今江苏连云港市西南锦屏山一带）东海边上竖立起两块巨石（当时的东海海岸线就在锦屏山一带），作为大秦王朝的东方门阙。因为在周代，各国都城大都是坐西朝东的，而不是像后来坐北朝南的，所以东门才是正门（西汉长安城也是这样，直到东汉洛阳城才改为坐北朝南、以南门为正门）。如果大家拿出一幅中国地图来，会发现连云港锦屏山与秦咸阳在同一纬度，是秦咸阳的正东方！

与此同时，秦始皇还不忘布置他死后的"家"，他下令迁徙三万户人家到骊山陵北边的丽邑，以便以后有人为他守陵和进行祭祀、维修陵墓等工作。

如果说秦始皇以前的大手笔如修筑驰道、北击匈奴、南征百越客观上还有积极一面的话，那么他大修宫室和陵墓的所作所为完全是为了显示君王的权势、为了满足自己生前死后的奢欲。

当然，秦始皇内心一直是抗拒死亡的，在修建陵墓、充实陵邑的同时，他一直也没有放弃寻访神仙、求取不死药，这自然就把那些方仙道的方士们逼得叫苦连连。先前那个卢生向秦始皇献上"亡秦者胡也"的谶语，他的本意可能是给秦始皇找一个难办的事情做一做，转移他的注意力，结果秦始皇三下五除二就把匈奴打跑了，这下该怎么继续搪塞秦始皇呢？卢生苦思良久，又想出一个主意。

某天卢生面见秦始皇，对他说："臣等去寻找灵芝、仙药和仙人，常常找不到，就仿佛有什么东西在暗中阻拦、作祟一样。臣有个主意，

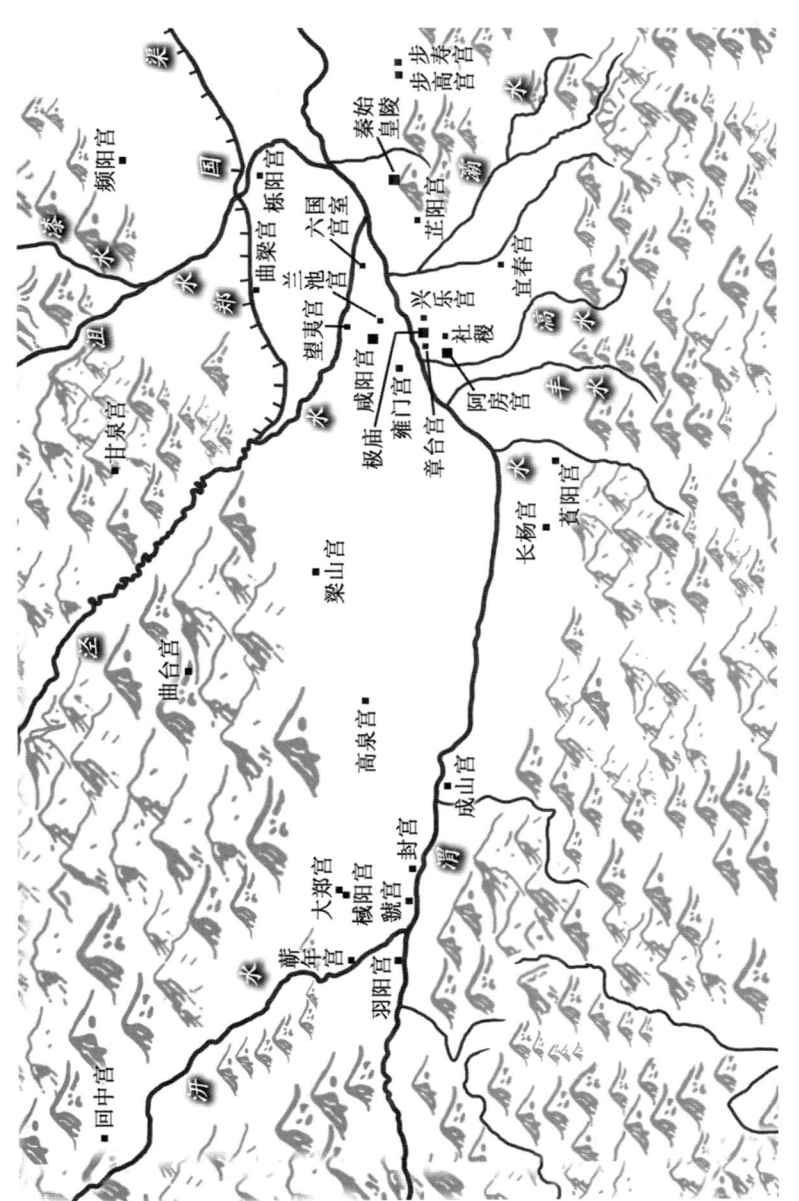

关中秦宫室分布略图

第十四章 伟绩、暴政——始皇帝的一体两面

请陛下隐藏行踪来躲避恶鬼,恶鬼被摆脱了,'真人'才能现身!什么是'真人'呢?他入水不会沾湿,入火不会灼伤,腾云驾雾,与天地同寿。现在陛下治理天下,未能做到清净无扰。希望陛下切勿把居住之处让外人知道,这样不死药大概就能得到了。"

秦始皇听了连忙说:"我十分羡慕真人,以后我也不再自称'朕',就自称'真人'了。"随后他下令,将咸阳周边二百里之内的二百七十座宫观都用复道和甬道连接起来,每座宫观中全派驻宫女,布置好周全的设施和用具。

甬道是两侧筑有墙的路,复道则像两侧有围栏、上面有屋顶的城墙一样,这样秦始皇从一处王宫前往另外一处王宫,路两边的人就看不到了;而每座宫观里人和物都齐备,秦始皇移动的时候就可以不必跟着很多随行人员、带着很多物品,能够缩小队伍规模,加快行动速度。不过就这样秦始皇还担心有身边人向外透露自己的行踪,警告说,如果有人泄密,即处以死刑。这一年秦始皇才四十八岁(还是虚岁),可他为了寻仙求药已经到了任何荒唐事情都做得出的地步了。

接下来某一次,秦始皇住在好畤县的梁山宫(在今陕西乾县西郊)时,在梁山上正巧看到丞相李斯的车队路过,随从车骑众多,脸上不由得露出不悦的神色。身边有宦官见了,事后偷偷告诉了李斯,李斯头上直冒冷汗,马上吩咐手下以后出行要低调。

秦始皇很快发现李斯缩减了车队的规模,明白是有人向李斯通风报信,不禁怒气冲天,派人审问那天跟随自己在梁山的所有宦官,但无人肯承认。秦始皇火气更大,下令把这些宦官统统处死。自此以后,再也没有人知道秦始皇的行踪。那大臣有事要当面汇报,找不到秦始皇的人怎么办呢?秦始皇说,他会到咸阳宫听取政事。

见秦始皇果真按照自己所说严格隐匿行踪,卢生不禁害怕了。因为他说过,隐匿了行踪就能找到不死药,现在秦始皇又做到了,但不死药上哪里找去呢?于是他就跟另一个方士侯公聚在一起商量说:"皇帝这个人，天性刚愎自用，他作为一方诸侯而兼并了天下，以为自古以来没人比得上自己。他专门信用狱吏，而博士官虽有七十人，只是凑数并不任用。连丞相等大臣也没有实权，仅仅听皇帝的命令办事而已。皇帝乐于靠重刑和杀戮来树立威信，天下人害怕获罪，又贪恋俸禄，没有人尽忠直言。而他越是听不到实话，越是自以为是、骄横放纵。秦法规定，一种方术试验两次不应验，就要被处死。像皇帝这样贪恋权力的人，可不能为他去找仙药。"随后两个人就都潜逃了。

秦始皇听说卢生和侯公都跑了，不禁十分恼怒，大骂说："之前我征收天下书籍，把不中用的全部毁去，又尽力征召大批文学、方术士，意欲实现太平盛世，那些方士则想通过炼丹来求得仙药。可现在我听说方士韩终不辞而别，徐市等人花费了数以万计的钱财，却始终没有找到仙药，还互相告发对方私吞经费。我对卢生等人既尊重又给予了很多赏赐，可他们却在背后诽谤我。在咸阳的诸生，我派人去调查过，发现有人制造妖言、蛊惑黔首，必须惩办！"

于是秦始皇下令让御史全面审问在咸阳的诸生，诸生挨不过刑讯互相揭发，秦始皇亲自上阵给他们一一定罪。最后秦始皇认定有四百六十多人犯了诽谤自己、妖言惑众等罪行，把他们全部坑杀，并昭告天下，以儆效尤。除了被杀的，一些罪轻的诸生还被秦始皇发配边疆。

这时候秦始皇的大儿子公子扶苏看不下去了，站出来进谏说："天下刚刚安定，远方的黔首尚未归附。诸生都诵读经书、以孔子为师，现在陛下用重刑惩治他们，臣担心天下因此不再太平安宁。请陛下再考虑一下。"

秦始皇听了如同火上浇油，又一声令下把扶苏贬谪出京，让他到上郡去做蒙恬的监军去。

以上就是自古以来所说的"坑儒"事件。

不过很早就有人对"坑儒"这件事表示怀疑，因为大家都能看出，这次挑起秦始皇怒火的明明是方仙道的方士,而不是儒生,而且司马迁在这里写的是"诸生"受审并被惩处,没有明确说是儒生。学者们在早期文献中寻找,果然又发现一些令他们感到"振奋"的记载:

昔秦绝圣人之道,杀术士,燔诗书,弃礼义,尚诈力,任刑罚,转负海之粟致之西河。
——《史记·淮南衡山列传》

及至秦之季世,焚诗书,坑术士,六艺从此缺焉。
——《史记·儒林列传》

此亡秦之所以诛偶语而坑术士也。
——东汉王符《潜夫论·贤难》

因为看到太史公司马迁和一些两汉人士明确写"坑(杀)术士",所以一些学者下结论说,秦始皇被"冤枉"了,他坑的是"术士"即那些愚弄秦始皇并骗取财物的方士,这些人显然罪有应得!

不过要推翻一个自古以来的"定论",不应这么匆忙。毕竟从东汉班固所著的《汉书》开始,里面就明确提到"燔诗书,坑儒士"(《五行志》)和"燔书坑儒"(《地理志》),这也是历代多数学者承认的。所以我们有必要探讨一下"儒"以及"术士"的概念。

对于"儒",东汉学者许慎在《说文》中解释说:"柔也,术士之称也。"在两汉,儒家学说确实也是被称为"儒术"的。如《史记·礼书》云:"今上即位,招致儒术之士";《汉书·董仲舒传》中也有"臣愚以为诸不在六艺之科、孔子之术者,皆绝其道,勿使并进"的语句。再检索古文中的"术士"一词,有的地方是"法术之士"的意思(《韩非子》),有的是"以占卜、星象为业者"的意思(出处太多了),有的是"策士、谋士"的意思(曹魏刘劭《人物志》)。

显然在战国、汉魏人的心目中,"术士"并不是寻仙炼丹、占卜打卦、装神弄鬼的人的专称，儒者、法家、谋士等人都可称为"术士"。那么总结一下，"术士"其实本指通晓某一种学问、拥有一技之长的人，是一种泛称。

明白了"儒""术士"的早期概念，那些学者看见"坑（杀）术士"仨字就说秦始皇坑的是方仙道的方士而不是儒生，这结论无疑下得早了点，因为当时"术士"一词不但在理论上是包括儒生的，在日常中甚至还被当作儒生的代名词（许慎《说文》）。所以那些质疑的学者犯了用后来的词义去解释古文的错误。

当然词义归词义，实际上秦始皇坑的"术士"包不包括儒生呢？联系上面提到过的文献资料的上下文，可知绝对是包括的，而且占了较大比例！因为《史记》的《史记·秦始皇本纪》里扶苏说过"诸生都诵读经书、以孔子为师"，这里的"诸生"就是儒生不是很明显的吗？《史记》的《淮南衡山列传》和《儒林列传》还都把"坑（杀）术士"与"焚（燔）诗书"并列，并说导致"六艺从此缺焉"的后果，那这里的"术士"不就是诵读《诗经》《尚书》、精通"六艺"的儒生吗？此外，西汉武帝、昭帝时期的著名大臣桑弘羊也曾讽刺孔丘学说不合时宜，接着说"故秦王燔去其术而不行，坑之渭中而不用"（《盐铁论》），按他的意思被坑的显然是孔子的信徒。所以说，秦始皇坑的"术士"（诸生）应该包括方仙道方士在内的各家各派人士，但其中儒生绝对是占了绝大多数！

可能有人还纠结这个问题，即为什么方士惹事，板子最终却主要打到儒生的屁股上了呢？这可能有以下三点原因：

一是秦始皇招到咸阳的"文学、方术士"本来就以儒生为多。要知道儒学在战国时可是"显学"[①]，考古也证实战国至汉初，北到中山国和燕国，南到楚国，儒家思想都有传播，很多其他学派的人都是

---

① 《韩非子·显学》云："世之显学，儒、墨也。"

从儒家跳出来的，比如吴起（他师父是孔子弟子子夏）、邹衍、韩非、李斯等。人数多，犯错的自然也多。

二是儒生确实对秦始皇很不满，而秦始皇也觉得儒生对他的统治威胁更大。我们知道，前一年"焚书""禁言"就是由儒生淳于越惹起来的，而且"焚书"虽然是民间的诸子百家之书都烧，但儒家《诗经》《尚书》是重点。如此一来，背后骂秦始皇的儒生肯定多。与此同时，秦始皇认为儒生们攻击自己定下的根本制度，烧了民间《诗经》《尚书》他们却还不知收敛，反而顶风作案，有必要加大打击力度。

三是秦始皇对寻仙求药并没有死心。秦始皇虽然痛恨拿了他钱财不办正事、还诽谤他的卢生、侯公等人，但是他并没有认识到神仙、不死药是不存在的，内心深处根本没有放弃"长生"的梦想。他肯定认为，要是真把方仙道的方士都坑了，以后谁去给他寻仙人、找不死药去？所以他潜意识里还是愿意放方士一马的。

说白了，秦始皇只恨方士中的个别人，并不恨方士群体，反而还继续相信神仙和不死药的鬼话，十分有求于这个群体；但他对儒生就不一样了，他对儒生群体都比较反感，认为他们用处不多、破坏力不小。具体说，他本来恼卢生、侯公等人没给自己寻到不死药还诽谤自己，想治这些人的罪，也是警告那些同样白拿经费、工作却没有进展的方仙道方士；但是一调查，他发现背后骂自己的人还不少，尤其以儒生为多，感觉事态严重，所以最终把打击的重点由方士偏到儒生身上，并将事件扩大化。

归根到底，"坑术士"也即"坑儒"事件是"焚书"事件的延续，性质就如同"焚书"一样，都是要控制思想舆论，治的是思想言论罪，而不是行为罪，当然后者手段更加酷烈，一次即杀掉四百六十多人！在秦始皇看来，他已经给过儒生机会了，既然还是不听，那就削你脑袋！

到现在还有些学者认为刚结束数百年割据纷争，"焚书坑儒"是秦始皇实现"大一统"不得不做的事情,这显然是很荒谬的。就算统一思想,也并非就只能靠这样直接、横暴、大规模地烧书、杀人的手段。不能说目标有一定的合理性,手段就可以无所不用其极。事实上"焚书坑儒"不但没有巩固秦始皇的统治,正如扶苏担忧的那样,反而让秦始皇更失天下人心。

当然在坑儒时,秦始皇看上去还是无比强大的,天下人都只能在他的面前瑟瑟发抖,任由他生杀予夺。但秦始皇能牢牢掌控其他一切,却唯独有一样东西他掌控不了,而且他自己心里也很清楚,那就是他的阳寿。仿佛是老天也对秦始皇的暴戾行径不满,所以很快就对他最恐惧的方面进行了打击。

逃不掉的死亡魔咒

转眼过了年,时间到了秦始皇三十六年(公元前211年)。《史记》记载,这一年的某一天,突然有一颗"星星"大白天从空中坠落,掉到秦朝东郡的地面上。

> 又曰:"星坠,当其下有战场。"
> 又曰:"凡星所坠,国易姓。"
> ——《晋书·天文志》

现代人肯定明白,其实这就是从天上落下一块大陨石,但是古人认为这是大大的凶兆,预示着当地有战乱或国家将易姓。这还不算,不知什么人胆大包天,居然又偷偷在陨石上刻下了"始皇帝死而地分"七个字。

秦始皇听说后怒气冲天,派身边的御史到当地调查审问此事,但查不出任何线索。秦始皇于是下令,把住在陨石坠落处周围的百姓全部处死,并且将陨石焚烧销毁。不过尽管杀了人毁了石,此事依然在秦始皇心头投下巨大的阴影。闷闷不乐之际,他又要求博士(应是方仙道的博士)作《仙真人诗》,准备以后出行时让乐工随时演奏歌唱。《仙真人诗》的内容虽然失传了,但是想来应该是歌颂他的功德、祈祷早日寻到仙人求得仙药的。

俗话说"一波未平,一波又起"。当年秋天,秦始皇派到东方公干的一名使者返回咸阳,夜间途经华山脚下时,突然被一个人拦住。这人手拿一块玉璧对使者说:"替我送给滈(hào)池君。今年祖龙将死。"

使者听了一头雾水,正想问个明白,来人突然扔下玉璧不见了。使者没办法,只好把玉璧拿回去,并把来龙去脉告诉秦始皇。

秦始皇闻报沉默半响,最后才说:"山鬼不过就能预知一年内的事情。"退朝后他又自言自语道:"祖龙,那是人的祖先。"

有读者看了以上的几次对话可能也稀里糊涂,他们都在打什么哑谜?"山鬼"是谁,"滈池君"和"祖龙"又分别指谁呢?下面我们就来解读一下。

先说"山鬼",这其实就是《西游记》里所说的"山神",秦始皇认为那个送玉璧的神秘人物就是"山鬼"。

再说"祖龙",学者们一致认为它就代指秦始皇,因为"祖"即"始","龙"指君王。

不过这个"滈池君"代指谁,学者们就有两种意见了:第一种意见认为也代指秦始皇,因为阿房宫就修在滈池附近;第二种意见认为代指周武王,因为武王都镐,他是滈池最早的主人。

笔者认为"滈池君"不应作第一种解释,因为这样一来,就等于那个送玉璧的神秘人物在前后两句话中用两种代称代指同一个人了,这不合理。如果"祖龙"指秦始皇,那"滈池君"就应该另指他人。所以"滈池君"只能是滈池的最早主人周武王,当然这时他已经被看成是滈池的水神了。

那神秘人物说把玉璧送给滈池水神周武王，到底寓意着什么呢？南朝宋历史学者裴骃认为，周武王曾讨伐昏暴的商纣王，因此神秘人物是把"祖龙"即秦始皇比作商纣王，以玉璧邀请已经成为水神的周武王再次讨伐暴君。

那这一系列哑谜秦始皇明白吗？他显然是明白的，他第一感觉就认为这是"山鬼"在预告自己的死期，但是又不愿承认，于是就自我安慰，说自己一定不是"祖龙"。

随后秦始皇把玉璧交给少府的下属、掌管宫中钱财珍宝的御府令丞查验，可御府令丞发现，这就是秦始皇二十八年南巡渡江时沉到江中祭祀江神的玉璧！

得到御府令丞的回复后，原本将信将疑的秦始皇极为惶恐不安，赶紧召集卜者来占卜，看怎样能破解。卜者告诉秦始皇，卦象显示只有游走迁徙才吉利。秦始皇听后马上命人做出巡的准备，计划到外面消灾避难。

上面的故事，乍看起来好似出自《聊斋》一般，但它不但见于《史记》，《汉书》中也有大同小异的记载。如果这不是汉代人编的神话的话，那应该就是秦始皇沉江的玉璧被反秦人士捡到，故意拿去恶心秦始皇，从心理上来打击他的。

当然皇帝出巡要一大帮子人跟随，不是说走就立马能走的。而且这第五次出巡去哪里，也得规划规划。经过一番忖度，秦始皇最终决定先去东南地区。因为有所谓的望气者告诉他，东南地区有"天子气"，他也知道楚地、吴地的反秦情绪很强烈，觉得有必要去镇压一下。

等到各项准备停当后，时间已经进入秦始皇三十七年（公元前210年）。这年十月初三癸丑日也即过年后的第三天，秦始皇不顾冬日严寒，迫不及待地踏上了出巡的路程。此次出行，秦始皇让右丞相冯去疾在咸阳留守，而把左丞相李斯、上卿蒙毅（蒙武之子、蒙恬之弟）带在身边。秦始皇的第十八子、当时二十岁的胡亥央求跟父皇一起去看看山川美景,秦始皇也答应了。秦始皇这一走,再也没能活着回到咸阳。

既然已经定下目标,所以秦始皇车驾离了京城之后就向东南进发,出武关,经南阳郡进入南郡,于十一月抵达云梦泽一带。在那里秦始皇对着九嶷山(在今湖南宁远县)的方向遥祭帝舜,因为传说中帝舜就死在那里。想九年之前他南巡渡江到湘山祠时遭遇大风,曾一怒之下派三千名刑徒砍伐湘山上的树木,来惩罚帝舜的夫人湘君,何其张狂无畏!但现在秦始皇已经五十岁了,年老气衰,又因陨石和玉璧事件对死亡充满了恐惧,因此不得不在传说中的古圣王面前表现出恭敬之心,并借此来笼络楚地的民众。

遥祭完帝舜,秦始皇乘船顺着江水东下,在抵达鄣郡的丹阳(在今安徽当涂东)后又转入中江,通过太湖和相关水系来到钱唐(在今浙江杭州西),然后从那一带南渡浙江(即今钱塘江)。

就在秦始皇一行渡江时,两岸有大批百姓在远远地围观皇帝庞大豪华的南巡队伍。人群中一个身高八尺二寸(合1.89米)的二十三岁青年,忍不住说道:"彼可取而代之!"

听到这话,站在他旁边的叔叔赶紧把他嘴捂上,低声说:"不要乱讲,被人听到是灭族的大祸!"

这个胆大包天的青年姓芈氏项,名籍字子羽,而他的叔叔叫项梁,他们都是楚将项燕的后代——项梁是项燕的小儿子,项羽是项燕的孙子。当年项燕抗秦失败身死后,他们叔侄先是作为六国豪富被迁往关中,后来为避仇躲祸又潜逃到吴地。项梁精通兵法,靠着帮郡守殷通调度大型徭役活动取得信任,在当地站稳脚跟。这次秦始皇来会稽,项梁自然要发挥作用,组织郡中民众整修道路、疏浚河流、保障供应,所以才有了叔侄观看秦始皇渡浙江并对话的桥段。

其实在项羽逞口舌之快的前后,在千里之外的砀郡、四川郡交界处的芒砀山(在今河南永城市东北)之中,也有个人在利用秦始皇这次出巡拼命给自己脸上贴金，他就是后来项羽的结拜大哥刘邦。

四川郡沛县丰邑人刘邦自打少年时起就仰慕信陵君这样的人物，以拜在信陵君门客张耳门下为荣。可到了壮年之后，刘邦不得不面对现实，解决就业问题，先是做了县里一名低级官佐，后来升为泗水亭校长，拿着一百二十石的年俸，掌管着亭辖区内的军事和治安等事务，手下有几个亭卒可供驱使，颇有些风光。不过大约在秦始皇三十五六年的时候，也就是秦始皇第五次东巡前一两年，刘邦奉命带一些县内服徭役的百姓到咸阳去修骊山陵。哪知才出了沛县县城，人员就不断逃亡。眼瞅着不用到半路人就会跑光，自己也会受株连，所以他干脆在丰邑西边的湖泽地带把所有人员都放了，自己和十几个追随者在湖泽中隐居起来。

刘邦是个有大志气的人，当然不甘心一辈子就这样躲躲藏藏地度过，很快他就编了个"斩白蛇"即"赤帝子斩杀白帝子"的故事来显示自己有神迹（赤帝为南方之帝，赤帝子象征刘邦自己；白帝为西方之帝，白帝子象征秦皇）。现在听说秦始皇到东南地区来了，他又出了湖泽躲到南边的芒砀山中，还逢人就问，皇帝来镇压"天子气"是不是跟自己有关？他老婆吕雉也拼命神化他，经常对别人讲，无论她家刘季躲在山中哪个犄角旮旯里，她总能找到，因为刘季所在地的上空总是飘着特殊的云气。在这对有心机的夫妻的忽悠下，沛县不少子弟都想去拜"盗匪头目"刘邦当大哥。

回过头来说秦始皇，渡过浙江后他于端月（正月）来到大越（在今浙江绍兴西）以南的会稽山。登上会稽山，秦始皇首先隆重地祭祀了大禹。不过要说明一下的是，大禹大会诸侯并死在那里的会稽山应为今天安徽怀远县涂山，这是当时夏人势力的最南端。可日后随着华夏民族活动范围和文化影响的扩大，到春秋战国时期人们就已经讹传大禹葬在浙江以南的会稽山了，所以从历史的角度来讲秦始皇其实是拜错了地方。同理，帝舜葬处也肯定不在现在湖南宁远县的九嶷山。

不过秦始皇祭拜大禹是为了安抚当地崇拜大禹的越民，就如同他祭拜帝舜是为了安抚当地的楚民一样，故而从政治角度来讲他又没有拜错。

祭祀完大禹后，秦始皇接着遥祭大海，最后立下石碑颂扬自己的功德。会稽石刻是秦始皇统一后在巡行期间立下的第七块石刻，也是最后一块。在会稽石刻中，李斯除了再次歌颂秦始皇平灭六国、治理天下的功绩，还特意提到他整饬风俗的成就，因为战国时期越地以男女关系混乱著称。

另据东汉成书的《越绝书》记载，秦始皇为稳固对当地的统治，又迁徙内地犯法的官吏、百姓充实到大越一带，并把大越改名为山阴。

在会稽山的一系列活动完毕，秦始皇开始调头向北。他再次北渡浙江，经过会稽郡治吴县（在今江苏苏州）后又从江乘（在今江苏句容）一带北渡长江，然后沿着当时的海岸线一路北上，第三次来到琅邪。

当然在这一路之上，秦始皇听取方士们的意见建议，对可能"出天子"的形胜之地大加破坏，并进行污名化处理。例如西晋虞溥所著的《江表传》说，秦始皇在金陵（今江苏南京）掘断山岗，并改地名为"秣陵"，意思是喂马的地方；又如唐太宗第四子魏王李泰编纂的《括地志》记载，他派身着赭衣的刑徒把江乘以东的一处龙形山脉的龙首毁掉，并命名当地为"丹徒"，意思是赭衣囚徒待的地方。

不过大约在从吴县到琅邪的这段旅程中，又一个令他极其恐惧的事情出现了——占星者发现天上出现"荧惑守心"的景象！

这"荧惑守心"是什么意思，为什么它出现了会令秦始皇如临大敌呢？那就得从"荧惑"和"心"分别是什么说起。

先说这"荧惑"，它就是中国古人对火星的称呼。因为火星也是太阳系的一颗行星，它距离地球很近就在地球的外轨道，围绕太阳转动的周期比地球长得多（687天），所以在地球上看起来它的运行轨迹好像很混乱，一会儿往东一会儿往西（地球转得快会超越它），颜色也时有变化，故而古人对它很迷惑不解，给它取了"荧惑"这名字。

在古代，不论东方西方，人们都把火星当作是灾星，认为它象征着战乱和死亡。

再说"心"，它就指二十八宿中的"心宿"。心宿由三颗星组成，其中最大的那颗星是心宿二，古人又称之为"大火"，《诗经》中"七月流火"一句里的"火"就指它。古人认为，心宿是帝王举行朝会、祭祀典礼的明堂的象征，其中巨大明亮的心宿二是帝王本人的象征，另外两颗星则是太子和王子的象征。

现在大家就能明白了，"荧惑守心"就是指火星运行并停留在心宿里，这在古代对帝王来说是最大、最直接的凶兆，它预示着帝王行将驾崩，这可比落陨石严重得多。

在这里还要特别说明一下，《史记》把"荧惑守心"天象出现的时间写在了秦始皇三十六年也就是上一年，但是据现代学者用电脑模拟推算，这次"荧惑守心"天象的实际出现时间应该在公元前210年的3月26日[①]，也即秦始皇三十七年的二三月间。

可能是受"荧惑守心"天象的惊吓，到达琅邪后秦始皇再次极力催促徐市等方士赶紧找到不死药，以挽救自己的生命。

徐市到这时还好好活着，又证明了两点：一是秦始皇并没有通过卢生、侯公潜逃一事识破"寻仙求药"是骗局，他对此一直抱着"宁信其有，不信其无"的心理；二是他前年坑杀的"术士"不可能像一些学者所说是以方士为主，要是这样的话，徐市肯定排在前几名，早被砍脑袋了。

再说徐市，他眼见秦始皇因为天象急得眼睛都红了，只有继续编瞎话骗秦始皇说："蓬莱岛上的不死药本来是可以得到的，但航海时老是碰到大鲛鱼阻挠，所以无法登岛。希望能调派善射弓弩的士卒给我，出海后再遇到大鲛鱼就可以用连弩射杀它。"

---

① 刘次沅，吴立旻：《古代"荧惑守心"记录再探》，《自然科学史研究》，2008年第4期。

这时候的秦始皇，为了保命已经不放过任何一根救命稻草，徐市说什么他就信什么。

可能是日有所思，夜有所梦，当晚秦始皇就做了一个梦，梦里他亲自跟一个人形的海神搏斗。醒来之后，他赶紧找了一个随驾的博士来占梦。看样子秦朝招的博士真的是各行各业一应俱全。

这个占梦博士回复秦始皇说："水神是不可见到的，因为它都是以大鱼、蛟龙为替身。现在陛下祭祀周到恭谨，还出现这样的恶神，一定要除去，才能让善神降临。"

听了博士的话后，秦始皇赶紧下令给出海寻仙求药的方士船只配备捕捉大鱼的工具，也给自己的船队装备了大型连弩。

接下来秦始皇亲自从琅邪下海寻找大鱼和蛟龙，不过一直沿着海岸线向北行驶到山东半岛尖角上的成山，也没有看到任何东西。不甘心的他转过成山后又向西行驶，到之罘山的海面上终于看到一条大鱼。这时五十岁的秦始皇亲自上阵，对着大鱼就发弩射击，真的把它给射死了。

射死了大鱼，秦始皇松了一口气，觉着离找到仙人和不死药更近了一步。随后秦始皇船队沿着海岸线继续西行，不久他们在临淄东北方的某处海岸登陆，然后换了车马走陆路往回走，没几天来到了黄河渡口平原津（在今山东平原县南）。然而就在这里，躲灾避祸的秦始皇突然得了大病！

沙丘疑云——秦始皇到底想传位给谁？

秦始皇三十七年（公元前210年）七月，平原津一带骄阳似火。

躺在安车中的秦始皇，心中想必是极其紧张又十分不解——自己明明杀死了一条可能是海神替身的大鱼，怎么还破不了魔咒，请不来神仙？

其实秦始皇的病依笔者来看，纯属是他自己折腾出来的。五十岁的人在当时就算是老年人了，还不在咸阳城里老实待着颐养天年，反而为了所谓消灾避难满天下转悠，又是在陆地上乘车马颠簸，又是在江河湖海里行船荡舟。这一转悠就是九个月，恐怕现代身体一般的小伙子也吃不消如此长时间和高强度的舟车劳顿。而七月正值高温，本就精神高度紧张、身体十分疲倦的秦始皇在巡行途中再受点暑热，发病就很容易理解了。

秦始皇得病之初，并不相信自己的寿数到了，仍抱着能"逢凶化吉，遇难呈祥"的期望，把身边的亲信蒙毅派去祭拜山川为自己祈福。随驾的大臣们虽然急坏了，但谁也不敢奏请秦始皇安排后事。大臣们为什么焦急呢？因为堂堂大秦朝，到现在连太子都没有册立，如果秦始皇突然驾崩，国家必然会陷入动荡之中！

说起秦始皇为什么不立太子，这又是一个千古之谜。其实要说这个问题，还得先从秦始皇的后宫讲起，因为秦国很早就施行了嫡长子继承制，没有特殊情况，秦朝太子按惯例自然该是由秦始皇正宫的大儿子来当，但我们至今不知道秦始皇的正宫娘娘是谁，这着实是很诡异的事情。要知道先秦史料虽然简略残缺，但战国中后期秦君称王之后的几代王后的情况史书上还是记载得很清楚的，没有理由偏偏秦始皇正宫的资料遗失了，所以这一定是秦始皇有意销毁了该方面的档案，就像他销毁成蟜、昌平君、昌文君等人的档案一样。我们只有像侦探一样去探究一番。

其实从前五代秦王的王后情况，我们可以看出，秦国的下一任王后往往是由上一任王后指定的娘家之女，这点我们以前也曾指出过——很明显秦惠文王王后是魏女，就用母亲的权势给儿子秦武王选了魏女做嫡妻；秦昭王王后是楚女，就用母亲的权势给儿子秦孝文王选了楚女做嫡妻（即华阳夫人、后来的华阳太后）。按这个规律，秦始皇的嫡妻本应是赵女。但众所周知，秦始皇的父亲秦庄襄王是靠着华阳太后的权势才得以被立为太子的，而且华阳太后一直活到秦始皇十七年才死，在此之前秦国国内的楚系外戚势力一直权倾朝野，赵姬却没有太大的权势，所以秦始皇嫡妻的人选，很可能不是由母亲赵太后决定的，而是由嫡祖母华阳太王太后决定的，那她就应该是个楚女。

秦始皇嫡妻是楚女的推想还有一个论据支撑，那就是大家都知道后来陈胜、吴广起义时曾打着公子扶苏和楚将项燕的旗号。他们是楚人，起义打项燕的旗号很容易理解，但为什么还打公子扶苏的旗号呢？所以很多历史学者认为，公子扶苏身上很可能也流淌着楚人的血。

如果秦始皇的王后是楚女，那很多事情就都顺理成章了：我们知道后来昌平君反叛秦国，最终逃回楚国与秦军死战到底，秦始皇很可能借机顺势废黜了自己的楚女王后，或者这个楚女王后为了抗议秦始皇灭楚而自杀。那么秦始皇为了遮丑，应该就会让史官抹掉有关这个王后的一切记录。而扶苏作为被废或自杀的楚女王后之子，虽然是长子却不受父亲待见也可以理解了。

有人会说，以上所说只能解释长子扶苏不被立为太子的问题，但史书上说秦始皇还有二十多个儿子，为什么他不从中挑一个立为太子呢？这又可以从两方面解释：一是秦始皇对他们都不太满意，二是秦始皇一直幻想能找到不死药实现长生不死，所以不愿意立太子。

让我们把视角再转回到仍在继续前行的秦始皇车队上。很快秦始皇车队已经从平原津进入沙丘（在今河北广宗县）地界，也就是当年商纣王建立离宫别馆、赵武灵王被饿死的地方。此时秦始皇的病情不但没有得到缓和，反而愈加严重，他不得不停下旅程，住进当地的行宫。感觉自己的身体情况已经无法好转后，曾经战胜过各种敌人的他这时终于认命，接受了自己即将死亡的现实。

据《史记》记载，最后时刻秦始皇强撑着一口气，安排中车府令兼代理符玺令赵高拟

> 车府令，掌管皇帝御用车马的官员。因赵高以宦官的身份担任此职，故前头加一"中"字。
> 符玺令，掌管皇帝印玺的官员。

定遗诏发给公子扶苏，内容大意为："把军队交给蒙恬，到咸阳主持丧礼安葬我。"

遗诏虽然没有直说让扶苏继位，但是按照古代的惯例，只有太子才有资格主持故去的老君王的丧礼，所以等于是承认扶苏为储君了。

不过赵高把竹简封好封泥、盖好印玺，还没交给使者送出，千古一帝秦始皇就在沙丘行宫中咽下了最后一口气。《史记》记载这一天是七月丙寅日，但我们查看周家台秦简历谱，该年七月并无丙寅日，所以"丙寅"实际上很可能是"丙申"之误，即该月二十一日。

秦始皇驾崩的时候，身边只有左丞相李斯、中车府令兼代理符玺令赵高、公子胡亥和五六个贴身宦官。李斯见秦始皇在京城外去世，生前又没有公开确立太子，怕咸阳城内和东方地区发生变乱，于是做出了秘不发丧的决定，对外严格封锁消息。为了让大家以为秦始皇还活着，李斯要宦官把秦始皇的遗体放在安车中，一切事情照旧，车队继续行进，该到吃饭的时候仍然向秦始皇的车辆进奉饮食，大臣有事就安排到车前汇报。当然一切都由车内秦始皇遗体旁坐着的亲信宦官来处理、回答。

不过李斯能防得了别人，却防不了一个知情者，那就是赵高。赵高趁着这个特殊时期，利用自己的权力做了一个大胆的举动——把秦始皇要发给扶苏的遗诏给扣下了！

这赵高到底是什么人，为什么有这么大的胆子呢？

《史记·蒙恬列传》称，赵高是"诸赵疏远属也"，也就是赵国王室的远支。那赵国王室的远支怎么到秦地来了呢？这个史书上没有

讲，笔者猜测可能是长平之战后秦军占领了赵太原郡因而把他们俘虏来了。接下来《蒙恬列传》又提及，赵高的母亲因犯法受肉刑变成了残疾人，后来不知道是立功减刑还是获得赦免，按惯例被安排在隐官也就是官府设立的刑满残疾刑徒收容所里，赵高和几个兄弟就都是在隐官中出生的。赵高虽然身份低贱，但是身体强壮又有毅力，还喜欢跟官吏学习，精通刑法，居然小有名气。秦始皇听说后，就把他召进宫，封他为中车府令。赵高很可能就是这时被阉掉成为一名宦官的。赵高进宫任职后跟公子胡亥的关系比较好，私下里侍奉他，教他如何判案。可不知怎地，某次赵高犯了大错，秦始皇让上卿蒙毅来审问，蒙毅依法判处赵高死刑。但秦始皇却认为赵高办事认真，赦免了他，还让他官复原职。现在秦始皇突然驾崩，赵高当然想拥立跟自己关系好的胡亥上台，以便攫取更大的权力，而怕扶苏登基后重用自己的仇人蒙恬、蒙毅兄弟，到时候自己就永无出头之日了，所以他就做出了扣留遗诏的大胆之事。

扣留遗诏后，赵高立即去找胡亥，问他对哥哥扶苏继位有什么想法。开始胡亥非常谨慎，说一切都听父皇遗命。赵高明白胡亥不是不想当皇帝，而是自知名不正言不顺，怕坐不稳江山，于是就鼓励他说："商汤伐夏桀、武王伐商纣，大家都不认为他们不忠，反而认为有大义。做大事的人不会在意细枝末节，有盛德的人不会在小地方推让。为了小节而忘了大业，以后一定会有祸患；做事犹豫迟疑，以后一定会后悔！而决定迅速、行事勇敢，连鬼神都会避让，一定能成功！请公子按我说的去做！"

自古以来又有谁能经得起皇帝宝座的诱惑呢？听了赵高的话，胡亥也就不再拒绝了，但是又说："现在先帝驾崩还没有发表，怎么好拿我的事去烦劳丞相呢？"

赵高知道胡亥还担心搞不定掌握大权的李斯，就偷偷去找李斯。见了李斯后，赵高开门见山说："先帝驾崩，群臣还不知晓。赐给长子扶苏的遗诏以及皇帝符玺现在都在公子胡亥手中。立谁为帝，就听君侯与臣的一句话罢了。君侯以为该怎么办？"

李斯乍一听愤然作色道："你怎么能说出这样亡国的话呢！这不是人臣应该商议的！"

赵高让李斯息怒，然后笑着问："有几件事请君侯自己掂量一下——才能比得上蒙恬吗？功劳比得上蒙恬吗？智谋比得上蒙恬吗？得人心比得上蒙恬吗？与扶苏的关系比得上蒙恬吗？"

这几个问题问下来，李斯顿时哑然。半晌他回答说："这五样我都比不上。不过您为什么这么苛责我？"

赵高接着提醒道："臣在秦宫二十余年，可从没见罢免的丞相、功臣有富贵超过两代的，最后都被诛杀。"

听到这，李斯的眼角不由得跳了一下。他明白赵高说的没错，自秦孝公以后，秦国下台的执政大臣和大将确实没几个有好下场的：大良造商鞅被新君秦惠文王车裂、灭族，相邦张仪被新君秦武王驱逐；秦昭王还在位时，先是逼走了客卿丞相甘茂，又渐渐架空了叔叔樗里疾，最后逐走了舅舅魏冉、逼死了武安君白起，应侯范雎虽然勉强善终，但他的后裔应该也没保住爵位；再说秦庄襄王和秦始皇时期，"仲父"吕不韦被逼自杀，丞相启、丞相颠的事迹不明，可能只有隗状、王绾得了善终。

赵高见李斯沉默下来，知道触动了他的心弦，于是趁热打铁说："先帝的二十多个儿子，君侯都了解。长子扶苏刚毅武勇，信人而奋士（深得人们信赖又善于激励士人为己效命），他继位势必会任命蒙恬为丞相，到时候君侯一定保不住爵位，只能以一个白丁的身份回老家了。而臣教导公子胡亥刑法数年，他从未犯下什么过失。胡亥为人仁慈敦厚，轻财重士，内心聪慧，只是不善言辞。先帝的诸位公子，没有比得上胡亥的，他非常适宜做储君。君侯考虑一下再确定吧。"

李斯明白自己一贯秉持法家的立场，一旦有些亲儒的扶苏上台，多半不会再信用自己,赵高所言非虚。但秦始皇对李斯的知遇之恩也使他心头承受了沉重的压力,于是拱手说:"我本是上蔡布衣,深受先帝宠信,得以官封丞相,爵至彻侯,子孙都享有爵禄。先帝临终把重任托付给我,我岂能辜负?您不要再说了!"

赵高又劝他要识时务,说现在天下权柄都在公子胡亥手中;李斯则引述晋献公换太子、齐桓公兄弟争位、商纣王残杀亲人导致国家动荡乃至衰亡的史实,仍不从命。

赵高急了,"图穷匕见",威胁说:"赵高顺天而为,必能得志。君侯您听从我的计策,也能世世封侯。如果放弃良机,不纳忠言,一定会祸及子孙!"

听到这儿,李斯终于彻底动摇,先是仰天长叹,继而低头垂泪说:"唉!偏偏遭逢乱世,既然不能死,又到何处去寄托命运呢?"

李斯这个人,什么都清楚明白,也有很强的能力,就是私心太多、欲望太强了,所以一旦听说可能影响他热衷并经营了一辈子的荣华富贵,他就不能坚持原则。不过我们也没法过于责备他,毕竟多数人都会被功名利禄左右。

接下来,胡亥、赵高、李斯三个人串通一气,先是伪造了秦始皇给丞相的遗书,内容为传位给胡亥,并以此为据立胡亥为太子。继而他们又伪造了秦始皇给扶苏的诏书,里面写着:"扶苏、蒙恬率师数十万屯于边境,不能前进,徒耗士卒,无尺寸之功,反而屡次诽谤朕之所为,并以不得立为太子日夜怨望。扶苏为人子不孝,赐剑自裁。蒙恬不能匡正扶苏,知其事不报,为人臣不忠,赐死,兵权交副将王离。"

胡亥的门客带着诏书来到上郡,向扶苏和蒙恬宣读。扶苏听后泪流满面,进到内室准备自杀。

蒙恬却感觉不对劲,劝他说:"陛下在外,未立太子,让臣率军三十万守边,而令公子监军,这是天下重任。现在来了一个使者,就立即自杀,怎么知道其中是否有诈?请您再请示一下,如果无误,再死不迟！"

这时门外的使者不停催逼，扶苏为人仁厚，于是摇头说："父让子死，还要再请示什么？"说完他拔剑自杀。

蒙恬却依旧不认为秦始皇会赐死他，坚持不肯自杀。胡亥的使者于是把他交给狱吏，关押在阳周（在今陕西子长县北）。

这时载着秦始皇遗体的车队已经西行通过太行山的井陉口，然后从太原郡北上，准备往九原郡进发。车队之所以要去九原郡，很可能是因为秦始皇生前早就宣布了此次出行的返回路线，即在九原南下由直道回咸阳。毕竟皇帝巡游队伍庞大，各地提前就要做好准备。胡亥等人不改变行程，就是想让人们以为秦始皇还活着，并借秦始皇的威势给南边上郡的扶苏和蒙恬施加压力，逼他们就范，速速自裁。其实在北上九原的行程中，胡亥等三人是极为焦躁不安的，因为七八月间天气太热，秦始皇的遗体早就腐烂发臭。他们为了掩人耳目，不得不命人把一石腥臭的鲍鱼载在秦始皇的安车上。如果扶苏、蒙恬对让他们自杀的诏书起了疑心，拒绝立即执行，而是选择在上郡境内的直道上迎驾觐见秦始皇，并发现秦始皇已死的秘密，那胡亥三人的阴谋就完全败露了，连小命都要丢掉。

所以等胡亥的使者返回秦始皇车驾队伍，向胡亥、赵高、李斯三人报告了扶苏自杀、蒙恬被囚的情况，他们不禁大喜过望，原本高高悬起的心终于放下。随后，他们指挥车队迅速赶赴九原，然后再南下从尚未完全竣工、只是勉强通车的直道返回咸阳。

回到咸阳后，胡亥长舒一口气，立即宣布秦始皇的死讯，并以太子的身份继承皇位。

以上就是《史记》记载的秦始皇之死和胡亥篡位的故事。

本来《史记》的说法流传千年，已经成为"定论"，但2009年，北京大学得到一批社会捐赠的汉代竹简，其中有一篇《赵正书》却说胡亥继位是秦始皇的临终遗命，因此在学术界内外掀起不小的波澜。

一些学者和民间历史爱好者据此认为胡亥是受冤枉了，他是正常继位而不是篡位。

对《赵正书》的内容，很多学者都有研究剖析，其中以历史学者辛德勇在《生死秦始皇》一书中的解读比较详细深刻。他通过对照两书的文本、章节，认为《赵正书》与《史记》应该有共同的史料来源，但是太史公剪裁后前后呼应、逻辑周密；而《赵正书》的作者则剪裁混乱、删改随意，导致书中有很多地方前言不搭后语，甚至夸张失实。比如《赵正书》中李斯说秦统一天下前"地方不过数百里，兵不过数万人"（实际上秦统一前已经地方数千里、雄兵数十万），又说秦始皇时"南入定巴蜀"（实际上秦定巴蜀是在秦惠文王时），该书最后甚至说是章邯入秦地杀了赵高（实际上杀赵高的是子婴），这都是一眼就能够看出的问题。所以说辛德勇认为《赵正书》不过就是当时的野史小说，其严谨性比太史公的《史记》差得太多，没有多少史料价值，证明不了胡亥是正当继位。[1]

辛德勇的观点也是《赵正书》出世后学术界多数学者的观点。毕竟大家认为史官世家出身的司马迁在操守方面是靠得住的，他能把项羽、吕后写在本纪里，不可能为了证明汉朝合法性刻意在这点上抹黑秦朝；而且他作为太史令所拥有的资料也是当时最齐全的，如果他对胡亥篡位一事不能确定或存疑的话，应该会在其他列传里表达出来，这是他在《史记》中常做的。因此在这里我们没有理由不相信太史公而相信一编来历不明、错漏百出的竹简，尽管它是从地下挖出来的。

当然《赵正书》虽是野史小说，但是这种书能在当时流传，也反映了汉代一些人的看法，那就是胡亥继位有其合情合理之处。其实从《史记》的记载大家也可以看出，秦始皇确实不喜欢扶苏，而比较喜欢胡亥。

---

[1] 辛德勇：《生死秦始皇》，北京：中华书局，2019年第一版。

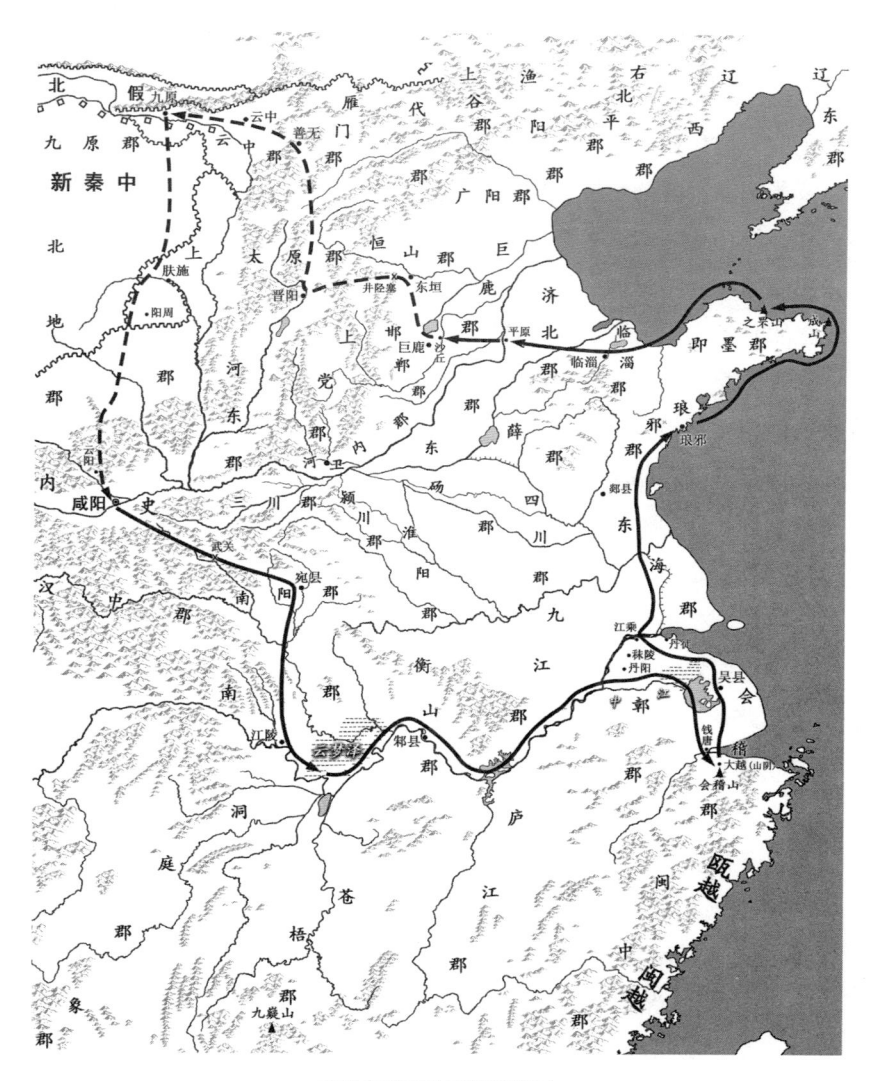

秦始皇第五次出巡路线图

秦始皇不喜欢扶苏的原因，《史记》上明确提到一点，那就是秦始皇"坑术士"的时候扶苏为儒生说好话，说明扶苏有一定的亲儒倾向。这在秦始皇看来，如果让扶苏继位的话，自己的路线说不定会被推翻，所以说他才大怒，把扶苏赶去边关做监军。有些人可能认为让扶苏监军是给予他兵权，其实不然，按秦朝的制度没有皇帝的虎符任何人都是不能调动军队的。著名历史学家吕思勉曾分析过："案古大子皆不将兵。使将兵，即为有意废立，晋献公之于申生是也。扶苏之不立，盖决于监军上郡之时。"① 本书第六章还曾讲述过，楚平王想废黜太子建的时候，也是把他打发到城父去守边。

秦始皇不喜欢扶苏的另一点原因，见于我们前面的推理，那就是扶苏很可能是被废或自杀的楚女王后的儿子，秦始皇"恨屋及乌"，从感情上不喜欢他。

而秦始皇喜欢胡亥，同样也可以从情感和路线两方面来分析。

我们知道有句俗话，叫"百姓爱幺儿"。秦始皇有二十多个儿子，胡亥虽然不是最小的（他是第十八子），但也是排行倒数的，秦始皇从情感上偏爱他一些是人之常情。

从路线上来说，胡亥从小就跟赵高学习刑法，而秦始皇虽然不是"独尊法术"，但也一直是偏向法家的。父母有很多子女时，往往喜欢性格、爱好像自己的孩子，这也是人之常情；何况作为帝王，这还涉及自己死后自己之前的大政方针会不会被推翻的问题。

所以基于以上原因，秦始皇曾多次想册立胡亥为太子，这个后面我讲到蒙毅结局的时候会提到。问题是，为什么秦始皇临终时却改了主意呢？说到这儿，笔者不由得想到秦始皇驾崩十来年后汉高祖刘邦在立嗣问题上的抉择。

很多历史爱好者知道，刘邦对吕后（吕雉）生的嫡长子刘盈其实

---

① 吕思勉：《秦汉史》，上海：上海古籍出版社，2005年版，第20页。

也是不喜欢的,《史记·吕后本纪》记载得很直白:"孝惠(刘盈谥号)为人仁弱,高祖以为'不类我'。"一个众所周知的故事是刘邦攻打彭城后被项羽反击溃逃,他为了减轻车重,居然把同车的刘盈和他姐姐鲁元公主推到车下。后来刘盈虽然被立为太子,刘邦却更喜欢戚夫人所生的赵王如意,以为他像自己,并多次企图改立他为太子,但最终没能成功,以至于刘邦临死前还在为戚夫人母子的安危"悲歌"不已。

那刘邦换太子的努力为什么没有成功呢?这主要是因为刘盈身后的势力难以撼动:吕后本人性格强悍,其兄吕泽、吕释之都曾在楚汉战争中立下大功,吕氏门下的部将封侯者就不下十余人,勇将樊哙还是吕后的妹婿,连张良都倾向于刘盈。而与此相反,戚夫人和赵王如意就是孤儿寡母,没有人给他们撑腰架势。

明白了刘邦换太子失败的原因,我们再回过头来看秦始皇不喜欢扶苏最后却仍然立他为太子的这种做法,大家可能就会明白了——他不是不想立胡亥,但他明白胡亥很难立得住!

其实从前面赵高劝说李斯时对扶苏和胡亥两人的介绍,我们就能从中得到不少信息:赵高说扶苏"刚毅武勇,信人而奋士",显然表明扶苏是广受拥戴的,我们至少知道蒙氏家族是明显支持他的。另一边赵高说胡亥"仁慈敦厚,轻财重士,内心聪慧,只是不善言辞",虽然是想夸他,但最后一句话一不小心也透露出胡亥不被很多人了解的这一事实,说白了就是人们对他的关注度不高。从后来胡亥当了皇帝以后完全依赖赵高的情形来看,胡亥除了赵高就没有别的有力的支持者了。

对以上情况,秦始皇显然是了解的,所以一向行事果决的他,却在立太子一事上犹豫纠结了很多年:他觉得跟自己志同道合的儿子胡亥背后没有势力,如果立胡亥,自己一旦不在了,他很难镇得住场子,势必让秦朝陷入腥风血雨中;他觉得不像自己的儿子扶苏却得到广泛支持,如果立扶苏,自己的施政方针很可能会被推倒,这是他很难接受的。

　　不过等到躺在沙丘行宫的病榻上，秦始皇明白立太子的事再也没法拖了。他可能认为"两害相权取其轻"，就算扶苏上台后废除了自己的一些政策，也比胡亥上台秦朝江山不稳好，所以他最终选择了立扶苏为太子，就如同刘邦最终也没有废除刘盈的太子身份一样。当然令秦始皇始料未及的是，他信任了一辈子的李斯居然为了巩固权势和富贵当了叛徒，破坏了他临终的布局，也改变了秦朝的命运。

第十五章

二世而亡与千秋功罪

秦二世当国——听其言更要观其行

秦始皇三十七年（公元前210年）九月，回到咸阳的胡亥在赵高、李斯等人的辅佐下正式登基，史称"秦二世"。秦二世坐上皇位，立即把他师父赵高封为了郎中令。这郎中令管理着中郎、郎中、外郎等皇帝身边的武装侍卫，故名，职责是执掌王宫宫殿内区域的安保工作，等于是皇帝贴身防护圈的主管，显然只有皇帝的亲信才能担任此职。秦二世这么做，就是要先保证自己的人身安全。

接下来，秦二世不得不处理的最大的事，当然就是安葬父亲秦始皇。

秦二世表示，凡是后宫没有子女的妃嫔都不宜外放，下令让她们全部都给秦始皇陪葬，后宫顿时被凄惨的啼哭声淹没。

秦始皇和殉葬的妃嫔下葬后，工匠们在墓室里面填满奇珍异宝，布置好射人的弓弩机关后退出，并将墓室门和墓道中部封闭。他们正要退出墓道口，这时有人对秦二世说，这些人熟知陵墓的内部结构、机关设置和珍宝情况，如果放他们出来一定会走漏消息。于是秦二世让人把墓道口封死，把工匠们都活埋在里面。秦二世草菅人命的个性初步显现。没错，"草菅人命"这个成语最早就是用来形容秦二世的。

接下来，秦二世把在阿房宫干活的刑徒百姓也调到陵区，进行填土和覆顶的作业，这样陵区的施工人员达到惊人的七十万人。不过填土、覆顶之后这个浩大的工程并不算完工，因为我们之前提到过，骊山陵除了陵墓本身，还包括外围的寝殿、便殿、城墙和各种陪葬坑等设施，整个陵区范围达56平方公里，所以此后一直仍有数十万人在这里进行后续作业。

在安葬秦始皇的同时，秦二世又让群臣商议祭祀秦始皇极庙的典礼和规格。为凸显秦始皇的地位，群臣上奏说，秦始皇极庙应当作为皇帝祖庙，由后世皇帝用最高规格的祭礼亲自祭祀；而从秦襄公到秦庄襄王的数十位秦君的宗庙只需保留七座，由臣子们代替祭祀。秦二世马上批准。

秦二世之所以在安葬秦始皇和立庙祭祀一事上这么下功夫，当然是为了在天下人面前表现他的"至孝"之心，来证明秦始皇"选对了人"。

议庙的时候，时间已经由秦始皇三十七年后九月（该年闰月）进入新年十月，新的一年即秦二世元年。十月初四戊寅日，秦二世按惯例宣布大赦天下罪人，以广泛收买人心。

2013年，考古工作者在湖南益阳兔子山遗址出土了大量战国楚国、秦汉三国时期的简牍，其中就有秦二世元年十月二十甲午日颁布天下的诏书，内容为：

> 天下失始皇帝，皆遽恐悲哀甚，朕奉遗诏。今宗庙事及箸（书）以明至治大功德者具矣，律令当除定者毕矣。以元年与黔首更始，尽为解除故罪，令皆已下矣。朕将自抚天下，吏、黔首其具行事，毋以繇赋扰黔首，毋以细物苛劾县吏。亟布。

竹简后面还提到，诏书在十月甲午日从咸阳下发后，在十一月戊午日就到了苍梧郡郡府，即只用了二十四天时间，可见当时文书传递速度是很快的。

诏书中提到免除黔首的"故罪"，这与《史记》中所记载的一致；同时诏书中还提到整理律令一事，并要求减轻黔首徭役赋税负担、不要因小事苛责基层官吏，这些却是史书没有记载的。

这份诏书出土后，有些学者就发文说，看样子秦二世确实被冤枉了：诏书中秦二世说"朕奉遗诏"，显然表明他是正常继位而不是篡位；

诏书中整理律令、减轻官民负担的记载，证明秦二世并不像史书中说的那么昏暴。

不过对于这些学者的观点笔者真的不敢苟同。

先说第一点。秦二世说他自己是奉遗诏继位，他就是奉遗诏继位的？自古以来逼君篡位的权臣或夺嫡上位的皇子，有哪个不说自己是奉诏，不说是老君主自愿让位给自己的？魏文帝曹丕称帝时，也有汉献帝的"禅位"诏书，里面有"敬逊尔位"（恭敬地把大位让给你）等语，大家相信这诏书是汉献帝的本意吗？只要权臣或皇子控制了局面，这种"传位诏书"还不是想要多少就有多少，想写成啥样就能写成啥样。看到诏书中有"朕奉遗诏"的字样，就相信秦二世确实是得到秦始皇的遗命才继位的，这也太"天真无邪"了吧？

再说第二点。秦二世虽然在诏书中说整理律令，减轻官民负担，但是有句话叫"听其言、观其行"，不能只听一个人说了什么，而要看他具体是怎么做的。《资治通鉴》记载，贞观初年，唐太宗跟身边人说："朕看《隋炀帝集》，文辞深奥博雅，也知道崇尚尧舜，非议桀纣，怎么做起事来就相反呢？"魏征回道："人君虽然是圣人，但是仍应当虚心接受他人的谏议，所以智者奉献智谋，勇者竭尽勇力。隋炀帝仗着自己的才能，骄矜自大，所以口诵尧舜之言，而身为桀纣之行，还不自知，以至于覆亡。"像隋炀帝这样说话、做事两张皮的人，自古至今什么时候少过？

当然话说回来，虽然秦二世是篡位上台，但如果他真的能够像甲午诏书中表态的那样，减轻官民负担，并把天下治理得国泰民安，大家也不会说他什么，甚至会称颂他为明君，就如同大家并不太计较唐太宗李世民杀兄弟、逼父亲的得位过程一样。那么秦二世当权后具体是怎么做的呢？下面我们就来看一看。

很遗憾，二十一岁的秦二世坐在皇位上，最初是比较茫然的，毕竟这皇位来得太突然，他又没有多少政治才干。俗话说"新官上任三把火"，他却不知道该从哪里烧起。他第一时间想到的是父亲秦始皇隔三差五就出去巡行，觉得这个容易模仿，也可以凸显自己现在身为皇帝的尊贵地位。于是他就跟赵高商量说："朕还年轻，初登大宝，黔首之心尚未归附。先帝在时，经常到下面郡县去巡行，通过展示帝王的强大实力来镇服海内。现在朕如果贪图安逸不去巡行，会被人看作是懦弱无能，这样就没法统治天下了。"

赵高也没有什么政治远见，听后表示赞同，于是开始进行相关的准备工作。有学者认为秦二世元年十月甲午诏书中的"朕将自抚天下"一句，就是秦二世对出巡的预告。

几个月后，春暖花开，刚刚继位的秦二世果然带上李斯、赵高等人离开咸阳，开始了他当皇帝后的第一次出巡。

秦二世车驾首先向东北方向行进，来到了碣石；随后又沿着海岸线南下，登泰山，幸会稽；不久他再次北上，从辽东返回咸阳。总之秦二世这次出巡，把之前秦始皇东巡去过的地方基本走了个遍。一路之上他还在秦始皇刻的石刻后面又加刻了一些字，他的解释是，秦始皇的石刻上都说"皇帝"如何如何，但是恐怕后世搞不清是哪一位皇帝，使秦始皇的功绩湮没，所以他特地注明是始皇帝。从更深层次来讲，胡亥其实是用在秦始皇石刻后面留下自己印迹的方式来证明自己继位的合法性。

巡行虽然劳师动众、浪费钱粮，但偶尔巡个一次两次，实际上对国家、对官民也并没有太大的危害。如果秦二世只是这样，倒也没有什么。不过在出巡的途中，篡位上台的他仍然极度没有安全感，因此忧心忡忡地问赵高："大臣们并不臣服于我，官吏们的势力还很强大，尤其是哥哥弟弟们必然要跟我争夺皇位，这该如何是好？"

赵高凑上去说："臣早就想讲这些，但一直没敢开口。先帝所用的大臣，都是累世的勋贵；而臣身份低贱，幸得陛下的抬举，才身居高位，管理宫禁之中的事务。对此大臣们都心怀不满，表面上服从臣，但内心却瞧不起臣。现在陛下出行，正好借此机会清查郡县有罪的守尉，把他们杀掉，一方面可以在天下立威，另一方面可以除去平日里您不满意的人。现在的形势，不是推崇文治的时候，一切都取决于武力，愿陛下当机立断不要迟疑，在群臣还没有来得及合谋之前采取行动。英明的君主应该提拔被前朝遗弃的人，让卑贱者显贵，贫穷者富有，疏远者亲近，他们必然会感恩戴德亲附陛下，这样上下同心，国家就安定了！"

赵高教胡亥的"帝王术"，如"提拔被前朝遗弃的人，让卑贱者显贵，贫穷者富有，疏远者亲近"，确实是中国古代帝王常用的招数。熟悉历史的朋友有不少都知道以下的故事：唐太宗死前把功臣李勣（即徐懋功）贬到地方当都督，然后对太子李治说，我贬了他，以后你上台再把他调回来，这样他就会对你感恩戴德。但赵高劝胡亥这样做，明着是为学生皇帝着想，暗里显然存在很大私心，那就是想扳倒勋贵大臣来巩固自己的权势。

胡亥听了赵高的话连连点头，就与他制订了详细的实施计划：一是整肃官吏，二是对付兄弟姐妹。

胡亥和赵高整肃官吏，先是从皇帝的近臣开始。他们罗织罪名，逮捕了身边的不少中郎、郎中、外郎等侍卫。毕竟郎官们的首领虽然换成了赵高，但是底下人还并不是胡亥、赵高的人。一路之上，胡亥和赵高又照密谈时所说，将一些地方官吏治罪甚至杀掉，以向地方展示皇帝生杀予夺的无上大权。

接下来，赵高还撺掇胡亥对世家大臣下手，具体说即处理已经成为"阶下囚"的蒙恬、蒙毅两兄弟。

蒙恬在扶苏自杀后被关押在阳周，这个我们已经知道了。那蒙毅又是怎么回事呢？原来蒙毅在平原津奉得病的秦始皇之命去祭祀名山大川为后者祛病求寿，祭祀完毕后他在北方追上了秦始皇的车驾，但这时的秦始皇已经成为安车中的一具腐败尸体。与蒙毅有旧怨的赵高见他回来了，就在胡亥面前说他曾经屡次阻挠秦始皇立胡亥为太子，胡亥于是下令把蒙毅囚禁在代郡。

胡亥回到咸阳继位成为秦二世后，最初是想把蒙恬、蒙毅兄弟放了的，因为他知道蒙家是秦的将门世家，势力庞大。但赵高不愿放虎归山，极力搜罗蒙家兄弟的罪名，劝说秦二世杀掉他们，秦二世最终同意了。

秦二世先派一名叫曲宫的御史到代郡，历数蒙毅多次阻挠秦始皇立自己为太子的罪责，赐他自尽。蒙毅首先向曲宫承认了罪名，但他仍有求生的欲望，因此讲述了秦穆公杀三良殉葬、秦昭王逼死白起、楚平王杀掉伍奢、吴王夫差赐死伍子胥在后世留下恶名的历史故事，希望曲宫上达给秦二世，目的自然是想请秦二世放自己一马。但曲宫明白秦二世必要置蒙毅于死地，当然不敢答应，而是直接杀死了他。

蒙毅死后，秦二世又派使者到阳周，指斥蒙恬的罪责，并以蒙毅犯法株连蒙恬为名，逼他自尽。蒙恬也讲述了周成王迎回遭贬斥的周公旦使周朝昌盛、夏桀杀关龙逄、商纣杀比干使王朝覆亡的故事，请使者转告秦二世。这使者当然也不敢答应，蒙恬只有服毒自杀。

在清洗官吏队伍、换上自己人的同时，胡亥着重对自己的兄弟姐妹下起狠手。他捏造罪名，先后抓了十八个兄弟，六个在杜县处死，十二个在咸阳处死，他们的家人都被牵连。

公子将闾等三个胞兄弟可能被抓比较晚，被囚禁在内宫等着判刑。秦二世派使者对他们说："你们不尽臣道，罪当处死，现在该执法了。"

将闾争辩说："宫廷的礼仪，我从来不敢疏忽；庙堂的班次，我从来不敢站错；君臣间对话，我从来不敢失言。怎么说我有违臣道？请指出我真正的罪责，让我死个明白！"

使者当然说不出，只好告诉他："我也没资格参与议定你的罪名，我只是奉命行事而已。"

将闾三兄弟呼天抢地，大声喊冤，但最终也不得不垂泪横剑自刎。

另有一个公子高，眼见兄弟们一一被抓被杀，本想逃跑，但又怕株连满门，于是主动上书秦二世，请求给秦始皇陪葬。秦二世听了很高兴，这下省得挖空心思给他罗织罪名了，于是赐给他十万半两钱，把他葬在骊山陵区，饶了他的家人。

就这样，秦二世一连除掉了二十二个兄弟，使自己成为秦始皇活在世上的唯一儿子。不过就这他还不放心，又把自己的十个姐妹都抓起来，用分尸的酷刑杀死在杜县。

1976年，考古工作者在秦始皇陵外城以东350米处的上焦村发现了十七座墓葬（近年重新调查又发现八座墓即墓葬总数达二十五座），并对其中八座墓葬进行了发掘，发现了一个极为怪异的现象：这八座墓大都有棺有椁，陪葬品也很高档，一些器物上甚至有"少府"字样，说明出自宫中。但里面的男女尸骨却很恐怖，大都是遭肢解，头、身、四肢分离。唯一一具完整的女性尸骨，其头骨的上下颚还错位，应该是被缢死。在遭肢解的第十五号墓墓主人的头骨上，学者发现一枚青铜箭镞从左外耳门射入鼓室，显示他很可能是在猝不及防的情况下被射中的。

为什么这些人身份高贵，年纪轻轻（经检测尸骨他们死时多在二三十岁），死相却如此凄惨呢？学者们根据这些墓葬的位置、规模、陪葬品和尸骨情况，再联系史书上有关秦二世残杀兄弟姐妹的记载，大都认为墓葬中的死者就是秦始皇的公子、公主们。可怜他们作为金枝玉叶，平日里锦衣玉食，突然之间就被抓起来受酷刑而死，连为什么死都不知道。尤其是那些公主死得更冤。中国古代不像欧洲有女性继位的传统，这些公主对胡亥帝位的威胁其实很小，居然也被残酷处死，可见胡亥多么凶残狠戾。

秦二世胡亥在屠杀自己兄弟姐妹的时候，也有一些正直的官员进谏劝阻，胡亥就借机给他们定下诽谤之罪。剩下的大臣见了，为了保住性命和富贵，再也不敢多嘴。

至此，宗室中的公子、公主，内廷中的郎官，外廷中的大臣，地方上的官吏，全部被秦二世清洗了一遍。说起来，历朝历代都是"一朝天子一朝臣"，帝王上台后罢黜旧人、换上亲信，甚至有一些流血事件发生，也不是什么稀罕事。但像秦二世这样清洗范围之广、处置手段之残酷，甚至连自己姐妹也不放过的，可谓是较为罕见的。秦二世为什么会这么疯狂呢？这只能说，他的疯狂程度与他内心虚弱的程度成正比。这再次证明，《赵正书》中"胡亥奉诏继位"的说法是很难立得住的。

胡亥的这种大清洗，无疑会加重统治集团内部的矛盾，削弱秦朝的统治力量。但如果这种波动只局限在统治集团内部，普通老百姓应该也不会在意，毕竟老百姓只关心能不能安居乐业，并不关心上层的争斗。但接下来，秦二世就让黔首们感受到了他的威势。

秦二世元年四月，秦二世胡亥闪电般地结束了出巡之旅，回到了咸阳。他屁股还没有在咸阳宫内坐稳，就立即说："先帝因为咸阳的朝廷狭小，所以营建阿房宫。前殿还没有建成，就赶上先帝驾崩，朕只得停下工程，派人到骊山陵去填土。现在骊山陵已经覆顶，如果不把阿房宫建完，好像是在说先帝营建阿房宫的决定是错误的一样。"说完他命令恢复阿房宫的营建工程。

在对外方面，秦二世胡亥也维持秦始皇时期的政策，在北方继续修筑长城和堡垒防御匈奴，在南方依旧屯兵巩固对百越地区的占领。

为了加强京师的力量，保护自己的安全，秦二世征集全国各郡县的材士（趎张和引强）共计五万人到京师驻屯，充任"中卒"，让他们教导普通士卒射箭。因为京师的脱产人口太多，秦二世的王宫和苑囿中又养有数不清的狗马禽兽，关中的粮草严重不足，秦二世于是下令要各郡向京师输送粮食刍草，而且输送人员都必须自带干粮，不能吃咸阳三百里内的粮食。

本来秦始皇死后,被秦朝沉重的徭役赋税负担压得直不起腰的百姓们都松了一口气,盼望新上台的皇帝能够少一点折腾,秦二世继位后的十月甲午诏书中"毋以猋(徭)赋扰黔首"的表态更让大家一度充满希望。正如西汉政论家贾谊在《过秦论》里所写:"如今秦二世继位,天下人没有不抻长脖子在观看他怎么施政的。要知道寒冷的人能够穿上一件粗布短衣就会感到很满意了,而饥饿的人能吃上一顿糟糠就会觉得很香甜了,天下的人嗷嗷叫苦,正是新继位的君主表现的好时机。这就是说面对劳苦大众,施行仁政是很容易的。"可秦二世为了标榜自己是秦始皇的正统继承人,不但没有停止秦始皇时期的各项工程,像最初承诺的那样减轻徭役赋税负担,反而又新增了一些扰民项目。一个词形容,就是"变本加厉"。俗话说,"希望有多大,失望就有多大"。尤其是秦始皇在位时毕竟一把年纪了,大家觉得再咬牙忍一忍也许就能看到天亮了,总归有一点盼头;可这个新君才二十出头,大家要忍耐到何年何月呢?人们开始感到绝望了!

大泽乡的烈火——失期到底斩不斩?

秦二世元年(公元前 209 年)七月,也就是秦二世出巡结束后的第三个月,虽然时间已经进入初秋季节,但是南方楚地的白天仍然是酷热难当。

此时在四川郡蕲县东北部的大泽乡(今安徽宿州市埇桥区大泽乡镇),一支九百人的戍卒队伍却因为连日大雨,被困在当地前进不得,他们本来是奉命北上到燕地渔阳郡(郡治渔阳,在今北京怀柔区北房镇)去戍边的。

这群戍卒是什么身份呢？《史记》上称他们为"闾左"。不过"闾左"到底是什么意思，自古至今说法很多。现在主流意见认为"闾"是秦代最基层的地方行政单位里的大门，"闾左"即居住在里门内左侧的贫贱百姓。

那么《史记》特意提到这群戍卒的"闾左"身份有什么深意呢？自秦始皇三十三年（公元前214年）增援岭南秦军开始，秦始皇为了避免影响正常生产，为了安抚普通百姓长期戍边的不满情绪，就大规模以"谪戍"的形式为边地（包括北方）提供人力资源，当时征发的主要是三种人——曾犯有逃亡罪的人、上门女婿和商人。现在秦二世把征发的对象又重新对准了普通的百姓，说明有前科或犯有轻罪的人、身份低贱的贱民已经被秦朝派发得差不多了，只能回过头来再走老路——秦朝准备先征发闾左的百姓戍边，以后再征发闾右的百姓替换。这当然令普通黔首心怀怨恨了，因为戍守长城和岭南都要长途跋涉数千里；到了地方之后，北方风沙漫天、酷寒无比，南方闷热潮湿、瘴气逼人，匈奴人和百越人还不时反扑。这样一来去戍边真的是九死一生，跟判了死刑差不多少。用汉代人的话说，就是"秦民见行，如往弃市"（《汉书·袁盎晁错列传》），百姓"皆不聊生，亡逃相从"（《汉书·严助传》）。

当时这九百戍卒由两个县尉押送，可能来自两个一般的县或一个大县（大县县尉不止一人）；按五十人一屯长的秦代编制，队伍中还应有十八个屯长，他们一般是由有爵位的傅籍者担任。司马迁在《史记》中记载，"会大雨，道不通，度已失期；失期，法皆斩"。于是十八个屯长中有两个屯长开始有了异志，他们就是陈胜和吴广。

陈胜，字涉，阳城（在今河南商水县西南）人；吴广，字叔，阳夏（夏音 jiǎ，在今河南太康县）人。陈胜年少时家境贫寒，住的土房是用破瓮当窗户、用草绳系门轴的，他本人当雇工替人家种田挣一口饭吃。

有一次陈胜在田间劳作，干累了把农具一丢，在田埂上休息片刻。休息时他越想越感慨，就对一同干活的人说："以后谁发达富贵了，不要忘了兄弟们。"大伙听后都笑了，揶揄他道："你一个替人种地的雇工，能有什么富贵可言？"陈胜叹了口气，说出一句名言："燕雀安知鸿鹄之志！"由这个故事可以看出，陈胜从年轻时就不安于现状，努力想改变命运。鉴于他在这次戍守渔阳的发屯行动中担任管理五十人的屯长一职，因此他在做雇工后很可能服过兵役并因军功取得过低级爵位。只不过他的爵位是做楚人时获得的，还是入秦后获得的，就不得而知了（秦统一天下后为安抚六国民众，采取了在一定程度上承认其原有的六国爵位并置换为秦爵的措施[①]）。

让我们再把视角转回到大泽乡的军营中。陈胜和吴广见不能如期到达渔阳，就偷偷在一起商议："现在逃亡也是死，举事起义也是死，同样是死，为国家大事而死不更值得？"

陈胜又道："天下苦秦久矣！我听说秦二世是小儿子，不应该继承皇位，应该继位的是公子扶苏。扶苏因为几次向秦始皇进谏，被派往外地带兵去了。如今有人听说他本没有罪过，秦二世却杀了他。老百姓们多认为扶苏是个贤德的人，但还不知道他已经死了。项燕是楚国的大将，屡立战功，又爱护士卒，楚人都怜爱他。但他下落不明，有的人认为他死了，有的人认为他逃亡了。现在我们如果对外谎称是公子扶苏和大将项燕的军队，号召天下人起义，响应的人一定很多！"

吴广听了认为他说得对，但两人心里还没有底，又去找了个占卜打卦的人来占卜。占卜打卦的人也痛恨秦朝的暴政，知道了他们的意图后，就鼓励说："你们干什么事都能成，而且将建立功勋！"陈胜、吴广听了很兴奋。

[①] 朱锦程：《秦制新探》，湖南大学博士学位论文，2017年。

这时占卜打卦的人又好像漫不经心地问了一句："不过你们卜问过鬼神了吗？"陈、吴二人明白这是在提醒他们借鬼神为起义造势、树立自己的威望，于是就开始暗中准备。

一天，一名戍卒到街市上买回了几条鱼做副食，因为官府只管戍卒的粮米，官吏才有酱、菜等副食供应。杀鱼的时候，这名戍卒从一条鱼的肚子里掏出了一团绢帛，大家展开一看，上面居然写着"陈胜王"（陈胜称王）三个红字，都惊讶不已。

到了晚上，人们又听见军营旁边的一座祠堂附近传出狐狸的叫声，不过这叫声有点特别，仔细品品仿佛在来来回回重复一句话——"大楚兴，陈胜王"！有胆大的出了营房往祠堂那边看，居然发现了隐隐约约的火光。这下大家更加惊恐了。

第二天天亮后，戍卒们三五成群在一起谈论这两天的怪事。陈胜从他们身边走过的时候，人们都在背后盯着他指指戳戳。

其实"篝火狐鸣"这件事和"鱼腹丹书"一样，都是陈胜指使吴广干的。当时人都很迷信，通过这些鬼把戏，陈胜的神秘形象算是被树立起来了。

又到了吃饭的时候，押送他们的一个县尉喝酒喝醉了，吴广故意几次三番在他面前说想逃亡。县尉果然被激怒，拿起鞭子就抽打吴广。吴广平时待士卒很好，士卒也都很爱戴吴广，见他挨打，一起上来劝阻。县尉气更大了，鞭子一扔，"哐啷"一声把挂在腰间的剑拔了出来。其实吴广就等他拔剑，这时一个箭步冲上前，夺过县尉手中的剑反过来把他刺死。接下来陈胜也冲上来，帮助吴广把另外一个县尉杀死。

除掉两个县尉后，陈胜、吴广把九百戍卒全部召集起来，对他们说："大家在这里遇到大雨，已经误了到渔阳的期限，误期是要被问斩的。就算不被问斩，到边关戍守，回不了家的也要有十之六七。壮士不死就罢了，死就要死个轰轰烈烈。王侯将相宁有种乎！"

戍卒们听了群情激奋，一齐表示："敬受命！"

随后他们筑起土坛，用两个县尉的首级祭天，陈胜自封将军，封吴广为都尉，立国号为"张楚"，也就是"张大楚国"之意。为了辨别敌我，大家都把右半边身子袒露出来作为标志；因为没有兵器（兵器到了戍守的地方才会发放），他们只得"斩木为兵、揭竿为旗"。就这样，名垂青史的"大泽乡起义"爆发了。

说到大泽乡起义，自古以来都被认定是"官逼民反"，其根本原因是秦朝十几年来一以贯之的暴政，直接原因则是"失期，法皆斩"这种残酷、不近情理的法律。不过自从20世纪70年代以来，随着大批秦汉简牍出土，很多人开始对司马迁"失期，法皆斩"这一记载的真实性产生了怀疑，因为在睡虎地秦简《徭律》、岳麓秦简《兴律》、张家山汉简《兴律》中的规定都与此不同：

> 御中发征，乏弗行，赀二甲。失期三日到五日，谇；六日到旬，赀一盾；过旬，赀一甲。其得殹（也），及诣。水雨，除兴。
>
> ——睡虎地秦简《秦律十八种·徭律》[1]
>
> 发征及有传送殹（也），及诸有期会而失期，事乏者，赀二甲，废。其非乏事殹（也），及书已具留弗行，盈五日，赀一盾；五日到十日，赀一甲；过十日到廿日，赀二甲；后有盈十日，辄驾（加）一甲。
>
> ——岳麓秦简《兴律》[2]
>
> 当戍，已受令而逋不行盈七日，若戍盗去署及亡一日

---

[1] 睡虎地秦墓竹简整理小组：《睡虎地秦墓竹简》，北京：文物出版社，1978年版，第76页。

[2] 陈长松主编：《岳麓书院藏秦简（肆）》，上海：上海辞书出版社，2015年版，第148页。

到七日，赎耐；过七日，耐为隶臣；过三月，完为城旦。

——张家山汉简《二年律令·兴律》[1]

也就是说，秦代《徭律》的规定为：为朝廷征发徭役，如耽搁不加征发，应罚两副铠甲（一副铠甲合1344钱）。迟到三天到五天，加以训斥；六天到十天，罚一副盾牌（合384钱）；超过十天，罚一副铠甲。所征发人数已足，应尽快送抵服役处所。遇到发大水、连续阴雨等情况，可免除本次征发。

秦代《兴律》的规定和《徭律》差不太多，意思是：征发徭役或接到输送物资的任务，如耽搁不加征发，应罚两副铠甲。征发了，文书已经具备但是没有出发，超过五天，罚一副盾牌；五天到十天，罚一副铠甲；超过十天到二十天，罚两副铠甲；此后每多耽误十天，就加罚一副铠甲。

汉代的《二年律令·兴律》的规定翻译为白话文的意思是：应当行戍，已经接受命令而不履行，逃跑超过七天，与到了戍守的地方再擅离职守一天到七天一样，都必须缴纳7680钱以赎耐刑；擅离职守超过七天，真正处以耐刑即剃除鬓须成为刑徒为官府永久服役；逃跑超过三个月，抓住后判为城旦。

按秦代《徭律》《兴律》律文，"失期"并不是很严重的事情，处罚主要是罚款，《徭律》甚至说遇到雨水天气可以免征；汉初吕后时期的《兴律》中讲到戍守时，处罚相对重一点，但也只是赎耐、耐刑或判为城旦。因此一些学者认为，司马迁说"失期，法皆斩"是在抹黑秦朝、夸大其暴行。

不过可能也有读者会记得，本书在介绍商鞅变法后秦国第一次与魏国作战时曾指出，按张家山汉简《奏谳书》记载，汉初故意逃避兵

---

[1] 张家山二四七号汉墓竹简整理小组：《张家山汉墓竹简（二四七号墓）》，北京：文物出版社，2001年版，第63页。

役是要被处以腰斩的酷刑的。但这种记载又与上述出土的秦汉律令的规定矛盾，难道说是汉初高祖时期加重了对逃避兵役的处罚力度？

> 汉高祖十一年，汉朝南郡征发夷道的少数民族男丁毋忧（人名）当兵入屯。毋忧接到征兵文书后，以少数民族男丁每年已经出五十六钱抵徭役为由，声称自己不该再入屯，随即逃跑了。后来毋忧被抓获，当地司法官员对如何处置毋忧也起了争议：有人说该处以腰斩之刑，有人说应无罪释放。最后汉朝朝廷给出最终结论：毋忧应处以腰斩之刑。

其实我们多看看历史书，对逃避兵役或失期之人处以重刑，并非只是汉高祖时期才有的做法。《史记·周本纪》记载，周武王在孟津观兵时，太师吕尚（姜子牙）曾下令："总尔众庶，与尔舟楫，后至者斩。"《史记》的《司马穰苴列传》和《彭越列传》里，还分别记载了齐国大将司马穰苴斩杀失期进入军营的监军庄贾以及彭越起义时斩杀来得最迟的少年的故事。至于汉代对匈奴作战的战事中，因迷路等客观原因失期被判处死刑的将军，在《史记》和《汉书》中记载得就更多了。也就是说，在战时为了维护主帅权威、确保令行禁止，先秦和秦汉时期军中确实存在"失期处斩"的做法。

现在我们应该明白了，现有秦简《徭律》《兴律》和张家山汉简《兴律》是平时法，管的是日常的徭役、军队换防等活动；而张家山汉简《奏谳书》中毋忧被腰斩和司马穰苴斩庄贾、彭越斩失期少年根据的是军法，是战时状态下的做法，所以比较严酷。

那这次陈胜、吴广等九百戍卒谪戍渔阳，是普通的换防，还是一次比较紧急的军事行动呢？这个史书上却没有记载。如果是后者，他们应该被按军法治罪，军法可不讲什么客观原因；如果是前者，他们应该被处以高额罚款，但也不排除被按军法治罪的可能。比如本书前面提到过，骊山陵修陵人的墓葬显示有少数修陵人是被斩首、断肢残杀的，本书后面还会讲到秦朝在起义军打到关中后曾紧急给修陵人配发武装让他们进行抵抗，说明骊山陵工程可能是按军事化进行管理的，并存在滥用军法的现象。说白了，法律规定是一回事，但是当时秦朝官吏将领具体执行哪种法律、执行起来是从宽还是从严，又是一回事。

再说陈胜、吴广等九百戍卒，他们作为低级军吏和普通士卒，可能并不清楚到渔阳的具体任务，不过他们大都听说过"失期当斩"的严酷军法，甚至有些经历过战争的人亲眼见过这条军法的执行。要知道战国时期各国都是全民兵役制，而且当时战争频繁，成年男性普遍上过战场，这与中古以后中国实行募兵制或军户制，多数男性没机会当兵入伍是不同的。虽然当时应该也有戍卒了解秦朝《徭律》《兴律》的一些规定（陈胜起义前的讲话就曾提到有不被斩首的可能），但最终他们从自身日常的生活经验，即秦朝的统治很残暴这一点出发，对不能按期到达渔阳感到很恐惧，也对到达渔阳戍边后能不能活着回家感到心中没谱，于是选择了起义。

星星之火，迅速燎原

秦二世元年（公元前 209 年）七月，陈胜、吴广聚集九百戍卒誓师完毕，对外宣称是公子扶苏和楚将项燕的部队，拿着棍棒等简陋的武器开始行动，很快占领了屯军所在地大泽乡，并攻取蕲县县城，获得了县城武库中的兵器甲仗。这时陈胜第一次分兵，拿出一部分人马交给符离（在今安徽宿州东北）人葛婴，让他东进攻略蕲县以东的地区，而陈胜自己则带着主力西进。

一路之上，不堪秦朝压迫的百姓们纷纷加入起义军，因此陈胜的队伍势如破竹，在大约十天的时间内就横扫三百余里，先后攻占铚（zhì）县（在今安徽濉溪县西南）、酂（cuó）县（在今河南永城市西）、苦县（在今河南鹿邑县）、柘（zhè）县（在今河南柘城县北）、谯县（在今安徽亳州）五县之地。等到陈胜接近淮阳郡的郡治陈县（今河南周口市淮阳区）时，起义军队伍已经滚雪球般迅速壮大，达到兵车六七百辆，骑兵千余人，步卒数万人。于是陈胜下令攻打陈县县城。

不知何故，当时淮阳郡的郡守、陈县的县令都不在陈县县城中，只有郡丞率守军在城门口抵抗起义军，结果被杀死，起义军胜利入城。

大家知道，这陈县即原楚国旧都陈郢，起义军拿下它，具有显著的政治意义；陈县又是重要的交通枢纽，沟通黄河和淮河的著名运河鸿沟就打城下流过，起义军攻占它，对秦朝的南北漕运也是重大打击。

进入陈县县城后，陈胜立即召集地方上的三老（掌管一乡之中的教化）、豪杰来商议大事。

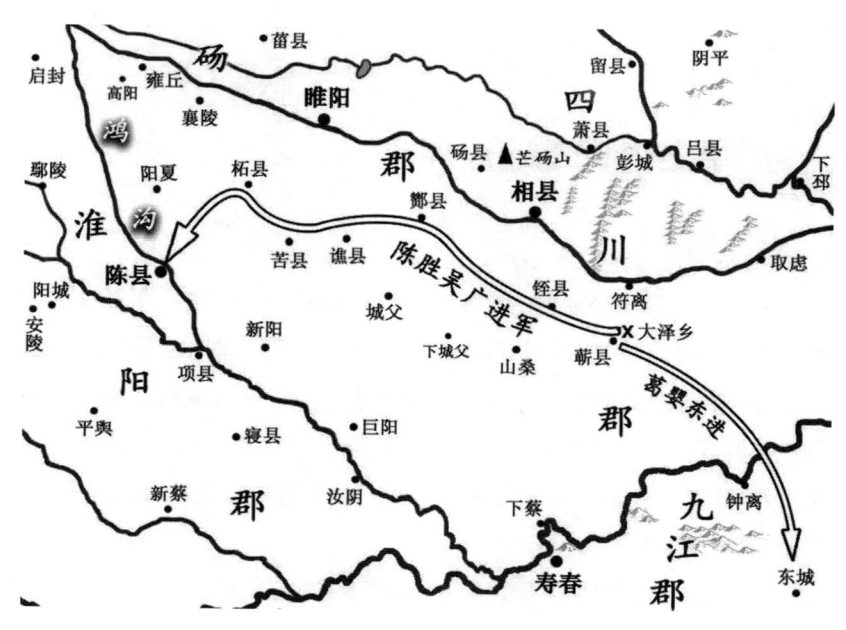

大泽乡起义与义军攻占陈县示意图

三老、豪杰见了陈胜说:"将军亲自披坚执锐,伐无道,诛暴秦,复立楚国社稷,如此大功理应称王!何况现在要督率天下诸将灭秦,不称王也不足以号令!"

当年信陵君的门客张耳和他的刎颈之交陈余,入秦后为躲避秦朝的追捕,这时正改名换姓隐居在陈县县城中的某个里做看门人。他们听说陈胜的威名,已经前来拜谒。但他们却对三老、豪杰劝进的举动不以为然,反劝陈胜不要着急称王让天下人感觉他有私心,并建议陈胜立即西向攻打关中,同时派人立六国之后作为党羽,灭秦后再占据咸阳号令诸侯。

陈胜既然能喊出"王侯将相宁有种乎"的豪言,他自然也是有称王称霸的心思的,最终没听张耳、陈余的话,而是自立为王,定国号为"张楚"。

陈胜起义成功并恢复楚国的消息不胫而走,"苦秦久矣"的关东各地人士大受鼓舞,纷纷争着抢着斩杀当地秦朝官吏起事响应,史书称"家自为怒,人自为斗,各报其怨而攻其仇,县杀其令丞,郡杀其守尉"(《史记·张耳陈余列传》)。具体如:刘邦等人在四川郡沛县发动起义,秦嘉等人在东海郡(郡治郯县,今山东郯城)发动起义,郦商在砀郡高阳邑(在今河南杞县西南)发动起义,陈武在薛郡薛县(在今山东滕州南)发动起义,项梁、项羽在会稽郡吴县(在今江苏苏州)发动起义,英布在九江郡北部发动起义……所谓的"星火燎原",正是这种景象!

在各地自发竖起义旗的同时,更有各阶层人士直接前来投奔张楚王陈胜:孔子的后人孔鲋(fù)带着祖传的礼器来了,原楚国谋士蔡赐来了,原魏国的一个封君宁陵君魏咎也来了……一时之间,张楚政权内汇集了大批文臣武将。

在网络上常见一种说法,即秦朝并不失民心,失的只是六国旧贵族之心,秦末反秦起义也是六国旧贵族挑起的,并由他们担当主力。其实看看本节我们就会明白,最初反秦举事的义军领袖和将领,虽然也有六国旧贵族如项家叔侄、宁陵君魏咎等人,但更多的是不具有旧贵族身份的基层民众、小吏以及在法律上连人都不算的刑徒,如陈胜、吴广、葛婴、刘邦、秦嘉、郦商、陈武、英布……至于那些数以十万、百万计的普通义军士兵,更不可能有旧贵族血统了。所以六国旧贵族中固然有不少人是痛恨并希望秦朝垮台的,但秦末出现大规模反秦起义风暴的根源还是秦朝把千千万万黔首百姓害得太苦了。

那陈胜、吴广和各地反秦人士的起义为什么能顺利成功并接连攻占大批郡县呢?这不能不说秦朝在军事政策、地方机制和吏治等方面存在一定问题:

其一,军事政策方面,秦朝实行的是"守外虚内"模式,军队主要集中在边境地区戍边,内地的常备部队很少。这个政策是延续战国时期的,因为那会儿各国的威胁主要是来自外部即其他国家的侵略;至于内部,就算偶有一些奴隶暴动之类的事情,由于各国普遍都相对较小,最高层能第一时间了解情况并组织镇压,边境的军队也方便回师介入,把反抗消灭在萌芽状态。但秦统一之后,形成了一个土地广袤的大帝国,京畿地区与地方上的距离十分遥远,统治力度也随着距离的加大而越来越弱,咸阳无法第一时间得到远东出事的消息。秦始皇又拒绝了王绾提出的在偏远的楚、燕、齐等地设置诸侯王镇守的建议,遥远边境上的守军也无法主动介入镇压,导致镇压起义的重任只能落在兵力薄弱的地方郡县官吏肩上。

其二,地方机制方面,秦朝的郡县制是"三权分立"的模式,地方上的统治力量本就不足,还政出多门。因为秦统治者的多疑,让郡里面的郡守、郡尉、郡监分府治事、各管一摊,县里面的县令、县尉也各负其责,导致关键时刻地方上无法形成合力来镇压起义。

其三,吏治方面,秦朝地方官吏缺编较多,而且基本只有主官是秦人，其他小吏大多是原六国人。比如陈胜进攻陈县时，淮阳郡的郡守和陈县的县令都不在，他们同时外出公干的可能性毕竟不大，所以很可能是原任人员去职或病故而新官却久久未到任；再比如刘邦起义时，沛县的小吏基本都是当地人，只杀了县令就夺取了县城。

回过来说陈胜。在这种大好形势下，他决心猛烈扩张，因此兵分多路，向西、北、南三个方向出击。

西方：他任命吴广为假王（代理王），指挥田臧、李归等将领进攻三川郡，以打开通往关中的通道。

北方：他任命武臣为将军、邵骚为护军，张耳、陈余为左、右校尉，率兵三千人进攻原赵国区域；同时任命周市（fú）为将军，进攻原魏国区域。

南方：他派邓宗进攻九江郡（郡治寿春）；又派召平进攻东海郡广陵（在今江苏扬州西北）。

大家应记得，前面刚打下蕲县时，陈胜就已经派葛婴东征，所以张楚政权实际是在向四面扩张，可见陈胜气吞山河的志气。那这东、南、西、北四个方向的进展情况都如何呢？接下来我们就来仔细说说。

先说东方，因为东方是陈胜最早派人出去经略的方向。

符离人葛婴从蕲县与陈胜分开后，一路向东南进发，很快打到了九江郡东北部的东城（在今安徽定远县东南）。当时的通信联络很差，为了扩大起义军的影响力，葛婴就自行其是，立了一个叫襄强的楚国王室后裔为楚王。但不久他得到了陈胜已经自称张楚王的消息，于是就杀了襄强返回陈县向陈胜述职。陈胜恼他不经请示自作主张，更怕其他将领有样学样，也到处立王，就把葛婴给杀了。

第二说南方，因为邓宗、召平进攻的地方实际也偏向东南，跟葛婴经略的地方有点重合。不过史书中说召平进攻东海郡广陵县却没有打下来；至于邓宗，史书中干脆再无他的音信，很可能他出师不久就败亡了。

第三说北方，因为西方是张楚政权的主攻方向，我们留在最后再讲。

陈胜向北方派了武臣和周市两拨人马，并以下游为东北走向的黄河作为两人的行动分界线，命令武臣在黄河以西活动，周市在黄河以东活动，免得互相冲突。我们先说负责拓展赵地的武臣的业绩。

武臣等人从白马津（在今河南滑县北黄河古道边）北渡黄河，来到黄河的西岸，一路宣传秦朝的暴政和张楚政权建立后的成就，争取地方豪杰，三千人马很快扩张到数万人。武臣于是攻打附近的各县，连下十城，每次进城都不问青红皂白，把秦朝设置的官吏全部处死，甚至杀戮了不少普通百姓。原本秦二世巡行时整治地方官吏，让很多秦朝官员寒心，他们又慑于陈胜起义的威名，也想投降易帜，但一看武臣这阵势，都只得闭城自守、坚决抵抗。武臣一时没奈何，就一路朝东北方向进发，准备攻打广阳郡范阳县（在今河北定兴县西南）。

这时范阳城中有个叫蒯（kuǎi）彻的士人面见县令，自告奋勇要作为范阳的使者去游说武臣，说可以使县令转祸为福。范阳县令也想不出什么好办法，就同意了。

蒯彻出城见了武臣，告诉他范阳县令本来贪生怕死想投降，之所以现在组织城中军民抵抗，其实是怕自己像之前十城的官吏那样被起义军杀掉。所以蒯彻建议武臣接受范阳令的投降并封他为侯，然后派他去燕赵各地游说其他秦朝地方官员，这样燕赵之地就能传檄而定了。

武臣听了觉得很对，就照蒯彻的话赐给范阳令侯爵之印，让他去宣传起义军的仁德。此后燕赵地区果然有三十多城向武臣投降，武臣兵不血刃就为张楚政权开拓了大片疆土。

再说负责开拓魏地的周市。周市很快就平定了战国时期魏国核心区域即秦朝砀郡、东郡一带，然后继续沿着黄河东岸向北挺进，一直打到齐地。

总的来说，张楚政权在北方的拓展取得很大成就。

最后说西方。从陈胜把张楚国的二号人物吴广和军队主力都放在这个方向可以看出，该方向是张楚军的主攻方向、陈胜是把诛灭暴秦当作头等任务的。

假王吴广奉命带领诸将和大军一路西进，很快杀入三川郡境内。当时秦朝三川郡郡守正是左丞相李斯的儿子李由。身在郡治洛阳的他紧急征发全郡之兵，然后带领他们向东疾驰，进驻军事重镇荥阳（在今河南郑州市西北惠济区古荥镇）。

李由为什么要在荥阳阻击吴广呢？原来荥阳位于豫东平原到豫西山地的过渡地带，是豫西地区的东大门：它北边是位于黄河、济水分流处的广武山，南边是嵩山向北的余脉，东边有一个叫荥泽的大湖泊（后来在王莽新朝时期淤塞为陆地），可谓地势险要。战国时期魏国又从济水上挖沟引水建成著名的运河鸿沟，联通睢水、颍水乃至淮水，济水入黄河处的荥阳因此成为一个重要的水运枢纽，秦始皇时期秦朝在广武山以东的敖山上建立了著名的敖仓，储存了大量的粮食。因此李由驻守在荥阳，既可以利用险要地势，又可以确保后勤补给没有后顾之忧。

不几日吴广率领张楚大军进抵荥阳城下，见李由凭城据守，于是开始猛烈攻城。

考古发现，荥阳古城南北长约 2000 米，东西宽约 1500 米，残存最高处为 20 米，墙基宽 30 米，可见整座城池十分高大坚固。因此张楚军队拼尽力气，也无法拿下荥阳城。而拿不下荥阳，吴广不敢分兵继续西进，西征战事因此陷入僵局。

吴广顿兵于荥阳城下无法前进的消息传回陈县，张楚王陈胜不由得十分焦急，连忙召集大臣们商议对策。这时陈县城中有一个年纪约摸五六十岁、名叫周章（字文）的人自告奋勇面见陈胜，声称自己曾做过春申君黄歇的门客，还在项燕军中做过"视日"也就是靠观看太阳的运行来占卜吉凶的官员，并自诩精通兵法，请求领兵去进攻咸阳。

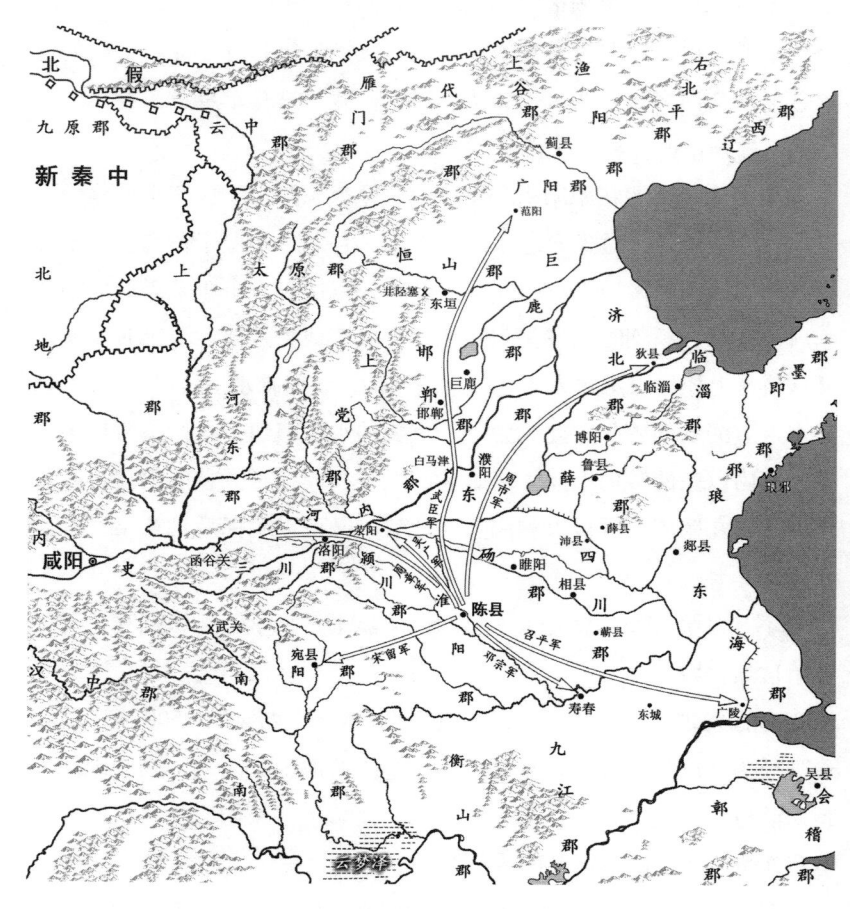

陈胜分兵略地示意图

陈胜听了周章的简历对他非常尊敬信任，于是赐予他将军大印，又凑出几万名士卒交到他手上，让他西进攻秦。为了配合周章的西进行动，陈胜还命令铚县人宋留为将，让他向西南挺进攻打南阳郡，伺机入武关从南部进攻咸阳。

那周章和宋留攻打咸阳的进展如何呢？

章邯救秦与义军分裂

陈胜、吴广起义闹出那么大阵仗，虽然当时通信相对迟缓，也已经有秦朝在东方的使者把消息传回咸阳了。谁料到，秦二世听说后立即把这个使者关进监狱里。

接下来秦二世又把博士们传来，问他们道："有楚地的戍卒攻破蕲县、进入陈县，你们说该怎么办？"

有三十多个博士站出来说："人臣不能有异心，有异心就会造反，这是杀无赦的大罪！希望陛下立即发兵予以剿灭！"

秦二世一听大怒，脸色马上变了。

还是候补博士叔孙通善于察言观色，见状后赶紧上前说："他们说的都不对。现在天下一家，名都大郡早已被夷平，各地兵戈都已被销毁，这是朝廷向大家表示再不会有战争。何况现在上有贤名的君主，下有完备的法令，人人都尽忠职守，四方无不归附，哪里会有造反的人？东方不过是有些鸡鸣狗盗之徒，何足挂齿？郡里的郡守、郡尉正在逮捕处置他们，哪值得担忧？"

秦二世听了这番话脸上由阴转晴，笑着说："不错。"

随后秦二世又一一询问博士们持什么意见，凡是说东方有人造反的，就投入监狱治罪；凡是说只是普通盗贼的，就放掉。最后秦二世下旨赐给叔孙通绢帛二十匹、衣服一套，并去掉"候补"二字正式任命他为博士。

叔孙通出宫回到住处，其他的博士对他都很鄙夷，冷嘲热讽地问："先生说话为什么这么谄媚？"

叔孙通却舒了一口气说："你们不知道，今天我差点不能逃脱虎口！"随后他立即收拾行装，放弃了刚转正的博士官不做，带着自己的弟子们逃回关东的老家薛县。有道是"一叶知秋"，他此时已经料到秦朝大厦将倾了。

秦二世为什么不肯接受关东有人大规模造反的说法，并且治罪执这种说法的人呢？这一方面应该是他极其迷信秦朝的武力又"讳疾忌医"，把有人说地方上发生叛乱视作对自己治理成绩的否定；另一方面应该是他认为自己几个月前到东方巡行的时候还"天下太平""一切如常"，不相信突然一下就能有大规模造反的事情发生。最终的结果就是他不肯做出相应的部署和应对，甚至大力解决"提出问题的人"。

见秦二世这副样子，之后秦朝使者从东方回来，再也不敢反映实情，而是顺着秦二世的心意，骗他说关东盗贼都已经被地方官吏驱逐逮捕，不足为患。就这样，秦朝得知关东反叛消息的时间本就迟滞，迅速调兵出征镇压的良机还又被秦二世白白耽误了。

在此期间，周章业已带兵绕过被吴广包围的荥阳城，顺利进入洛阳盆地。在他行军的路上，各地痛恨秦朝的百姓也纷纷加入他的队伍，等到来到函谷关外的时候，张楚国西征军已经达到战车千辆、步卒数十万人的庞大规模。可见当时"伐无道、诛暴秦"有多么强大的"民意基础"，这绝不是几个六国旧贵族就能挑唆起来的。因为秦二世没有进行军事动员，周章率部一举攻破天险函谷关，于秦二世元年九月挺进到骊山东边不远的戏县（在今陕西西安市临潼区东北）。

东方国家军队上一次打到咸阳附近，还是在三十二年公元前即秦王正六年（公元前241年）春申君黄歇组织的最后一次五国伐秦时。眼下张楚国大军压境，而咸阳城内只有秦二世不久前从天下征召来的材士五万人，京师之内不由得人心惶惶。朝臣们知道瞒不住了，不得不把实情告诉了秦二世。

秦二世得到奏报后大惊失色，他没料到自己才从东方巡行回来五个月，局势就迅速糜烂到这种地步，连忙召集群臣商议对策。可朝堂之上，右丞相冯去疾、左丞相李斯以及郎中令赵高等内外大臣却束手无策，个个低头默不作声。

见此情景，一名叫章邯的官员出班奏道："盗贼已经在都门外，人多势众，就是征发附近诸县的兵力也来不及了。不过现在在骊山劳作服役的刑徒很多，请陛下赦免他们，授予他们兵器抵抗盗贼。"

这章邯之所以提出这个建议，是因为他就是负责管理皇室财产、为皇家提供衣食住行等各方面服务的少府的长官，由刑徒和服役黔首组成的营造皇陵的骊山徒众也归他管辖。当时官署名和官职名往往不分，所以秦朝的少府长官也被称作"少府"。

秦二世知道没有别的办法，情急之下他主动宣布大赦天下（这个章邯并没有请求），并任命少府章邯为大将，让他带领骊山徒众和"人奴产子"（奴隶的后代）去迎击周章大军。

有人可能会问秦朝统一天下时的知名将领如王翦、王贲、李信等人都哪里去了。对于王翦、王贲，史书上有交代，那就是他们都已经去世了（《史记·白起王翦列传》），毕竟他们的年纪比较大了；但正值壮年的李信为什么没有再露脸，却成为历史之谜。

再说少府章邯，他临危受命后，立即从各地征集而来的七十万骊山徒众里挑选出精壮的男丁，再与咸阳的"人奴产子"编组在一起，许诺将会免除他们的刑罚或债务、赋予他们自由人的身份，然后给他们分发兵器。章邯一共凑出多少人马，史书上没有记载，但鉴于周章的兵力，章邯武装的人员至少应该在二三十万人。

随后章邯带领以五万精锐的材士为中坚、以骊山徒众和"人奴产子"为基础的数十万大军,正面迎击周章的张楚军。

周章的军队虽然在数量上占优势,但人员都是在极短时间内汇聚起来的,缺乏武器和组织、训练。相比之下,秦军中的骊山徒众虽然也是临时才拿到武器,但他们长期在骊山劳作,组织性其实是胜过张楚军的,何况秦军还有装备、训练都很精良的中卒(材士)。因此双方开战后,在秦朝五万材士强弓硬弩的射击下,张楚军阵脚逐渐松动。章邯乘机下令全军出击,周章约束不住部下,张楚军开始全面崩溃。

张楚军逃出函谷关,一直败退到关外十几里处的曹阳亭才停下脚步。见秦军没有紧追上来,周章赶紧收集溃军、重整旗鼓,在当地扎营驻守。

章邯此时为什么没有一鼓作气追歼周章呢?这可能是因为他本身也有困难。我们知道,咸阳的五万材士和骊山徒众都是从全国征集来的,里面大部分应是关东地区人士,尤其是那些骊山徒众在劳作中曾备受压迫,对秦朝的忠诚度自然很低。秦朝一时情急,对他们威逼利诱,利用他们抵抗关东"造反军",但缓过一口气后,自然明白这些关东人大都靠不住,怕他们了解了目前关东的真实情况后会阵前倒戈,必定要征召关中、陇西、北地、上郡、汉中、巴蜀、河东等统一前旧秦地的傅籍者来替代他们,以重新编组秦军,而这当然是需要一定时间的啰。

周章在戏县兵败的消息也很快传回东方。这时已经入驻原赵国都城邯郸的武臣部下张耳、陈余听说后,不是劝武臣增援战友,而是撺掇他趁机称王。他们说:"陈王从蕲县起兵,攻下陈县就称王,所以称王不必一定是六国的后人。将军仅以三千人马就拿下赵地数十城,单独驻军河北,不称王也无法镇守。何况现在陈王喜欢听信谗言,如果回去向他汇报,恐怕会遭遇不测。"

张耳、陈余劝武臣称王,当然与之前陈胜不听他们的劝谏自称张楚王有关。不过他们说陈胜喜欢听信谗言，倒也不是假话，因为此时的陈胜确实已经变了不少：他从一介平民骤然成为一方帝王，不由得有点飘飘然，开始注重享受并摆起谱来。一些旧时的雇工朋友记得他当年"苟富贵，毋相忘"的话来投奔他，因为讲了一些他穷困时的旧事，就被感觉丢了面子的他杀掉；他还任命朱房、胡武两个人做监察官员，天天考核监督群臣，将领们攻略土地回来复命，只是因为用兵过程中有违背命令的地方，就被朱、胡两人抓起来治罪。

陈胜现在的所作所为武臣当然也听说了，何况他更禁不住王位的诱惑，于是自立为赵王，然后任命张耳为右丞相，邵骚为左丞相，陈余为将军。随后武臣派人把称王一事报告给陈胜，那意思是自己只是被迫这样做，他仍然尊奉陈胜为老大。陈胜听后却怒不可遏，他立即就要杀死武臣等人留在陈县的家眷，并发兵攻打邯郸。此时已经被陈胜任命为上柱国的蔡赐赶紧劝阻，说现在暴秦未灭，如果杀了武臣等人的家眷，等于又给张楚国制造一个劲敌，不如派人恭贺武臣称王，并催促他发兵西进攻打秦朝。陈胜冷静下来认为蔡赐说的不错，就依计而行。

不过陈胜的贺使到了邯郸后，张耳、陈余又劝赵王武臣不要理会陈胜让他们西征的命令，而是赶紧扩张赵国自己的地盘，以在未来争夺天下的战局中立于不败之地。武臣于是没有派一兵一卒西征关中，而是命令将军韩广北略燕地，将军李良进攻恒山郡（郡治东垣县，在今河北石家庄市东北），将军张黡（yǎn）西略上党郡（郡治长子县，在今山西长子县西南）。

俗话说"有样学样"。韩广打下燕地，也像武臣一样自立为燕王，甚至跟赵国发生冲突。至于李良，他打下恒山郡后赵王武臣又命他攻打太原郡，但太行山井陉口被秦军堵住，李良没法前进，只得返回邯郸请求增兵。在邯郸郊外，李良碰到武臣姐姐的车队误以为是赵王武臣的车队，因此下马跪在路边行礼。等知道跪的人不是赵王而是赵王的姐姐后，李良感觉大失面子，就派人杀了武臣的姐姐，并一不做二不休攻入邯郸城，杀死了毫无防备的赵王武臣和左丞相邵骚。只有张耳、陈余在混战中逃了出去。

在这期间，陈胜派出去的周市进攻齐地的临淄郡狄县（在今山东高青县东南），狄县内的田齐王室后裔田儋（dān）杀死秦朝狄县县令，自立为齐王，然后击败了周市，并占领了原齐国的大部分地区，齐国宣告复国。周市回到魏地后，怕镇守不住，就派人奏报张楚王陈胜，想请他册立人在陈县的宁陵君魏咎为魏王。陈胜一开始不肯，周市一连五次派使者请求，陈胜眼见形势对自己不利，只有同意。魏咎被陈胜放出后抵达魏地，被周市立为魏王，周市自己则充任相邦。

这样一来，关东楚、赵、燕、齐、魏都已经复国，就差一个韩国就把之前的六国凑齐了，秦朝在关东的统治几乎土崩瓦解。不过五国复国虽然听起来很唬人，但实际上这种局面的出现是反秦武装内斗、内讧的结果，因此这对于秦朝来说反而是一个各个击破的良机。

章邯灭张楚　项梁立怀王

在戏之战的两个月后，也就是秦二世二年（公元前208年）十一月，秦二世终于又动员出大批人马和粮草交到章邯的手上，让他出函谷关平定关东的反秦叛乱。

章邯受命东征时得到的军队到底有多少人，具体成分如何，史书上没有直接记载。不过史书说秦朝后来多次给章邯补充军队，巨鹿之战后陈余劝章邯投降时又说他征战数年损失人马以"十万"计算，章邯向项羽投降后还有二十多万人马，所以秦二世最初交到他手上的兵力可能为二十多万人（后来损失十余万人又补充十余万人）。众所周知，章邯的二十多万名降卒后来被项羽坑杀在新安（在今河南义马市），史书说项羽杀降的原因是这批秦军的家眷都在关中秦地，怕他们回到关中后不听话，由此可知章邯东征时的秦军已经不是以骊山徒众为主了，而是以老秦人为主。

章邯带着二十多万正牌秦军涌出函谷关，只一击就攻破了周章在曹阳亭的大营。周章带着残部向东逃窜，跑出近百里进入渑池县地界。在这里他又一次收拢溃军与追来的章邯部交战，但他的部队早已成惊弓之鸟，没有一点斗志，所以第三次大败。周章能力不足，骨气却硬，不愿被俘受辱，就拔剑抹脖子自杀了。

章邯消灭了张楚军中规模最大的周章部之后，继续向东疾驰，目标当然是围困荥阳的张楚军吴广部。

周章全军覆没、章邯大军马上就要杀来的消息，很快传到三百多里外的荥阳城下。假王吴广的部下田臧听说后，召集几个亲信密谋说："我们围困荥阳却不能攻取，等章邯到来，秦军里应外合，我们一定死无葬身之地。我以为不如留少数兵力继续围城，而用主力去迎战章邯，这才有生的希望。可现在假王十分骄横，不懂用兵，还不听人言。不杀了他，恐怕无法实施上述计划。"

随后田臧谎称得到张楚王陈胜的诏令，突袭吴广的营帐杀死了他，并把吴广的首级传送陈县，那意思是自己并非造反，而是请命。陈胜得到吴广的首级后无可奈何，只有任命田臧为令尹，让他统领大军迎战章邯。

吴广是不是像田臧说的那样傲慢刚愎，我们已经无法弄清了。但一言不合就杀上司，总归是一种无组织无纪律的体现。好在田臧倒还有几分血勇之气，受命后他留下将军李归监视荥阳城内的秦三川郡郡守李由，自己带领大部分精锐力量北上攻打已经进抵敖仓附近的章邯。

章邯接连几次击败张楚军，自然绝不是全靠运气，而是因为他治军严整，又精于战术，堪称一代名将。田臧在这样强大的对手面前，又只是一个回合，就败下阵来，并且连命都搭上。章邯乘胜追击，李由也从荥阳城中杀出，两股秦军会合，轻松扫平了在荥阳城外担任监视任务的少量张楚军，斩杀了张楚将领李归。至此，张楚政权的主力部队烟消云散。

在章邯解了荥阳之围后，秦二世又派长史（此指将军府高级幕僚）司马欣、都尉董翳二人带领一些部队出关增援章邯，章邯的力量进一步壮大。稍事休整后秦军大举南下，一部进攻颍川郡西部的郏县（在今河南郏县），击败张楚军邓说部；章邯自率主力进攻颍川郡东部的许县（在今河南许昌东），击溃了张楚军伍徐部。这样一来，张楚国都城陈县就直接暴露在秦军的兵锋之下。

邓说率残部逃回陈县，并说章邯已经尾随而来。张楚王陈胜又气又急，将他斩杀。陈胜知道到了存亡关头，但放眼在朝堂中望去，手下已经无将可用，不得已他只得把陈县的大部分兵力交给上柱国蔡赐，让他领兵阻击章邯。

此时章邯兵强马壮、气势如虹，没有悬念地击败并杀死了蔡赐，然后又向陈县西郊的张楚军将领张贺的营盘杀去，因为张贺部已经是张楚政权在陈县附近的最后一支成建制部队。这时陈胜的大无畏精神又被激发出来，他亲自来到张贺的军中督战。但此时秦军和张楚军众寡悬殊，陈胜的激励监督已经无济于事，张贺部又被章邯杀得大败，张贺本人也战死。

陈胜从乱军之中逃脱，知道陈县已经无法守住，就弃城逃往东南方向的汝阴（在今安徽阜阳市），不久又向北折到下城父（在今安徽涡阳县西北）。他正想重新集结义军，可给他驾车的驭手庄贾却丧失斗志叛变，杀了他向秦军投降。陈胜死时为秦二世二年十二月，距离他在大泽乡起义仅过了六个月。

陈胜虽然死了，但他在秦朝的统治好似铁桶一般、关东士民都慑服于秦军淫威、忍受着秦朝暴政之际，第一个跳出来扯旗造反，喊出"伐无道、诛暴秦"的惊天口号，这种胆色可以说是盖世无双；随后他破县收郡、建国立政，分遣诸将攻略四方，在短短几个月内就使秦朝在关东的统治呈现瓦解之势，还派兵攻入了屡屡令六国军队望而却步的函谷关，打破了秦军不可战胜的神话，鼓舞了天下人推翻秦朝的信心。一句话来说，陈胜以一人之力在仿佛风平浪静的水面上掀起了滔天巨浪，而这反秦风浪已经不会因他的死而停歇了！虽然陈胜也有不少的毛病，但有毛病的斗士依然是斗士！

当然，陈胜的死讯传开后，在当时确实给反秦武装的士气带来重大打击。

消灭张楚政权后，章邯自己率主力向北进发，攻打济水流域的魏国，同时他派将军司马尼（rén，"仁"的异体字）向东扫荡四川郡一带的张楚军余部，派左右两校尉南下攻打淮阳郡南部和南阳郡的张楚军余部。

受陈胜之命攻打南阳郡并计划从武关方向北上进入关中的张楚将领宋留，这时听说陈胜败亡、秦军来攻的消息，放弃在南阳郡所占的地盘，向东南方向逃窜。可悲观失望的他跑到淮阳郡南部的新蔡（在今河南新蔡县）时，一遇到秦军的堵截，就举手投降。当然宋留投降之后也没有得到好下场，他被秦军押解回咸阳，秦二世下令将他车裂示众。

有道是"疾风知劲草"。就在宋留之辈或降或逃之际，一批义军将领却成为危局中的逆行者。

首先，张楚王陈胜之前的涓人（近侍）吕臣，在淮阳郡东部的新阳（在今安徽界首市北）组织起一支以头裹青黑色头巾为标志的"苍头军"（按五方五色观念东方属青色），然后带领他们反攻陈县。当时章邯的主力已在北方魏国，所以吕臣成功地收复了当地，处死了叛徒庄贾为陈胜报仇，同时收得陈胜的尸骨把他安葬在芒砀山主峰南麓，

章邯出关攻灭张楚政权示意图

并给他上了一个"楚隐王"的谥号。

章邯留下的左右两校尉听说有张楚军余部重新占据陈县,从附近返回攻击。寡不敌众的吕臣向东南方向转移,秦左右校尉则紧追不舍。

吕臣逃到淮阳郡的东南边界时,突然一支人马从南面迎面杀来。等到近处吕臣才发现这支队伍也是反秦义军,为首的将领三十多岁,脸上刺着字,原来他就是英布,因受过黥刑又称"黥布"。

英布本是九江郡六县(在今安徽六安市东北)的一个平头百姓,年轻时有看相的相士曾说他以后会"受刑而王"。秦始皇时期他果然犯了法受了黥刑,以刑徒之身被发往骊山修建秦始皇陵。不久他从骊山刑徒营逃出,潜回东南地区在长江中做了水匪。陈胜、吴广起义后,他与秦朝番阳县(在今江西波阳县东北)县令吴芮一起起兵响应,最初有兵数千人。此刻英布听说陈胜、吕臣失利,主动前来支援。让过吕臣部之后,他在清波(在今河南新蔡县西南)与秦军左右校尉相遇,打了他们一个措手不及,取得大胜。随后英布见好就收,又主动退回东南。

吕臣、英布之后的逆行者,名气就更大了。

那是秦二世二年端月(正月),正奉陈胜之命攻打东海郡广陵的张楚将领召平得到陈胜失败、秦军东进的消息,深感必须团结更多的反秦力量。这会儿他还不知道陈胜已死,就派人南渡长江联系上占据会稽郡的项梁、项羽叔侄,并以陈胜的名义封项梁为上柱国,命令他立即领兵北上西进。

项梁、项羽叔侄具体是怎么占据会稽郡的呢?我们在这里补述一下。

秦二世元年七月,陈胜、吴广起义。经过月余时间,消息传到会稽郡郡治吴县。郡守殷通又观望了一个月,然后让人把一直帮郡里主持大型徭役活动的项梁叫来,说自己认为秦朝大势已去,决定跟风造反以自保,准备任用项梁和当地名士桓楚为将军。

项梁听了，不知道殷通是真想反秦，还是企图借此诱捕反秦人士，于是决定将计就计。因此他对殷通说，桓楚已经逃亡，只有自己的侄子项羽知道他在哪儿。如项梁所料，殷通赶紧让项梁把项羽叫来。

身材魁伟、力能扛鼎的项羽进入郡守府拜见殷通，项梁突然说了句"可行矣"，项羽立即拔剑斩了殷通首级。殷通的亲信猝不及防，反应过来后有人想抵抗，有人想逃跑，乱作一团。凶神恶煞般的项羽又挥剑连杀数十人，剩下的人都匍匐在地上祈求活命，项羽这才住手。就这样，项梁叔侄两人就控制了郡守府。随后项梁召集郡中豪杰晓以反秦大义，大家纷纷表示支持。接下来项梁就自任郡守，任命侄子项羽为副将，宣布起事，很快攻占了全郡之地。

项氏叔侄身怀国恨家仇，自然是不甘于据守一郡之地的。因此端月他们接到召平传来的"陈王诏书"后，立即在郡内征发精兵八千人，北渡长江进入东海郡的南部，也就是现在的江苏中部地区。

当时东海郡东阳县（在今江苏盱眙县东）的义军首领陈婴有感于项家在楚国的地位和威名，在接到项梁的书信后带领两万"苍头军"前来投奔。

项梁北渡淮河后，正好遇到打完秦左右校尉东进的英布、蒲将军（名字失传），后两位也带着几万名义军士兵主动入伙。

随后项梁等人没有西进，而是继续向西北进发——原来项家的老家下相（在今江苏宿迁西南）就在那里。来到下相后，项氏族人纷纷加入义军，比如项伯、项佗、项庄等人大约就是在这时从军的，义军的规模再次扩大。等项梁前进到东海郡下邳县，他清点各路人马，发现自己已经有了六七万人。

此前不久，东海郡地方反秦武装首领秦嘉听说张楚王陈胜战败身死，已经占据下邳以西一百五十余里处的战略要地彭城，立了一个叫景驹的楚王室后裔为楚王。这时他得知另一伙反秦武装即项梁部正逼近自己，心中十分警惕，当即命令下属做好防御拦截的准备。秦嘉在陈胜活着的时候虽然表面上接受张楚政权的领导，实际上却不买陈胜的账，借故把陈胜派来的监军杀掉，现在当然更不会买其他人的账。

项梁见秦嘉胆敢抗拒自己，勃然大怒，对部下说："陈王首先起事，但作战不利，目前不知所终。现在秦嘉居然又擅自立一楚王，简直是大逆不道！"于是在秦二世二年四月，项梁发兵进攻彭城。

说起来项梁可能确实比较尊重首举义旗的陈胜，但他北上后不可能没有听到一点陈胜已死的传言，所以他攻打秦嘉的真正原因里肯定也有争夺义军主导权这一项。

项梁在会稽郡时就以精通兵法、善于指挥调度郡里的大型徭役活动而知名，说明其组织能力很强。现在他麾下又有英布、蒲将军等猛将，秦嘉当然不是对手，只一战就不得不放弃彭城，向北逃至胡陵（在今山东鱼台县东南）。项梁又挥军追到胡陵，秦嘉苦撑一天，最终败亡，他的余部向项梁投降。秦嘉所立的楚王景驹向西逃到魏国，不久就死在那里。

项梁兼并了秦嘉之军后，兵力已经达到十余万人，就从胡陵移驻到东面的薛县，也就是当年孟尝君田文的封地。

四月的一天，有一支百余人的骑兵队伍从西南方向来到薛县城外，为首之人年约四十岁，高鼻梁美须髯，自称沛公刘邦，求见项梁。

项梁接见刘邦后，刘邦首先做了简单的自我介绍，表示愿意听从项梁号令，不过请求项梁帮助自己收复老家丰邑。

有读者可能不了解刘邦起义的过程和丢失老家丰邑的原因，在此我就简单介绍一下。

在秦始皇生前，泗水亭校长刘邦因为把自己负责带去咸阳修骊山陵的服徭役百姓都私放了，不得不弃官在丰邑以西的湖泽中隐居，后来又转到芒砀山当了山贼。几年后，陈胜、吴广起义，刘邦也在萧何、曹参等人的支持下占领沛县，打出赤色旗帜（南方色赤），并按原楚国惯例自称沛公（楚国县令称县公）。随后刘邦攻打周边秦属县邑，

项梁北上示意图

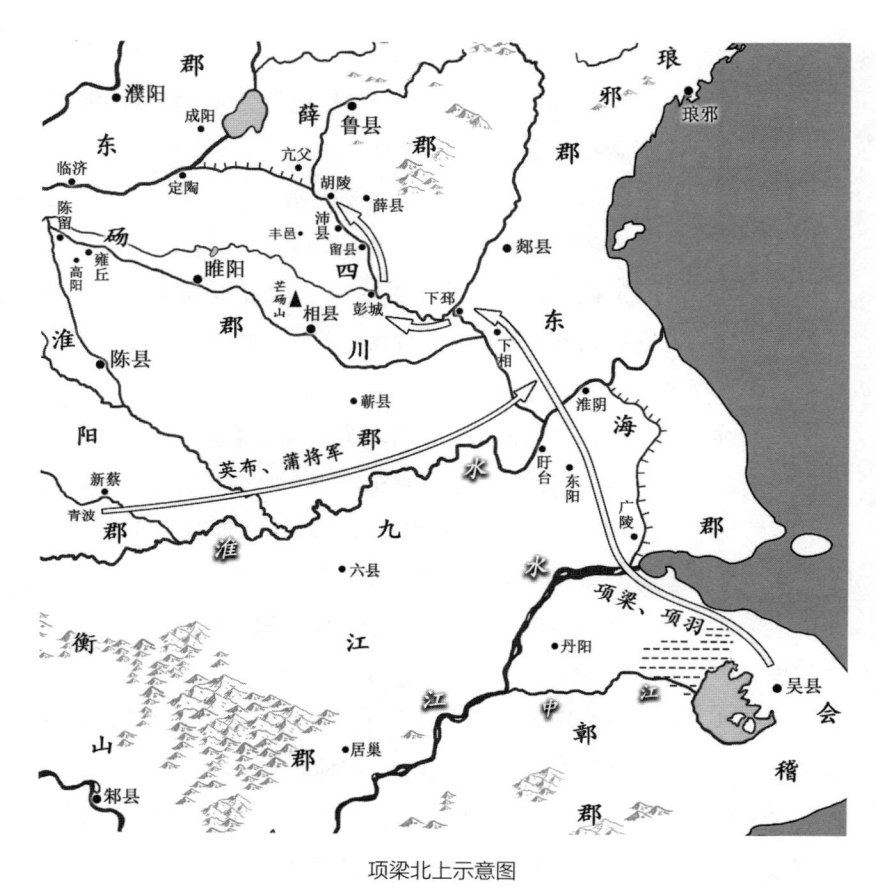

不利后又改以老家丰邑为根据地。秦二世二年十月、十一月，刘邦出丰邑与秦军作战，取得了击败秦四川郡郡监平、斩杀秦四川郡郡守壮的佳绩，表现出了较高的军事天赋。可此时周市带着魏军向东拓地，留守丰邑的刘邦部将雍齿却在周市劝诱下投降了魏国，因为包括雍齿、刘邦在内的丰邑人大都是战国末期从魏国迁徙到楚国的魏人。刘邦见老窝易帜，愤怒地回师想夺回，却屡攻不下。此后刘邦一度尊奉秦嘉所立的景驹为宗主，企图向他借兵收复丰邑，但因章邯别将司马尼打到附近而没有如愿。景驹、秦嘉与项梁对战期间，本已经对景驹称臣的刘邦"审时度势",又派人跟实力更大的项梁接上头,并自请为项梁抵挡东来的秦军,巧妙地避开了北南两家楚军的火并之战。等东来的章邯秦军向西退去,项梁也在楚人内战中取胜,所以刘邦正式来拜见项梁,并提出希望借他的力量实现夙愿。

项梁对刘邦及时转换门庭以及抵抗秦军的表现比较满意,得知了刘邦的心意后,很爽快地拨出五千军马给他。当时刘邦自己只有九千人,五千军马对他来讲当然是很可观的力量了。于是刘邦带着自己和项梁的人马攻打魏将雍齿,终于夺回丰邑。出于公义私情,此后刘邦就成了项梁的部下。

再说项梁,到了秦二世二年六月,他已经确认陈胜牺牲,就在薛县召集楚地义军首领开会,商量再立楚王。除了项羽、英布、蒲将军、陈婴之外,陈胜旧臣吕臣、沛公刘邦、韩国旧贵族张良也参会。曾经刺杀秦始皇的张良之所以在这里出现,是因为陈胜、吴广起义后,已到知天命之年的他也聚集一批人在隐居地下邳起事,后来加入了刘邦的队伍。

会上,不久前投奔而来的居巢(在今安徽庆安市西北)七旬老翁范增对项梁说:"陈胜其实一定会失败。秦灭六国,楚最无辜。尤其是怀王入秦被扣而死,楚人至今都哀怜他。所以楚南公预言说:'楚虽三户,亡秦必楚!'陈胜首先起事,却不立楚王室之后,怎么能不败亡呢?如今将军起兵江东,楚地将领都蜂拥前来归附,就是认为您家世代为楚将,肯定会重新扶立楚王的后代。"

项梁心中很可能有自立的想法,但听了范增的话后,明白只能顺应人心,于是命人寻访楚王后裔,找到一个叫熊心的放羊娃,是楚怀王熊槐的某代孙子,于是就立他为新的楚王。为了勾起楚人对秦人的痛恨,项梁还给活着的熊心上了"楚怀王"的尊号。这里我们要明白,之前熊槐的"楚怀王"的称号是死后才有的谥号。所以他们虽同叫"楚怀王",意义是完全不一样的,一个是死称,一个是生称。

立楚怀王熊心后,项梁选定盱台(在今江苏盱眙东北)作为新楚国的都城,并以楚怀王的名义封原东阳县义军首领陈婴为上柱国,让他辅佐楚怀王到盱台居住(盱台就在东阳西北不远,也属陈婴地盘)。项梁则自封武信君,在前线组织对秦作战。

秦末时楚王后裔还有不少,项梁偏偏立熊心这样的放羊少年做楚王,还把他放在远离中原的地方,不能不说他有一定的私心,那就是只把这个楚王当招牌,方便自己独揽大权。但不管怎么说,新的楚王总归立起来了,而且得到楚地义军首领的公认,这对于号召组织楚人对秦作战当然是有利的。

章邯再显神威　项梁大意身死

有人可能会问,项梁拥立楚怀王熊心前后,东出平乱、所向无敌的秦将章邯在哪里呢?

秦二世二年(公元前208年)十二月章邯击败陈胜并得到庄贾献来的陈胜首级后,他就调转马头北上攻打在砀郡、东郡一带复国的魏国去了。端月,章邯接连击败魏军,并把不久前从陈县返国当上魏王的魏咎围困在大梁东北方的临济(在今河南封丘县东)城中。魏咎为什么不据守魏国旧都大梁呢?我们不要忘了,当年经过王贲的水淹,大梁早已经成为了一片废墟。

章邯督率秦军不停攻打临济城,城池危在旦夕。四月,也就是项梁击败秦嘉、刘邦投靠项梁的那个月,魏相周市奉魏咎之命突出重围,分别向临淄的齐王田儋和薛县的项梁求救。当年六国因互不支援而被秦军各个击破导致灭亡的教训就在眼前,于是齐王田儋亲自带领堂弟田荣等人救援临济，项梁也分出一支人马交给族中子弟项佗，让他跟随田儋、周市一道前往。

章邯在得知周市突围时，就做好了围点打援的准备。六月，也就是项梁拥立楚怀王的那个月，周市带着齐楚援军抵达临济城外围。当夜，章邯趁他们远道而来、没有防备，命令秦军人衔枚、马去铃，突然向他们发动袭击。黑暗中齐楚援军不知所措，当即大乱，齐王田儋、魏相周市都死于乱军之中，只有田荣和项佗侥幸活命，率残部逃回东方。

临济城中的魏王魏咎望见援军已经失败，满腔希望化为灰烬，为保满城百姓的性命，他派人向章邯乞降，章邯答应了。在双方签订盟约后，魏咎让人架起柴火，他自己跳入火中，以这种惨烈的方式自杀而死。

魏咎总共只当了不到七个月的魏王，倒有六个月是被章邯围困在孤城中，几乎没有过过一天好日子。他自己不怕死，却不愿拉城内百姓陪葬，而是替他们寻了一条生路。他不但是血统上的贵族，更是精神上的贵族。魏咎死后，他的弟弟魏豹也不愿降秦，他摆脱秦军追捕几经辗转投奔了楚怀王。

章邯接收临济、消灭魏国后，开始沿着济水一线向东北方向挺进（这样方便运输兵粮），企图趁齐王田儋身死的良机再一举消灭齐国。

这时临淄城内的田氏贵族得到田儋败死的消息，就拥立末代齐王田建的弟弟田假为新齐王，并推举田角做相邦、田间做将军。这下子从临济败逃回来的田儋的堂弟田荣就十分尴尬了，无法返国的他只能集合仍旧忠于田儋的齐军驻扎在齐国边境地区东阿（在今山东阳谷县东北阿城镇）。章邯见田荣停止东进、孤立无援，立即抓住战机将他团团包围起来。

项梁此时正带着楚军主力攻打薛县西北的亢父（在今山东济宁市西南），得到救魏的齐楚联军战败、魏国灭亡，章邯又将田荣围困在东阿的消息后,他不由得十分震惊。不过项梁并未被吓倒,大局观很强的他经过一番沉思,认为绝不能坐视齐国再被消灭,因此主动做出了领军北上、迎战章邯、救出田荣的决定。当时章邯与关东义军作战的战绩是全胜无一败,很多义军将领都患上了"恐邯症",项梁敢这样做,不得不说他极具勇气。

秦二世二年七月,连月阴雨,道路泥泞,项梁率领楚军主力冒雨急进,悄无声息地抵达东阿城下。打惯了胜仗的章邯没有料到楚军敢来捋自己的虎须,猝不及防,被项梁杀得大败,不得不率残部向西南方向溃逃。

东阿之战,是章邯任将以来的第一次大败(不算他分遣的别将的失败),也是关东义军首次击败章邯主力,章邯不可战胜的神话就此被打破,武信君项梁的威名进一步提升。

东阿解围后,项梁派使者邀请田荣一起追歼章邯。但田荣恼怒临淄城内的田氏贵族不把他们兄弟放在眼里、擅自拥立新王,坚持要先回临淄"平乱"。项梁当然拿田荣没有办法,只得一边休整部队一边等待。至于追击秦军的任务,他先交给了自己的侄子项羽和沛公刘邦。

却说项羽、刘邦两人,他们自薛县相识后已经结拜为兄弟,项羽二十五岁为弟,刘邦四十一岁为兄。不过项羽是项梁的亲侄儿,所以他的地位却高于刘邦。

项羽、刘邦奉了项梁之命,一路穷追章邯不舍。章邯则一头扎进东郡郡治濮阳城中,并将黄河水引到护城河里来加强防御。项羽、刘邦猛烈攻城,刘邦的连襟樊哙甚至一度登上濮阳城头,但因兵力不足,他们最终还是没能拿下城池。随后他们接到项梁的新指令,转而进攻濮阳东南的

> 刘邦的生年在《史记》《汉书》中均无记载,晋代以后有生于秦昭王五十一年(公元前256年)和秦庄襄王三年(公元前247年)两种说法,本书暂从第二种说法。

城邑成阳（在今山东菏泽市东北）。这次又是樊哙先登城头，楚军成功攻破了城池。为报复秦军的坚守，刘项二人下令在成阳进行屠城。接下来他们继续南下，攻打战略要地、富庶之都定陶。不过因为定陶城池高大，他们没能打下。二人也不恋战，带兵又往南方打去。

这时项梁左等右等，都等不来田荣相助，眼见部队休整完毕，他决定自行攻秦。

八月，项梁听说之前项羽、刘邦没能攻下秦军据守的重镇定陶，于是亲自南下，在定陶外围的野战中大破秦军，进而围城。与此同时，项羽、刘邦已经运动到砀郡雍丘（在今河南杞县），在那里击败了李斯的儿子、秦三川郡郡守李由，并将他斩杀。捷报传到定陶城外的楚军营寨中，项梁十分高兴，认为秦军已经不堪一击，开始骄傲自满起来。

项梁手下谋士宋义见了他的样子，立即劝谏说："打了胜仗后将领骄傲、士卒松懈，这样的军队一定会失败。现在将士们都有惰性了，而暴秦正在给章邯增兵，臣很替武信君您害怕！"项梁听后却不以为意，反而认为宋义胆小，就打发他到齐国去继续催田荣出兵。

原来就在楚军屡破秦军的当口，田荣已经杀进临淄夺回政权，改立堂哥田儋的儿子田市做齐王，自己担任相邦，并让弟弟田横做了将军。至于原齐王田假、相邦田角、将军田间，前一位逃到了楚都盱台，后两位逃到了赵都信都（在今河北沙河市南）。

有人会好奇，这时赵国的都城怎么在信都了呢？前面我们曾叙述，赵王武臣的将军李良反叛，突袭邯郸杀死了武臣和左丞相邵骚，只有右丞相张耳和将军陈余侥幸逃了出去。此后张、陈二人收集人马，在信都拥立赵国王室之后赵歇为新赵王，又发动反击，打跑了李良收复了邯郸。所以这时赵国收留田角、田间的人是身处信都的赵王赵歇和张耳、陈余。

田荣见楚、赵收留自己的政敌，十分气恼，放言只有楚、赵杀了田假、田角、田间三人，他才会与两国合作共同对秦。而对此要求，楚怀王熊心和赵王赵歇都予以拒绝，田荣得知后就负气地又恢复了田齐"自闭"的老传统，项梁打发几拨使者去催他出兵他都不理。

另一边，咸阳的秦二世得到章邯的败报，命令征发大批兵力送往东方，其中甚至包括王离长城兵团。

九月，退守濮阳的章邯实力不但得到恢复，还进一步壮大，因为此时云集到东郡、砀郡一带，可供其指挥的秦军已经达到数十万人。他听说项梁围攻定陶，将骄兵惰，再次使出长途奔袭这一招，带领精锐冒雨衔枚疾进近二百里，于雨夜突然攻入项梁营寨，大败楚军，杀死项梁，报了一个多月前东阿惨败之仇。

楚国的实际领袖项梁之死，对楚人的士气是一个重大打击。当时在砀郡陈留（在今河南开封市东南陈留镇）一带作战的项羽、刘邦得到噩耗，立即与附近的吕臣一起东撤，集中于彭城附近抱团防御——刘邦驻守砀县（在今河南永城市北芒山镇），项羽驻军彭城西，吕臣驻军彭城东。人在东南盱台的少年楚怀王为了振奋军心、掌握实权，也做了危局中的逆行者——他和陈婴一起北上进驻彭城，收了吕臣、项羽的军队亲自统领，然后封吕臣为司徒、吕臣之父吕青为令尹，封项羽为长安侯、鲁公（封邑为鲁县即今山东曲阜），封驻军砀县的刘邦为武安侯、砀郡长，准备迎接秦军的攻击。由此可见，楚怀王并不甘心做一个符号和象征。尤其是他给吕臣父子和刘邦的都是实职，唯独给项羽的只是虚名，可见他对把自己当傀儡对待的项家叔侄十分不满，刻意要打压还活着的项羽。

不过想象中的秦军攻击却并没有到来。原来章邯认为楚军主力已经被消灭、楚国实际领袖项梁已经被杀死，楚国的残余力量不足为患，所以决定暂留归属自己指挥的王离军在东郡南部监视残余的楚军，自己北渡黄河攻打复国的赵国去了。当然历史后来证明，这是章邯在军事战略上犯的最大一个错误。秦二世得到章邯的奏报后，就把黄河以南的平叛任务交给了大将杨熊。

东阿、定陶大战示意图

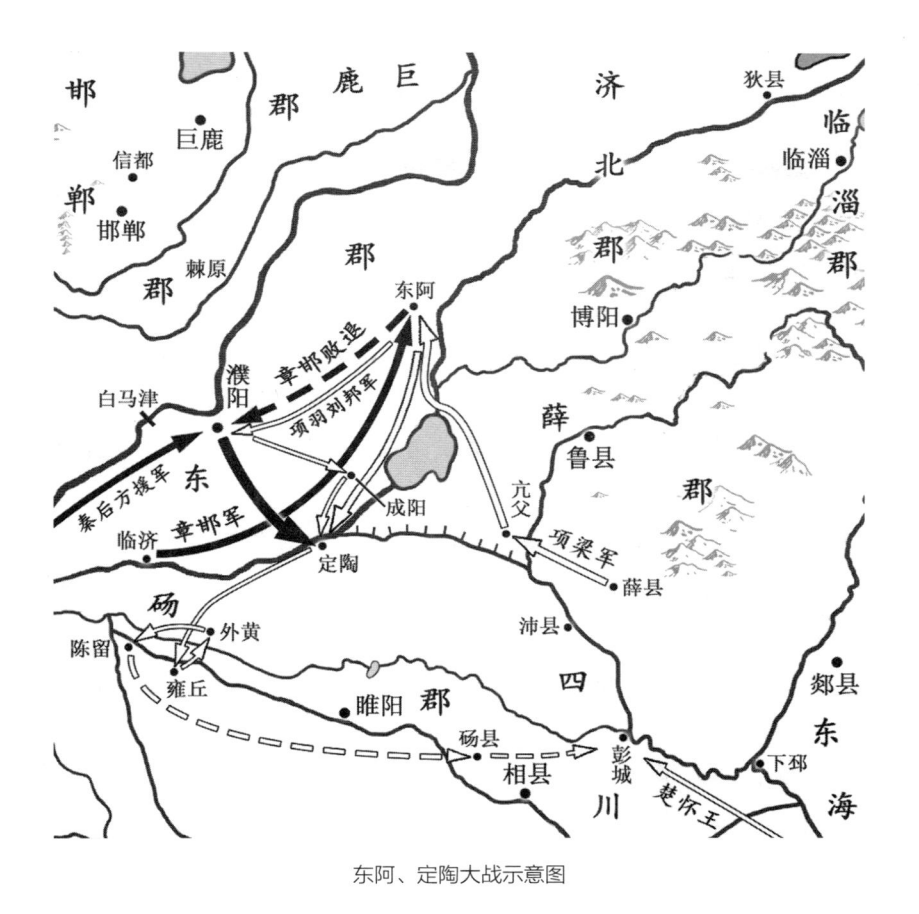

且说章邯带领数十万大军到了黄河北岸，一路摧枯拉朽，打得赵军四散奔逃，并一举包围了原赵国都城邯郸。当时赵王赵歇和右相张耳正在邯郸以北三四十里的信都城中。他们见章邯逼近，只得弃城向东北方向逃窜，躲进了巨鹿郡西南角的郡治巨鹿（在今河北平乡县西南）城中。因为按照《吕氏春秋》等古籍记载，巨鹿地区是先秦时期九大湖沼地带之一，当地树林密布（巨鹿地名中的"鹿"通"麓"），巨鹿城就是一座处在湖沼森林中的城市，自带广阔的"护城河"，所以易守难攻。

见赵国君臣北逃，章邯当然不会放过，于秦二世二年后九月指挥秦军一部把巨鹿城团团包围。下一个月也就是秦二世三年十月，章邯攻下了赵国旧都邯郸。为了防止这座名城再被反秦势力占据利用，同时搜刮城内的粮食以充军用，章邯下令将邯郸城墙铲平，并把城内居民全部强制迁徙到西南方的河内郡。

同月，原滞留在东郡成武（今山东成武县）一带的王离长城兵团在与楚军刘邦部短暂交手后，也北渡黄河来到赵地。章邯命他开到巨鹿城下，专门负责攻城。章邯自己则率大军来到漳水南岸一个叫棘原的地方扎营，然后修筑两边带墙的甬道，为围攻巨鹿的王离军提供军粮。

不过这棘原具体在哪里呢？战国时期漳水南岸有一个城邑叫棘蒲，在今天河北魏县南，棘原应该就在棘蒲附近。棘原东南几十里就是秦汉时期的黄河河道。所以当时的情况应该是秦朝朝廷将敖仓储备的粮食通过黄河水道向东方输送，到棘原以南的河段由章邯军卸货上岸，先送到章邯的棘原大营中，然后再通过甬道运输到巨鹿城下的王离军营中。大家肯定都能明白"打仗就是打后勤"这个道理，尤其对大兵团来说军粮补给是至关重要的事情。

现在黄河以北的秦军已经达到四十万人（东汉荀悦《前汉纪》），兵精粮足，其中王离军日夜攻打巨鹿城，巨鹿城再是易守难攻，但城内兵寡粮缺，也已经是危若累卵。其实在巨鹿被合围前，预感大事不妙的赵歇君臣就派遣使者到赵国各地和天下各国去寻求援兵了。最先来到的是赵国将军陈馀，他从北边不远的恒山郡赶来，带了几万人，驻扎在巨鹿城北方。但他见秦军势大，所以只深沟高垒在一旁监视，不敢上前交手。

大约陈馀到巨鹿城外前后，赵歇的使者已经抵达燕国、齐国和楚国。

蓟县（在今北京市西南）的燕王韩广明白赵国亡了下一个就会轮

到燕国，没有计较自己称王后赵国攻燕的旧账，立即派大将臧荼南下援赵。

在临淄掌握齐国实权的相邦田荣却没有大格局，仍对赵国收留田角、田间一事耿耿于怀，因此拒不发兵。好在齐国还有明白人，齐将田都不满田荣的短视做法，私自带领部属北上救赵。

彭城之内，楚怀王熊心也知道无论是从道义还是利益出发，都必须救赵，于是决定一面派楚军主力救赵，一面派楚军偏师西征。这两个行动，当然是以救赵为主，西征是为了从旁牵制秦军的力量，属于配合性质。

计划定下了，两路楚军各由谁来统领呢？

负责救赵的楚军主力的统帅，楚怀王很快想好人选，那就是预言项梁骄兵必败的谋士宋义。楚怀王曾与宋义谈过心，认为他很有谋略。但楚怀王为什么放着一帮子战将不用，偏偏用宋义这样的文人呢？这很可能是他觉得宋义没有嫡系武装，不至于尾大不掉吧。他可不想再出现一个项梁式的人物，又把自己这个楚王给架空。

负责西征的楚军偏师的统帅，楚怀王却一时定不下来。因为项梁败亡后秦军声威复振，西征必定十分困难艰险，没有人愿意领这个苦差事。这时长安侯、鲁公项羽主动向楚怀王表示，自己想报杀叔之仇，希望能跟刘邦一起领军杀向关中。

项羽说他想报杀叔之仇，这自然不会是假话，他跟叔叔项梁的感情真的胜过父子。但人做一件事情的动机往往是复杂的，想来项羽也有借此机会重新掌握兵权的心思，毕竟偏师的统帅也能独当一面。至于提出跟刘邦搭班子，可能是因为从秦二世二年七月开始，他和刘邦一起南征北战三个月，两人合作得比较愉快，颇有点"兄弟情深"的感觉吧。

不过得知了项羽的请求后，楚怀王驾前的一些老将却说："项羽为人凶悍奸猾，之前他攻打襄城（即襄邑县城，在今河南睢县），满城百姓被他杀得一个不剩,他所过之处简直寸草不生;何况之前楚军多次向西出击,但无论是陈王还是项梁都失败了。这次不如换个宽厚长者西征,用施行仁义的方法来争取秦地的父老百姓。毕竟他们也深受秦王之苦,如果有宽厚长者前往,不使用残暴的手段对待他们,应该能拿下关中。当然项羽这样的是绝不能派的,只有沛公平时一贯宽大仁厚,可以担此重任。"

当时在楚国有资格被称为老将的,无外乎是陈婴、吕臣、吕青等人。他们把刘邦夸得不轻。其实史书显示,刘邦在秦末战争和楚汉相争中的屠城记录也不少,所以老将们对刘邦的吹捧如果不是汉代史官编造出来的,那就是楚怀王的授意——他决不愿意再给项家人掌握兵权的机会。最后,楚怀王宣布听从大家的意见,委任刘邦为西征军统帅,要求他收集陈胜、项梁的散兵游勇,以牵制秦军兵力,并伺机攻入关中。为了鼓舞诸将的斗志,楚怀王还郑重许诺:先入关中者封关中王。

就这样,项羽连个偏师统帅的位子也没捞到,楚怀王只打发他给宋义做副将,他内心的沮丧和怨恨不说大家也能想象得到。而对刘邦这样有大志或者说有野心的人来说,被授予西征的任务一定暗中开心,这样他就能够独当一面、独立行事了,是建功立业、发展壮大的好机会。

当然秦军围赵,救赵的事情是排第一位的。经过一番准备,秦二世二年后九月下旬,上将军宋义、副将项羽和末将范增带领楚军主力五万人(东汉荀悦《前汉纪》)从楚都彭城出发,向着北方奔去。

李斯的"黄犬之叹"

就在秦军主力集中攻赵、诸侯之兵纷纷赴赵救援之际，咸阳的政局却发生了重大变故。

继位不到一年东方就出现大规模反叛，几乎脱离秦朝控制，一开始还忌讳"造反"二字并对揭露真相的人大加惩治的秦二世，这时自然感到颜面尽失。上朝时他看见有大臣窃窃私语，就疑心他们是不是在背地里嘲讽自己。

郎中令赵高作为秦二世的老师，哪能不明白学生的心思？于是他对秦二世说："先帝统御天下多年，群臣没有人敢在他背后搞小动作、嚼舌头根的。如今陛下还年轻，即位没有多久，为什么要与公卿大臣通过廷议来决定事情呢？如果陛下的现场决策有失误，群臣听了就会产生轻慢之心。皇帝身份尊贵，本来就不应该让他们直接听到您的声音。"

秦二世点头称是，自此以后就很少召集群臣上朝，而是整日躲在后宫之中，遇事只和赵高商量决定。赵高借此逐渐把持了朝政，因为大臣们都见不到皇帝，只有他能见到。这样一来秦二世更加听不到各方实情，也无法做出正确的应对，各地的反叛此起彼伏，他只能拼命征发关中等控制区的人力、物力去强行镇压。

眼看再这样下去整个大厦就将倾覆，无人能够幸免，原本想闷头保富贵的朝廷重臣们坐不住了。大约在秦二世二年七月，也就是秦将章邯围困齐将田荣于东阿的时候，右丞相冯去疾、左丞相李斯、将军冯劫等人联名上书进谏说："关东反贼并起，朝廷发兵进剿，虽然杀贼甚众，但是依旧不能平定。反贼之所以这么多，都是兵役徭役太多太苦、赋税太重的缘故。请陛下暂且停止阿房宫的兴建，减省四方边境的屯戍和物资转运。"

冯去疾等人总算是鼓起勇气说出了百姓反叛的根本原因，虽然时间晚了些。尤其是从他们的话可以得知，尽管周章打来的时候秦二世临时武装了一些刑徒交给章邯，但之后阿房宫工程一直都没有停，这也从侧面证明章邯出函谷关"平叛"时所率的军队并不是一些人想象的刑徒军。

秦二世接到上书后大怒，斥责说："先帝以一方诸侯之身，兼并海内，天下大定，又外攘夷狄稳固边境，修建宫室来彰显得意，你们都亲眼见到先帝功业的良好开端。现在朕继位才两年，四方盗贼并起，你们作为重臣却无法禁止，现在又想让朕废弃先帝所做之事，这首先是对不起先帝之灵，其次是不竭尽心力效忠于朕，还有什么脸面尸位素餐？"

秦二世为什么要因一封进谏书就如此大动肝火呢？其实从他的斥责就能看出，他认为这是官僚集团的首脑在对秦朝、对自己父子二人的总路线进行攻击！他声明，现在他做的一切都是延续父亲秦始皇的做法，秦始皇时代就是整天军事行动不断、大型工程不歇，就是兴发这么多兵役徭役、收取这么多赋税，不但统一了六国，还外攘了夷狄，使得"天下大治"，说明这套制度和做法是完全正确、行之有效的。现在关东大规模反叛，肯定不是他秦二世的问题，只能是你们这些将相的执行问题。而你们这些将相为了推卸自己的责任，居然敢否定先帝的举措，这不是大逆不道是什么？

接下来秦二世下令将冯去疾、李斯、冯劫都打入囚牢，审问追查他们在其他方面的罪责。

我们知道秦二世即位之初，赵高就劝他给官僚阶层换血，罢黜旧人，提拔新人，以尽快抓住实权，秦二世深以为然。只不过秦二世刚重组了自己的近侍队伍、撤换了一批地方官吏、杀了蒙氏兄弟，还没有来得及对中央朝官进行撤换，东方就反成一片了，他不得不仰仗父亲秦始皇留下的将相重臣来支撑危局。可秦二世一直并不把冯去疾、李斯、冯劫当自己人，总觉得他们仗着老臣身份，骨子里不把自己放在眼里。现在既然他们跳出来公然反对自己，而章邯在关东已经消灭张楚和魏国两国，缓和了外部压力，秦二世正可借机对这些老臣动手了。

冯去疾和冯劫入狱后，悲愤地说："将相不能受到侮辱。"随后他们就相继自杀了。李斯却像老鼠一样，认为好死不如赖活着，不愿意学二冯。

赵高深知"打虎必打死"的道理，而且扳倒了李斯他才能掌握大权，哪能让他活着出来？因此他对秦二世说："带头造反的陈胜是李斯的邻县人（阳城、上蔡均在淮阳郡西部），所以反贼周章打荥阳城下经过时，李斯的儿子三川守李由不加阻拦。听说李斯和反贼还有书信往来，不过暂时没有确凿证据，没敢禀报陛下。但李斯作为丞相，在外面的权力甚至比陛下还大，不能不防。"

我们不知道秦二世信不信赵高对李斯造反的指控，但他对赵高说的最后一句话，即丞相李斯的权力比自己还大，肯定是极为在意的。于是他一面派人去关东调查李由，一面让赵高讯问李斯。李斯当然不肯承认谋反，赵高就严刑拷打。李斯一把年纪又一直养尊处优，挨不住板子，只有先认罪。

其实李斯还是心存幻想的。认罪后，他在狱中上书秦二世，表述自己帮秦朝统一六国、治理天下的大功，为自己鸣冤叫屈。不过李斯的书信寄出后，首先就到了赵高手中。赵高见李斯还不肯认命，就派自己的门客假扮成秦二世的使者去套李斯的话。李斯见了使者以为来了生机，赶紧翻供喊冤，结果却换来又一顿毒打。如此三番五次之后，李斯被整怕了。最后真正的秦二世使者来了，不辨真伪的他再不敢翻供了。这时秦二世派到东方调查李由的使者也返回咸阳，说李由已经于八月在雍丘战死，可能还带来了章邯在定陶击斩楚军主将项梁的最

> 李斯死期据《史记·秦始皇本纪》记载在秦二世三年冬，但《李斯列传》称在秦二世二年七月，应以本纪为准。因为二年七月李由还在关东与义军作战，八月才死于刘邦部将曹参之手。东汉以前"十"与"七"均写作"十"，仅横的长短不一样，"十"的横短，"七"的横长，经常被混淆。

新捷报。秦二世本来还怕杀了李斯会逼反李由，或者影响前线军队的士气，这时也没有顾虑了，就下令以谋反罪诛夷李斯三族。

秦二世三年冬十月，也就是章邯夷平邯郸城、诸侯援军陆续往巨鹿进发的时候，狱吏把李斯和他全家提出监狱行刑。出了监狱大门，年近七十的李斯对他的一个儿子说："我想跟你再牵着黄犬一起出上蔡东门打猎，追逐野兔，但还可能吗？"说完父子一起大哭。这就是历史上著名的"黄犬之叹"。李斯这时候后悔自己一生贪慕荣华富贵，蹚进政治的浑水里，但是已经太晚了。

到了咸阳市场上，已经在狱中被黥面的李斯和家人，又陆续遭受劓鼻、斩左右趾、鞭笞的酷刑，最后李斯被腰斩处死，家人都被枭首，这就是所谓的"具五刑"。李斯从年轻时就梦想做一只粮仓中的老鼠，并为之打拼了一辈子，最终结果却是满门都像猪狗牛羊一样被慢慢切割宰杀。

摧毁父亲留下的官僚集团的首脑后，秦二世就封赵高为中丞相（加"中"字表示以宦官身份担任此职），政事无论大小都交给他处理。在秦二世看来，这是自己的重大胜利——终于把朝中的重要位子换为自己人坐了。不过"螳螂捕蝉，黄雀在后"，赵高也因此得以名正言顺地把外廷和内廷的事务都控制在自己手中，大肆安插自己的亲信到要害部门，如任命自己的弟弟赵成为宫内的郎中令、女婿阎乐为咸阳县令，真正成了一人之下、万人之上的人物。

解密"巨鹿之战"(上)——王离军团的覆亡

讲完了咸阳的内斗,接下来让我们把镜头切回东方。

秦二世二年后九月,楚国上将军宋义带着楚军主力五万人自彭城北上,当军队行进到一个叫安阳的地方时,宋义突然下令停止进军。安阳是战国时期常见的地名,宋义停下脚步的安阳是哪里,自古众说纷纭。当代历史学者辛德勇考证此安阳在今天山东梁山县小安山镇[①],那里有一座小山古代叫安山,按"山南水北谓之阳"的地理命名习惯,安山南面的地方就可以称为"安阳"。它差不多就在巨鹿和彭城连线的中间位置,距离巨鹿的直线距离大约有三百三十市里,合四百秦里。

在安阳的这些日子里,宋义闭口不谈救赵,天天只做两样事——不是摆宴饮酒,就是遣使和齐国聘问通好。

救兵如救火,副将项羽见宋义一副不疾不徐的样子实在忍不住,就去面见他请求赶紧进兵。

宋义却摇头晃脑地说:"现在秦军攻赵,如果胜利了也一定会疲惫不堪,我们正好北上消灭秦军。如果秦军失败了,我们正可趁机杀入关中,一定能灭掉暴秦。要论披坚执锐,上阵拼杀,我宋义不如你子羽;要是坐下来运筹谋划,子羽你可就不如我宋义了!"显然宋义的意思是想等秦、赵两败俱伤,自己再渔翁得利。随后宋义还下了一道命令:"凶猛如虎,执拗如羊,贪狠如狼,倔强不听号令之人,一律处斩!"这命令一看就知道是针对项羽的。

宋义的观望不前的做法,很可能是得到楚怀王暗中授意的,因为我们没有看到史书上有楚怀王催促他进兵的记录。楚怀王的授意自然

---

① 辛德勇:《历史的空间与空间的历史》,北京:北京师范大学出版社,2006年版。

也正合宋义的心思，因为他以前就是个参谋的角色，虽然他预言项梁"骄兵必败"蒙对了，但他从无实际领兵作战的经验，哪有胆量去与正占上风的秦军交战？他不停地跟齐国拉关系，估计也是想挟"齐"自重，巩固自己在楚国的地位。

不久宋义真的说动齐国方面答应任用他的儿子宋襄为相，于是他离开军营亲自给儿子送行，一直送到齐地无盐（在今山东东平县东南）。

那时正值隆冬十一月，天气严寒又遇上连绵细雨，楚军的后勤补给大受影响，将士们饥寒交迫。项羽于公不满宋义救赵不力、于私又有夺回项家兵权的想法，见此情景趁机在将士们面前鼓动说："今年收成不好、百姓贫困，士卒只能吃芋头、豆子充饥，军营没有余粮。他宋义却整天喝酒聚会，不赶紧渡过黄河到赵地去筹集粮食。何况暴秦兵力强盛，赵国刚刚复国力量疲弱，赵军绝对不是秦军对手。消灭了赵国后，秦军将会更加强大，怎么会疲敝让我们楚军捡便宜？我军在定陶新败，大王坐不安席，把全国兵力都交给他宋义，让他去救援赵国。国家安危，在此一举。现在他不顾士卒却整天想着私利，不是国家的忠臣！"将士们听后更加气愤。

等宋义从无盐回来后，项羽一大早就进入宋义的营帐把他刺死，然后拎着他的脑袋对众将士说："宋义通谋齐国，准备反叛楚国，我已经奉大王密诏将他诛杀！"

将士们有的畏惧项羽的神力，有的感念项家的旧恩，都说："最初拥立楚王的就是项家，现在将军又诛除乱臣，我们自然唯将军之命是从。"

于是项羽就自封假上将军（代理统帅），然后一面派人追到齐国境内杀死宋义之子宋襄以斩草除根，一面把安阳的情况报告给彭城的楚怀王。

楚怀王得知好不容易得来的军队又被项羽夺去，防来防去还是没防住他，心中当然十分气恼。但木已成舟，他毫无办法，也只有再顺水推舟，任命项羽为上将军，节制诸将。总的来说，楚怀王这个人虽然不满项家，但还是比较顾全大局的。

因为在安阳耽搁了四十六日，此后项羽率领楚军兼程急进，很快来到黄河渡口。史书上虽然没说具体是哪里，但秦代黄河下游最有名的渡口就是平原津了即秦始皇得病的地方。这时末代齐王田建的孙子田安也不满相邦荣的"孤立主义"政策，何况他还是被田荣逐走的齐王田假的侄子，属于不被田荣待见的人，所以他从济北郡带领一支人马自行救赵，恰好与楚军碰上，就加入了进来。田安所率齐军的数量史书上没有记载，但肯定也不会很多。我们就按田安有近万人计算，加上楚军主力五万人，现在项羽所能指挥的全部兵力也就六万人上下。

为了摸清秦军的底细，驻扎在黄河东岸边上的项羽首先命令当阳君英布和蒲将军两位猛将率军两万渡河，对秦军进行试探性攻击。英布和蒲将军不负所托，很快找到了秦军的弱点——章邯军和王离军之间的运粮甬道，并发起攻击，果然屡屡得手，取得不小的战果。甬道受阻，王离军队开始缺乏军粮了。

捷报传回黄河东岸，项羽和将士们心里有了底，破秦的信心被大大激发。

恰在此时，在巨鹿城北扎营的赵将陈余又发来书信，催促楚军进兵。原来楚军停留在安阳时，巨鹿城中的赵相张耳被围急了，派张黡、陈泽两人潜出城池来到陈余营中，以不出兵就是违背当年两人立下的"同生共死"的誓言相要挟，催逼陈余立刻出营攻打围城的王离军。

王离军大约有十几万人①，陈余知道自己这几万兵力投上去纯粹是"以肉委饿虎"，只会白白牺牲而不会起一点作用，但张耳把话说到这份儿上又不能不有所表示，就让张黡、陈泽带着五千人马进行试探性攻击，结果他们果然全军覆没。这次进攻失败后，陈余的恒山军和陆续赶到巨鹿的代地军队（由张耳之子张敖统率）、燕军、齐军都躲在营垒中再也不敢与秦军交战。所以陈余就把希望寄托在尚未到达战场的楚军身上，请求项羽火速来援。

摸清了敌情又得知巨鹿危在旦夕，项羽指挥余下的四万人马乘船横渡黄河。到了西岸，他下令凿沉船只，砸破锅釜，烧毁营帐，只带三天的口粮，以向士卒表示没有后路、不胜即死之心。这就是著名的"破釜沉舟"。四百年前秦将孟明视在渡过黄河攻打晋国时、七十年前秦将白起在顺汉水南下攻打楚国郢都时，都曾使用过"沉舟"这招，所以项羽也是学习古人的做法。至于"破釜"、只带三日粮，其实我们知道楚军的粮草本来就不多，所以这只是个表决心的"行为艺术"。

秦二世三年十二月，项羽率军杀进了巨鹿战场。不过他到场后具体是如何行动的，《史记》各篇章的记载却又有些不同：

> （项羽）至则围王离，与秦军遇，九战，绝其甬道，大破之，杀苏角，虏王离。涉间不降楚，自烧杀。当是时，楚兵冠诸侯。诸侯军救巨鹿下者十余壁，莫敢纵兵。及楚击秦，诸将皆从壁上观。楚战士无不一以当十，楚兵呼声动天，

---

① 包围巨鹿城的王离军人数史书上没有提及。众所周知长城兵团的总兵力是三十万人，但其中包含大量关东籍的戍卒，这些人在得知关东起事的消息后必然要想方设法逃跑，《史记·匈奴列传》中也确实说"诸侯畔秦，中国扰乱，适（通"谪"）戍边者皆复去"。何况长城一带必然要留置兵力防守，所以包围巨鹿城时王离的兵力绝对是大大低于三十万人的。据东汉荀悦《前汉纪》记载，整个巨鹿之战中秦军总兵力为四十万人，那减去章邯投降项羽时所率的二十多万人，王离军顶多只有十几万人，成分应以"老秦人"为主。

诸侯军无不人人惴恐。于是已破秦军，项羽召见诸侯将，入辕门，无不膝行而前，莫敢仰视。

——《史记·项羽本纪》

项羽悉引兵渡河，遂破章邯。章邯引兵解，诸侯军乃敢击围巨鹿秦军，遂虏王离，涉间自杀。

——《史记·张耳陈余列传》

看起来，《项羽本纪》好像是说项羽全军渡过黄河后，首先攻打的是王离军，诸侯援军都作壁上观，项羽以一己之力歼灭王离军；而按《史记·张耳陈余列传》的说法，项羽渡河后是先独自击退章邯军，章邯军南撤使王离军变成孤军，楚军才在诸侯军的帮助下歼灭王离军。

那这两篇的记载如何调和呢？笔者以为，项羽渡河后，确实是如《项羽本纪》所说，先包围的王离；但为实现包围王离而进行的作战，即"与秦军遇，九战，绝其甬道"这一作战行动中所打的"秦军"，却不是王离军，而是负责保护甬道、输送军粮的章邯军，所以《史记·张耳陈余列传》说"项羽悉引兵渡河，遂破章邯"。

因此根据《史记》各篇的记载和逻辑推理，巨鹿之战前期情形可能大致如下：

项羽深知要打败秦军必须先切断章邯军和王离军的联系，而且他带的三日粮肯定吃光了，也必须抢夺秦军的粮食才能活下去，所以项羽第一步即率领自己的全部六万人马，以拼命的架势猛攻正在甬道一线上担任护路任务的章邯部队。这部分秦军可能沿着甬道两侧扎下了很多座军营，但由于力量分散，他们抵挡不住已经被置之死地的楚军，不得不逃回棘原大本营，故而史书说"九战，绝其甬道"（注意古汉语中"九"往往是表示很多而不是实数）。这下子章邯军和王离军就被分离开来，后者再也得不到粮草，而项羽则抢到了很多正在甬道中运输的粮食，实现了"因粮于敌"。

在这第一阶段中，可能确实是只有项羽指挥的楚军（包含田安率领的少部分齐军）在孤军奋战。巨鹿城内外的赵、燕、齐等国军队见项羽一一击破甬道沿线的秦军连营，被项羽的英雄气概和楚军蹈死不顾的勇猛表现震住了，所以战后诸侯将领都"膝行"也就是跪着向前挪去拜见项羽，并心悦诚服地公推年纪轻轻的项羽做了联军统帅。要知道此刻项羽才二十六岁。

接下来说第二阶段。项羽击破甬道一线的章邯军，也激发了诸侯军队的战斗信心。他们在项羽的带领下，合力围攻巨鹿城下的王离军十余万人。经过惊心动魄的战斗，俘虏了秦主将王离，杀死秦将苏角，迫使秦将涉间投火自杀，这就是《史记·张耳陈余列传》所说的"诸侯军乃敢击围巨鹿秦军，遂虏王离，涉间自杀"。秦军两大主力兵团之一王离兵团的覆灭，标志巨鹿之战第二阶段结束。

诸侯联军赢得巨鹿之战第一、第二阶段的胜利，与项羽和楚军"以一当十"的神勇表现以及对诸侯军队的重大激励作用，当然是分不开的。但如果章邯在诸侯联军围攻王离时全力增援，诸侯联军要消灭王离也是很难想象的。

为什么这样说呢？首先从总兵力讲，秦军有四十万人，诸侯联军大约只有二十万人（项羽六万人、陈余几万人、张敖一万人、巨鹿城内几万人、燕军臧荼部不详、齐军田都部不详），秦军是占绝对优势的；其次巨鹿到棘原的距离也不是很远，从地图上测量大约也就是一百几十市里，不到二百秦里；再次，诸侯联军消灭王离所用的时间其实不短，《史记·秦楚之际月表》把项羽大破巨鹿城下的秦军一事记在二世三年十二月，而把项羽俘虏王离一事记在二世三年端月，即便前者发生在十二月尾、后者发生在端月初，诸侯联军吃掉王离全军花费的时间也不低于十天。

这么多兵力、这么短距离、这么长时间，手握二十多万人大军的章邯却没能救得了王离，说他救援友军不力应该没有冤枉他。可曾经坚决果敢、善于奔袭的章邯，为什么在援救王离军时却表现得判若两人呢？这单从军事上来思考，会让人百思不得其解，我们不得不从军事之外去寻找原因。

前面说过，秦二世大约在二年七月把上书进谏的右丞相冯去疾、左丞相李斯、将军冯劫下狱，二冯很快自杀，李斯也在三个月后的三年十月被"具五刑，夷三族"。所以当秦二世三年十二月至端月诸侯联军围攻王离军时，章邯必定已经知道了咸阳的剧变，这对他的内心不可能不带来严重的冲击——为大秦服务了几十年的丞相、大将，秦二世和赵高说杀就杀，自己就算拼命打仗立功，以后又能有什么好结果呢？这样的皇帝和朝廷，值得用生命去捍卫吗？当一个人已经对自己所作所为的意义产生怀疑时，他当然不会再有积极的行动了。

解密"巨鹿之战"（下）——章邯军团的末日

王离军被消灭后，赵地秦军与诸侯联军的实力对比反了过来：秦军总兵力从四十万人下降到二十多万人，而且士气低落；诸侯联军则斗志昂扬，而且又补充了不少秦军俘虏中的关东籍士兵和后方增派的援兵，数量达到约三十万人。所以项羽带领诸侯联军南渡漳河扎营，向棘原的章邯逼了过去。

章邯有些心虚，只有不断地向西后退，最终退到邺县以西、太行山前，并跨越漳水布置了一条自北向南的防线，防线的左端（北端）在太行山滏口陉的入口滏口前，右端（南端）在商代旧都殷墟（在今河南安阳市）前。如此一来，章邯就立于可守、可走、可攻的有利地位：守住滏口就堵住了项羽进军上党郡的道路，守住了殷墟一带就能给项羽进军河内郡的行动造成威胁；如果诸侯联军来势凶猛实在守不住，他可以向上党郡或河内郡撤退；如果后方援军来了，他还可以对诸侯联军发动反攻。不得不说，章邯的军事水平确实很高。

不过章邯在赵地援救友军不力并不断后退的表现，早已经被秦朝监察官员报告给咸阳的秦二世。秦二世知道后派出使者对章邯进行严厉的申斥，章邯内心更加惊惧不已。因为大约同时，秦朝黄河以南区域的大将杨熊因为与西征的楚将刘邦作战不利，直接被秦二世派使者杀掉并传首诸军了。所以章邯不得不于秦二世三年四月派长史司马欣回咸阳，请示下一步行动方略并请求增派援军。

大约在四月底五月初，司马欣回到咸阳，在皇宫司马门外请求面见中丞相赵高，赵高却一连三天都不予接见。司马欣明白赵高这是不相信自己了，心里害怕，就偷偷溜出咸阳往东走，走的时候他还多了一个心眼，没有走来时的老路。后来他才知道赵高果然派人来追杀自己，因为他换了路线才保住性命。

回到漳水南岸的军营中，司马欣对主将章邯说："赵高在朝中当权，下面的人根本做不成事。现在就算打了胜仗，赵高也必定嫉妒我们的功劳想整我们；如果打了败仗，他更要治我们的死罪。希望将军深思熟虑！"

就在章邯内心犹豫彷徨的时候，赵国将领陈余又给他写了一封信，信中首先提醒他别忘了为秦朝立下大功的白起和蒙恬是什么样的结局，接着说道："赵高一向对上阿谀奉承，但现在秦廷形势危急，他也怕秦王追责杀他，所以想诛杀将军来推卸自己的责任。如今将军在外日久，与朝廷里的人多有隔阂矛盾，您是有功也不免被诛杀，无功也不免被诛杀。何况老天要灭亡暴秦，不论贤愚大家都已经能看出来了。现在将军对内不能直言进谏，在外俨然成了一个流亡将领，孤立无援还幻想硬撑下去，岂不是很悲哀？将军为什么不倒戈与诸侯联合，参加合纵攻打暴秦，分割一块土地自己称王？这与自身趴在木垫子上被腰斩、妻子儿女被诛杀相比，哪个好？"

章邯知道陈余说的句句属实，自己不但再也得不到后方支援，甚至会有杀身之祸。这时他终于下定了抛弃秦朝的决心，派人到项羽那边去进行和谈。不过章邯以为自己手握二十多万人的大军，筹码很足，想取得与项羽平等的合作地位。这样的条件项羽当然不答应，别忘了项羽跟章邯还有私仇——他叔叔项梁就死在章邯之手，因此双方没有谈拢。

谈判失败后，项羽觉得应该继续狠狠地敲打敲打章邯。他命令一贯担任先锋的猛将蒲将军日夜兼程渡过漳水渡口三户津，从章邯南北防线的中央打了进去，杀伤秦军甚众，尤其是几乎把章邯集团切为南北两段。与此同时，项羽亲率大军攻击章邯的左翼，也就是滏口前面的秦军，在汙水（太行山上流下的一条小河）取得大胜。

连吃败仗后，章邯不得不把全军收缩到右翼，也就是殷墟周围。如此一来，秦军从滏口陉撤回上党郡的可能性就不存在了，章邯只有退往河内郡这一条路了。不过这时又有三个坏消息传进章邯军营：一是以前从临济逃脱的魏咎之弟魏豹在楚怀王的资助下，已经占领了东郡一带并恢复了魏国；二是赵国将领司马卬不知道通过什么路径，已经打进了河内郡；三是赵国将领申阳又由平阴（在今河南洛阳市孟津区）一带南渡黄河攻入了三川郡，拿下了洛阳以西的河南县。原来项羽在与章邯正面对阵的同时，早就暗中布了一个大局！

章邯得知情况后不由得浑身发凉，他明白他已经很难退回关中了。万般无奈之下，他只有选择向项羽投降。

其实诸侯联军这边也有困难——他们缺粮，于是这次双方达成了协议。秦二世三年七月，章邯和项羽在殷墟见面盟誓。盟誓完毕，章邯痛哭流涕，向项羽历数赵高陷害忠良的罪行。从王离兵团覆灭算起，章邯一共与诸侯联军对峙了有六七个月之久。如果这段时间他能得到后方的援助或者被允许战略撤退，他不会成为降将。

巨鹿之战示意图

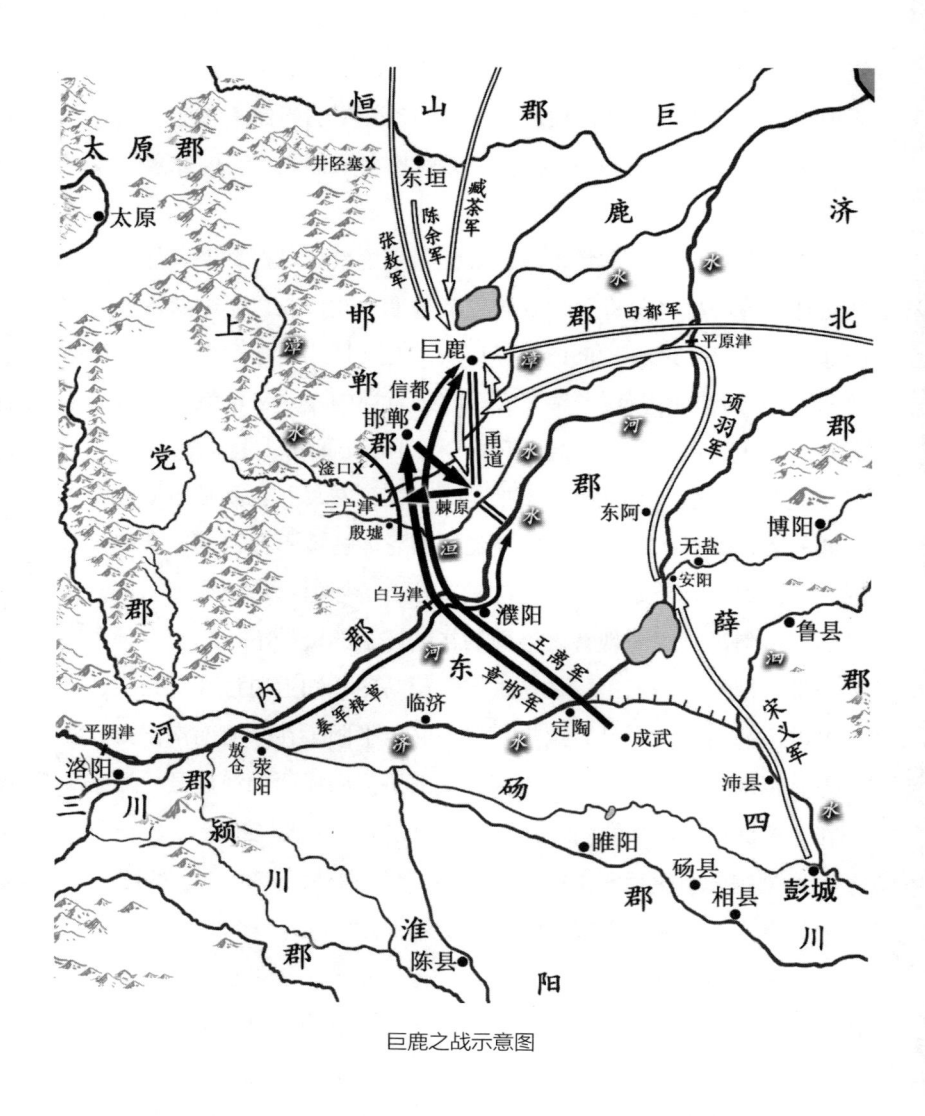

项羽听了章邯的哭诉后，自然对他好一番安抚，又假借楚怀王的名义封他为雍王。我们知道秦人定都时间最久的都城就是雍城，后来战国时期成书的《禹贡》篇因此把黄河以西、秦岭以北的地区命名为雍州，列为九州之一。所以项羽封章邯为雍王，意思是将把旧秦地封给他。当然安抚归安抚，项羽对章邯也有提防的一面——在殷墟会盟后，项羽就让他住到诸侯联军的营中，把他与投降的秦军士卒分开，而让司马欣统领秦军。项羽为什么比较信任司马欣呢？原来项家跟他还有点旧交情——秦朝灭楚后不久，项梁不知道因为何事，被内史地区的栎阳县通缉。项梁委托蕲县的狱吏曹咎给当时担任栎阳县狱吏的司马欣写了封信，司马欣因此帮项梁把这事压了下去。所以章邯与项羽和谈时，司马欣想必在中间做了不少穿针引线的工作。

章邯带着余下的二十万秦军向项羽投降，标志着巨鹿之战的第三阶段结束。整个巨鹿之战，秦军共损失四十万人，秦朝再也组织不起一支大规模军队，只能坐等灭亡了。有人可能会说，当年长平之战赵国损失了四十万人，不也又挺了几十年？但邯郸之战时只有秦国一家攻赵，却有几国诸侯援赵，而现在是所有诸侯都要灭亡秦朝，孤立无援的秦朝怎么能挺下去呢？

接下来，项羽以诸侯联军统帅的名义，命令司马欣带领投降的二十万秦军做先导，自己率诸侯联军三十万人在后面压阵，一起向秦朝腹地——关中杀去。

说到这儿，大家可能也会觉得造化弄人。试想如果当初楚怀王答应了项羽的要求，任用他和刘邦一起统领楚军偏师西征，项羽还会不会成为诸侯领袖呢，甚至秦朝还会不会灭亡呢？那样一来，恐怕整个历史都会改写了！

回过来再说项羽的西进。这时赵将申阳已经大致平定了三川郡，来到黄河边的某渡口（大约是平阴津或孟津）迎接项羽，于是诸侯联军南渡黄河进入洛阳盆地，然后沿着崤函古道西行。在这前后魏王魏豹、赵将司马卬等诸侯将领的军队也不断加入进来,所以不算秦军降卒,诸侯联军已经有四十万人之众。因为之前关东百姓赴咸阳服徭役的时候,关中秦人经常以胜利者的姿态欺压羞辱他们,所以现在形势倒过来之后,一路上诸侯兵将免不了报复发泄,也时不时找茬折磨戏弄秦军降卒。

次年(汉元年)十一月,押着秦军降卒的诸侯联军走到崤函古道中的新安县(在今河南义马市)。扎营之后,很多秦军降卒凑在一起窃窃私语说:"章将军等人欺骗我们投降诸侯,现在如果能打进关中还好,要是不能,朝廷听说我们投降叛军并为他们效力,肯定要诛杀我们的父母妻子。"

从秦军降卒的对话可以看出两点:一是章邯投降时率领的部队确实是以旧秦地的傅籍者为主,而不是以骊山徒为主;二是这些老秦人根本也不关心秦政权的存亡,只关心自己父母妻子的安危,可见商鞅变法后秦政权把秦民当作耕战的"工具人",秦民自然对秦政权也没有多少感情。

当然秦军降卒的话很快就传到诸侯将领的耳朵中。项羽于是召集英布、蒲将军等人商议说:"秦军士卒众多,内心不服我们,如果到关中不听指挥,事情就危险了。不如把他们给除掉,永绝后患。"

接下来《史记》记载,当夜项羽"诈坑杀秦降卒二十万人于新安",只留下了章邯、司马欣、董翳三人。2100多年后的1913年,修建陇海铁路的工人在当时渑池县东的李杏湾村(今属义马市千秋镇二十里铺村)施工时,挖出一个长400米、宽250米的白骨坑,证明项羽坑杀秦降卒一事并非向壁虚构。我们之前已经解释过坑杀是杀而坑之而不是活埋,不过项羽究竟使了什么诈,怎么解除秦军武装的,我们已经不得而知了。但能想象得到,活生生的二十万人在被屠杀之前该是多么绝望和恐惧。项羽在新安坑杀秦军二十万人,是继白起在长平坑杀赵军四十万人之后,中国历史上又一起骇人听闻的大规模杀降事件。

清理了"不稳定因素",项羽带着诸侯联军四十万人继续西进,于十二月也就是章邯投降的五个月后来到了函谷关前。他们往函谷关望去,只见关门紧闭,关上却不是秦军的旗号,而是楚军的旗号,不由得十分惊异。这时斥候来报,说刘邦已经先期入关,占据了关中,并派人把守住函谷关,阻挡其他人进入。项羽大怒,就派猛将英布等人攻关,破关而入。

刘邦的曲折入关之路

关于刘邦入关一事,我们还得从秦二世二年的最后一个月即后九月(公元前 208 年年末)说起。

这个月,刘邦领了自己本部万余人马出了砀郡砀县,首先北上杀到东郡南部的成武[①],攻打当地不愿服从自己的魏军。魏军不敌,逃到附近的杠里。杠里一带正驻有王离军的一部,刘邦居然就与他们一道前后夹击,击溃了魏军两部。可见当时东郡与砀郡之间多股势力错综复杂,刘邦为了消灭异己甚至不惜与敌人"联手"。

当然刘邦与秦军的合作是短暂的,打垮了魏军后,他乘势又进攻杠里的王离部,将其打得大败。从王离一部败给兵力不多的刘邦一事,我们可以看出其战斗力并不强。很多人之所以先入为主地觉得王离军战斗力强,就是因为他们认为防守长城的部队不可能是弱旅。其实秦朝防守长城的部队和内地的秦军一样,主体都是傅籍的普通百姓,这与后世一些朝代的边军是职业兵完全不同,秦长城兵

[①]《史记·高祖本纪》误作"成阳",此处据《史记·秦楚之际月表》改。

团的战斗力怎么会比内地秦军高多少呢？此战后王离军就奉章邯之命转而北上，渡过黄河围攻巨鹿去了，并在两个多月后被项羽歼灭。

有人可能会疑惑，刘邦的任务不是西征吗，怎么现在北征起来了？要知道此时救赵的楚军还在宋义的统领下滞留于安阳，所以刘邦此举很可能是临时受命牵制附近的秦军，来掩护楚军主力。

打败王离军后，刘邦开始往回走，于十二月在栗县（今河南夏邑）遇到了魏将刚武侯陈武，把他手中的四千军队夺了过来，可见被称为"宽仁"的刘邦吞并起友军毫不手软。此后他又把魏国将领皇欣、武蒲的军队编在麾下，攻打附近的秦军，再次取得胜利。

回到砀县根据地后，刘邦一连休整了一个多月，毕竟打了这南北一个来回，虽然取得很多胜利，但他一定也损失了不少人马，并且要整编新收的部队。另一方面，楚军主力北上救赵后，彭城周边空虚，估计楚怀王也担心自身安全，希望刘邦留在砀县警戒。

不过就在刘邦吞并魏军和在砀县休整的这两个月期间，他的结拜小弟项羽已经在天下扬名立万——他于安阳杀掉宋义夺取兵权，然后破釜沉舟渡河，带领众诸侯一起消灭了巨鹿城下的王离兵团，还逼得章邯大军连连后退。这个重大的胜利消息传回楚地，刘邦在振奋之余，也不由得产生嫉妒之心，深感再不领兵西征，可能就连口汤也喝不上了。这时章邯二十多万人的秦军正在漳水一带跟项羽统领的诸侯联军对峙，黄河以南秦军力量相对薄弱，彭城一带也已经比较安全，所以秦二世三年二月，刘邦再次集合军马，踏上征程。

这次出发后，刘邦还是又北上，先攻打砀郡北部的昌邑县（在今山东巨野县南）。昌邑就在沟通泗水与济水的荷水中段，这里应该是附近一带秦军控制的唯一一个战略要点。刘邦如能拿下它，就可以通过水路将附近城邑连成一片。

在刘邦率领大约一万五千人的军队走入昌邑县地界后，迎面来了一支千余人的队伍，穿着五花八门的衣服，拿着各式各样的兵器，显然他们不是秦军。这支队伍的首领是一个皮肤黝黑、颇有些年纪的粗犷汉子,自称是昌邑本地人,名叫彭越。

这彭越是什么来头呢?原来他本是渔民,在昌邑北边一个叫"巨野泽"的大型湖泊中以捕鱼为生,后来不堪秦朝压迫,在秦始皇时代就做了一名水匪。从这点来说他的经历倒是和英布、刘邦等人类似。值得一提的是,这巨野泽到五代时南部水域淤塞成陆地,北部水域向北拓展,把梁山包了进去,被时人称为"梁山泊"。所以彭越堪称第一代"梁山好汉"。

作为水匪头目,彭越为人狡猾狠辣。陈胜、吴广起义后,有年轻人也劝他扯旗造反,他却说:"两龙相斗,姑且等待。"等过了一年多,项羽在巨鹿歼灭王离军的消息传来,彭越感觉秦朝要完了,这才同意起事。起事前,他跟湖泽周边愿意参加的人约定,次日日出时分在某地集合,迟到者处斩。到了第二天,有十几个人迟到,甚至有一个少年直至太阳到头顶才来。彭越把脸一板,说过期才来的人太多,不能都杀,就斩一个吧。众人本都以为他是说着玩,谁知他拔剑就把最后来的少年斩了。大家这才大惊失色,再也不敢不听彭越的号令。彭越杀迟到的人,依据的就是军法"失期当斩"。

回过来说刘邦,他想成大事,自然注意结交豪杰、招揽人才、收纳各路人马,就邀请彭越跟自己一起攻打昌邑县城,彭越答应了。不过不知道是不是因为昌邑县城太坚固,刘邦和彭越加起来也没能攻克。刘邦知道自己本钱不多,在一个地方死磕就磕光了,于是决定弃城西去。彭越是个投机的人,他可能见刘邦这棵"树"太小,不好在下面"乘凉",又奉行"宁为鸡头,不做凤尾"的处世哲学,就没有跟着走,而是留下来继续在当地打游击。

离开昌邑县,刘邦带着一万多人马沿着济水一路西行,他的战略意图显然是走秦代的全国交通东西主干道——三川东海道西进到函谷关,然后再破关打进关中,就像周章之前干的那样。此时砀郡中部一带已经没有多少秦军,所以刘邦顺利挺进三四百里,来到砀郡西部雍丘县的高阳邑(在今河南杞县西南)。

在高阳驻扎后,急于壮大实力的刘邦又向部下询问附近有什么人物没有。刘邦的亲兵卫队里有个骑士,恰好是高阳当地人,回到故乡,他抽空回家探亲,就把刘邦招贤一事讲给乡邻们听。就在这个骑士居住的里内,有一个叫郦食其(yì jī)的六旬儒生,读书有谋略,十分自负狂妄,但不会任何营生,只好去看里的大门,吃百家饭糊口(当时的习惯是里内百姓轮流管看门人的饭)。雍丘一带作为交通要冲,各路军队你打过来、我打过去,郦食其密切注意时局,但瞧不起那些器量狭小的莽汉将领,对他们不屑一顾。这次他听骑士说新来的刘邦与众不同,是个志向远大的人,就主动让骑士帮他牵线介绍。骑士提醒郦食其,刘邦不喜欢儒生,看见儒生就把人家帽子摘下来往里面撒尿,还是别说自己是儒生。郦食其道,你只管照直说就行。

刘邦本就大咧咧、不拘小节,又讨厌儒生,听说有个儒生来拜见,就高坐在榻上,一边让两个婢女给自己洗脚,一边让人传郦食其。郦食其进了大帐看到此情形,愤然说:"足下一定要诛灭无道暴秦,就不应该张着两条腿见长者!"

原来战国时期虽然赵国"胡服骑射"把有裆裤引入中原,但骑兵之外,普通人还都是穿无裆裤,里面自然也没有现在的内裤,只外面再罩一件袍子遮羞,说白了隐私部位是真空的。所以在当时垂足而坐且张开腿,等于把自己私处对着他人,是极其无礼的行为。

刘邦一听郦食其这人说话不简单,不是那种唯唯诺诺、百无一用的腐儒,连忙道歉,擦了脚又整理好衣服,请他坐上座,并向他请教军国大事。当时的坐,都还是以跪坐为礼貌,这样袍子的下缘就压在膝盖下面,隐私部位就不走光了。

郦食其便给刘邦讲了很多关于合纵连横的方法。刘邦听得津津有味,让人端上好酒好菜给他享用,并问他自己现在该怎么办。

郦食其说:"现在足下拥乌合之众,收散乱之兵,还不满万人,就想西入强秦,这简直像把手伸进虎口一样啊。这北边的陈留是天下通衢,四通八达之地,城内又储备有大量粮食。我和陈留县令关系不错,愿替足下去游说他投降。如果他不肯,您再领兵攻打,我做内应!"

刘邦连连点头,就依言而行。

几天后郦食其北上进入陈留县城,劝县令不要再为秦朝卖命。县令畏惧秦法,不肯答应,但基于以往的旧交情,他还是留郦食其在府中休息。哪知半夜郦食其爬了起来,持剑摸黑斩了县令,刘邦趁机拿下了陈留县城,获得大批粮食。在战乱时期,有粮就能招到兵,所以刘邦的队伍进一步壮大。刘邦明白这都是郦食其的功劳,于是封他为广野君。郦食其又把自己的弟弟、拥有数千武装的当地义军首领郦商介绍给刘邦。刘邦大喜,立即封郦商为将军。

刘邦这趟来陈留可没有白来,不但收了一文一武两个人才,军队还扩充到两万以上。这看似巧合,但巧合之中也有必然,那就是刘邦时时留心人才。他虽然表面上经常对人无礼,但情商很高,眼头极活,又奉行"实用主义"思想:别人说的话有道理、有价值,他立即就能接受采纳;对有真本事的人他马上就会表现出恭敬的态度,并且不吝惜封赏。

在陈留简单休整了几日,时间到了秦二世三年三月,刘邦带着两万多军队再次启程,这次他进军的目标是陈留西北二三十里的启封。没承想,启封的秦将赵贲抵抗得十分激烈,兵马翻番的刘邦也没能攻下来城池。

这时秦将杨熊统率的一支秦军出现在启封以北约二百里的白马(在今河南滑县北),很可能要南下增援启封城内的赵贲。刘邦得到消息赶紧先发制人,派别部北上白马阻击杨熊,但未能成功,杨熊率军抵达启封城西北方的曲遇。刘邦明白一旦两股秦军会合自己就危险了,于是在曲遇以东全力阻截杨熊,最终将其击溃。杨熊无奈,只得率残部向西逃进荥阳城中。秦二世得报大怒，派使者到荥阳斩了他。

接下来不知道什么缘故，刘邦没有西进攻打荥阳，反而是南下到了颍川郡，可能是他怕贸然西进之后后路被颍川的秦军北上截断，也可能是他收到了颍川一带义军的求救信。

那么当时哪路义军在颍川活动呢？他其实是刘邦的一个老熟人——张良。原来将近一年前，项梁拥立楚怀王后，张良就说服楚怀王立原韩国贵族韩成为韩王，然后他以韩国司徒的身份与韩王韩成带着千余人马到韩国旧地颍川郡一带开拓地盘。但颍川附近秦军力量较强，张良最初拿下几座城池，不久又全都丢失，始终打不开局面，他只能在附近打游击游荡。可见在绝对的实力面前，什么奇谋妙计都是没多大用的；也可见张良只是个谋士型的人才，自己实干能力并不强。

不过刘邦到了颍川郡与韩王韩成、司徒张良会合后，当地的革命形势立即不一样了，前者有两万多兵力，后者熟悉地理、人情，他们很快打下了颍川郡的颍阳（在今河南禹州市东南）。可能是义军在攻城的过程中损失也不小，再加上想震慑周边不投降的城市，刘邦在颍阳进行了屠城。这个血腥野蛮的方法居然奏效，不久后几乎整个颍川郡都被义军占领。

刘邦在颍川和张良重聚的喜悦劲儿还没过，这时突然从北边传来消息，说赵国将领司马卬趁着章邯与项羽在邺县一带对峙的机会，已经从小路进入河内郡，准备南渡黄河西向入关。刘邦一听立即着急起来，他早把关中视作自己囊中之物，怎么能允许有人跟自己抢食吃？所以他迅速集合兵马，星夜北上，赶到洛阳西北的平阴，封锁了黄河渡口平阴津。司马卬望见对岸有楚军把住渡口不让自己通过，也没有办法，只得退了回去。

确认黄河北岸的司马卬撤走，刘邦这才把心放回肚子里，回军攻打平阴东南的洛阳。不过洛阳毕竟是春秋战国以来的大城，刘邦攻城时启封的秦将赵贲等又率军赶过来夹击刘邦，楚军大败，不得不逃回韩王韩成控制之下的颍川郡。史书说刘邦这次败得非常凄惨，军队被击溃，他一路上都在收拢自己的散兵游勇。

洛阳大败，说明秦朝在三川郡西部还有相当的兵力，至少凭刘邦的力量是对付不了的。刘邦知道走洛阳盆地、崤函古道进抵函谷关的计划是实现不了了，只能尝试南下南阳郡，走武关入关了，这也是当年陈胜给铚县人宋留规定的打入关中的路线。

秦二世三年六月，也就是章邯第一次跟项羽联络和谈的时候，刘邦留韩王韩成在颍川郡防守，自己带着张良等人向西南方向进发。秦南阳郡郡守吕齮（yǐ）听说楚军来袭，主动北上到南阳郡和颍川郡交界处的犨（chōu）县（在今河南鲁山县东南）进行阻截，但被刘邦击败。不得已，吕齮只得躲进郡治宛县（今河南南阳宛城区）据城死守。

刘邦为了赶时间入关，本来准备绕过宛县，直接奔赴武关。这时张良警告他说："秦军还挺多，又据险防守。如果我们不拿下宛县，万一在武关受阻不能前进，宛县秦军又从背后夹击，我们就危险了。"

刘邦认为张良说得有理，赶紧调转马头，连夜抄小路赶到宛县县城下，悄无声息地把城池围了三重。

天亮后，吕齮突然得到报告，说城外已经满是楚军，不由得大惊失色。他登上城头，只见楚军衣甲鲜明、旌旗招展，自认为城池是守不住了，绝望之下就准备抹脖子自杀。这时城中一个叫陈恢的士人连忙劝阻他说："现在还没到要寻死的地步，请允许我去面见游说敌军将领。"吕齮别无他法，抱着"死马当活马医"的态度让他去试一试。

陈恢出城见了刘邦，对他说："我听说楚怀王约定，先入关中者封王。南阳郡有城池数十座，官吏百姓之所以都登城坚守，就是因为大家自以为投降也不能免死。现在足下如果天天攻城，伤亡必然很大；

刘邦西征至武关路线图

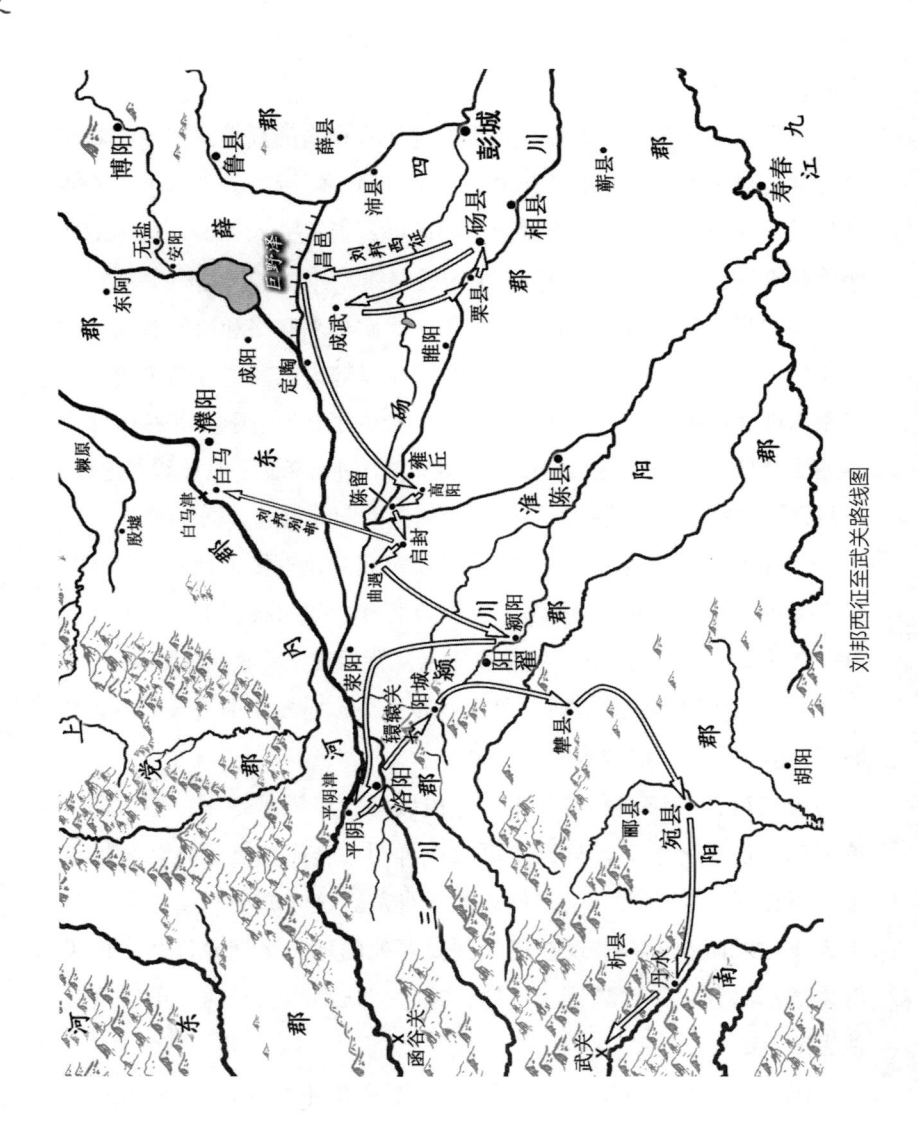

如果不攻城绕道西去,宛县之兵一定尾随足下。这样足下就不能先入关中了。我为足下考虑,不如招降郡守,大加封赏,让他继续驻守宛县,而收编他的军队一起西进。那些还在抗拒的城池,一定会争着开门等待足下,足下就能通行无阻了。"

陈恢说大家认为投降也不免死,自然就是因为刘邦在颍阳屠城的消息传播开来了。

刘邦认为陈恢说得在理,就命他去约降郡守吕齮。吕齮做了一番思想斗争后,于秦二世三年七月出城投降。刘邦于是封吕齮为殷侯,封陈恢食邑一千户。不知读者还记不记得,章邯在洹水边的殷墟向项羽投降,正好也是在这个月。只不过宛县距离咸阳只有八九百里,而殷墟距离咸阳则有一千三四百里,显然刘邦暂时占了上风。

接下来,正如陈恢预料,吕齮投降刘邦不但没被杀还被封为殷侯的消息很快传遍南阳郡,各地官民悬着的心终于放下,等刘邦来了纷纷选择投降,刘邦不战而西行到丹水(在今河南淅川县西南)。

就在刘邦西行的同时,楚将戚鳃、王陵从淮阳郡东来,与番君吴芮派遣的部将梅鋗(juān)一起攻占了南阳郡东南的胡阳(在今河南唐河县西南湖阳镇),然后两路人马又合兵一处,西进打下了南阳郡西部的郦(zhí)县(在今河南南阳市西北)和析县(今河南西峡县),最终他们在丹水与刘邦的军队会合。至此,刘邦的西征人马扩充到五六万人。

不过来到武关前,刘邦对于能不能拿下关中还是心中没底,毕竟当年周章几十万人都失败了。虽然章邯已经于本月向项羽投降,但因为当时的通信条件,刘邦不一定知道。于是他决定先进行政治劝降,派使者宁昌去咸阳与赵高谈判。

赵高弑杀二世　子婴投降刘邦

对于咸阳城中的秦二世胡亥来说，过年（秦二世三年）以来这九个月的心情应该跟坐过山车一样：年初十月、十一月，章邯攻破赵国旧都邯郸、王离把赵国君臣包围在巨鹿，吸引了诸侯军队援赵，有望把他们一网打尽，形势一片大好；不过十二月之后，局面急转直下——包围巨鹿的王离兵团十几万人反被全歼了，漳河一带的章邯兵团二十多万人一退再退，负责指挥黄河以南秦军的杨熊也屡战屡败，燕、赵、齐、楚、魏、韩六国已经全部复国了。对此他当然极为恼火，所以先是派使者斩杀了杨熊，又派使者斥责章邯。至于最新的噩耗，楚军刘邦部逼近武关，章邯向项羽投降，他可能七月时还不知道，但中丞相赵高至少知道前者了，因为刘邦的使者宁昌已经进了咸阳找到了他。

当时秦朝已经处在风雨飘摇中，赵高为了给自己留条后路，秘密接见了敌使宁昌。不过宁昌带来了刘邦怎样的条件，史书中却没有记载，有可能是要求赵高诛杀秦宗室然后投降，刘邦保证其生命安全并予以封赏之类的。估计赵高认为刘邦出的价码太低，而秦朝还没到毫无希望的地步，所以他没有回复，为防止泄密也不放宁昌回去。

不过赵高虽然没答应刘邦，但他此时已经有了取秦二世而代之的想法。可嬴姓秦氏毕竟已经立政七百余年、立国五百余载，如果自己弑君篡权，百官会不会接受呢？赵高决定试一试人心向背。

出生于战国末年，亲身经历了秦朝和汉初时代的文士陆贾在《新语》一书中记载了如下的故事：

一天秦二世出行，赵高坐车跟随，但他的车前面套的却不是马而是鹿。秦二世很奇怪，就问赵高道："丞相为什么用鹿驾车？"赵高回答："这是马呀。"秦二世就笑了，说："丞相错了，这是鹿。"赵高说："如果陛下不信我的话，可以问问群臣。"秦二世于是就问随驾的大臣们，大臣们有的说是马，有的说是鹿。

以上就是"指鹿为马"故事的最早版本。后来《史记》也记载了这个故事，但情节稍有不同，司马迁说是赵高直接献鹿给秦二世引起了后面的对话。

不管细节有什么差异，总归赵高用"指鹿为马"的方式试出了哪些人是敢坚持事实、不顺从自己的，哪些人是没有原则、畏惧逢迎自己的。随后他就开始暗中罗织罪名整治前者，余下的大臣对他更加俯首帖耳。

再说武关之外的刘邦，他等了一些日子，却得不到赵高的回复，也不见宁昌回来，于是决定采取军事行动。八月，他攻打武关，经过激战破关而入。为了震慑秦朝君臣百姓，刘邦在武关又搞起大屠杀。

武关被屠的消息很快传到咸阳，可能在这同时章邯投降诸侯联军的消息也传了过来，咸阳城内人心浮动，尤其是赵高十分恐慌。因为他一直在秦二世面前说"关东盗贼不能成事"，现在秦朝却岌岌可危。他怕秦二世问责起来像杀掉杨熊一样把自己也杀了，于是就称病不去上朝。

恰好在这时候，被糜烂的时局搅得心烦意乱的秦二世做了一个噩梦：他梦见自己乘车出行，却有一只白色猛虎拦路，把驾车的左骖马给咬死了，自己又拔剑杀了白虎。梦醒之后，秦二世心里怏怏不乐，就让占梦的人解梦。占梦者告诉他，这是泾水在作怪。秦二世就命令起驾前往咸阳北方、泾水岸边的望夷宫，在那里沐浴斋戒，准备用四匹白马祭祀泾水。在斋戒期间，可能因为赵高对他的控制放松，他从一些近侍口中得知了刘邦屠武关和章邯投降诸侯联军的消息，不禁又气又急，命人去斥责赵高作为丞相剿贼不力。

赵高送走秦二世的使者后更害怕了，心说与其等你来杀我，不如我先把你杀了。于是他把自己的女婿咸阳县令阎乐以及弟弟郎中令赵成叫了过来,对他们说:"皇帝不听劝谏,现在形势危急了,想要归罪于我们赵氏。我想废黜他,改立公子子婴。子婴为人仁厚简朴,在百姓中口碑很好。"阎乐和赵成知道他们都是一根绳上的蚂蚱,如果秦二世真把责任全推到赵氏的头上,他们一个都别想跑,只得同意铤而走险。

但秦代皇帝的安保区域大致有三层:外层,指从王宫大门到宫殿以外的区域,由卫尉统领的卫卒负责;中层,指宫殿大门,由中大夫令统领的卫士和官骑负责;内层,指宫殿内,由中大夫令统领的中大夫、执盾、执戟、武士以及郎中令统领的各种郎官负责。当时卫尉、中大夫令都不是赵高的人,只有郎中令由赵成担任,因此怎么突破秦二世的外层、中层防护圈还是一个问题。赵高和阎乐、赵成商议了许久,终于想出了一个行动方案。

大约在八月下旬的某一日,郎中令赵成谎称有大规模的关东"盗匪"攻击望夷宫,命令咸阳县令阎乐征发县卒入宫围剿。多疑的赵高怕女婿阎乐临阵退缩或反水,这时特地以保障安全为由把他的老母亲接到自己府中充当人质。阎乐虽然心中暗骂岳父混蛋,但"箭在弦上,不得不发",他只有带领千余县卒前往望夷宫。

望夷宫门口由卫尉统领的卫卒本来拦住了阎乐等人,但阎乐拿出了郎中令赵成和中丞相赵高的命令,他们便开门放行了。就这样皇帝的第一层防护圈被突破了。阎乐一行人来到大殿门口,责备中大夫令手下的卫士令为什么放盗贼入殿,卫士令还一脸蒙,就被阎乐突然捆绑起来斩杀了。突破了第二层防护圈,阎乐进入了大殿之中,然后指挥手下放箭乱射。大殿内分属中大夫令和郎中令的中大夫、执盾、执戟、武士以及各种郎官毫无防备,大惊失色,有的逃跑,有的拔剑抵抗,郎官里肯定还有赵成的亲信暗中起哄甚至配合县卒行动。就这样,大殿内有数十名抵抗者被阎乐、赵成的部下杀死,剩下的陆续弃械投降。

秦二世坐在殿内的帷幕之中,看见阎乐和赵成造反攻击自己,大为震怒,招呼左右护驾,但已经无人听命。不得已,他只有躲进内室,身边仅有一个老宦官跟随。

又气又急的秦二世问老宦官说:"你为什么不早点把赵高要犯上作乱的消息告诉我,以至于事情到了今天的地步?"

老宦官说:"臣不敢说,所以才活着。要是早说,已经被弄死了,哪能活到今天?"

这时阎乐追进内室,数落秦二世说:"足下骄横恣肆,任意杀戮,不遵天道,天下人都已经背叛你,你自己考虑该怎么办吧。"这意思就是要胡亥自杀。

别看秦二世下令杀人时丝毫不眨眼,但他自己却很怕死。当然也不仅是他,古今中外的独裁者大都是如此。他壮起胆子问阎乐说:"能不能让我再见丞相一面?"

阎乐拒绝说:"不行。"

秦二世又说:"我只要一郡之地为王就行,其他都给你们。"

阎乐还是不答应。

秦二世哀求道:"我只要当个万户侯就行……实在不行和妻子一起做个黔首也可以。"

阎乐冷峻地说:"我受丞相之命,为天下诛除暴君。你说得再多,我也不敢给你传话。"说完他手一挥,手下士卒拿着剑戟逼了上来。

秦二世胡亥没有办法,只得挥剑自杀,死时才二十三岁,做皇帝刚好满三年(从秦始皇三十七年九月到秦二世三年八月)。

明代史学家、政治家丘濬读史到此,感叹说:"天子无道,求为匹夫而不可得者,此之谓也!"

不过笔者要多说几句,秦二世胡亥固然"无道"也该死,但有些人把秦末爆发起义以及秦亡的责任全都推到他的头上,显然是没有道理的。有一件事的时间我们必须要再明确一下,那就是秦始皇死掉刚一年、秦二世继位才十个月,秦末大起义就爆发了,而正如秦二世骂丞相冯去疾、李斯和将军冯劫时所说，他的一切所作所为都是遵从先帝旧制而已。秦二世说得没错，史书上记载的他的"新花样"，也不过就是两点：一是要求向咸阳转运粮草的人都得自带饮食，不得吃咸阳三百里内的粮食；二是"用法益刻深"，也就是执法更加严厉深刻。但他的这些做法，是在秦二世元年四月他出巡回来以后才提出的，陈胜、吴广在七月就起义了。我们知道大国的中央政府的一个政策，从拟定到实施再在基层产生实际效果和影响，是要有一个过程的，尤其是在古时，通信和交通都很落后，这个过程会更漫长。所以逼反陈胜、吴广们的主要责任人其实是秦始皇，而不是秦二世。秦二世的责任是他继位后没有及时中止或减缓秦始皇时代的各项工程以及宠信赵高，逼死和杀掉官僚集团的代表冯去疾、李斯等人，寒了章邯等将领的心。打个比方，一个父亲把高压锅架在红红的炉火上煮东西还把出气孔堵死，他煮了十几分钟走了，儿子过来接着又煮了一分钟，锅就炸了，你说责任该怎么分配？

阎乐确认秦二世已经咽气，马上回去禀报赵高。赵高于是召集秦朝的大臣和宗室，把诛杀秦二世一事告诉他们，然后立公子子婴为新君。不过赵高说："秦本来是一个王国，过去始皇帝君临天下，才称帝号。现在六国都已经复国，秦地越来越小，也不好顶着皇帝的名头了，还是恢复称王为宜。"

眼见赵高有兵在手，大臣、宗室包括子婴，都不敢有一点异议。

接下来赵高命令子婴沐浴斋戒做好准备，几日后到宗庙祭拜祖先、会见百官、接受传国玉玺。

散朝之后，赵高回到府中，赶紧找来一个亲信，让他南下武关，给刘邦带去如下的话：自己已经杀了二世皇帝胡亥，愿意跟刘邦合作，两个人平分关中，一起称王。可见赵高立公子子婴为秦王，不过是权宜之计。

可有句话说得好，"若要人不知，除非己莫为"。虽然赵高力图保密，但他跟刘邦接洽谈判的事情还是不胫而走，在咸阳城内流传开来。

再说子婴，他在一处专门用于斋戒的宫殿中待了五天，心里越想越不安，就跟自己的两个儿子密商说："中丞相赵高在望夷宫弑杀了二世皇帝，恐怕群臣不服再诛杀他，才假装伸张正义来拥立我。我听说他跟楚人已经约定，由他诛灭秦宗室，然后在关中称王。之前让我斋戒了在宗庙即位，恐怕是想到时候趁机杀我。不如我宣称自己有病，拖着不去，他一定会亲自来请我，等他来了咱们就先杀了他！"两个儿子都说此计甚好。

说到这，我们其实还得说说公子子婴的身份。关于他的身份，光是《史记》上就有两种说法——《史记·秦始皇本纪》中记载他是秦二世兄长的儿子也即秦始皇的孙子，《李斯列传》中则记载他是秦始皇的弟弟。不过秦始皇死的时候才五十虚岁，按他十几岁就有生育能力来算，他最大的孙子不可能超过二十岁。一个不超过二十岁的人，就算有两个儿子，也顶多几岁大，怎么能爷仨聚在一起商量诛除赵高这样的大事呢？所以公子子婴是秦始皇弟弟的可能性最大，他应该是秦庄襄王死前几年内生的一个庶子。

回过头说赵高。当年九月初，子婴斋戒的日子满了，他几次派人去请子婴到秦宗庙中举行庙见的典礼，子婴却都以有病为由拖着不去。最后赵高急了，亲自来到斋宫中催他，一进寝殿，子婴手下一个叫韩谈的宦官手起剑落，将他杀死。

此前子婴父子已经秘密联络了不满赵高的秦宗室成员和大臣，这时他们趁赵氏群龙无首，把赵高的家人和党羽都抓了起来。随后秦王子婴下令，诛灭赵高三族。

子婴不动声色诛除赵高，是中国历史上少有的傀儡君主反杀权臣的成功案例，说明他还是很有些胆量和智谋的。也许子婴早一两年接手政权，秦国还能保住统一前的老地盘，但到秦军主力覆没、关东军队从东、南两路逼近关中的这个时候，换谁做秦君都已经无力回天了。所以历史注定子婴将是一个悲剧角色。

清除赵高势力后，子婴的第一道命令就是派军队防守峣（yáo）关（在今陕西商洛市商州区西北），企图阻挡距离关中最近的楚军刘邦部。

再说刘邦，他在武关以北刚见到赵高的使者，正对使者说的话将信将疑之际，随即又得到了赵高被灭族、子婴继位的消息。他明白想指望秦朝分裂内讧是不可能的了，于是举兵北上，准备正面硬攻峣关。

张良一见刘邦的架势连忙拉住他，献计说："现在秦军尚有战斗力，不可轻视。我听说守关的秦将是屠夫之子，市井之人往往贪财好利。请沛公派人在关前各个山头上多竖旗帜、虚张声势，然后让郦食其和陆贾两人带着财宝去引诱秦将投降。"

刘邦认为此计可行，就照着去布置。峣关秦将果然答应与刘邦合作，共同攻打咸阳。这秦将之所以那么容易被说动，一方面应该是如张良所料，贪图财宝，另一方面想必也是他了解秦国目前的真实处境，早已经没有了战斗信心。

刘邦正准备答应秦将的条件，张良却又跳出来说："这是秦将自己愿意造反，恐怕他手下士卒不会跟从。不如趁着他思想松懈大举进攻！"

刘邦心里肯定骂张良一会儿一个说法。但他孤军深入，人数不多，也确实怕秦将控制不住士卒，到时候自己进了关中也掌控不住局面。于是他听从张良的建议，从小路绕到峣关背后发起攻击，毫无防备的秦军果然被杀得大败。

秦王子婴听说峣关失守，孤注一掷，把咸阳城内剩余的县卒、中卒、卫卒等各种力量全派到蓝田御敌。

话说敌军上一次打到秦国蓝田，还是在秦惠文王更元十三年（公元前312年）的事情。当时打到这里的是楚怀王熊槐派遣的几十万楚

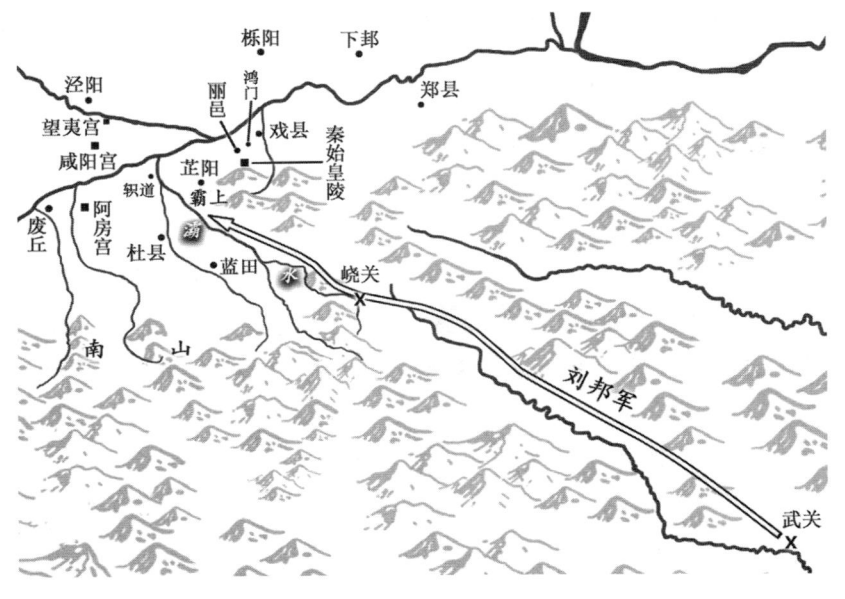

刘邦入咸阳示意图

军，秦惠文王情急之下一面集中力量防守，一面派人祭祀各路鬼神、诅咒楚国，最终击败了来犯之敌，使秦国转危为安。但这次蓝田之战，秦王子婴却再也没能上演翻盘的奇迹，蓝田秦军被楚怀王熊心派遣的刘邦部几万楚军杀得大败。

蓝田战败后，刘邦乘胜进抵咸阳东南三十多里的交通枢纽霸上（灞水东岸），并派人招降秦王子婴。

这时子婴已经没有任何力量能够阻止刘邦前进的脚步。万般无奈之下，才在秦王宝座上坐了四十多天的他，只有用丝绳套在自己脖子上，乘坐素车白马，手捧天子印玺和兵符，出咸阳城向刘邦乞降。刘邦在轵道亭接受了子婴的投降，把他交给了部属看管起来。

至此，秦政权宣告灭亡，时间为新年（汉元年）十月，换算为阳历是公元前207年11月至12月间，所以也有一些历史书把秦的灭亡时间写作公元前206年。

秦亡之鉴和"汉承秦制"

回顾秦人的历史，如果从西周周孝王封非子于秦邑（在今甘肃清水县北）算起，秦政权持续了六百八十年左右；如果从东周周平王封秦襄公为诸侯算起，秦政权持续了五百六十四年；当然要是从根源上算起、包括不叫秦的时期，那可以追溯到传说中的三皇五帝时代，到子婴出降有两千多年之久。

> 周孝王，夏商周断代工程认为其在位时间为公元前891—公元前886年。

两千多年间，秦人的活动贯穿传说时代、夏、商、周、秦五个历史阶段，可以说是跌宕起伏：秦人的远祖伯益差点成为当时的华夏联盟首领，可却被夏启打败杀死，后裔流散四方；夏末，伯益后裔投奔成汤、参与灭夏，成功站在胜利者一方，成为商朝的显贵；商末，飞廉、恶来效忠纣王，先后为之力战而死，后裔被作为前朝余孽贬谪到邾圉戍边；西周时期，他们因为养马驾车绝技重新崛起，孟增被封于皋狼，造父被封于赵城，非子被封于秦邑；西周末、东周初，秦襄公被"并立二王"中的周平王封为诸侯，然后秦人用五六十年时间在关中西部站稳脚跟，又用五六十年时间占据了整个关中之地并称霸西戎，成为春秋四大国之一，并把 China（秦）的名号传到西方；春秋后期、战国早年，因为东方的剧烈变革，僻处西方的秦人开始跟不上时代步伐，暗淡二百余年；自秦简公、秦献公开始，秦国逐步进行革新，到秦孝公时用商鞅变法，终于在制度层面追上东方国家并于一些地方有所超越；又经过一百多年的合纵连横、蚕食诸侯，秦王正"奋六世之余烈"，一举灭掉六国，统一天下，并全面设置郡县，开辟了一个新的时代；可秦人仅统治天下不到十五年时间，帝国就被关东义军推翻，连王国也没能保住,从此宗庙隳灭、社稷倾覆,只在史书上留下一段记载,为后人所笑。

为什么秦人在周代用了数百年时间发展崛起,才统一十几年就迅速灭亡了呢?自秦亡以来,两千多年人们一直在探讨这个问题。

从秦人自身的性格来讲,他们质朴、勇敢、坚韧、务实,但同时又忽视文教、迷信武力、崇尚功利、好大喜功。早在秦国刚建国的时候,秦君墓地就比中原老牌大国国君甚至东周天子的墓地还大得多,秦景公墓(秦公一号大墓)也是春秋后期最大的诸侯墓,秦始皇时期更是把这种好大喜功发挥到极致:最大的陵墓、最大的单体宫殿和宫殿群、最长的城墙、最宽的道路、浩大且频繁的巡行、南北边疆同时开展的长期征战戍守活动……秦始皇父子完全没有什么休养生息的意识,而是把老百姓看成是牛马、机器,无情、随意地使用、压榨;而秦始皇认为只要"堕坏名城,销锋镝"(《秦楚之际月表》),拿稳了"刀把子",就能永远掌控天下。

秦始皇之所以这么"唯我独尊""为所欲为",还跟他迷信法家思想有关。秦自商鞅变法而从春秋后期、战国初年的二百年低潮期中走出来,并逐渐兴盛,进而武力统一六国。百余年的成功经验,让秦始皇将法家思想奉为治国的圭臬,其他思想就是博采也不过是当作小小的补充。法家思想认为,君主要用"法""势""术"来控制、役使臣民,至于臣民内心服不服并不重要,只要他们身体服就行;而韩非更强调,君主和臣民的利益本来就是相冲突的,臣民利益当然要服从君主。所以秦始皇包括他的同样学习刑法的儿子胡亥觉得,君主就是该役使臣民的,只要把法网织密、威势树起、权术耍好,已经"原子化"的臣民是感恩也好还是怨恨也罢,最终都得乖乖从命;君主要想办成自己的事情就不该考虑臣民的利益,因为君主利益至上,何况考虑臣民的利益君主的利益就会受损。至于荀子说的"水则载舟,水则覆舟"(《荀子·哀公》),他们就算是听说过,也是不相信

> 《韩非子·外储说右下》记载，秦昭王后期，秦国发生饥荒，应侯范雎提议把王家苑囿里长的蔬菜、枣子、栗子等拿出来救济饥民。秦昭王予以拒绝。他说，秦国的制度是有功受赏，有过受罚，现在如果普遍发放这些食品，有功和无功的人就等于是没有区分、一样的待遇了，这就是破坏了秦法；不如扔掉那些东西，让饥民饿死，以维护国家的法度。

> 上下之利，若是其异也，而人主兼举匹夫之行，而求致社稷之福，必不几矣。（君主与臣民的利益，就是这样不同。如果君王在赞同个人维护私利的同时，要实现国家的利益，那肯定是没指望的。）
> ——《韩非子·五蠹》

的，因为自商鞅变法百余年来，秦国君主就是想怎么干就怎么干，从来不讨好老百姓，不但没有碰到成规模的"刁民"造反，反而一路凯歌。所以秦始皇父子不但不搞"轻徭薄赋"，还放弃了祖先秉持的"实用主义"（如秦惠文王吞并巴蜀后仍在名义上长期保留蜀国），不顾关东的民情民俗和当时的交通通信条件，几乎一刀切地扭转风俗、推行秦法和郡县制。因为他们相信自己要办的事情，什么主观、客观的条件也阻挡不了，无须妥协。在一定程度上可以说，作为殷商遗民之后的秦人最终打造的严刑峻法、不恤百姓、集权专制的秦制，就是对礼乐教化、"敬德保民"、分权自治的周制的反动，尤其是在对人的态度上简直就是对殷制的回归。

不过有人会问，为什么秦二世的时候，秦人君主的统治经验就不灵了，黔首们居然就造反成功了呢？之前灵，与秦君们折腾得还不够大、秦民普遍的"服从权威"的"驯民"性格、秦对本土的统治较稳固、秦可以攻打六国转嫁矛盾并掠夺土地和财富等有关；之后不灵，一是秦始皇父子绵密不断的各项大工程和峻急严苛的执法把人们（小吏、百姓、刑徒奴隶）害得太苦了，二是关东百姓对秦和秦制不认同，更有不同于秦民的反抗精神，三是秦朝的疆域变得极为辽阔后对关东的统治相对薄弱（郡三府分立的制度导致郡的应变能力不足、秦始皇实行"守外虚内"军事政策导致郡内兵力不足），四是统一后矛盾无处转嫁，北击匈奴和南征百越白白消耗资源却没什么收益。而陈胜、吴广起义之后，迷信之前秦地统治经验的秦二世拒绝相信"完美无缺"的秦制下居然会出现大规模民众造反，错过最初镇压的时机，后来又严于督责、大杀将相，导致人心离散，最终不可收拾。

当然从关东六国来讲，他们吸取了当年被秦国一一击破的教训，团结合纵消灭了云集赵地的秦军主力，也是最终取得胜利的关键原因。

秦朝的速亡给后世带来极大的震动——原来一个强盛的朝代或国家，除了被外敌灭、被本国贵族大臣篡权，还能被本国底层民众推翻啊！这直接影响了之后的汉朝的政策。

刘邦进入咸阳后，本来贪图享受又好美色的他准备住进秦王宫，但经樊哙、张良劝谏，他最终封上秦国的府库回到霸上军营中。为争取民心，他召集关中各县的父老和豪杰，宣布废除秦法，约法三章，即"杀人者死，伤人及盗抵罪"。

秦地百姓听说后大喜，都争着献上牛羊美酒来犒军。有人生怕刘邦这样的"仁人"不能做关中王，还给他出主意，劝他派兵封堵函谷关。可见秦民内心迅速抛弃了统治他们几百年的嬴秦贵族，再次证明秦政权不但不得六国民心，连旧秦地的民心也不得。《商君书》主张"重罚轻赏"，认为这样才是君王爱护百姓的方式，百姓才会为争夺奖赏而为君王卖命。可既然你用刑罚来威胁百姓，像对待狗一样扔点骨头让百姓去抢，人们只是"畏威"才服从你、任你驱使，一旦你的武力没有了，哪个会怀念你？不但百姓，秦末大起义时，各地有不少秦人官吏（下至县令上至郡守）都不愿意为秦朝卖命。再说刘邦当然也有独占关中的心思，就照一些秦人说的做了。然后就出现了前两节提到的十一月时项羽带领诸侯联军破函谷关而入的事情。

见项羽四十万大军挺进鸿门，刘邦连忙到项羽的军营中谢罪，这就是著名的"鸿门宴"。随后项羽来到咸阳,烧杀抢掠,秦国王宫的大火三月不熄,已经投降的子婴也被他杀了,令秦民大失所望。

接下来,先是项羽分封十八路诸侯,再是楚汉争夺天下而刘邦取胜,最终刘邦又消灭异姓诸侯王,坐稳了江山。

因为亲眼见到不可一世的秦朝被暴风骤雨般的民众起义推翻,汉初统治者不能不有所触动;再加上一些客观因素存在(如战争过后人口大量减少、汉初军功集团的强大等),西汉政权在沿袭"秦制"时不能不有所更改。

在"国体"方面,西汉不再像秦代一样实行单一的郡县制,而是在西部直属区域实行郡县制(十五郡),在关东地区大封同姓诸侯王镇守,形成"郡国并行制"。

说到"郡国并行制",很多人认为这是历史的倒退,其实实行一种制度是对是错,主要应该看是否适合当时的国情。因为之前长期的列国割据,各地客观的经济文化差异和人们头脑中主观的国别观念不是一下子就能消除的;而且汉朝地域广大,统治者坐在关中用统一的政策管理边远的区域确实并不现实。西汉初期,朝廷赋予同姓诸侯王较大自主权,东方各国因此能够因地制宜制定政策,经济文化迅速恢复和发展;而且在吕后死后,齐王刘襄举兵西向,长安之内朱虚侯刘章、东牟侯刘兴居和大臣在内策应,最终铲除诸吕,起到了拱卫刘姓江山的作用。至于汉景帝时期出现"七国之乱",那已经是西汉大封同姓诸侯王四十多年之后的事情了,不能因此否定该政策在西汉初年曾经起到过的迅速稳定政局、发展生产等积极作用。"七国之乱"后汉朝迅速调整政策,各诸侯国被越分越小,诸侯王也不再拥有治国权,诸侯国除了空名已经与郡县无异。经过数十年自然过渡各地百姓也都从内心认同自己是"汉人",西汉事实上成了单一郡县制的国家。而汉代的郡县制相对秦朝也有所变化,郡一级不再是"三府分立",而是以郡守为首长。历史证明,西汉这种渐进式的行政统一,要比秦朝一刀切式的激进统一方式高明。当然诸侯国在失去威胁中央朝廷能力的同时，也失去了"屏藩王室"的作用，导致"王莽篡汉"时刘姓诸侯王无力抵制，这又是后话了。

在意识形态方面，西汉摒弃了秦代"专任刑法""以吏为师、以法为教"的做法，又在一定程度上向周制回归，注重发挥德治教化在治理国家中的作用。

在汉高祖刘邦时期，虽然因为楚汉战争和消灭异姓诸侯王的战争，他无法与民休息，但接受了陆贾的"居马上得天下，而不可马上治天下"的批评，命他作《新语》来总结古今成败尤其是秦亡汉兴的经验教训，并在去世前一年"过鲁，以大牢祠孔子"（《汉书·高帝纪》），开启汉代乃至后世帝王祭孔尊儒的先河。在吕后和汉文帝、汉景帝期间，汉朝统治者采用主张"刑德并用""清静无为"的道家思想，实行"无为而治"，一反秦朝的横征暴敛而代之以轻徭薄赋，让百姓们休养生息。汉武帝亲政后，他"罢黜百家，独尊儒术"，在国家意识形态上"独尊"儒家经学。不过董仲舒改造后的儒家思想其实已经吸收了先秦道家、法家、阴阳家等不同学派的思想，所以汉武帝之后的帝王实际是"阳儒阴法""霸王道杂之"。

在律法制定和执行方面，西汉摒弃了秦朝"严刑峻法"的做法，反之以"约法省刑"。

汉政权草创后，汉相萧何以秦法为蓝本稍加增删变革，制定了汉律九章，用来维持以关中为主的占领区的统治，并为刘邦征发人力物力支持战争，刑罚仍然较重。到异姓诸侯王被剪除、汉朝统治稳固后，统治者开始废除律法中的一些残酷、不人道的律令和刑罚，如汉惠帝废除挟书令，吕后废除"三族罪、祆（妖）言令"，汉文帝"尽除收律（把罪犯亲属收为奴婢的法律）"，尤其是下令废除肉刑、把无期刑改为有期刑。至于把一些苛刻的条款放宽，这在汉律中随处可见，如西汉百姓为朝廷输送物资的速度由秦朝的大车"日行六十里"

改为"日行五十里",汉景帝时把男子傅籍年龄从秦代的十七岁延迟到二十岁、汉昭帝时又延迟到二十三岁,汉景帝时一再下诏减轻笞刑的鞭笞次数……法律条文宽缓了,执法也同时宽缓。《汉书》载吕后执政时"刑罚用稀",汉文帝时全国一年被判刑的仅有四百人(上二者见《刑法志》),汉景帝也下诏要求"治狱者务先宽"。此外汉朝自汉高祖刘邦开始就建立了奏谳制度,即要求有疑问的案件需逐级上报裁定,以避免官员决狱不当、犯人久系不决的情形发生,尽可能维持司法的公平公正。

在经济方面,因为汉文帝已经把无期刑改为有期刑,并采取了各种宽缓刑罚的措施,汉初刑徒、官奴婢数量较秦代大为减少,原本承袭秦代,占社会经济相当比重的官营经济自然随之萎缩,其中的劳动力也变成以服役者为主、刑徒和雇工为辅。与之相对,汉初统治者基于"无为而治"的思想,对私营工商业采取放任发展的态度,促进了经济的空前繁荣。当然到了汉武帝时期,他为巩固专制主义中央集权、解决汉匈战争导致的财政问题,又全面实行官营经济,战争和法家经济统制对社会经济造成了极大破坏。"昭宣中兴"时期法家经济统制有了一定缓和,社会经济得到一定恢复。但汉元帝以后经济统制又再次强化,至王莽时期发展到极致,政权也最终彻底崩溃。

很多人都知道"汉承秦制"的说法,部分人因此说,汉代的成功证明秦制没有问题,其实他们忘了或故意忽略后面的话,那就是"有所损益"。从这个角度讲,秦朝用它的速亡,为后世提供了宝贵的借鉴。

如果说夏朝的建立和"商周鼎革"是中国上古史的两个重要历史转折点,那么秦汉王朝的登场则是又一场大变局的开始。汉代以后中国的历代王朝,都在有形的方面继承了秦朝的中央集权行政体系(以皇帝为核心的中央政府+郡县制的地方政府),在无形的方面继承了汉代改造后的儒家思想,将这种体制又延续了两千年之久,一直到清朝灭亡才结束,并迎来新的更大的变局……

参考资料

一、传世古籍及译注

1. [汉]司马迁.史记.北京：中华书局，1982.
2. [汉]班固.汉书.北京：中华书局，1962.
3. [南朝·宋]范晔.后汉书.北京：中华书局，1965.
4. 程俊英，蒋建元.诗经注析.北京：中华书局，1991.
5. 顾颉刚，刘起釪.尚书校释译论.北京：中华书局，2005.
6. 黄怀信.逸周书校补注译.西安：西北大学出版社，1996.
7. 徐元诰.国语集解.北京：中华书局，2002.
8. 王国维.古本竹书纪年辑校 今本竹书纪年疏证.沈阳：辽宁教育出版社，1997.
9. 李民，等.古本竹书纪年译注.郑州：中州古籍出版社，1990.
10. 李梦生.左传译注.上海：上海古籍出版社，1998.
11. 何建章.战国策注释.北京：中华书局，1990.

12. 缪文远. 战国策考辨. 北京：中华书局，1984.

13. 孟庆祥. 战国纵横家书论考. 哈尔滨：黑龙江人民出版社，1999.

14. 杨伯峻. 论语译注. 北京：中华书局，2009.

15. 杨伯峻. 孟子译注. 北京：中华书局，2012.

16. 李学勤. 十三经注疏. 北京：北京大学出版社，1999.

17. 谢浩范，朱迎平. 管子全译. 贵阳：贵州人民出版社，1996.

18. 石磊，董昕. 商君书译注. 哈尔滨：黑龙江人民出版社，2003.

19. 蒋南华，等. 荀子全译. 贵阳：贵州人民出版社，1995.

20. 周才珠. 墨子全译. 贵阳：贵州人民出版社，1995.

21. 蒋天枢. 楚辞校释. 上海：上海古籍出版社，1989.

22. 张觉. 韩非子全译. 贵阳：贵州人民出版社，1992.

23. 袁珂. 山海经全译. 贵阳：贵州人民出版社，1991.

24. 王天海. 穆天子传全译. 贵阳：贵州人民出版社，1997.

25. 陈奇猷. 吕氏春秋新校译. 上海：上海古籍出版社，2002.

26. 陈鼓应. 庄子今注今译. 北京：商务印书馆，2007.

27. 王力波. 列子译注. 哈尔滨：黑龙江人民出版社，2003.

28. [清] 秦嘉谟，等. 世本八种. 北京：书目文献出版社，2008.

29. 张涛. 列女传译注. 济南：山东大学出版社，1990.

30. 何宁. 淮南子集释. 北京：中华书局，1998.

31. 张宗祥. 论衡校注. 上海：上海古籍出版社，2010.

32. 王利器. 风俗通义校注. 北京：中华书局，1981.

33. 赵善诒. 说苑疏证. 上海：华东师范大学出版社，1985.

34. 李华年. 新序全译. 贵阳：贵州人民出版社，1994.

35. 许维遹. 韩诗外传集释. 北京：中华书局，1980.

36. [晋] 皇甫谧. 帝王世纪. 济南：齐鲁书社，2010.

37. [晋] 常璩. 华阳国志. 济南：齐鲁书社，2010.

38. 陈桥驿. 水经注校证. 北京：中华书局，2013.

39. [唐] 林宝. 元和姓纂. 北京：中华书局，1994.

40. [宋] 欧阳修，等. 新唐书. 北京：中华书局，1975.

二、今人著作

1. 林剑鸣. 秦史稿. 上海：上海人民出版社，1981.

2. 张金光. 秦制研究. 上海：上海古籍出版社，2004.

3. 马非百. 秦集史. 北京：中华书局，1982.

4. 雍际春. 秦早期历史研究. 北京：中国社会科学出版社，2017.

5. 何光岳. 秦赵源流史. 南昌：江西教育出版社，1994.

6. 杨东晨，杨建国. 秦人秘史. 西安：陕西人民教育出版社，1991.

7. 徐卫民，张文立. 秦始皇本纪. 西安：西北大学出版社，2019.

8. 梁云. 西垂有声：《史记·秦本纪》的考古学解读. 北京：生活·读书·新知三联书店，2020.

9. 辛德勇. 生死秦始皇. 北京：中华书局，2019.

10. 张分田. 历代帝王传记 秦始皇传. 北京：人民出版社，2015.

11. 刘三解. 秦砖 大秦帝国兴亡启示录. 北京：北京联合出版公司，2020.

12. 李开元. 秦谜 重新发现秦始皇. 北京：北京联合出版公司，2015.

13. [日] 鹤间和幸. 始皇帝：秦始皇和他生活的时代. 杨振红，单印飞，译. 北京：中信出版社，2019.

14. 王学理. 咸阳帝都记. 西安：三秦出版社，1999.

15. 朱绍侯. 军功爵制研究（增订版）. 北京：商务印书馆，2017.

16. 顾颉刚，罗根泽，吕思勉. 古史辨（1—7）. 上海：上海古籍出版社，1982.

17. 叶文宪．叶文宪中国史．未刊稿．

18. 张富祥．东夷文化通考．上海：上海古籍出版社，2008．

19. 王迅．东夷文化与淮夷文化研究．北京：北京大学出版社，1994．

20. 宋镇豪．夏商社会生活史．北京：中国社会科学出版社，1994．

21. 詹子庆．夏史与夏代文明．上海：上海科学技术文献出版社，2007．

22. 宋镇豪．商代史（1—11）．北京：中国社会科学出版社，2010．

23. 李雪山．商代分封制度研究．北京：中国社会科学出版社，2004．

24. 杨宽．西周史．上海：上海人民出版社，2019．

25. 李峰．西周的灭亡——中国早期国家的地理和政治危机．上海：上海古籍出版社，2007．

26. ［日］石井宏明．东周王朝研究．北京：中央民族大学出版社，1999．

27. 顾德融，朱顺龙．春秋史．上海：上海人民出版社，2001．

28. 杨宽．战国史．上海：上海人民出版社，2019．

29. 杨宽．战国史料编年辑证．上海：上海人民出版社，2016．

30. 郭克煜，梁方健，陈东，杨朝明．鲁国史．北京：人民出版社，1994．

31. 梁宁森，郑建英．虢国研究．郑州：河南人民出版社，2007．

32. 李尚师．晋国通史．太原：山西人民出版社，2014．

33. 马保春．晋国历史地理研究．北京：文物出版社，2007．

34. 尹弘兵．楚国都城与核心区探索．武汉：湖北人民出版社，2009．

35. 石泉．古代荆楚地理新探．武汉：武汉大学出版社，1988．

36. 徐少华．荆楚历史地理与考古探研．北京：商务印书馆，2010．

37. 李玉洁．齐国史．北京：新华出版社，2007．

38. 李玉洁．魏国史．北京：科学出版社，2017．

39. 张午时，冯志刚．赵国史．石家庄：河北人民出版社，1996．

40. 沈长云，等．赵国史稿．北京：中华书局，2000．

41. 孟文镛．越国史稿．北京：中国社会科学出版社，2010．

42. 陈平．燕史纪事编年会按．北京：北京大学出版社，1995．

43. 段渝．玉垒浮云变古今 古代的蜀国．成都：四川人民出版社，2001．

44. 姚磊．先秦戎族研究．武汉：武汉大学出版社，2016．

45. 曲英杰．史记都城考．北京：商务印书馆，2007．

46. 许宏．大都无城——中国古都的动态解读．北京：生活·读书·新知三联书店，2016．

47. 四川省水利电力厅，都江堰管理局．都江堰史研究．成都：四川省社会科学院出版社，1987．

48. 夏商周断代工程专家组．夏商周断代工程1996—2000年阶段成果报告．北京：世界图书出版公司，2000．

49. 杜正胜．编户齐民．台北：联经出版事业股份有限公司，1990．

50. 于琨奇．战国秦汉小农经济研究．北京：商务印书馆，2012．

51. 丁邦友，魏晓明．秦汉物价史料汇释．北京：社会科学出版社，2016．

52. 葛全胜，等．中国历朝气候变化．北京：科学出版社，2010．

53. 辛德勇．历史的空间与空间的历史．北京：北京师范大学出版社，2005．

54. 饶胜文．布局天下：中国古代军事地理大势．北京：解放军出版社，2006．

55. 马世之．中原古国历史与文化．郑州：大象出版社，1998．

56. 逄振镐．山东古国与姓氏．济南：山东人民出版社，2006．

57. 中国社会科学院考古研究所．中国考古学·两周卷．北京：中国社会科学出版社，2004．

58. 中国社会科学院考古研究所. 中国考古学·秦汉卷. 北京: 中国社会科学出版社, 2010.

59. 谭其骧. 中国历史地图集（1—2）. 北京: 中国地图出版社, 1982.

60. 史念海. 西安历史地图集. 西安: 西安地图出版社, 1996.

61. 中国人民革命军事博物馆. 中国战争史地图集. 北京: 星球地图出版社, 2007.

62. 后晓荣. 战国政区地理. 北京: 文物出版社, 2013.

63. 朱本军. 战国诸侯疆域形势图考绘. 北京: 北京大学出版社, 2019.

64. 周振鹤, 李晓杰. 中国行政区划通史·总论 先秦卷. 上海: 复旦大学出版社, 2009.

65. 周振鹤, 李晓杰, 张莉. 中国行政区划通史·秦汉卷. 上海: 复旦大学出版社, 2016.

66. 戴均良, 等. 中国古今地名大辞典. 上海: 上海辞书出版社, 2005.

67. 王子今. 秦汉交通史稿（增订版）. 北京: 中国人民大学出版社, 2013.

68. 余良明. 中国古代车文化. 福州: 福建教育出版社, 2015.

69. 葛剑雄. 中国人口史 第一卷 导论、先秦至南北朝时期. 上海: 复旦大学出版社, 2002.

70. 丘光明, 等. 中国科学技术史·度量衡卷. 北京: 科学出版社, 2001.

71. 军事科学院. 中国军事通史（1—3）. 北京: 军事科学出版社, 1998.

72. 台湾三军大学. 中国历代战争史（1—2）. 北京: 中信出版社, 2012.

73. 林岗. 秦征南越论稿. 广州：广东人民出版社，2017.

三、出土文献

1. 中国社会科学院历史研究所. 甲骨文合集（1—13）. 北京：中华书局，1978—1982.

2. 中国社会科学院考古研究所. 殷周金文集成（1—18）. 北京：中华书局，1984—1994.

3. 唐兰. 西周青铜器铭文分代史征. 北京：中华书局，1986.

4. 马承源. 上海博物馆藏战国楚竹书（2）. 上海：上海古籍出版社，2002.

5. 李学勤. 清华大学藏战国竹简（1—2）. 上海：中西书局，2010—2011.

6. 睡虎地秦墓竹简整理小组. 睡虎地秦墓竹简. 北京：文物出版社，1990.

7. 中国文物研究所，湖北省文物考古研究所. 龙岗秦简. 北京：中华书局，2001.

8. 北京大学出土文献研究所. 北京大学藏西汉竹书3（上、下）. 上海：上海古籍出版社，2015.

9. 陈伟. 里耶秦简牍校释（第一卷）. 武汉：武汉大学出版社，2012.

10. 陈松长. 岳麓书院藏秦简4. 上海：上海辞书出版社，2015.

11. 陈松长. 岳麓书院藏秦简5. 上海：上海辞书出版社，2017.

四、今人论文

1. 胡义成. 庙底沟类型陶器花瓣纹源自关中——西安杨官寨遗

址作为"黄帝都邑"的一个旁证.西安财经学院学报,2018(02):107—115.

2.靳松安.王湾三期文化的南渐及其相关问题.中原文物,2010(01):31—38.

3.罗琨.楚竹书本《容成氏》与商汤伐桀再探讨.甲骨文与殷商史新一辑,2009:5—22.

4.侯孟琦.西周时期国家形态研究成果述评.华夏文化,2019(03):58—64.

5.任伟.西周金文与文献中的"邦君"及相关问题.中原文物,1999(04):54—59.

6.裴建陇.新出秦国短剑试论.陕西师范大学,2013.

7.李峰.论"五等爵"称的起源.古文字与古代史(第三辑).台北:"中央"研究院历史语言研究所,2012:159—184.

8.祝中熹.大堡子山秦公陵园述略.丝绸之路,2013(08):46—50.

9.韩巍.西周金文世族研究.北京大学,2007.

10.王啄玺.周代江汉地区城邑地理研究.武汉大学,2019.

11.魏栋.清华简《楚居》阙文试补.文献,2018(03):42—47.

12.金学清.东周王室研究.华东师范大学,2003.

13.张远山.西周国、东周国秘史(上).社会科学论坛,2013(11):4—27.

14.张远山.西周国、东周国秘史(下).社会科学论坛,2013(12):4—38.

15.李淑芳.春秋时出现户籍制度的萌芽——书社.兰台世界,2011(01):68—69.

16.周群.地方行政视角中的中国早期国家演变.华南师范大学,2004.

17. 孙晓丹. 秦及汉初刑徒社会身份问题探析. 江苏社会科学，2017（04）：150—160.

18. 董平均. 从功利主义价值取向看军功爵制对秦人社会生活的影响. 人文杂志，2006（03）：110—115.

19. 田昌五. 谈桂陵之战及其相关诸问题. 文史哲，1991（03）：3—11.

20. 高建文. 邹衍"大九州"神话宇宙观生成考. 民俗研究，2016（06）：81—89.

21. 李久昌. 桃林之野·桃林塞·秦函谷关：秦函谷关创建年代与背景考. 中国历史地理论丛，2019（01）：54—64.

22. 潘明娟. 先秦多都并存制度研究. 陕西师范大学，2009.

23. 卢鹰. 穰侯魏冉新论. 人文杂志，1998（03）：84—89.

24. 王海，郝静. 论"秦开却胡"与相关问题——以辽西走廊为中心. 渤海大学学报（哲学社会科学版），2019（04）：32—37.

25. 王政冬. 统战视角下战国时期诸侯合纵攻秦研究. 统一战线学研究，2017（05）：70—81.

26. 陈明. 李信所攻"鄢郢"即昌平君所徙之"郢". 中国历史地理论丛，2021（02）：121—129.

27. 吴方基. 秦代县级政务运行研究. 华中师范大学，2015.

28. 董飞. 秦王朝"新地"治理研究. 西北大学，2021.

29. 李鼎炫. 秦行郡县利弊论//秦始皇兵马俑博物馆《论丛》编委会. 秦文化论丛（第三辑）. 西安：西北大学出版社，1994，130—141.

30. 谭世保. 秦始皇的"车同轨，书同文"新评. 中山大学学报（哲学社会科学版），1980（04）：48—56.

五、考古发掘报告

1. 秦始皇兵马俑博物馆，陕西省考古研究所．秦始皇陵铜车马发掘报告．北京：文物出版社，1998．

2. 湖南省文物考古研究所．里耶发掘报告．长沙：岳麓书社，2007．